D1504219

REPASE
Y ESCRIBA

CURSO AVANZADO DE GRAMÁTICA
Y COMPOSICIÓN

María Canteli Dominicis
St. John's University, New York

John J. Reynolds
St. John's University, New York

John Wiley & Sons
New York   Chichester   Brisbane   Toronto   Singapore

Library of Congress Cataloging in Publication Data:

Dominicis, Maria C.

ISBN 0-471-85021-7

Printed in the United States of America

10 9 8 7 6 5 4 3 2 1

PREFACE

Repase y escriba is designed for advanced grammar and composition courses. It can be most effectively used in the third or fourth year of college study and can be covered in two semesters or, by judicious skipping, in one semester.

We have taken into account the fact that some institutions add a conversation component to their composition courses. In that case, the *Comprensión* and *Opiniones* sections following the *Lectura* will be especially useful. In addition, the themes for composition lend themselves to oral discussion.

This text has notable features that make it different from other books of its kind.

1. It emphasizes the everyday usage of educated persons rather than the more formal, literary Spanish. Thus, for example, many of the *Lecturas* are derived from popular periodicals. Literary selections, however, are included for variety, contrast, and cultural information.

2. This book is not geared exclusively to Peninsular Spanish. Significant differences between Peninsular and New World Spanish are pointed out. Wherever possible, the usage of the majority is given preference.

3. **Repase y escriba** does not attempt to cover every grammar point but rather focuses on those crucial aspects of the language that give trouble to even advanced students. During our many years of teaching grammar and composition courses, we have found that the same errors occur over and over again. These areas of difficulty have been grouped into fourteen categories and the book aims at eradicating them.

4. This text offers a multitude and a wide variety of exercises. Not only are there compositions—both directed and free—but there are exercises that involve creativity, completion, substitution, and matching. A large number of the exercises are contextualized.

5. **Repase y escriba** takes into consideration the special needs of the ever-increasing number of Hispanics in the classrooms of our universities. Spelling and the placement of accents create serious problems for these students as they strive to improve their writing skills. Accordingly, the initial chapter of this book is devoted to those topics.

6. Other useful features of **Repase y escriba** are:

a. An appendix that contains a series of charts showing certain grammar topics not included in the body of the text.

b. English-Spanish and Spanish-English glossaries.

c. An answer-key, available to instructors upon request. This key contains answers to those exercises that involve translation from English to Spanish and to some of the other exercises on points that are especially subtle for non-natives.

The format of the chapters is as follows:

1. *Lectura*. (It offers illustrations of the grammatical points.)
   a. *Comprensión*
   b. *Opiniones* (Personal reactions related to the *Lectura*.)
2. *Sección gramatical* (Exercises of different kinds are interspersed among the grammar explanations.)
3. *Análisis de la lectura* (Questions and exercises to stimulate class discussion of the grammatical and/or lexical problems exemplified in the *Lectura*.)
4. *Sección léxica*
   a. *Repaso* (Exercises—synonyms, etc.—to review some of the new vocabulary introduced in the *Lectura*.)
   b. *Ampliación* (Proverbs, idioms, word families, etc.)
   c. *Problema(s) léxico(s)* (False cognates, English words with more than one Spanish equivalent, and Spanish words with more than one meaning in English. The *Ampliación léxica* and *Problema(s) léxico(s)* sections are largely self-contained so that either or both can be skipped if time doesn't permit the instructor to cover them.)
5. *Traducción* (A contextualized passage in English to be translated into Spanish, illustrating the grammatical rules and other matters treated in the lesson.)
6. *Temas para composición* (Topics for creative compositions, with guidelines.)

The grammar rules are explained in English to facilitate the students' comprehension while doing their home preparation, and, at the same time, the *Análisis de la lectura* provides the opportunity for classroom discussion of grammar in Spanish. To lighten somewhat the students' burden, traditional terminology is used rather than the newer nomenclature and symbols.

The manuscript of *Repase y escriba* has been used in several advanced grammar and composition courses with very positive results. We are indebted to our students for their enthusiastic participation in the development of the book.

We wish to express our gratitude to Mr. Ronald Nelson, of John Wiley and Sons, for his helpful editorial advice, to Mrs. Carmen De Witt for her assistance in typing parts of the manuscript, and to our friends and colleagues for their encouragement and suggestions.

CONTENTS

El Mundo Hispánico

ESPAÑA

ISLAS BALEARES

ISLAS CANARIAS

MÉXICO

CUBA

REPÚBLICA DOMINICANA

GUATEMALA

HONDURAS

EL SALVADOR

PUERTO RICO

NICARAGUA

VENEZUELA

COSTA RICA

PANAMÁ

COLOMBIA

ECUADOR

PERÚ

BOLIVIA

CHILE

PARAGUAY

URUGUAY

ARGENTINA

0 — 500

KILÓMETROS

CAPÍTULO 1

LECTURA

En este artículo del ABC de Madrid, escrito por don Manuel Seco, un miembro de la Real Academia Española, se habla de la unidad y la diversidad de la lengua de los hipanohablantes.

El español de América

Al edificio de la Real Academia Española acude[1] todas las tardes un hombre de pulcra[2] presencia, cabello cano[3] y mirada noble y viva. Toma el ascensor y se encierra a trabajar en un despacho del piso alto. No es un trabajador vulgar.[4] Es miembro de número[5] de la Academia Colombiana de la Lengua y correspondiente[6] de la Española, además de numerario,[7] correspondiente u honorario de otras ocho Academias de dentro y fuera de Colombia. Durante varias legislaturas[8] se ha sentado en la Cámara de Representantes y en el Senado de su país . . . Ha ejercido la enseñanza en dos Universidades. A su amor a las gentes sencillas y al rico paisaje de su Fómeque natal,[9] en Oriente, debe la literatura colombiana una deliciosa serie de obras que recogen el alma de aquella tierra. A su innato sentir[10] poético y musical, unido a su trato[11] fidelísimo con las letras, debemos los lectores hispánicos el goce de una prosa luminosa y limpia, modelo de serena elegancia.

Pero el servicio mayor que ahora rinde José Antonio León Rey a nuestra lengua es la labor que cada tarde desarrolla en su celda del último piso de la Academia Española . . .

---

[1]va
[2]limpia
[3]blanco o gris
[4]común
[5]*Vea Nota 1.*
[6]miembro correspondiente
[7]miembro de número o regular
[8]período legislativo
[9]nativa (Fómeque es una ciudad colombiana que está cerca de Bogotá)
[10](nombre verbal) sentimiento
[11]relación

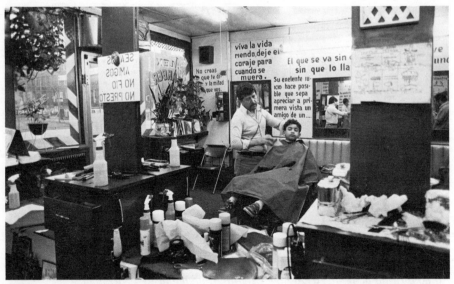

El español no sólo es importante porque se habla en tantos países, sino también porque lo hablan unos 22 millones de hispanos en los E.E.U.U. Vea los letreros de esta barbería, situada en un barrio puertorriqueño de Nueva York.

Los hispanohablantes, a cambio de[12] algunas desdichas, tenemos la fortuna de disponer de[13] una de las cinco mayores lenguas del mundo... Es deber de todos nosotros hacer cuanto esté en nuestras manos para no perder la inmensa riqueza de pertenecer a una gran comunidad lingüística...

El planteamiento[14] de la unidad del español parte de[15] reconocer que los españoles no somos "los dueños del idioma", como creía Clarín[16] hace cien años, sino sólo sus condueños. Y no los más numerosos ni los más poderosos. La Academia Española no tiene ahora, si alguna vez la tuvo, la pretensión de imponer la norma de España a los países de América. Hay una "supernorma", que es la lengua culta común, al lado de la cual conviven[17] armónicamente las distintas normas nacionales. Es la unidad de esa supernorma la que nuestra Academia procura preservar y robustecer...

Uno de nuestros problemas es el de las palabras malsonantes. Es sabido que en la Argentina "coger" y "concha" tienen sentido obsceno; que en Venezuela no se puede "tirar" nada (hay que "botarlo", para no ser grosero[18]); que en México los huevos han de nombrarse "blanquillos", y que, por un proceso inverso, en Chile a los españoles se les llama familiarmente, sin ánimo ofensivo, "coños". Pero Dámaso Alonso[19] advierte además sobre el peligro que encierra la anárquica diversidad de los nombres adoptados para muchos utensilios introducidos modernamente en la vida diaria. Un ejemplo suyo

---

[12]a... en compensación por
[13]**disponer** ... poseer, tener
[14]**El** ... La exposición del problema
[15]**parte** ... comienza al

[16]*Vea Nota 2.*
[17]coexisten
[18]indelicado
[19]*Vea Nota 3.*

clásico: el instrumento que en España se llama "bolígrafo" es en los diversos países hispánicos "esferográfico", "esferográfica", "birome", "lapicero de tinta", "lápiz de pasta", "pluma cohete" y "pluma atómica". "He ahí—concluye—la fragmentación léxica surgiendo ante nuestros mismos ojos".

Lo enunciado[20] no es sino una esquemática y superficial ilustración de cómo el tesoro de nuestra unidad idiomática, por sólido que sea, está expuesto a agentes corrosivos que es necesario contrarrestar.[21] Este fue el sentido de la creación de la Asociación de Academias de la Lengua Española, nacida de un estrechamiento,[22] con fines de actuación coordinada, de las relaciones entre la Real Academia Española, las americanas y la filipina. La actuación ha consistido . . ., sobre todo, en la fundación de la Comisión Permanente de Academias.

Y con esto volvemos a José Antonio León Rey. ¿Por qué un académico colombiano en la Academia Española? Porque él es . . . el actual[23] secretario general de la Comisión Permanente. Este organismo, cuya sede reglamentaria[24] es Madrid, tiene como presidente nato[25] al secretario perpetuo de la Academia Española—Alonso Zamora Vicente—y está constituido, además, por un académico español—Antonio Tovar—y dos hispanoamericanos en rotación anual . . . Aunque su misión no es, al menos por ahora, lograr que todos digamos unánimemente *bolígrafo*, sí tiene un papel de suma importancia: el mantenimiento de una vigilante conciencia de unidad

El español es la lengua predominante en muchos barrios de Los Ángeles.

---

[20]lo que se ha dicho
[21]combatir
[22]*tightening; strengthening*

[23]presente
[24]prescrita, obligatoria
[25]*ex officio*

entre las Academias hermanas. Y un resultado palpable: el enriquecimiento del *Diccionario* de la Academia Española . . . con abundante caudal[26] del español americano . . .

Admirable tarea la de Zamora Vicente, León Rey y sus compañeros de la Comisión Permanente de Academias. Ellos están intentando poco a poco, por mandato de veintidós Corporaciones, el milagro de transformar el diccionario de los españoles en el diccionario de los hispanohablantes. No es pequeño intento; no es poco milagro.

Nota 1. Las expresiones "de número" y "numerario" se aplican a un miembro de una asociación en la cual hay un número limitado de socios. La Real Academia Española, que se fundó en 1714 para cuidar la pureza del castellano, tiene un límite de 36 miembros numerarios. Hay además, como se ve en este artículo, academias correspondientes de la española en los países hispanoamericanos y en Filipinas. También hay varios miembros correspondientes que representan a algunas regiones de España.

Nota 2. Clarín es el seudónimo del español Leopoldo Alas (1852–1901). Alas fue catedrático, crítico, cuentista y novelista. Su obra más famosa es la novela *La Regenta* (1884), de tendencia naturalista. ¿Qué seudónimos de escritores norteamericanos puede Ud. citar?

Nota 3. El catedrático y poeta Dámaso Alonso nació en Madrid en 1898. Este filólogo, que es también historiador y crítico literario, fue director de la Real Academia Española de 1968 a 1982.

COMPRENSIÓN

1. ¿Quién es el Sr. León Rey y cómo es?
2. Según Clarín, ¿quiénes son los dueños del idioma español? ¿Está de acuerdo con esa opinión el autor de este artículo?
3. ¿A qué se refiere el término *supernorma*?
4. ¿Qué trata de fortalecer la Real Academia Española?
5. ¿En qué consiste el problema de las palabras malsonantes en el mundo hispanohablante?
6. ¿Cuántas Academias forman la Asociación de Academias de la Lengua Española?
7. ¿En qué consiste el problema de los nombres de muchos utensilios modernos?
8. ¿Qué diferencia hay entre "el diccionario de los españoles" y el "diccionario de los hispanohablantes"?
9. Explique por qué trabaja en la Academia Española el Sr. Rey, que es colombiano.
10. ¿Cuál es la misión de la Comisión Permanente de Academias?

---

[26]riqueza, cantidad

OPINIONES

1. El articulista habla de una supernorma de la lengua española. ¿Existe algo parecido en inglés? Si existe una supernorma de la lengua inglesa, descríbala. ¿Debe existir una Academia de la Lengua Inglesa? ¿Por qué (no)?
2. ¿Cómo difiere el inglés de los Estados Unidos del de Inglaterra? ¿Cuál de las variedades es superior? ¿Por qué opina Ud. así?
3. ¿Hasta qué punto debe o puede ser uniforme una lengua como la española o la inglesa? En el caso del español, ¿qué dificultades especiales hay para la uniformidad? ¿En qué sentido ha ayudado la tecnología moderna a esta uniformidad?
4. ¿Qué factores pueden contribuir a la diversidad lingüística? ¿El clima? ¿Influencias extranjeras? ¿La tecnología? ¿Qué más?
5. ¿Se debe juzgar a una persona por su modo de hablar su lengua materna? ¿Por su manera de usar una lengua extranjera? Explique su opinión.

SECCIÓN GRAMATICAL

THE SPANISH ALPHABET (EL ALFABETO ESPAÑOL)

Since Spanish words rarely need to be spelled out, many advanced students have forgotten the names of Spanish letters. Yet, it is important for students to know these names so that spelling problems can be discussed in Spanish. Moreover, the names of some letters are found in several interesting expressions, as will be seen in the *Ampliación Léxica*.

All the letters are feminine in gender. To form the plural, add **-es** to the names of the vowels and **-s** to the names of the consonants. The numbers refer to the observations that follow the list.

a	**a**	ll	**elle**
b	**be** (1)	m	**eme**
c	**ce**	n	**ene**
ch	**che** (2)	ñ	**eñe**
d	**de**	o	**o**
e	**e**	p	**pe**
f	**efe**	q	**cu**
g	**ge**	r	**ere, erre** (4)
h	**hache**	s	**ese**
i	**i** (3)	t	**te**
j	**jota**	u	**u**
k	**ka**	v	**ve** (5)
l	**ele**	w	**ve doble** (6)

x	**equis**	z	**zeta** (8)
y	**i griega** (7)		

Some observations on certain letters:

(1) The letter **be** (*b*) represents two sounds, according to position: at the beginning of a breath group or after a nasal consonant the sound is occlusive (the lips are momentarily closed to produce the sound: **Benito**, **combinar**); in all other positions the sound is fricative (it is produced by friction and the lips touch very lightly or not at all: **cabe**, **robo**). The letter **ve** (*v*) represents exactly the same two sounds in most Spanish-speaking areas. Since **be** and **ve** are pronounced exactly the same, Spanish-speaking people have invented various ways to distinguish orally the two letters: **Be** is called: **be alta**, **be grande**, **be larga**, **be de Barcelona**, **be de burro**; see note 5 below.

(2) This letter is called **ce hache** in some areas.

(3) Also called **i latina**.

(4) The latest edition (1984) of the Academy Dictionary remarks on this letter: *"Su nombre generalmente es **erre**; pero se llama **ere** cuando se quiere hacer notar que representa un sonido simple."* Some Spanish speakers refer to **erre** as **ere doble**.

(5) The **ve** is also sometimes called **uve** (Spain) or **u consonante**. For the reason explained in note 1, Spanish speakers distinguish this letter from **be** by means of special names: **ve baja**, **ve chica**, **ve corta**, **ve de Valencia**, and **ve de vaca**.

(6) Also called: **doble ve**, **uve doble**, **doble u**.

(7) Also called: **ye**.

(8) Variants are: **zeda**, **ceda**.

APLICACIÓN

Deletree las siguientes palabras.

hemorragia	niña	anchura
kilogramo	paz	hambre
biografía	general	siete
equilibrio	jinete	examen
abuela	verdad	bueyes
gallina	caballero	wolframio

SOME GENERAL REMARKS ON SPANISH SPELLING

1. Double consonants are very rare in Spanish, whereas they abound in English.

asesinar	*to assassinate*
atención	*attention*
apreciar	*to appreciate*

2.   A double **n** occurs in some words like **innovación, perenne**, and in verb formations like **den + nos** that becomes **dennos**. In these cases, the two n's are usually pronounced.

3.   The double **c** occurs only before **e** and **i** and each **c** has a different sound: **accidente** (either k + th or k + s).

4.   **Ll** and **rr** are not considered double consonants but rather separate letters and sounds.

5.   Certain consonantal sounds differ in spelling before different vowels:

Sound of	a	e	i	o	u
k	ca	que	qui	co	cu
g	ga	gue	gui	go	gu
gw	gua	güe	güi	guo	
h	ja	ge, je	gi, ji	jo	ju
th, s	za	ce	ci	zo	zu

The combinations **z + e** and **z + i** are extremely rare in Spanish. For this reason, spelling conventions require such changes as **lápiz, lápices; cruzar, cruce Ud.**

   The foregoing spelling conventions are responsible for some of the spelling changes that occur in the conjugation of many verbs. The following charts summarize some of the most frequent changes.

Verbs whose infinitives					
End with	Change	Before	In		Examples
-car	c to qu		first person singular preterite and all present subjunctive		**mascar**
-gar	g to gu	e			**pagar**
-guar	gu to gü				**atestiguar**
-zar	z to c				**avanzar**

Verbs whose infinitive					
End with	Change	Before	In		Examples
-ger	g to j				**proteger**
-gir	g to j				**fingir** foign
-quir	qu to c	o and a	first person singular present indicative and all present subjunctive		**delinquir**
-guir	gu to g				**extinguir**
Consonant before { -cer / -cir }	c to z				**convencer** / **zurcir** to sew
Vowel before { -cer / -cir }	c to zc				**nacer** / **traducir**

① qui̇vocado

yacer-

The same principles are reflected in the formation of certain absolute superlatives.

Adjectives or adverbs that				
End in	Change	Before	Examples	
-co	*c* to *qu*		**riquísimo**	**(rico)**
-go	*g* to *gu*	*ísimo*	**larguísimo**	**(largo)**
-z	*z* to *c*		**felicísimo**	**(feliz)**

6. The diacritical mark (**tilde**) distinguishes the letters **ene** and **eñe** and thereby prevents the possible confusion of such words as:

> **una** (*one*), **uña** (*nail*)
> **suena** (*he sounds*), **sueña** (*he dreams*)
> **cuna** (*crib*), **cuña** (*wedge*)
> **pena** (*grief*), **peña** (*rock*)

SOME FREQUENT SPELLING CORRESPONDENCES		
English	Spanish	Examples
1. *ph* (of Greek origin)	**f**	*philosophy*-**filosofía**
2. *th* (of Greek origin)	**t**	*theology*-**teología**
3. *mm*	**nm**	*immobile*-**inmóvil**
4. *s* + consonant at beginning of word	**es** + consonant	*school*-**escuela**
5. *-tion*	**-ción**	*nation*-**nación**
6. *chl* (of Greek origin)	**cl**	*chlorine*-**cloro**
7. *(s)sion*	**-sión**	*passion*-**pasión**
8. *psy*	**si***	*psychology*-**sicología**
9. *trans*	**tras**	*transplant*-**trasplantar**

APLICACIÓN

1. *Escriba el mandato formal (de Ud.) de los siguientes verbos:* **sacar**, **alcanzar**, **llegar**, **averiguar**.
2. *Escriba el imperativo negativo (tú) de los verbos que siguen:* **coger**, **distinguir**, **vencer**, **lucir**, **delinquir**, **dirigir**, **conocer**, **esparcir**.

lucir - show off, shine
esparcir, scatter

---

*Some Spanish users retain the p, (for example, **psicología**).

SYLLABICATION (SILABEO)

The fundamental rules for dividing Spanish words into syllables are listed below. They are necessary to understand the rules for stress (see the next section on stress), and to hyphenate words that must be divided at the end of one line and the beginning of another.*

1.   A word has as many syllables as it has vowels. (The latter term is used in this context to refer to a single vowel, a diphthong, or a triphthong.)

in-de-pen-dien-te-men-te   **tuer-to**

2.   A single consonant is grouped with the following vowel.

pa-na-me-ri-ca-no   **die-ci-nue-ve**

3.   When two consonants occur between vowels

a.   if they are easy to pronounce together, both are joined with the following vowel.

bi-blio-te-ca   **a-gra-de-cer**

b.   if they are difficult to pronounce together, the consonants are split.

am-bi-guo   **al-re-de-dor**

4.   When three or more consonants occur between vowels, the last two go with the following vowel if possible (see 3a).

en-fren-tar   **cum-pli-men-tar**
im-pro-pi-cio   **Pan-cra-cio**

5.   Unlike English, Spanish separates **s** from a following consonant.

ins-pi-ra-ción   **es-pa-ño-la**

6.   Any combination of two or more vowels involving **u** or **i** and pronounced together forms one syllable (a diphthong or triphthong).

vein-te   **Ma-rio**   **con-ti-nuéis**

---

*Hyphenation is especially important in Spanish because native writers make every effort to keep the right-hand margin as even as possible in writing or typing.

a. A written accent on **i** or **u** breaks the diphthong and makes two separate syllables.

Ma-tí-as   **le-í-do**   **pú-a**

b. All other vowel combinations are separated into different syllables.

te-a-tro   **le-er**

7.   Prefixes form separate syllables.

in-sis-tir   **con-ce-bir**

However, when the prefix comes before **s** + consonant, the **s** is joined to the prefix.

cons-tan-te   **ins-pi-rar**

APLICACIÓN

Divida en sílabas.

embriagar *- to make ing* ~drunk~	anticipar	esdrújula *- word w/accent on 3rd till last syllable*
potrillos	veintisiete	también
aclarar	coetáneo	hablaríais
libro	facsímile	hispanoamericano
constituir	aniversario	pronunciación
desarrollar	diviértanse	apreciéis
compensar	nauseabundo	Cochabamba
entregar	manantial	desharrapado

STRESS (ACENTUACIÓN)

The basic rules for stress are

1.   Words that end in a vowel or **n** or **s** are normally stressed on the next-to-last syllable.

e-qui-va-len-te   **sa-len**   **lec-cio-nes**

2.   Words that end in a consonant other than **n** or **s** are normally stressed on the last syllable.

re-tra-tar   **co-lo-nial**   **e-fi-caz**

3.   Words not stressed according to the above two rules have a written accent on the stressed syllable.

To-más   **án-gu-lo**   **per-dón**   **ca-rác-ter**

THE WRITTEN ACCENT (EL ACENTO GRÁFICO; LA TILDE)

Written accents are used for the following reasons:

1.   To indicate the stressed syllable in words that do not follow rules 1 and 2 above.

2.   To indicate that the weak vowel (**i,u**) of a vowel combination is stressed, thus preventing the formation of a diphthong.

re-í-mos   **con-ti-nú-a**
Ma-rí-a   **Ra-úl**

3.   To distinguish between words that have the same spelling but different meanings:

si	*if*	**sí**	*yes*, etc.
el	*the*	**él**	*he*
mas	*but*	**más**	*more*
tu	*your*	**tú**	*you*
aun	*even*	**aún**	*still, yet*

4.   To indicate the normally stressed vowel in all interrogative and exclamatory words (**dónde, por qué, cuándo, cómo, cuál**, etc.). This applies to direct questions and exclamations as well as to indirect ones.

¿Qué quieres?
Él me pregunta qué quiero
¡Cuánto he hecho por ellos y qué poco me lo agradecen!

APLICACIÓN

A   *Añada los acentos y otros signos necesarios. La vocal subrayada es la que lleva la fuerza de la pronunciación.*

1.   Sí, señor, mi conyuge tiene una clavicula dislocada.
2.   El guia queria que volviesemos a ver el tumulo de marmol. — marble
3.   Digamelo espontaneamente, pero no de improviso.

4. El verdor de los árboles de guayaba y del cesped fertil me dejaron estupefacto.
5. ¿Como? ¿Como como? Como como como.
6. La hipotesis hacía hincapie en que el planeta tenia una orbita eliptica.
7. Benjamin bailo el baile con unas frivolas senoritas de Aranjuez.
8. El era farmaceutico en la ciudad de Durango.
9. El vastago primogenito de la victima robo los viveres de Felix.
10. Asdrubal dice que el quiere ser quimico y no arqueologo.
11. La timida e ingenua heroina de la pelicula realiza un salvamento heroico.
12. En Xochimilco platicamos con los mariachis y compramos orquideas y gardenias.
13. Mario garantiza que la mansion esta en optimas condiciones.
14. Son caracteres opuestos: Cayetano es un celebre cosmonauta y Dario es un asceta mistico.
15. Aun su madre reconoce que ese zangano no tiene vocacion y que es un imbecil y un sinverguenza.
16. Esas reglas de trigonometria no son utiles para calcular volumenes.
17. ¿Solo te serviste una taza de te? Eres muy frugal. Sirvete tambien bizcochos.
18. Sanchez, Marques, Carvajal y Aranguren son mis huespedes.
19. El ruido continuo de la grua y de los vehiculos continua molestandome.
20. No es verosimil que la mujer que llevaba la cantara cantara antes, pero si pienso que cantara pronto.
21. El transeunte sonambulo se rompio una vertebra aunque llevaba como amuleto un trebol de cuatro hojas.

B *Haga listas de diez palabras que ejemplifiquen cada regla de la acentuación.*

CAPITALIZATION (USO DE MAYÚSCULAS Y MINÚSCULAS)

The following aspects of Spanish usage should be noted:

1. In Spanish, the abbreviations **Vd.** and **Vds.** (or **Ud.** and **Uds.**) are capitalized.

2. In Spanish, **yo** takes the lower case whereas in English *I* is capitalized.

3. In Spanish, the names of languages, days of the week, and months of the year are not usually capitalized as they are in English:

> *We speak Spanish.* vs. **Hablamos español.**
> *Monday* vs. **lunes**
> *March* vs. **marzo**

4. In Spanish, adjectives and nouns of nationality, religion, and political affiliation as well as adjectives and nouns derived from proper names are not capitalized as they are in English.

Andrés es cubano, católico y muy republicano.	*Andrés is Cuban, Catholic, and very Republican.*
El célebre gongorista se dedica ahora a estudios cervantinos.	*The famous Góngora scholar now devotes himself to Cervantine studies.*

5. In Spanish, only the first word of a title is capitalized generally, unlike English practice.

Breve historia de la literatura española	*Brief History of Spanish Literature*
Nuevas andanzas y desventuras de Lazarillo de Tormes	*New Adventures and Misadventures of Lazarillo de Tormes*

6. Honorifics (titles) are normally not capitalized in Spanish except when abbreviated.

> **el señor Gómez** vs. el Sr. Gómez
> **el general Franco** vs. el Gral. Franco
> **don Marcelino** vs. D. Marcelino

PUNCTUATION (SIGNOS DE PUNTUACIÓN)
1. The most frequent punctuation marks are:

el punto, punto final	*period (.)*
los dos puntos	*colon (:)*
el punto y coma	*semicolon (;)*
los puntos suspensivos	*ellipsis or suspension points (. . .)*
la coma	*comma (,)*
el principio de interrogación (¿)	
el principio de admiración, exclamación (¡)	
el fin de admiración, exclamación	*exclamation point (!)*
el fin de interrogación	*question mark (?)*
las comillas	*quotation marks (" ",« »)* entrecomillas
el guión	*hyphen (-)*
la raya	*dash (—)*
la crema, la diéresis	*dieresis (¨)*
el paréntesis	*parenthesis ( )*
los corchetes	*square brackets [ ]*
el asterisco, la estrellita	*asterisk (*)*
el apóstrofo*	*apostrophe (')*

---

*(Not used in modern Spanish, except to imitate popular pronunciation, e.g., **"Ven pa'cá [para acá]"**, dijo el campesino.)

2. English speakers should note the following:

    a. In Spain and many Latin American countries, the period is used to separate thousands in large numbers instead of the comma as in English.*

    2.000.000 (dos millones)   *2,000,000 (two million)*

    b. In Spain and many Latin American countries, the comma is used in decimal numbers instead of the period as in English.*

    8,5% (ocho y medio por ciento)   *8.5% (eight and a half percent)*

3. In Spanish, quoted speech and dialogue can be indicated in three ways.

    "No vienen", dijo él.
    «No vienen» dijo él.   *"They're not coming," he said.*
    —No vienen—dijo él.

    Nevertheless, the dash remains the traditional way of indicating dialogue.

4. In English, a comma often precedes a conjunction plus the last item of a series. Such is not the case in Spanish.

    Juan, Antonio y Carlos son hermanos.   *Juan, Antonio, and Carlos are brothers.*

5. In Spanish, the comma is generally used more frequently than in English; for example, it is used after a very long subject.

    Uno de los pasatiempos predilectos de muchos estudiantes de esta universidad, es el de dormir horas adicionales durante los fines de semana.   *One of the favorite pastimes of many students at this University is (that of) sleeping extra hours during the weekends.*

ANÁLISIS DE LA LECTURA

A continuación se enumeran algunas palabras y frases sacadas de la Lectura. El estudiante debe contestar las preguntas relativas a ellas.

1. Las siguientes palabras aparecen en esta Lectura: *número, país, hispánicos, José, León, último, creía, Clarín, más, México, ánimo, lápiz, está, por qué, veintidós.*

---

*However, Cuba, Puerto Rico, Dominican Republic, Mexico, and recently Peru use the U.S. system.

¿Por qué llevan acento gráfico?

2. Porque él es el actual secretario . . .

¿Por qué se usa el acento gráfico sobre el primer él?

¿Qué quiere decir en inglés *actual*? Se trata de un cognado falso o amigo falso (*false cognate*); vea el *Problema Léxico* de este capítulo.

3. Aunque su misión no es . . . lograr que todos digamos unánimemente *bolígrafo*, sí tiene un papel de suma importancia . . .

¿Por qué se usa el acento gráfico sobre *unánimemente, bolígrafo, y sí*?

4. . . . su innato sentir poético . . .

La ortografía de una de estas palabras llama la atención. ¿Cuál y por qué?

5. El autor cita varias palabras (*coger, concha, tirar, huevos, coños*) que son de sentido equívoco (es decir de doble sentido) en alguna(s) parte(s) del mundo hispánico. El lector puede averiguar esos sentidos consultando el libro de Manuel Criado de Val titulado *Diccionario de español equívoco* (Madrid: Edi-6/SGEL, 1981).

6. Manuel Seco cita siete americanismos que se usan en ciertos países en lugar de la palabra **bolígrafo**, que se dice en España. Un americanismo es un vocablo peculiar o procedente del español hablado en algún país de América. No hay que confundir ese concepto con el del anglicismo, que es un vocablo o giro de la lengua inglesa empleado en otra. *Marketing, sandwich* y *lunch* son tres anglicismos que se usan con frecuencia en el mundo de habla española.

¿Qué palabras de origen español empleadas en inglés puede citar Ud.?

SECCIÓN LÉXICA

REPASO*

Exprese de otra manera las palabras en cursiva.

Aquella señora de cabellos *blancos* y ropa *muy limpia iba* todos los días al supermercado donde yo trabajaba. Mi *relación con* ella era superficial, pero me daba cuenta de que no era una persona *común*. Aunque no parecía *tener una gran riqueza*, los problemas de la señora no eran económicos; *se originaban en* los dos sobrinos *junto a quienes vivía*. Los chicos llevaban una vida desordenada, hablaban de modo *indelicado*, y la señora sufría al no poder *combatir* sus malas costumbres.

AMPLIACIÓN

Los nombres de algunas letras del alfabeto han adquirido sentidos especiales; otras letras aparecen en expresiones familiares.

---

*This exercise reviews the vocabulary of the Lectura.

1. **tener (una cosa) las tres bes [buena, bonita, barata]**
    to have everything

2. **llámese hache / llámele Ud. hache / llámale (tú) hache**
    call it what you will/like, it's all the same

✳ 3. **poner los puntos sobre las íes**
    to make (something) perfectly clear

✳ 4. **de pe a pa**
    entirely, from beginning to end, from A to Z

5. **andar haciendo eses**
    to weave, sway, stagger
    (Note also: **la ese** = *zigzag*, e.g., **las eses de la carretera**, *the zigzags in the road*; **la carretera hace eses**, *the road twists and turns*.)

6. **la te**
    T square; tee (pipe)

7. **equis**
    an unknown or indefinite number, X number of

8. **el abecé**
    alphabet; rudiments, basics
    (Note also: **Eso es el abecé**; *That's child's play*. **No saber el abecé**; *Not to know A from B.*)

9. **el abecedario**
    alphabet; rudiments, basics; primer, spelling book

10. La letra **jota** aparece en varias expresiones.
    a. **no decir (ni) jota**, *not to say a word*
    b. **no entender jota/una jota/ni jota de**, *not to understand a word about*
    c. **no saber jota/una jota/ni jota de**, *not to know the first thing about*
    d. **no ver (una) jota**, *not to see a thing/anything at all*
    e. **no falta (una) jota**, *not a bit is missing*

APLICACIÓN

A *Complete con la palabra o expresión apropiada de la lista anterior:*

1. Miedo, precaución, prudencia; __2__; el caso es que ella no se atrevió a ir.
2. Se les enseñaba a los niños a leer con ____9____.
3. Él saldrá bien en este examen porque ha estudiado la materia ____4____.
4. Fíjate en ese borracho; ___5___ por la calle.   ____4____
5. Para mí, el subjuntivo no es difícil; al contrario, _____.

6. Hay cosas que no comprendo en este contrato; antes de firmarlo quiero _____3_____.
7. El dibujante no pudo terminar el diseño porque no tenía __u____.
8. En Europa, pasaremos ____7____ días en París antes de viajar a Madrid.
9. Cuando se le acusó de haber cometido el delito, el hombre no dijo ____N____.
10. El automóvil que compré fue una ganga porque ____l____.
11. No puedo leer esto sin mis gafas porque no veo ___iO____.

(handwritten note: crímen / delito / delito)*

B *Emplee cinco de las expresiones de la lista en sendas oraciones originales.*

⌄ Terminología gramatical

Resumen de las principales formas verbales con sus equivalentes más comunes en inglés. N.B. La nomenclatura es la que recomienda la Real Academia Española en su reciente **Esbozo de una nueva gramática de la lengua española**.

1. infinitivo (**estudiar**, *to study*)
2. gerundio (**estudiando**, *studying*)
3. participio pasivo (**estudiado**, *studied*)

Indicativo

4. presente (**Mario estudia español.** *Mario studies, does study, is studying Spanish.*)
5. presente progresivo (**Mario está estudiando español.** *Mario is studying Spanish.*)
6. pretérito imperfecto* (**Mario estudiaba español.** *Mario used to study, was studying Spanish.*)
7. pretérito imperfecto progresivo (**Mario estaba estudiando español.** *Mario was studying Spanish.*)
8. pretérito perfecto simple** (**Mario estudió español.** *Mario studied, did study Spanish.*)
9. pretérito perfecto simple progresivo (**Mario estuvo estudiando español.** *Mario was studying Spanish.*)
10. pretérito perfecto compuesto (**Mario ha estudiado español.** *Mario has studied Spanish.*) *(handwritten: present perfect)*
11. pretérito perfecto compuesto progresivo (**Mario ha estado estudiando español.** *Mario has been studying Spanish.*)
12. pretérito pluscuamperfecto (**Mario había estudiado español.** *Mario had studied Spanish.*)
13. pretérito pluscuamperfecto progresivo (**Mario había estado estudiando español.** *Mario had been studying Spanish.*)
14. futuro (**Mario estudiará español.** *Mario will study Spanish.*)

---

*Para simplificar, este tiempo se llama *el imperfecto* en éste y en otros libros.
**Para simplificar, este tiempo se llama *el pretérito* en éste y en otros libros.

hambriento = hungry

15. futuro perfecto (**Mario habrá estudiado español.** *Mario will have studied Spanish.*)
16. condicional (**Mario estudiaría español.** *Mario would study Spanish.*)
17. condicional perfecto (**Mario habría estudiado español.** *Mario would have studied Spanish.*)

Subjuntivo

18. presente (**[Ojalá que] Mario estudie español.** *[I hope] Mario studies Spanish.*)
19. imperfecto (**[Ojalá que] Mario estudiara español.** *[I wish] Mario would study Spanish.*)
20. pretérito perfecto (**[Ojalá que] Mario haya estudiado español.** *[I hope] Mario has studied Spanish.*)
21. pretérito pluscuamperfecto (**[Ojalá que] Mario hubiera estudiado español.** *[I wish] Mario had studied Spanish.*)

Imperativo

22. afirmativo (**Estudia (tú) español, Mario.** *Study Spanish, Mario.*)
23. negativo (**No estudies (tú) español, Mario.** *Don't study Spanish, Mario.*)

Desde el punto de vista de la terminología gramatical, la oración **Mario está estudiando español** se compone de los siguientes elementos.

1. **Mario** = *el sujeto* = subject
2. **está estudiando español** = *el predicado* = predicate
3. **está estudiando** = *el verbo o el predicado verbal* = verb or simple predicate
4. **está** = *verbo auxiliar* = auxiliary verb
5. **est-** = *el radical, la raíz* = stem
6. **-á** = *la terminación, la desinencia* = ending
7. **español** = *el complemento (directo)* = (direct) object

APLICACIÓN

En cursos anteriores Ud. ha estudiado la formación de los tiempos verbales españoles, probablemente usando terminología inglesa. Ahora que sabe la nomenclatura española, haga los siguientes ejercicios. (Las conjugaciones están en el Apéndice.)

A   *Describa cómo se forman los siguientes tiempos verbales.*

1. el futuro
2. el condicional perfecto
3. el presente de subjuntivo
4. el imperfecto de subjuntivo
5. el imperativo afirmativo

B   *Para el imperfecto de subjuntivo hay dos series de terminaciones: una se indica arriba en la tabla. ¿Cuáles son las desinencias de la otra serie?*

C   *¿Cuáles son los dos componentes de un tiempo progresivo?*

D   *¿Cuál es el verbo auxiliar en los tiempos compuestos?*

E   *A veces el presente y el imperfecto de subjuntivo se pueden traducir al inglés con el infinitivo. Dé un ejemplo.*

PROBLEMA LÉXICO

Los Falsos Cognados

Cuatro estudiantes escribieron composiciones breves en las cuales, por influencia del inglés, emplearon mal varias palabras. Encuentre Ud. la palabra correcta en cada caso.*

conferencia

1   *La lectura* DE ESTA TARDE

nuevo funcionario   presenta

Don José Clavijo, *un oficial* del gobierno que ahora *corre* para representante de nuestro distrito, es además historiador, y va a ofrecer esta tarde *una lectura* sobre las civilizaciones *ancianas*. Tanto la *facultad* como los estudiantes

todas
antiguas   el profesorado

DESDE TIERRA DEL FUEGO PARA TODO EL PAIS

CASIO fuego

La calculadora.

HL - 121
Muy práctica
12 dígitos constantes (y hasta 24 aprox.) para X/- función de memoria doble, incluyendo total general, porcientos perfectos, corrección rápida. Sistema decimal.

FR - 120
Versátil para escritorio
10/12 dígitos (aprox. de 24). Constantes para X y +, memoria independiente. Total, sub y total general. %, 00, + y -. Contador artículos. Coma c/3 dígitos. Sistema decimal completo. Impresión 2 colores.

FX - 120
Científica
45 funciones. Mantisa de 8 dígitos, más exponente de 2 dígitos. 3 vías de energía: corriente alternada, batería recargable o dos pilas pequeñas.

HR - 18
Miniimpresora a 2 colores
10 dígitos (aprox. de 20). Constantes para X y +, memoria independiente. Total y subtotal. %, 00, + y -. Contador artículos. Coma c/3 dígitos. Sistema decimal completo.

La línea de calculadoras CASIO-Fuego es supervisada por técnicos de CASIO Computer Co. Ltd. Tokio-Japón y fabricadas por

LEANVAL S.A.   **en su planta de Río Grande Tierra del Fuego - Argentina**

La alta tecnología, con su nuevo vocabulario, ha invadido el mundo hispánico, llegando a lugares tan remotos como Tierra del Fuego.

*For the correct Spanish word, find the *apparent* cognate in the English-Spanish glossary.

atenderán. Apenas vi *la noticia* en el tablón de anuncios, decidí que iría. Después habrá una comida, pero no iré porque es una comida *formal* y no tengo ropa apropiada. Además, esta noche ponen en la televisión un episodio de ''El bote del amor'' que no quiero perderme.

2 *Avisos* PARA EL QUE BUSCA EMPLEO

Cuando llene una *aplicación*, hágalo con cuidado. Por ejemplo, es importante poner las fechas *actuales* y no fechas aproximadas, porque, de lo contrario, el que lea *asumirá* que Ud. no es una persona bien organizada. Si ha trabajado antes, debe explicar brevemente por qué *resignó* a su empleo anterior; si *atiende* todavía a la escuela, debe indicar cuándo espera graduarse. Si sus *marcas* recientes han sido altas, puede resultar *efectivo* el mencionarlas. Algunas compañías preguntan si Ud. tiene que *soportar* una familia o tiene *dependientes* y si se *registró* en el servicio militar. Otra *cuestión* que debe contestar es si es ciudadano de los Estados Unidos o tiene *la carta* verde de residente. Debe Ud. *realizar* que *el suceso* de sus gestiones depende, en gran parte, de que muestre *confidencia* en sí mismo. Recuerde también que la *honestidad* es la mejor *policía*.

3 EL CONCIERTO DEL SÁBADO

Gasté el dinero que tenía *salvado* para llevar a mi novia y a su hermana al concierto del sábado. Pero no valió la pena. El *vocalista* llegó muy tarde y ni siquiera ofreció *apologías* por ello. Además, dos guitarristas tuvieron un *argumento* e intercambiaron palabras bastante *vulgares* frente a *la audiencia*. Mi novia, que es muy *quieta* y detesta las peleas, *pretendía* no oír. Tardaron bastante en llegar a *un compromiso*. Los dos me parecieron personas *muy peculiares*, creo que necesitan un siquiatra. ¿Y la música? Bastante mediocre.

4 EL ACCIDENTE DEL TREN

El tren de Santa Marta acaba de tener un accidente. Los pasajeros están bien, pero el *ingeniero* recibió *injurias* graves. Como el hospital quedaba muy lejos, lo llevaron a *la oficina* de un médico que estaba cerca. El médico *avisó* que no lo movieran en varias horas.

TRADUCCIÓN

One Monday in September, Sol and José met in the corridor of the Humanities Building and had the following conversation.

JOSÉ   Who is your Spanish teacher this year?

SOL   I thought it was going to be Mrs. Andújar but it's Mr. Goicoechea-Batlló.

JOSÉ   What a name! How do you spell it?

SOL   Now that I finally know the Spanish alphabet, I can spell it out for you: G-o-i-c-o-e-ch-e-a-hyphen-B-a-t-ll-ó.

JOSÉ   Are there any accents?

SOL   Of course, over the final *o*. Don't you know the rules? Actually, Don Alejandro, as we call him, is not Spanish but Venezuelan. His father was born in the Basque Country and his mother in Catalonia, so he speaks Basque and Catalan as well as Castilian. He says Basque is really a mysterious language that is not related to any other that is spoken today. On the other hand, Catalan is a Romance language like French, Italian, Portuguese, Rumanian, and Spanish. And, by the way, what is your Spanish teacher's name?

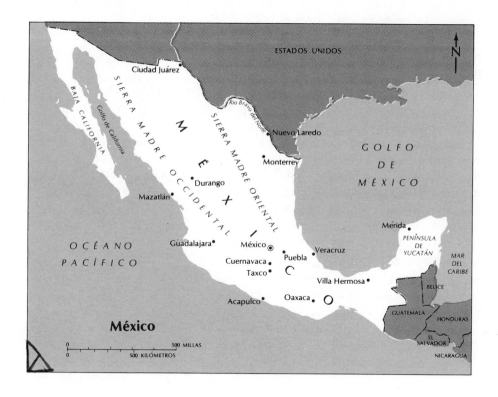

México

JOSÉ I'm not sure, but I think I heard someone say "Good morning, Dr. Alvarado," to him. He speaks with an Argentinian accent which I find interesting and different from that of my previous teachers who were from the Caribbean area. Someone asked him where the best Spanish is spoken and guess what he said. He answered by asking where the best English is spoken. He says that, according to linguists, all educated varieties of a language are equally acceptable.

TEMAS PARA COMPOSICIÓN

1. En la Lectura, el autor, en el primer párrafo de su ensayo sobre un tema bastante serio, capta la atención del lector haciendo el retrato de un hombre conocido sin identificarlo por su nombre. Imite este recurso literario y escriba una composición sobre un erudito, investigador o científico, real o imaginario, y su campo de especialización.

2. Contraste las lenguas española e inglesa en sus orígenes, compare los lugares donde se hablan ambas, y comente las influencias que otras lenguas han tenido sobre ellas.

3. ¿Es fácil o difícil aprender el español? ¿Qué aspectos del español son fáciles y qué aspectos son difíciles? ¿Conoce Ud. algún idioma más fácil que el español? ¿Más difícil?

4. Las ventajas de saber el español además del inglés. ¿En qué partes de este país será más útil? ¿En qué profesiones u oficios será más práctico? ¿De qué manera tendrá Ud. la oportunidad de utilizar el español en su futura profesión?

5. Las experiencias personales de Ud. con el idioma español en clase y fuera de ella. ¿Cuándo empezó a estudiarlo? ¿Escucha programas de radio en español? ¿Cuáles? ¿Ve programas de televisión en español? ¿Cuáles? Si no escucha el radio ni ve la televisión en español, explique por qué. ¿Qué metas relacionadas con el español tiene Ud.?

6. La Real Academia Española: su fundación en el siglo XVIII, sus actividades, algunos miembros actuales.

CAPÍTULO 2

LECTURA

El siguiente artículo, de Antonio Salazar Páez, está tomado de la revista mexicana Impacto.

El autor comienza resumiendo lo sucedido el 22 de abril de 1519, en el tercer párrafo retrocede para darnos detalles de sucesos que precedieron a esa fecha y, finalmente, en el quinto párrafo, vuelve al 22 de abril y procede a narrar cronológicamente. Este tipo de "salto atrás" a veces confunde un poco al lector, pero hace la narración más interesante.

La fundación de Veracruz

La Villa Rica de la Vera Cruz[1] se estableció el 22 de abril de 1519 en un arenal[2] caliente, lleno de lagunatos,[3] riachuelos[4] y moscos.[5] Fue una mañana de cielo gris.

En el barco flotaba el estandarte[6] de don Hernando Cortés, de terciopelo negro, con las armas bordadas en oro del rey de Castilla. A ambos lados una hoja roja entre llamas azules y blancas con la divisa:[7] "Amigos, sigamos a la cruz; si tenemos verdadera fe, con este signo venceremos". La inscripción en latín muestra la idea de la profunda fe religiosa de Cortés, la cual no abandonó nunca, ni en los peligros ni en las glorias, ni en los triunfos ni en las adversidades.

La flota se estacionó[8] al sur del islote[9] de San Juan de Ulúa. En él

---

[1]ciudad y puerto que está en el Golfo de México
[2]lugar con mucha arena
[3]lagunas pequeñas
[4]ríos pequeños
[5]mosquitos
[6]pedazo de tela cuadrado con insignias
[7]lema
[8]se paró
[9]isla pequeña

desembarcaron el 21 de abril. Desde allí se veía la blancura del Citlatépetl,[10] por lo que llamaron al lugar Nuestra Señora de las Nieves.

Causó admiración de los españoles un ídolo que estaba en un oratorio.[11] Era Tezcatlipoca,[12] vigilado por cuatro indios con mantas prietas y largas, con capuchas parecidas a las de los dominicos o canónigos. Eran sacerdotes aztecas. A sus pies yacían dos muchachos, abiertos por los pechos y sus corazones sangrantes junto a la deidad pétrea.[13]

Cortés estaba inquieto en el islote, temía que lo mandara detener Velázquez.[14] No podía esperar y menos regresar. Había que bajar a tierra firme inmediatamente y dio la orden. El 22 de abril amaneció nublado y el mar en calma. Todos subieron a los barcos y enfilaron[15] tras una piragua[16] totonaca.[17] Llegaron a la desembocadura[18] del río Tenoyan. Hernán Cortés clavó pica[19] y espada en la margen derecha del río, y fray Bartolomé de Olmedo plantó una cruz e imploró al Cielo.

Así nació la primera estampa[20] de la Villa Rica de la Vera Cruz. Surgió el México nuevo, que los tlacuilos[21] dibujaron y llevaron en carrera de relevos[22] a Moctezuma. En sus papeles de maguey[23] estamparon las casas flotantes, las bocas escupiendo fuego y los monstruos de doble acción, hombres a caballo, y a Cortés, con su sombrero de brillantes plumas y su jubón[24] de terciopelo, que hacía recordar a Quetzalcóatl.[25] El hombre era de tez[26] morena, alto y ancho de hombros, esbelto, fuerte y vigoroso. Su arrogancia[27] causaba admiración y respeto.

Se generalizó el intercambio de chucherías[28] por oro y joyas, plumas y telas de algodón; sin embargo, el propósito era la conquista y esto se entiende por elemental lógica, ya que Cortés sabía muy bien de los inmensos tesoros que tenían los pueblos de tierra adentro y que comprobaba por los costosos regalos que le hacían.

El sábado, víspera de la Santa Resurrección,[29] se presentó un gobernador llamado Cuitlalpitoc. Les entregó gallinas y pan de maíz y muchas ciruelas, y en nombre de Moctezuma dio a Cortés joyas de oro. Al otro día arribó otro gobernador llamado Tentlil con muchos indios, con más gallinas y legumbres.

Los habitantes de la región ayudaron a los españoles a construir más chozas, que les sirvieron de abrigo[30] y refugio. Alrededor del campamento, se formó bien pronto una especie de mercado donde los indios llevaban sus frutas y legumbres. También vendían objetos de oro, trabajados con exquisito gusto y depurado[31] arte.

---

[10]nombre azteca de un pico volcánico que hoy se llama Orizaba
[11]capilla pequeña
[12]Señor del Cielo y de la Tierra en la mitología azteca
[13]de piedra
[14]*Vea Nota 1.*
[15]avanzaron en fila
[16]canoa

[17]grupo étnico indígena
[18]boca
[19]tipo de arma
[20]imagen, retrato
[21]*Vea Nota 2.*
[22]**carrera** ... *Vea Nota 3.*
[23]planta
[24]chaqueta
[25]dios azteca del aire y la guerra

[26]piel de la cara
[27]significa que Cortés era buen mozo
[28]objetos de poco valor
[29]**víspera** ... el día antes de Pascua
[30]protección contra el sol, el frío y la lluvia
[31]refinado

Este dibujo del siglo XVI muestra el momento en que los españoles desembarcaron en Veracruz. Observe la variedad de animales que traían en los barcos.

Como Cortés advirtió que las pobres bagatelas[32] que daba no asombraban al enviado[33] de Moctezuma, sino que ni siquiera parecían agradarle, decidió realizar algo que le diera una impresión de su fuerza y superioridad. Para ello organizó un gran desfile en el que intervinieron sus tropas, en ordenada formación y llevando todas sus armas, mientras que los músicos hacían sonar trompetas y tambores. Pedro de Alvarado, que mandaba la caballería, ordenó una carga simulada. Y mientras pasaba al galope tendido[34] frente a los admirados indígenas, hizo una salva[35] enorme, con un ruido ensordecedor. A pesar del mucho dominio de sí mismos que tenían los indios, no pudieron disimular un movimiento de miedo, y si no echaron a correr, fue por el esforzado temple[36] de su valor.

Cuando el desfile terminó y los espíritus se calmaron, Tentlil le dijo a Cortés que el casco que llevaba uno de los jinetes[37] era idéntico al que lucía el gran Huitzilopochtli, su dios de la guerra, que le agradecería se lo prestara para enseñarlo a Moctezuma, al cual le interesaría verlo. Cortés se lo dejó de buen grado,[38] diciéndole que cuando se lo devolviera lo trajese lleno de polvo de oro.

---

[32]cosas sin valor
[33]representante
[34]muy velozmente
[35]descarga de armas de fuego

[36]**esforzado** . . . alto grado
[37]hombres que montaban a caballo

[38]**de** . . . voluntariamente y con gusto

Esta escena muestra la reunión de Cortés con varios dignatarios de Tlexcaia. Las lenguas dibujadas cerca de las personas indican que están hablando. Doña Marina servía de intérprete.

Mientras duró el desfile, un indio perteneciente a la embajada[39] que había enviado el emperador, continuó dibujando las maravillas que tenía ante sí. Los hombres blancos con largas barbas, sus vistosos[40] uniformes y extrañas armas, los caballos, los estandartes y los navíos. Por este sistema y por el bien organizado servicio de correos que tenían los aztecas, Moctezuma, que se hallaba a setenta leguas[41] de allí, pudo conocer con detalles, al día siguiente, las características de los extranjeros que habían llegado a sus dominios.

En las noches se acentuaba el calor. El vaho[42] de los médanos[43] ahogaba. Los moscos enloquecían con piquetazos[44] y zumbidos y era imposible conciliar el sueño.[45] Los indios se turnaban soplando[46] con hojas de palmera. Muchos se acostaban en la playa, y de ellos se escogía la guardia que cambiaba cada hora.

De todas maneras, aquello era mejor para algunos infractores de la ley, que las cárceles y, en general, para la mayoría, que tenía la ilusión de cargar oro y plata. La ambición neutralizaba los recuerdos sevillanos y madrilenses. Gente que no hubiera figurado ni en los registros de los hospitales[47] más pobres, entraba por la puerta grande de la historia y participaba en la creación del primer puerto, primera ciudad y primer ayuntamiento[48] de México.

Nota 1. Hernán Cortés salió de Cuba en febrero de 1519 para conquistar a México, con una expedición de doce naves y unos quinientos

---

[39]representación
[40]que llamaban la atención
[41]una legua tiene 4 kms.
[42]vapor

[43]bancos de arena
[44]picadas
[45]**conciliar** ... dormirse
[46]abanicando, moviendo las

hojas para dar aire
[47]aquí significa institución para los pobres
[48]gobierno municipal

soldados. Cortés salió desobedeciendo las órdenes de Diego Velázquez, el gobernador de Cuba, que era su cuñado. Fue un acto muy arriesgado, que lo obligó a luchar con desesperación para obtener el triunfo, ya que, si regresaba a Cuba, lo esperaba la cárcel o tal vez la muerte. Después de fundar Veracruz, Cortés siguió avanzando hasta Tenochtitlán (hoy la Ciudad de México). Fueron muchos meses de aventuras y sufrimientos, pero por fin la conquista del imperio azteca se consolidó en 1521.

Nota 2. Los aztecas no tenían en realidad un sistema de escritura. Los sucesos importantes eran representados de manera pictográfica, en hojas de maguey, por los "tlacuilos" o dibujantes. Como se ve en la lectura, las actividades de Cortés en Veracruz fueron reseñadas por los tlacuilos y enviadas inmediatamente a Moctezuma. Estos dibujos venían a ser, por lo tanto, algo así como un periódico moderno.

Nota 3. Los aztecas tenían un sistema de muchos mensajeros en el cual cada hombre corría velozmente una distancia corta y entregaba el mensaje a otro hombre, que corría a su vez. De esta manera, los corredores no se cansaban y su rapidez era mucho mayor.

COMPRENSIÓN
Explique con sus propias palabras los siguientes puntos.

1. De qué manera logra el autor desde el principio darnos la impresión de que el lugar no era agradable.
2. Cómo era el estandarte de Cortés.
3. Cómo sabemos que Cortés era religioso.
4. Lo que sucedió el 22 de abril.
5. Lo que hicieron los tlacuilos.
6. El intercambio de regalos que tuvo lugar entre españoles e indígenas.
7. Cómo se describe a Cortés en el artículo.
8. Lo que hizo Cortés para demostrar su fuerza a los nativos.
9. Por qué los hombres no podían dormir.
10. Cómo sabemos que los expedicionarios eran de baja clase social.

OPINIONES

1. ¿Cómo era, en su opinión, Cortés? ¿religioso? ¿valiente? ¿ambicioso? Explique en qué se basa para pensar así.
2. Hay un pasaje en la Lectura que sugiere que los indios eran valientes. ¿Está Ud. de acuerdo? ¿Por qué o por qué no?
3. Hay una leyenda negra sobre la actuación de los españoles en el Nuevo Mundo. ¿Cree Ud. que las crueldades de una conquista pueden justificarse considerando la labor civilizadora y religiosa que realizan los conquistadores? ¿Habría cambiado la situación si otro país hubiese realizado la conquista en vez de España?

4. ¿Qué sabe Ud. de la conquista del oeste de los Estados Unidos? ¿Qué puede decir de los indígenas de este país?
5. ¿Qué contrastes existen entre la llegada de los ingleses en el Mayflower y las escenas que presenta este artículo? ¿Qué semejanzas?
6. ¿Cuál es la historia de la fundación de su ciudad? Si no sabe la historia de su ciudad, ¿qué historia conoce sobre la fundación de una ciudad? ¿Es más interesante que la de Veracruz?

SECCIÓN GRAMATICAL

THE PRETERITE

The preterite tense narrates events in the past. It refers to a single past action or state or to a series of actions viewed as a completed unit or whole.

1.   Verbs that express actions that happened and ended quickly are used in the preterite.

Apenas entró en el cuarto, abrió la ventana.	*As soon as he entered the room he opened the window.*
Elena se fue cuando nosotros llegamos.	*Helen left when we arrived.*
Se sentó en el sofá y cerró los ojos.	*He sat down on the sofa and closed his eyes.*

2.   The preterite can be used regardless of the length of time involved or the number of times the action was performed provided that the event or series of events is viewed as a complete unit by the speaker.

Te esperamos media hora.	*We waited for you for half an hour.*
Don Gregorio vivió toda su vida en Madrid.	*Don Gregorio lived in Madrid all his life.*
Leí tres veces las instrucciones.	*I read the directions three times.*

3.   The preterite also refers to the beginning or ending of an action.

Cuando vio a María, Luis se echó a reír.	*When Luis saw María, he began to laugh.*
La reunión terminó a las cinco.	*The meeting ended at five o'clock.*

Mi abuelo se quedó dormido
mirando la televisión.

My grandfather fell asleep while
watching TV.

4.   In Madrid and some other Spanish-speaking areas, the present perfect is used in cases where the preterite has been traditionally regarded as the correct form; for example, **Ayer lo hemos visto** instead of **Ayer lo vimos.** The opposite phenomenon also occurs in certain areas of Spain and in most of Spanish America: the preterite is frequently found in cases where the present perfect would be more usual according to traditional usage. For example, **¿No tienes apetito? No comiste nada** is used instead of **No has comido nada.***

APLICACIÓN

A   *Sustituya según se indica, fijándose en el uso del pretérito que cada oración ejemplifica.*

1.   Como mi coche no funcionaba, *reparé* el motor.
      (componer / maldecir / arreglar)
2.   El profesor *señaló* mi error dos veces.
      (advertir / corregir / oponerse a)
3.   Cuando el niño oyó el ruido, *dejó de* llorar.
      (empezar a / abstenerse de / fingir)
4.   Yo redacté el proyecto y Juan lo *atacó.*
      (deshacer / traducir / destruir)
5.   *Visitaron* a los Camejo la semana pasada.
      (despedir / elogiar / mentirles)
6.   *Acompañaron* al visitante mientras estuvo aquí.
      (perseguir / detener / entretener)

B   *¿Qué hizo Ud. ayer? Prepare una lista resumiendo sus actividades y usando el tiempo pretérito.*

C   *Conteste con oraciones completas usando el pretérito.*

1.   ¿Dónde naciste?
2.   ¿Se casaron tus padres en este pueblo?
3.   ¿En qué año empezaste a ir a la escuela?
4.   ¿A qué hora saliste de tu casa esta mañana?
5.   ¿A cuántos amigos viste hoy?
6.   ¿Te caíste alguna vez en la nieve el invierno pasado?
7.   ¿Tuviste un accidente grave alguna vez?
8.   ¿Soñaste anoche con tu profesor(a)?

---

*For a more complete discussion of this problem, see Charles E. Kany, *Sintaxis hispanoamericana*, (Madrid:Gredos, 1969), pp. 199–202. On the tendency in informal American English to use the simple past (*I did it already*) in place of the perfective (*I have already done it*), see Randolph Quirk and Sidney Greenbaum, *A Concise Grammar of Contemporary English* (N.Y.: Harcourt Brace Jovanovich, 1973), p. 44.

9.   La última fiesta a que fuiste, ¿terminó muy tarde?
10. ¿Quién fue la última persona que te llamó por teléfono?
11. ¿Estuviste alguna vez en España?
12. ¿Qué puso el profesor sobre la mesa cuando llegó hoy a clase?
13. ¿Quién contestó la pregunta anterior?
14. ¿A qué hora comenzó esta clase?

D   *Un estudiante que no conoce las formas del tiempo pretérito, escribió la siguiente composición usando sólo el presente. Corríjala poniéndola en pasado.*

MI FIN DE SEMANA

durmió   *andé*

Este fin de semana duermo en casa de mis primos. El sábado ando perdido por la ciudad y el domingo estoy muy ocupado todo el día. Por la mañana hago *hecho* la maleta para mi viaje de regreso, pero tengo un problema, porque mis zapatos no caben en ella. Luego me dirijo al hospital, porque una amiga sufre un accidente. Lo siento muchísimo, y así se lo digo apenas llego. Escojo claveles rojos para llevárselos y le gustan mucho. Por la tarde, mis primos y yo vamos a un restaurante muy bueno y Carlos pide arroz con pollo para todos. Carlos, además, paga la cuenta. Siempre quiero a Carlos más que a mis otros primos.

THE IMPERFECT

The imperfect is the past descriptive tense. It takes us back to the past to witness an action or state as if it were happening before our eyes. The action or state is not viewed as a whole and its beginning and termination are not present in the mind of the speaker.

Compare **Mi amigo estaba enfermo la semana pasada** and **Mi amigo estuvo enfermo la semana pasada**. Both sentences mean in English *My friend was sick last week*. The state of being sick is viewed in the first Spanish sentence, however, as a description of the friend's condition at some time last week and the speaker is not concerned with the beginning, end, or duration of that condition. In the second sentence the condition is viewed as a unit and as terminated, the clear implication being that the friend is no longer sick.

The imperfect often appears combined with the preterite in the same sentence. In such cases the imperfect serves as the background or stage in which the action or actions reported by the preterite took place or it expresses that an action was in progress at the time something else happened.

Era tarde y hacía frío cuando salimos de la iglesia.	*It was late and it was cold when we left the church.*
Mi hermana tocaba el piano cuando llamó su novio.	*My sister was playing the piano when her boyfriend called.*

Uses of the Imperfect

The imperfect is used:

1. As the Spanish equivalent of the English past progressive (*was, were* + *-ing*) to tell what was happening at a certain time:

Hablábamos mientras tocaba la orquesta.	*We were talking while the orchestra was playing.*
¿Qué hacías en la cocina? Fregaba los platos.	*What were you doing in the kitchen? I was washing the dishes.*

2. To express repeated or customary past actions, as the equivalent of *used to, would* + *verb.**

Íbamos a la playa con frecuencia en esa época.	*We would go the beach often then.*
Cuando yo era niño mis padres me compraban muchos juguetes.	*When I was a child my parents used to buy me many toys.*

3. To describe and characterize in the past.

Su novio era guapo y alto, tenía los ojos azules y sonreía constantemente.	*Her boyfriend was tall and handsome, he had blue eyes and smiled all the time.*
El cuarto estaba oscuro y silencioso y olía a rosas.	*The room was dark and quiet and it smelled of roses.*

There was, there were have a descriptive character and are used in the imperfect generally. **Hubo** means in most cases *happened* or *took place*.

Había sólo tres casas en esa cuadra. [exists]	*There were only three houses on that block.*
Hubo tres fiestas en esa cuadra anoche. [past]	*There were three parties on that block last night.*

---

*Note, however, that *used to* does not always refer to customary actions, for it sometimes emphasizes that something was and no longer is. When this is the case, the stress is on the ending of the action and the preterite must be used.

Mi padre fue profesor de español, pero ahora es comerciante.	*My father used to be a Spanish teacher but he is now a merchant.*

4. To describe emotional, mental or physical states in the past. Thus, verbs that describe a state of mind, such as **amar**, **admirar**, **creer**, **estar enamorado**, (**alegre**, **preocupado**, **triste**, etc.), **gustar**, **pensar**, **querer**, **odiar**, **temer**, and **tener miedo**, are generally used in the imperfect.

A Juan le gustaba mucho ese postre.	*Juan used to like that dessert very much.*
Isabel tenía miedo de ese perro porque ladraba continuamente.	*Isabel was scared of that dog because he barked all the time.*
Ella creía en Dios y lo amaba.	*She believed in God and loved Him.*

All the preceding sentences use the imperfect because they describe mental attitudes and feelings. In the case of sudden reactions, however, the preterite is used, since the emphasis is on the beginning of the state of mind or feeling. (See rule 3 of the preterite.)

Juan probó ese postre, pero no le gustó.	*Juan tried that dessert but he didn't like it.* (Juan's dislike for that dessert started when he tried it.)
Cuando oyó ladrar al perro Isabel tuvo miedo.	*Isabel was scared when she heard the dog barking.* (Isabel's fear started upon hearing the dog barking.)
En aquel momento ella creyó en Dios.	*At that moment she believed in God.* (Her belief in God began as a result of what happened at that moment.)

Some examples of how a state of mind or feeling, normally expressed by the imperfect, requires the preterite when the speaker emphasizes its beginning, are found in the following two stanzas by Bécquer. The poet describes here what he felt upon hearing that his beloved had betrayed him:

> Cuando me lo *contaron sentí* el frío
> de una hoja de acero en las entrañas,
> *me apoyé* contra el muro, y un instante
> la conciencia *perdí* de dónde estaba.
> *Cayó* sobre mi espíritu la noche;
> en ira y en piedad *se anegó* el alma ...
> ¡Y entonces *comprendí* por qué se llora,
> y entonces *comprendí* por qué se mata!

5. To express in the past: time of day, season, etc.

Aunque eran sólo las seis, ya era de noche.	*Although it was only six o'clock it was already dark.*
Era primavera y todos nos sentíamos jóvenes.	*It was springtime and we all felt young.*

6. After verbs that quote indirectly (indirect discourse) in the past.

Juanita dijo que quería ayudarte.	*Juanita said that she wanted to help you.*
Dijeron que iban de compras.	*They said that they were going shopping.*

RECAPITULATION

Observe the use of the preterite and the imperfect in the following passages.

Me *levanté* sobresaltado, me *asomé* a la ventana, y *vi* desfilar mucha gente con carteles gritando: ¡Muera el tirano! ¡Viva la libertad! *Salí* a la calle y *observé* por todas partes gran agitación y alegría. En la plaza central de la ciudad, se *apiñaba* la multitud escuchando el discurso que, desde una plataforma, *improvisaba* un exaltado ciudadano. Cuando el hombre *terminó* de hablar, un grupo de gente *entró* en el ayuntamiento. Alguien *arrojó* a la calle el retrato del Presidente, que se *hallaba* en el salón principal del edificio, y el populacho se *apresuró* a hacerlo pedazos.

The first five verbs in italics are preterites. They are a summary of the actions completed by the speaker: He got up, he looked out the window, he saw the people parading and, then, he went out in the street and observed certain activities. At this point the imperfect is used to describe what was going on: people were crowded together and a citizen was improvising a speech. Once the speech ended (preterite, end of an action) a group of people entered (a completed action) City Hall. Someone threw out into the street (a completed action) the portrait of the President that was (imperfect to describe location) in the main room of the building and the populace rushed to tear it to pieces (preterite, beginning of an action).

Aquel día *cené* mejor de lo que *pensaba*, porque el hombre me *llevó* a su casa y su familia, que se *componía* de dos hijos y una vieja cocinera, me *recibió* con hospitalidad.

The preterites **cené**, **llevó**, and **recibió** refer to completed actions. **Pensaba** and **componía** are imperfects: the first one refers to a mental action; the second one has a descriptive nature.

APLICACIÓN

A *¿Cómo era su vida cuando era niño? Escriba o cuente dónde vivía, quiénes eran sus amigos, qué deportes practicaba, qué le gustaba hacer, etc.*

B *De los estados mentales de la columna **B**, escoja los más adecuados para las personas y circunstancias de la columna **A**, como se hace en el modelo. (Hay más de una posibilidad.)*

MODELO   El muchacho que hablaba por teléfono con su novia se imaginaba que veía la imagen de su amada.

A

1. El muchacho que hablaba por teléfono con su novia ⊃ **F**
2. El profesor de español **ξ**
3. La chica que estaba invitada a una fiesta
4. El ama de casa que compraba en el supermercado
5. La jovencita que había visto en persona a su actor de cine favorito
6. El joven que trataba de aprender los verbos irregulares
7. Juanito, que acababa de sacarse la lotería
8. El hombre a quien un "amigo" le había robado la novia
9. El niñito cuyo perrito había muerto
10. El hombre a quien su jefe le había prometido un aumento de sueldo

B

a) pensaba en el hermoso coche deportivo que compraría
b) estaba sorprendida al ver precios tan altos
c) estaba confuso y tenía dolor de cabeza
d) sentía una gran pena y lloraba
e) soñaba que pronto todos sus estudiantes hablarían bien el español
f) se imaginaba que veía la imagen de su amada
g) detestaba a su falso amigo y quería estrangularlo
h) se sentía optimista y planeaba un viaje de vacaciones con su esposa
i) trataba de decidir qué vestido iba a llevar
j) estaba muy emocionada

VERBS WITH DIFFERENT MEANINGS IN THE IMPERFECT AND THE PRETERITE

IMPERFECT		PRETERITE	
conocía	I knew, I was acquainted with	**conocí**	I met, made the acquaintance of
costaba	It cost (before purchasing)	**costó**	It cost (after purchasing)
podía	I could, was able to (I was in a position to)	**pude**	I was able to and did

no podía	I was not able to, could not	**no pude**	I tried but couldn't
quería	I wanted to, desired to	**quise**	I tried to
no quería	I didn't want to	**no quise**	I refused, would not
sabía	I knew, knew how to, had knowledge that	**supe**	I learned, found out
tenía	I had (in my possession)	**tuve**	I had, received
tenía que	I had to (but did not necessarily do it)	**tuve que**	I had to (and did do it)

No conocía al Dr. Rodríguez; lo conocí ayer en casa de Juan.	I didn't know Dr. Rodríguez; I met him yesterday at Juan's.
Carmen no quiso comprar las entradas, porque costaban mucho.	Carmen refused to buy the tickets because they cost too much.
Tuve carta de Susanita ayer.	I received a letter from Susanita yesterday.
No pude venir el lunes a clase porque tuve que acompañar a mi madre al médico.	I couldn't come to class on Monday because I had to accompany my mother to the doctor's.
Compré los libros que tenía que comprar, pero me costaron $60.	I bought the books I had to buy (was supposed to buy) but they cost me $60.

(Note that when Spanish speakers say *tenía que comprar* they aren't thinking of the completion, only of the obligation.)

APLICACIÓN

A *Escoja la forma verbal correcta en cada caso.*   / Something finished

1. Después de muchos esfuerzos (podíamos / pudimos) entrar.
2. Me perdí porque no (conocía / conocí) bien el barrio.
3. La alfombra que compramos es preciosa, pero nos (costaba / costó) varios miles de pesetas.
4. Se sintió ofendida y no (quería / quiso) aceptar el dinero que le ofrecimos.
5. ¿Cuándo (sabíais / supisteis) que José había muerto?
6. Pedro me preguntó si (sabía / supe) cuánto (costaba / costó) poner un anuncio en ese periódico.
7. ¿(Tenía / Tuvo) Ud. noticias de su madre recientemente?
8. El niño lloraba porque (quería / quiso) dulces.

9. Me dijo que (podía / pude) sacar una "A" si estudiaba un poco más.
10. (Teníamos / Tuvimos) que estudiar, pero preferimos irnos al cine.
11. Teresita no entró en el agua porque no (sabía / supo) nadar.
12. (Conocíamos / Conocimos) a ese escritor el sábado.
13. ¿(Podían / Pudieron) Uds. terminar a tiempo ayer?
14. Pusimos la mesa en la sala, pero (teníamos / tuvimos) que desarmarla primero, porque no cabía por la puerta.

B *Complete, decidiendo entre el pretérito y el imperfecto.*

UN CUENTO DE HADAS. *Fairy tale*

1. En un país muy extraño (vivir) *vivía* hace tiempo un campesino *some time ago* que (tener) *tenía* tres hijos.
2. El mayor, Pedro, (ser) *era* gordo y grande, el segundo, Pablo, (tener) *tenía* la cara pálida y triste y el tercero (ser) *era* tan pequeño que (poderse) *se podía* esconder en la bota de su padre.
3. El padre, que (ser) *era* muy pobre, les (rogar) *rogó* un día a sus hijos que fueran a buscar fortuna por el mundo.
4. Cerca de allí (vivir) *vivía* un rey poderoso en un palacio magnífico.
5. Un día, de repente, (aparecer) *apareció* un enorme árbol frente al palacio y (dejar) *dejaba* a oscuras todas las habitaciones, porque sus grandes ramas (cubrir) *cubría* las ventanas.
6. El rey (ofrecer) *ofrecía* dar tres sacos de oro a quien quitara el árbol.
7. Pero (haber) *había* un problema: (tratarse) _____ de un árbol mágico y no (existir) *existía* hacha que pudiera cortarlo.
8. Por cada rama que se le (cortar) *cortaba* al árbol le (salir) *salía* dos ramas.
9. Cuando los tres hijos del campesino (oír) *oyeron* el ofrecimiento del rey, (tomar) *tomaron* el camino del palacio.
10. Pero cuando (llegar) *llegaron* al palacio, (ver) *vieron* un cartel pequeño que (estar) _____ clavado en el árbol mágico.
11. El cartel (decir) *decía* que los que intentaran cortar el árbol sin éxito, perderían las orejas. *había*
12. Y en efecto, (haber) *hubieron* allí treinta orejas sangrientas. ¿Qué cree Ud. que (hacer) *hicieron* los tres jóvenes al verlas?

C *Cambie las siguientes oraciones al pasado, decidiendo entre el pretérito y el imperfecto.*

1. La niña viene corriendo calle abajo y al verme en la puerta se detiene.
2. El gato duerme. Me acerco a él y le paso la mano varias veces por el lomo.
3. El barco se hunde cuando está llegando a Veracruz.
4. La maestra me mira las orejas y en ese momento me alegro de habérmelas lavado.
5. De pronto, una nube negra cubre el sol y se oye un trueno.

6. Su corazón late muy rápido cada vez que mira a su vecina.
7. El niño llora a gritos y la madre tiene una expresión triste en la cara.
8. Desde la ventana contemplamos los copos de nieve que se acumulan en las ramas.
9. Los soldados que suben por el sendero van pensando en su familia.
10. Detesta esas reuniones y siempre que lo invitan da la misma excusa para no ir.
11. Son tantas las dificultades con el coche que lo dejan allí, y allí permanece dos días.
12. El recepcionista pone cara de sorpresa cuando ve tanta gente.
13. El viajero está sentado solo y bebe una cerveza, cuando observa que en la mesa contigua se halla una bellísima mujer.
14. El enfermo está muy grave. El médico que lo atiende no me da esperanzas.
15. Don Pepe es un viejecillo simpático, que sonríe constantemente y les cuenta cuentos fantásticos a los chicos del barrio.

D *Sustituya las palabras en cursiva por las que están entre paréntesis, cambiando también el verbo principal.*

MODELO   *Siempre* comíamos a las seis de la tarde. (el martes)
          El martes comimos a las seis de la tarde.

1. Hablábamos con él *a menudo.* (la semana pasada)
2. Estaba en su casa *en aquel momento.* (tres horas)
3. Fuimos al cine *ayer.* (a veces)
4. *Cuando ella era niña* recibía muchos regalos. (en su último cumpleaños)
5. Pérez tuvo mucho dinero *en su juventud.* (cuando lo conocí)
6. Pepe la amó en silencio *muchos años.* (y nadie lo sospechaba)
7. *Frecuentemente* me sentía alegre. (de repente)
8. Tú no pensabas *nunca* en mí. (una sola vez)
9. *Ayer* trajiste tu libro de español a clase. (todos los días)
10. Doña Esperanza era maestra de mi hijo *entonces.* (algunos meses)

E *Cambie al pasado.*

1. Ese día Eduardo se levanta temprano, se viste con cuidado, y luego que queda satisfecho de su aspecto, mete los bombones para Asunción en una bolsa y sale de su casa.

Don Jerónimo y su hija ocupan un apartamento en el segundo piso del edificio. Al detenerse Eduardo frente a la puerta, oye los acordes de un piano que toca una hermosa pieza. Teme interrumpir aquel derroche de notas que tan agradablemente suenan en sus oídos, y espera junto a la puerta el fin de la pieza. Cuando la música termina, llama con timidez. —Un momento—, dice la voz de don Jerónimo.

La puerta se abre y Eduardo entra en la sala. Detrás del piano hay un espejo de marco dorado, y en el cristal ve el hombre reflejado el hermoso rostro de la joven que se sonríe, y que lo mira de una manera que lo turba. Lleva un traje blanco muy sencillo, y Eduardo piensa que se ve más hermosa que el día anterior. La joven, que comprende lo que pasa en el alma del hombre, le sonríe de nuevo, se levanta y se acerca a él.

2.   Cuando don Marcial Rodríguez llega a su estancia no encuentra más que montones de escombros. Todo ha sido arrasado por el fuego: las habitaciones, cuyos muros yacen en forma de montículo, y los grandes ranchos donde duermen los peones. Culebras y lagartos se señorean en las ruinas. En medio de tanta desolación, sólo el ombú se yergue siempre verde, siempre sereno e inmutable.

Don Marcial, acompañado de su hijo Juan y de dos amigos que son sus oficiales subalternos, emprende la tarea de reconstruir lo destruido. Con troncos de sauce se levanta un rancho y luego se forma un rectángulo para el galpón. Se trabaja con ahinco y en pocos días todo está armado.

Ya están instalados en la nueva casa. En la improvisada cocina, por cuyas paredes penetra el frío sin obstáculos, arden con dificultad las astillas de sauce. Mientras el teniente Gutiérrez prepara el mate, Juan, en cuclillas, sopla el fuego.

F   EL ROBO AL BANCO. *Imagine que dos bandidos asaltaron un banco mientras Ud. estaba allí. La policía lo llama como testigo y Ud. debe contar lo sucedido. Cuente con detalles qué tiempo hacía, qué hora del día era, cómo era el lugar, dónde estaban Ud. y las otras personas importantes en su narración. Y por supuesto, explique lo que hizo cada persona.*

ANÁLISIS DE LA LECTURA

A   *Observe estos casos del uso del pretérito.*

1.   La Villa Rica de la Vera Cruz se *estableció* el 22 de abril de 1519 . . .
2.   *Fue* una mañana de cielo gris.
3.   . . . la profunda fe religiosa de Cortés, la cual no *abandonó* nunca . . .
4.   La flota se *estacionó* al sur del islote de San Juan de Ulúa.
5.   En él *desembarcaron* el 21 de abril.
6.   . . . *llamaron* al lugar Nuestra Sra. de las Nieves.
7.   *Causó* admiración de los españoles un ídolo . . .
8.   El 22 de abril *amaneció* nublado . . .
9.   Todos *subieron* a los barcos y *enfilaron* tras una piragua totonaca.
10.   *Llegaron* a la desembocadura del río Tenoyan.
11.   Hernán Cortés *clavó* pica y espada en la margen derecha del río . . .
12.   . . . y fray Bartolomé de Olmedo *plantó* una cruz e *imploró* al Cielo.
13.   Así *nació* la primera estampa de la Villa Rica de la Vera Cruz.

Todos estos verbos narran lo sucedido. La expresión 2 usa *fue* y no *era* porque no está describiendo, sino enfocando esa mañana en su totalidad, como algo concluído.

La expresión 7 usa el pretérito porque expresa la reacción de los españoles al ver el ídolo. Las expresiones 8 y 13 se refieren al comienzo de una acción:

amaneció marca el principio del día y *nació* marca el momento en que se estableció la ciudad.

B *Observe ahora cómo el imperfecto nos traslada al momento de los sucesos y se encarga de describir el aspecto de las cosas, los sentimientos y emociones de las personas y la situación en general.*

1. En el barco *flotaba* el estandarte de don Hernando Cortés . . .
2. Desde allí *se veía* la blancura del Citlatépetl . . .
3. *Era* Tezcatlipoca . . .
4. *Eran* sacerdotes aztecas.
5. A sus pies *yacían* dos muchachos . . .
6. Cortés *estaba* inquieto en el islote, *temía* que lo mandara detener Velázquez.
7. No *podía* esperar . . .
8. *Había* que bajar a tierra firme inmediatamente . . .

Las frases 3 y 4 nos trasladan al pasado e identifican respectivamente al ídolo y a las personas que veríamos si estuviésemos allí. La frase 5 describe la posición de los muchachos, que estaban tirados en el suelo.

C *Lea con cuidado el resto del artículo y encuentre ejemplos de los siguientes casos.*

1. narración de acciones completas
2. reacción emocional o sicológica
3. descripción del aspecto de una persona
4. principio, fin o interrupción de una acción
5. acciones acostumbradas
6. descripción de una situación
7. acciones en progreso

SECCIÓN LÉXICA

REPASO

Exprese de otra manera las palabras en cursiva.

1. La Lectura dice que Veracruz se fundó en un lugar donde había *lagunas pequeñas* y *ríos con poca agua*, y que la flota de Hernán Cortés *se detuvo* al sur de *una isla pequeña*.

2. Los barcos de los españoles *avanzaron en fila* siguiendo *una canoa* indígena, hasta llegar a *la boca* del río.

3. Cortés, que era un hombre alto, de *piel* morena y llevaba *una chaqueta* de terciopelo, dio a los indios *cosas de poco valor*, y recibió a cambio objetos de oro, trabajados con arte *refinado*.

4. Como *las cosas sin valor* que regalaba Cortés no impresionaban al

representante de Moctezuma, el conquistador organizó un desfile de soldados con *llamativos* uniformes, armas y estandartes. Se hizo *una descarga de varias armas de fuego* mientras *un hombre a caballo* pasaba *velozmente*.

AMPLIACIÓN

En la Lectura se usa la palabra **arenal** para referirse a un lugar con mucha arena. El sufijo **-al** se emplea frecuentemente para indicar que en un terreno abunda algo. Así se dice: **barrizal** (*clay pit*) < **barro**; **cenagal** (*quagmire*) < **cieno**; **herbazal** (*pasture ground*) < **hierba**; **lodazal** (*muddy ground*) < **lodo**; **matorral** (*thicket*) < **mata**; **pedregal** (*stony ground*) < **piedra**; **peñascal** (*rocky hill*) < **peña**; **zarzal** (*brambly place*) < **zarza**.

Este uso incluye también a las plantas. ¿Puede Ud. decir cómo se llama un lugar donde se ha sembrado lo siguiente?

1.	arroz	5.	maíz	9.	robles – oak tree
2.	café	6.	mangos	10.	tabaco
3.	caña de azúcar	7.	naranjas	11.	trigo
4.	juncos reed	8.	plátanos		

Otro sufijo que se usa también para plantas es **-ar**. ¿Qué hay en los siguientes lugares?

squash ~~maler~~ patch   peach trees

1.	un calabazar	4.	un melocotonar	6.	un palmar
2.	un limonar	5.	un olivar olive trees	7.	un pinar
3.	un melonar				

También las terminaciones **-edo**, **-eda** tienen este uso, aunque menos frecuentemente. Diga qué hay sembrado en:

poplar trees

1.	una alameda	3.	una peraleda	5.	un viñedo
2.	una arboleda	4.	una rosaleda		

No hay en realidad reglas para la formación de este tipo de palabras. Cuando no esté Ud. seguro de qué palabra debe usar, sobre todo en el caso de hortalizas, puede emplear la frase **un sembrado de** + **planta**: **un sembrado de coles** (**de tomates**, **de lechugas**, **de zanahorias**).

APLICACIÓN

Cada vez que sea apropiado, use un nombre colectivo para referirse a un lugar donde abunda algo.

1. En las lomas, donde había infinidad de piedras, no se veía vegetación, pero junto al camino había sembrados de plátanos y también terrenos donde abundaban los naranjos y los árboles de mangos.

2. Era casi imposible avanzar en aquella región: junto a la costa nos hundíamos en el suelo con mucha arena, después encontramos terrenos llenos de cieno y tierras con abundancia de juncos y, más adelante, cuando el suelo se

hizo más sólido, áreas con muchas matas que dificultaban el paso o con multitud de zarzas que nos lastimaban.

3.   Los grupos de árboles ponen un toque verde muy necesario en las grandes urbes. En las ciudades de clima frío se ven áreas con muchos robles y álamos, mientras que las ciudades de clima tropical se embellecen frecuentemente con grupos de palmas.

4.   En Andalucía abundan los terrenos con muchos olivos y también las plantaciones de uvas, mientras que en el norte de España se encuentran más frecuentemente grupos de perales, tierras con melocotones y sembrados de melones y calabazas.

5.   La finca era muy grande y sus dueños estaban orgullosos de sus sembrados de maíz y trigo. Frente a la casa había muchos rosales, que la señora cuidaba con esmero, y detrás, gran número de pinos.

6.   En las islas del Caribe hay grandes plantaciones de caña de azúcar y sembrados de café y tabaco, pero también abundan los terrenos con mucha hierba.

PROBLEMAS LÉXICOS

Soler
Soler is used only in the present and imperfect tenses. The two basic meanings of this common verb are summarized in Spanish as:

1.   con referencia a seres vivos, **tener costumbre**.
2.   con referencia a hechos o cosas, **ser frecuente**.

   In English, the equivalent meanings are expressed in several ways.

Solemos estudiar antes de un examen.	*We generally (usually) study before a test.*
Antes solíamos ir mucho al cine, pero ahora vamos poco.	*We used to go (we were in the habit of going, we were accustomed to going) to the movies a lot before but now we seldom go.*
En Suiza suele nevar mucho en invierno.	*In Switzerland it generally (frequently, usually) snows a lot in winter.*

Acabar de
The present tense of **acabar** + **de** + inf. = *have (has) just.*
The imperfect tense of **acabar** + **de** + inf. = *had just.*

Acaban de recibir el paquete que les envié.	*They have just received the package that I sent them.*

Acabábamos de salir cuando empezó a llover.	*We had just left when it began to rain.*

Por poco

Por poco + present tense = *almost* + *past tense.*

Al volver a verlo por poco me desmayo.	*On seeing him again I almost fainted.*

APLICACIÓN

A *Complete de una manera original.*

1. Tengo un amigo que es muy distraído. Suele . . .
2. Es extraño que esté nevando hoy. Aquí no suele . . .
3. Le gustaban mucho los deportes y solía . . .
4. Cuando estábamos en la escuela secundaria solíamos . . .
5. Los sábados, si tengo dinero, suelo . . .
6. ¿Sueles tú . . . ?
7. Antes Ud. solía . . .
8. Mi familia solía . . .

B *Conteste las preguntas de manera afirmativa usando **acabar de** en el presente.*

1. ¿Ya llegó su tío de la Argentina?
2. ¿Han visto Uds. esa película?
3. ¿Ya inauguraron el nuevo edificio?
4. ¿Llamó Manuel a sus padres?
5. ¿Repartió el cartero la correspondencia?
6. ¿Lavó Ud. los platos?

C *Vuelva a escribir los siguientes pasajes, reemplazando el pretérito pluscuamperfecto con la construcción **acabar de** + **infinitivo** en el pasado.*

1. Me había tirado en la cama para ver cómodamente la televisión, cuando mi compañero de cuarto entró, muy nervioso, y me contó que el pescado que habíamos comido en la cena estaba malo y que habían llevado a seis estudiantes al hospital. De repente, di un grito. Había sentido una punzada terrible en el estómago.

2. El piloto había quitado el anuncio de abrocharse el cinturón de seguridad y yo había respirado, aliviada. ¡Estábamos en el aire! Entonces una voz dijo: "¡No se mueva!" Mis ojos buscaron a la persona que había hablado, pensando que se trataba de un secuestrador de aviones. Pero no, era el señor sentado detrás de mí, que había visto una avispa cerca de mi cabeza.

D *Haga un comentario original usando **por poco** y basándose en los datos que se dan en cada caso.*

1. Había llovido y la carretera estaba resbaladiza.

2. Tomábamos un examen y yo miraba el papel de Gonzalo, cuando el profesor levantó la cabeza del libro que leía.
3. Ayudaba a mi madre a poner la mesa y llevaba varios platos, cuando tropecé.
4. Yo no quería decirle la verdad a Joaquina, pero ella me seguía preguntando.
5. Él tenía el número 585 en la lotería y salió el número 584.
6. Josefina estuvo muy grave. Pasó tres días en la sala de cuidado intensivo.
7. Salimos de la oficina a las cinco y a las seis estalló un terrible incendio.
8. Los niños jugaban a la pelota en la acera y Ud. pasó en ese momento.

Different meanings of *time*

1. *Time* = **tiempo** in a general sense.

Trabajo mucho y no tengo tiempo para divertirme.	*I work a lot and I don't have time to enjoy myself.*
Hace mucho tiempo que conozco a Luisito.	*I have known Luisito for a long time.*

2. *Time (clock time)* = **hora.**

¿A qué hora llegaste a casa anoche?	*At what time did you get home last night?*

3. *Time(s)* = **vez (veces)**, in the sense of occasion or frequency.

> *once* = **una vez**
>
> *for the last (first) time* = **por última (primera) vez**

4. *Time* is used in the following idiomatic phrases:

1.	**a la vez, al mismo tiempo**	*at the same time*
2.	**anticuado,-a**	*behind the times (adjective)*
3.	**a tiempo**	*on time*
4.	**a veces**	*at times*
5.	**comprar a plazos**	*to buy on time*
6.	**cumplir una condena**	*to do time in jail*
7.	**de vez en cuando, de cuando en cuando**	*from time to time*
8.	**decir la hora**	*to tell time*
9.	**el (un) momento oportuno (inoportuno)**	*the right time, the wrong time*

10.	en muy poco tiempo, en seguida	*in no time, at once*
11.	edad	*time of life*
12.	hora de verano	*daylight saving time*
13.	(me) llegó la hora	*(my) time has come*
14.	nuestra época	*our times*
15.	por	*times (multiplied by)*
16.	pasar un (buen) mal rato	*to have a (good) bad time*
17.	ser hora de	*to be time to*
18.	una vez	*once upon a time*
19.	una y otra vez	*time after time, over and over again*
20.	ya es (era) hora	*it is (was) about time*

A veces no llego a tiempo a mis citas.	*Sometimes I don't get to my appointments on time.*
Su pedido estará listo en seguida.	*Your order will be ready in no time.*
Carlos aprendió a decir la hora a los seis años.	*Carlos learned to tell time at the age of six.*
No creo que éste sea el momento oportuno para hablarle a tu padre.	*I don't believe this is the right time to talk to your father.*
Es hora de irnos, seguía repitiendo ella una y otra vez.	*It is time for us to go, she kept repeating time after time.*

APLICACIÓN

A *Conteste incluyendo en su respuesta uno de los modismos anteriores:*

1. ¿Compra al contado su coche la mayoría de la gente?
2. ¿Qué relación simbólica existe entre las épocas del año y las distintas edades del ser humano?
3. ¿Qué sentencia le dio el juez al acusado?
4. ¿Por qué es inútil regalarle un reloj a un niño muy pequeño?
5. Explique los cambios de hora que hay en nuestro país en las distintas estaciones.
6. ¿Qué dicen muchos cuando piensan que van a morir?
7. ¿Cuántos son seis por seis?
8. ¿Te divertiste en la última fiesta a la que fuiste?
9. ¿Vas a menudo a los museos?
10. ¿Llegan tarde muchas veces las personas puntuales?
11. ¿En qué época pasada o futura preferirías vivir?
12. ¿Cómo sabes cuándo ha llegado la hora de comer?
13. Si estás cansado de un ejercicio, ¿qué comentas cuando llegamos a la última pregunta?

B *Exprese en español:*

1. I have told you many times that this is not the right time to think of having a good time. *Es antiguado.*

2. You are behind the times. It is about time for you to adjust yourself to our times. (*Use subjunctive in the second sentence.*) *De vez en cuando mis*

3. From time to time my parents buy something on time. *padres compran algo a plazos.*

4. It is time that you realize that time is money.

5. I can talk on the phone and type at the same time so the letter will be ready in no time.

TRADUCCIÓN

When they chose Moctezuma emperor he was a valiant and religious man but this changed and he soon became a tyrant. Everybody had to come before him with eyes lowered. No one could touch him and those who entered his quarters had to be barefoot. *llegó la noticia*

Seventeen years later the terrible news came: Quetzalcoatl was back in Mexico! From the first moment the emperor knew that the end was near, that struggle was impossible. He sent gifts to Cortés but at the same time he gathered [together] his priests and witch doctors. However, all magic devices failed and Cortés arrived before the gates of Mexico City. *la lucha recursos*

Moctezuma was luxuriously attired when he went out to receive Cortés. He was wearing sandals with soles of gold and several *caciques* carried him on a very rich litter. A few other lords walked in front. They swept the path and placed blankets on the ground that the emperor was to tread. *Barrían*

La posición negativa ante la actuación de los españoles en la conquista de México, se refleja en este mural, pintado por Diego Rivera en el palacio de Cortés en Cuernavaca.

When Moctezuma greeted him, Cortés got down from his horse and wished him good health through doña Marina, his interpreter. The conquistador gave Moctezuma a beautiful necklace and tried to embrace him, but the *caciques* who accompanied Moctezuma held the Spaniard back, for nobody was allowed to embrace the emperor.

TEMAS PARA COMPOSICIÓN

1. La traducción anterior describe la pompa y elegancia que rodeaban a Moctezuma. Imite este pasaje y describa una ceremonia importante o pomposa. Puede basarse en algo que haya visto en una película o en la televisión: una coronación, la boda de un príncipe, el encuentro de dos dignatarios, etc.

2. Los reyes, presidentes y dignatarios en general, viven rodeados de pompa y en un ambiente de riqueza. ¿Está Ud. de acuerdo con que sea así? ¿Es justo gastar dinero en cosas completamente innecesarias cuando tantas personas viven en la miseria? Explique su opinión, refiriéndose a casos concretos. Use por lo menos seis equivalentes de *time* en su composición.

3. Moctezuma fue un rey tirano. Hay muchos gobiernos tiránicos o dictatoriales en nuestros días. Hable de uno de ellos. ¿Qué diferencias y qué cosas en común hay entre un dictador moderno y Moctezuma, tal como se describe aquí?

4. Hernán Cortés. Busque información adicional y escriba sobre algunos aspectos de su vida.

CAPÍTULO 3

El siguiente pasaje está tomado de Niebla, *de Miguel de Unamuno, un miembro muy destacado de la generación del 98. Augusto Pérez, el protagonista de* Niebla, *es un personaje autónomo cuya relación con el escritor que lo creó es simbólica de la relación del hombre con Dios.*

Augusto encuentra a Eugenia

I

Al aparecer Augusto a la puerta de su casa extendió el brazo derecho, con la mano palma abajo y abierta, y dirigiendo los ojos al cielo quedóse un momento parado en esta actitud estatuaria[1] y augusta. No era que tomara posesión del mundo exterior, sino que observaba si llovía. Y al recibir en el dorso de la mano el frescor del lento orvallo[2] frunció el entrecejo.[3] Y no era tampoco que le molestase la llovizna, sino el tener que abrir el paraguas. ¡Estaba tan elegante, tan esbelto, plegado[4] dentro de su funda! Un paraguas cerrado es tan elegante como es feo un paraguas abierto.

Abrió el paraguas por fin y se quedó un momento suspenso y pensando: "Y ahora, ¿hacia dónde voy?, ¿tiro a[5] la derecha o a la izquierda?" Porque Augusto no era un caminante, sino un paseante de la vida. "Esperaré a que pase un perro —se dijo— y tomaré la dirección inicial que él tome."

---

[1]de estatua
[2]lluvia muy fina
[3]**frunció**... arrugó la parte de la frente que está entre las cejas

[4]doblado formando pliegues (*pleats*)
[5]**tiro**... voy hacia

La situación ha cambiado bastante desde principios de siglo, época en que Augusto se enamoró de Eugenia. Estos jóvenes españoles andan de la mano por la calle, sin las inhibiciones del pasado.

En esto pasó por la calle no un perro, sino una garrida[6] moza, y tras de sus ojos se fue, como imantado[7] y sin darse de ello cuenta, Augusto.

Y así una calle y otra y otra.

Y se detuvo a la puerta de una casa donde había entrado la garrida moza que le llevara imantado tras de sus ojos. Y entonces se dio cuenta Augusto de que la había venido siguiendo. La portera de la casa le miraba con ojillos maliciosos, y aquella mirada le sugirió a Augusto lo que entonces debía hacer. ''Esta Cerbera[8] aguarda —se dijo— que le pregunte por el nombre y circunstancias de esta señorita a que he venido siguiendo, y, ciertamente, esto es lo que procede[9] ahora. Otra cosa sería dejar mi seguimiento sin coronación,[10] y eso no, las obras deben acabarse. ¡Odio lo imperfecto!'' Metió la mano al bolsillo y no encontró en él sino un duro.[11] No era cosa de ir entonces a cambiarlo; se perdería tiempo en ello.

— Dígame, buena mujer —interpeló a la portera sin sacar el índice y el pulgar del bolsillo— ¿podría decirme aquí, en confianza y para *inter nos*, el nombre de esta señorita que acaba de entrar?

— Eso no es ningún secreto ni nada malo, caballero. Se llama doña Eugenia Domingo del Arco.

— ¿Domingo? Será Dominga . . .

— No, señor, Domingo; Domingo es su primer apellido.

---

[6]elegante, hermosa
[7]magnetizado
[8]guardiana (De Cerbero, un perro mitológico, *Cerberus*)

[9]es apropiado hacer
[10]final
[11]cinco pesetas

— Pues cuando se trata de mujeres, ese apellido debía cambiarse en Dominga. Y si no, ¿dónde está la concordancia?

— No la conozco, señor.

— Y dígame... dígame... —sin sacar los dedos del bolsillo— ¿cómo es que sale así sola? ¿Es soltera o casada? ¿Tiene padres?

— Es soltera y huérfana. Vive con unos tíos. Se dedica a dar lecciones de piano.

— ¿Y lo toca bien?

— Ya tanto no sé.

— Bueno, bien, basta; y tome por la molestia.

— Gracias, señor, gracias. ¿Se le ofrece algo más? ¿Puedo servirle en algo? ¿Desea que le lleve algún mandado?[12]

— Tal vez... tal vez... No por ahora. ¡Adiós!

— Disponga de mí, caballero, y cuente con una absoluta discreción.

"Pues señor —iba diciéndose Augusto al separarse de la portera— ve aquí cómo he quedado comprometido con esta buena mujer. Porque ahora no puedo dignamente dejarlo así. Qué dirá, si no, este dechado[13] de porteras."

Había cesado la llovizna. Cerró y plegó su paraguas y lo enfundó.[14] Acercóse a un banco, y al palparlo[15] se encontró con que estaba húmedo. Sacó un periódico, lo colocó sobre el banco y sentóse. Luego, su cartera, y blandió[16] su pluma estilográfica. "He aquí un chisme[17] utilísimo —se dijo—; de otro modo tendría que apuntar con lápiz el nombre de esa señorita y podría borrarse. ¿Se borrará su imagen de mi memoria? Pero, ¿cómo es? ¿Cómo es la dulce Eugenia? Sólo me acuerdo de unos ojos..."

II

Augusto, que era rico y solo, pues su anciana madre había muerto no hacía sino seis meses antes de estos menudos sucedidos,[18] vivía con un criado y una cocinera, sirvientes antiguos de la casa e hijos de otros que en ella misma habían servido. El criado y la cocinera estaban casados entre sí, pero no tenían hijos.

Al abrirle el criado la puerta le preguntó Augusto si en su ausencia había llegado alguien.

— Nadie, señorito.

Eran pregunta y respuesta sacramentales,[19] pues apenas recibía visitas en casa Augusto.

Entró en su gabinete,[20] tomó un sobre y escribió en él: "Señorita doña Eugenia Domingo del Arco. E.P.M."[21] Y en seguida, delante del blanco papel, apoyó la cabeza en ambas manos, los codos en el escritorio, y cerró los ojos.

---

[12]mensaje, recado
[13]modelo, ejemplo
[14]puso en su funda
[15]tocarlo
[16]tomó con energía
[17]objeto
[18]pequeños sucesos
[19]rutinarias
[20]despacho, oficina
[21]en propia mano (*hand deliver*)

"Pensemos primero en ella", se dijo. Y esforzóse por atrapar en la oscuridad el resplandor de aquellos otros ojos que le arrastraban al azar.[22]

"La vida es una nebulosa. Ahora surge de ella Eugenia. ¿Y quién es Eugenia? ¡Ah! caigo en la cuenta de que hace tiempo la andaba buscando. Y mientras yo la buscaba, ella me ha salido al paso. ¿No es esto acaso encontrar algo? Cuando uno descubre una aparición que buscaba, ¿no es que la aparición, compadecida de su busca, se le viene al encuentro? ¿No salió la América a buscar a Colón? ¿No ha venido Eugenia a buscarme a mí? ¡Eugenia! ¡Eugenia!"

Y se puso a escribir:

"Señorita: Esta misma mañana, bajo la dulce llovizna del cielo, cruzó Ud., aparición fortuita, por delante de la puerta de la casa donde aún vivo y ya no tengo hogar. Cuando desperté, fui a la puerta de la suya, donde ignoro si tiene usted hogar o no lo tiene. Me habían llevado allí sus ojos, sus ojos, que son refulgentes[23] estrellas mellizas[24] en la nebulosa de mi mundo. Perdóneme, Eugenia, y deje que le dé familiarmente este dulce nombre; perdóneme la lírica. Yo vivo en perpetua lírica infinitesimal.

"No sé qué más decirle. Sí, sí, sé. Pero es tanto, tanto lo que tengo que decirle, que estimo mejor aplazarlo para cuando nos veamos y nos hablemos. Pues es lo que ahora deseo, que nos veamos y hablemos, que nos escribamos, que nos conozcamos. Después... Después, ¡Dios y nuestros corazones dirán!

"¿Me dará usted, pues, Eugenia, dulce aparición de mi vida cotidiana, me dará usted oídos?

"Sumido[25] en la niebla de su vida espera su respuesta

Augusto Pérez".

Y rubricó,[26] diciéndose: "Me gusta esta costumbre de la rúbrica por lo inútil".

Cerró la carta y volvió a echarse a la calle.

"¡Gracias a Dios —se decía camino de la avenida de la Alameda—, gracias a Dios que sé a dónde voy y que tengo a dónde ir! Esta mi Eugenia es una bendición de Dios. Ya ha dado una finalidad, un hito de término[27] a mis vagabundeos callejeros. Ya tengo casa que rondar;[28] ya tengo una portera confidente..."

Mientras iba así hablando consigo mismo cruzó con Eugenia sin advertir siquiera el resplandor de sus ojos. La niebla espiritual era demasiado densa. Pero Eugenia, por su parte, sí se fijó en él, diciéndose: "¿Quién será este joven? ¡No tiene mal porte[29] y parece bien acomodado!"[30] Y es que, sin darse cuenta de ello, adivinó a uno que por la mañana la había seguido. Las mujeres saben siempre cuándo se las mira, aun sin verlas, y cuándo se las ve, sin mirarlas.[31]

Y siguieron los dos, Augusto y Eugenia, en direcciones contrarias,

---

[22]sin camino o destino fijo
[23]brillantes
[24]gemelas
[25]hundido, envuelto
[26]añadió una rúbrica o adorno a su firma
[27]**hito**... meta

[28]**que**... por donde pasar muchas veces
[29]**No**... es más bien guapo
[30]**bien**... de buena posición económica
[31]**Las mujeres**... Unamuno quiere decir aquí que las mujeres saben, instintivamente, si un hombre se siente atraído por ellas o no.

cortando con sus almas la enmarañada[32] telaraña[33] espiritual de la calle. Porque la calle forma un tejido en que se entrecruzan miradas de deseo, de envidia, de desdén, de compasión, de amor, de odio, viejas palabras cuyo espíritu quedó cristalizado, pensamientos, anhelos,[34] toda una tela misteriosa que envuelve las almas de los que pasan.

COMPRENSIÓN

1. ¿Cómo sabemos que Augusto, al salir de su casa, no iba a ningún lugar específico?
2. ¿Por qué tuvo Augusto que darle un duro a la portera?
3. ¿Por qué es evidente que la portera no sabía nada de gramática?
4. ¿Por qué se sentía comprometido Augusto con la portera?
5. ¿Qué datos se nos dan aquí sobre la vida de Augusto?
6. ¿En qué sentido cambiaría la vida de Augusto después del encuentro con Eugenia?
7. Resuma con sus palabras el contenido de la carta de Augusto.
8. ¿Qué pasó la segunda vez que Augusto y Eugenia se cruzaron?

OPINIONES

1. Interprete los siguientes datos: (a) Augusto no quería abrir el paraguas porque estaba elegante en su funda y, apenas cesó de llover, lo metió mojado en su funda; (b) Augusto afirma que odia lo imperfecto; (c) Augusto dice que le gustan las rúbricas porque son inútiles. Basándose en ellos, ¿qué clase de persona cree Ud. que es Augusto?
2. ¿Cree Ud. que Augusto era feliz? ¿Cree que se sentía solo? Explique en qué basa su opinión. ¿Qué detalles de la narración indican que llevaba una vida vacía y sin metas?
3. ¿Qué significan para Ud. estas frases: "la casa donde aún vivo y ya no tengo hogar" y "fui a la puerta de la suya, donde ignoro si tiene usted hogar o no lo tiene"?
4. Eugenia adivina los sentimientos de Augusto, aun antes de conocerlo. ¿Está Ud. de acuerdo con la idea de Unamuno de que las mujeres son más perspicaces que los hombres para adivinar los sentimientos de los demás? ¿En qué basa su opinión?
5. ¿Le gusta la imagen del último párrafo que presenta la calle como una telaraña espiritual? ¿Es cierto que las miradas, los pensamientos y los anhelos de otros pueden influir en un individuo? ¿Qué opina Ud. del poder de la mente? Explique.
6. Han pasado bastantes años desde la época de Unamuno. ¿Siguen todavía los hombres a las mujeres por la calle? ¿Les dejan cartas en su casa? ¿En qué sentido sería diferente este pasaje si la escena sucediera hoy y en los Estados Unidos? ¿Cree Ud. que la actitud de Augusto es ridícula? ¿Por qué o por qué no?

---

[32]enredada, intrincada
[33]tejido o tela de las arañas
[34]nostalgia, deseos

Vista de la antiquísima universidad de Salamanca. La estatua que está de espaldas es de Fray Luis de León, gran poeta y profesor de la universidad en el siglo XVI. Unamuno, que fue rector de esta universidad por muchos años, sintió un gran amor por Salamanca.

SECCIÓN GRAMATICAL

SER

1. **Ser** means *to be* in the sense of *to exist*. Its primary function is to establish identity between the subject and a noun, a pronoun, or an infinitive used as a noun in order to indicate who someone is or what something is.

En esas novelas el asesino es siempre el mayordomo.	*In those novels the murderer is always the butler.*
Fue él quien te llamó.	*He was the one who called you.*
Lo que más le gusta a ella es bailar.	*What she likes best is dancing.*

2. **Ser** is also used to indicate origin, ownership, material, or destination.

—¿De qué parte de Sudamérica eres? —No soy de Sudamérica, soy de México.

"From what part of South America are you?" "I am not from South America, I am from Mexico."

Estas joyas son de mi abuela.

These jewels are my grandmother's.

Todos mis muebles son de roble.

All my furniture is [made of] oak.

¿Para quién son tantas flores?

For whom are so many flowers?

3. **Ser** has the meaning of *to take place, happen.*

La reunión fue en casa de Rosita.

The meeting took place at Rosita's.

4. **Ser** is the Spanish equivalent of *to be* in most impersonal expressions* (i.e., when *it* is the subject of the English sentence). Thus, **ser** is used to tell the time of day, season, month, etc.

Es tarde, son ya las ocho y tengo prisa.

It is late, it is already eight o'clock and I am in a hurry.

Era verano y todas las ventanas estaban abiertas.

It was summertime and all the windows were open.

Era muy posible que la contrataran.

It was very possible that they would hire her.

5. **Ser**, combined with the past participle, is used to form the passive voice when an agent is expressed or strongly implied.

El libro fue publicado en Costa Rica el verano pasado.

The book was published in Costa Rica last summer.

Las palabras del orador no fueron bien acogidas por el público.

The speaker's words were not well received by the audience.

This true passive is used less often in Spanish than in English. (For a more complete discussion of the passive voice, see chapter 12.)

6. **Ser**, combined with an adjective, tells us some essential characteristic of a person or thing.

Su casa es grande y moderna.

His house is large and modern.

pobre
rico

---

*Some idiomatic impersonal expressions do not use **ser**

Hace mucho frío hoy.

It is very cold [out] today.

Hace falta terminar ese trabajo pronto.

It is necessary to finish that work soon.

¿Cómo es tu profesor de español?
Es muy inteligente y simpático.

What is your Spanish teacher like? He is very intelligent and charming.

7. **Ser** also indicates the class or category to which the subject belongs.

Aunque ahora es pobre, va a ser rico algún día.

Although he is poor now, he will be rich some day.

Eres muy joven para un puesto de tanta responsabilidad.

You are too young for such a responsible position.

APLICACIÓN

A *Enlace las expresiones de la columna* **A** *con las expresiones de la columna* **B**, *utilizando para unirlas las formas apropiadas del verbo* **ser** *como se hace en el modelo. (Hay más de una posibilidad.)*

MODELO Llevaba un abrigo grueso porque **era** invierno.

A
1. Llevaba un abrigo grueso porque
2. Las modelos profesionales suelen
3. La fiesta de los Vélez
4. La exposición de pintura
5. El esposo de mi amiga
6. Los abuelos de José
7. El vestido de Aurora
8. Estas mesas
9. Mis amigos y yo
10. Pancho Rodríguez
11. La novia de mi vecino
12. Estas dos cartas

B
a) para ti
b) muy bonita
c) de cristal
d) felices
e) invierno
f) el martes trece de enero
g) altas y delgadas
h) de seda
i) mi compañero de cuarto
j) muy viejos
k) muy interesante
l) farmacéutico

B *Complete de manera original*
1. Es evidente que...
2. Mis abuelos eran de...
3. El coche en el cual ando es de...
4. Nuestro próximo examen será...
5. Las flores que compré eran para...
6. Lo que más me gusta hacer en el verano es...
7. En el futuro, quisiera ser...
8. Mi profesor(a) de español es de...
9. Creo que este libro es...
10. Mi actor y actriz favoritos son...

C *Conteste con oraciones completas, usando el verbo* **ser**.

1. ¿De qué tela es la ropa que llevas?
2. ¿Qué hora era cuando comenzó esta clase?
3. ¿Qué es tu padre? (¿Cuál es su profesión u oficio?)
4. ¿Eres joven o viejo?
5. ¿Eres muy estudioso? ¿un poco? ¿no eres nada estudioso?
6. ¿De quién es la casa donde vives?
7. ¿Era tarde, o era temprano cuando te acostaste anoche?
8. ¿Cómo es tu casa?
9. ¿Dónde son las reuniones de una de las sociedades a que perteneces?
10. ¿Qué desventajas tiene el ser famoso?

ESTAR

Unlike **ser**, **estar** never links the subject with a predicate noun, pronoun, or infinitive. **Estar** may be followed by a preposition, an adverb of place, a present participle (**gerundio**), a past participle, or an adjective.

1. **Estar** expresses location, in which case it is usually followed by a preposition or an adverb.*

Valparaíso está en Chile.	*Valparaíso is in Chile.*
Andrés y Patricia están aquí ahora.	*Andrés and Patricia are here now.*
La playa está lejos de nuestra casa.	*The beach is far from our home.*

2. **Estar** combined with the present participle (**-ndo** form) forms progressive tenses.**

Estuvieron trabajando toda la tarde.	*They were working the whole afternoon.*
Estás hablando más de la cuenta.	*You are talking too much.*

3. Combined with adjectives or past participles, **estar** refers to a condition or state of the subject.

---

*Exception: Occasionally **ser** is combined with adverbs of place to refer to location. Such is the case, for instance, of the person who gives directions to the taxi driver saying:

Es allí en la esquina. *(My destination is [that place] there, at the corner.)*

Avoid using the progressive form with verbs implying movement: **ir, **venir**, **entrar**, **salir**. They are in the progressive only in very special cases. Also do not use the progressive when the English expression is equivalent to a future: *We are buying (We will buy) a new car next fall.* (See Chapter 13.)

No puedo grabar el programa, porque mi video está descompuesto.	*I can't record the program because my VCR isn't working.*
Estoy enamorado, borracho y contento.	*I am in love, drunk and happy.*
A pesar de los cuidados que recibe, el paciente está peor.	*In spite of the care he receives the patient is worse.*

4. Used with an adjective or past participle, **estar** may also refer to a characteristic of the subject as viewed subjectively by the speaker or writer. In this case, **estar** often conveys the idea of: *to look, to feel, to seem, to act.*

Ud. está muy pálida hoy.	*You are very pale today. (You look pale to me.)*
Ayer vi a tu niño; está muy alto.	*I saw your child yesterday; he is very tall. (In the speaker's opinion, the child has grown a lot.)*
Sarita estuvo muy amable con nosotros en la fiesta.	*Sarita was (acted) very nice to us at the party.*
Hacía calor en la playa pero ¡qué fría estaba el agua!	*It was hot at the beach but, the water was (felt) so cold!*

5. **Estar** plus the past participle refers to a state or condition resulting from a previous action.

El espejo está roto; lo rompieron los niños.	*The mirror is broken; the children broke it.*
La puerta estaba cerrada; la había cerrado el portero.	*The door was closed; the doorman had closed it.*
El ladrón fue detenido ayer por la policía; todavía está detenido.	*The thief was arrested yesterday by the police; he is still under arrest.*

Observe that **ser** + past participle = action; **estar** + past participle = resulting state or condition. (For further discussion of **estar** + past participle [the apparent passive], see chapter 12.)

APLICACIÓN

A *Haga cinco oraciones indicando dónde están algunos objetos y muebles que tiene Ud. en su cuarto.*

B *Conteste cada pregunta de manera original, formando un tiempo progresivo con el infinitivo que se indica en cada caso.*

MODELO   ¿Qué hacías mientras el profesor pasaba lista? (hablar)
Estaba hablando con un compañero.

1. ¿Qué hacía tu madre cuando te levantaste esta mañana? (preparar)
2. ¿Qué hacen Uds. en este momento? (leer)
3. ¿Qué hace ella en el teléfono? (discutir)
4. ¿Qué hizo el perro toda la tarde? (ladrar)
5. ¿Qué hacía tu amigo mientras tú tocabas la guitarra? (cantar)
6. ¿Qué hace la mujer en la sala? (limpiar)
7. ¿Qué hacían los curiosos en el lugar del accidente? (comentar)
8. ¿Qué hicieron Uds. ayer? (estudiar)
9. ¿Qué hacía esa niña en la piscina? (nadar)
10. ¿Qué hacían ellas en la tienda? (probarse)

C *Lea las siguientes narraciones y exprese después estados resultantes, basándose en ellas y usando el verbo que se da en cada caso.*

1. La familia abandonó la casa el año pasado, cuando don José, el abuelo, murió. Es una casa grande, con la fachada de color azul. En un tiempo fue hermosa, pero ahora nadie la cuida. Una cerca separa el jardín de la calle, que alumbra la débil luz de un farol.

a. La casa / abandonar
b. Don José / morir
c. La fachada / pintar
d. La casa / descuidar
e. El jardín / separar
f. La calle / alumbrar

2. Por fin terminé mi trabajo y puedo descansar. Mi madre bañó a mi hermanito y entre los dos lo vestimos. Cuando pasé por la sala, vi que el polvo cubría los muebles, así que los limpié. También lavé los platos. Luego escribí una carta para mi tía Adela.

a. Mi trabajo / terminar
b. Mi hermanito / bañar y vestir
c. Antes los muebles / cubrir
d. Los platos / lavar
e. La carta para mi tía / escribir

ADJECTIVES, PAST PARTICIPLES, AND IDIOMATIC EXPRESSIONS THAT ARE USED WITH ESTAR ONLY	
asomado (a la ventana)	*looking out (the window)*
arrodillado*	*kneeling*
ausente	*absent*
colgado*	*hanging*
contento**	*in a happy mood*
de acuerdo	*in agreement*
de buen (mal) humor	*in a good (bad) mood*
de guardia	*on duty, on call*
de moda (pasado de moda)	*fashionable (out of style, unfashionable)*
de pie, parado*	*standing*
de vacaciones	*on vacation*
descalzo	*barefoot*
escondido*	*hiding*
presente	*present*
satisfecho	*satisfied*
sentado*	*sitting*

Notice that the English equivalents of these past participles are present participles (-ing* forms).

Unlike **contento, the adjective **feliz** is normally used with **ser**. However, in the spoken language in some Spanish American countries **estar** is used with **feliz**.

APLICACIÓN

Añada una oración adecuada a cada una de estas afirmaciones, utilizando expresiones de la tabla anterior.

MODELO   La chica está rezando. Está arrodillada en la iglesia.

1. La chica está rezando.
2. Tengo un Picasso en la sala de mi casa.
3. Bernardo no vino hoy a clase.
4. ¡Saqué una *A* en el último examen!
5. Hoy no se puso zapatos.
6. El maestro está escribiendo en la pizarra.
7. El soldado no puede salir esta noche con su novia.
8. Nunca discutimos.
9. Don Jesús tiene muy mal carácter.
10. Espero con ansiedad la llegada del verano.
11. Todos fuimos testigos de lo que sucedió.
12. A mi abuela le gusta mirar a los que pasan por la calle.

COMMON COMBINATIONS OF PAST PARTICIPLE/ADJECTIVE AND PREPOSITION THAT REQUIRE ESTAR

acostumbrado a	*used to*	**enemistado con**	*estranged from, an enemy of*
ansioso por (de)	*anxious to*	**falto de**	*lacking in*
cansado de	*tired of*	**libre de**	*free from*
cubierto de	*covered with*	**listo para**	*ready to*
decidido a	*determined to*	**loco de; loco por**	*crazy with; most anxious to*
(des)contento de (con)	*(un)happy with*	**lleno de**	*filled with*
disgustado con	*annoyed with*	**peleado con**	*not on speaking terms with*
dispuesto a	*willing to, determined to*	**resuelto a**	*determined to*
enamorado de	*in love with*	**rodeado de**	*surrounded by*
encargado de	*in charge of*	**vestido de**	*dressed in, dressed as*

Estoy loca por terminar esta lección.	*I am most anxious to finish this lesson.*
El niño se puso loco de contento cuando vio tu regalo.	*The child went crazy with joy when he saw your gift.*
Dámaso dijo que estaba dispuesto a hacer el viaje, pero que todavía no estaba listo para salir.	*Dámaso said that he was determined to take the trip but that he wasn't ready to leave yet.*

COMMON COMBINATIONS OF PAST PARTICIPLE/ADJECTIVE AND PREPOSITION THAT REQUIRE SER

amigo de	*fond of*	**enemigo de**	*opposed to*
		fácil de + inf.	*easy to*
aficionado a	*fond of*		
difícil de + inf.	*hard, difficult to*	**idéntico a**	*identical to, with*

(in)capaz de	*(in)capable of, (un)able to*	**responsable de**	*responsible for*
parecido a	*similar to*	**(def. art.) + último en**	*the last one to*
(def. art.) + primero en	*the first one to*	**(im)posible de + inf.**	*(im)possible to*

Observe the difference between **difícil (fácil)** + infinitive and **difícil (fácil) + de** + infinitive:

Eso es difícil de aprender.

That is difficult to learn.
(**Difícil de aprender** is an adjective phrase referring to **eso**.)

Sus instrucciones eran siempre fáciles de seguir.

His instructions were always easy to follow.
(**Fáciles de seguir** is an adjective phrase referring to **sus instrucciones**.)

But:

Es difícil aprender eso.

It is difficult to learn that.
(In Spanish **aprender eso** is the subject of **es difícil**.)

Siempre era fácil seguir sus instrucciones.

It was always easy to follow his instructions.
(In Spanish **seguir sus instrucciones** is the subject of **era fácil**.)

APLICACIÓN

A *Traduzca.*

1. Luisita, I am not responsible for your new schedule. I know that you are annoyed with the strange hours and that you are determined to change them. I would be the last one to suggest that you keep this schedule. But it was all your fault: your handwriting is very difficult to read and the person who was in charge of registration was not able to understand it.

2. I am not very fond of washing cars, but mine is covered with mud and I am willing to wash it. I am tired of driving a dirty car.

3. Olga, who is married to a policeman, was at the party. She was dressed in blue. I am not on speaking terms with her, but I must confess that she looked pretty. Soon she was surrounded by admirers. She was filled with pride. Her husband, who is very much in love with her, was mad with jealousy. I was very annoyed with this situation but for a different reason: her dress was almost identical to mine!

B *Clasifique las siguientes cosas de acuerdo con su opinión personal, usando, en oraciones completas, las expresiones:* **fácil (difícil, casi imposible) de hacer; fácil (difícil, casi imposible) de comprender; fácil (difícil, casi imposible) de resolver**.

1. Hacer un acto en un trapecio.
2. Usar correctamente *ser* y *estar*.
3. Ahorrar suficiente dinero para ser millonario.
4. Montar en bicicleta.
5. La teoría de la relatividad.
6. La lección tres de este libro.
7. La última explicación que dio el profesor.
8. Las complicaciones del déficit en el presupuesto de los E.U.
9. Los problemas de matemáticas.
10. El problema de no tener una pluma para tomar apuntes en clase.

SER/ESTAR plus *caliente, frío, calenturiento,* and *friolento*		
	Animate Reference	**Inanimate Reference**
1. **ser caliente**	*hot (vulgar), passionate (sexual connotation; characteristic)*	*warm, normally of warm temperature*
2. **ser frío**	*cold (having a cold personality)*	*cold, normally of cold temperature*
3. **ser friolento**	*sensitive to the cold*	*(not applicable)*
4. **estar caliente**	*hot (to the touch); hot (vulgar) (sexual connotation; condition)*	*hot (to the touch), having a high temperature at a given time*
5. **estar frío**	*cold (to the touch)*	*cold (to the touch), having a low temperature at a given time*
6. **estar calenturiento**	*feverish*	*(not applicable)*

Examples:

Animate Reference

Arturo es muy frío y no nos recibió con afecto.

Arturo has a cold personality and he didn't receive us warmly.

Lucía siempre lleva abrigo de pieles porque es muy friolenta.

Lucía always wears a fur coat because she is very sensitive to the cold.

"Estás caliente, creo que tienes fiebre", dijo mi madre.	*"You're hot; I think you have a fever," said my mother.*
Cuando la ambulancia llegó, el hombre estaba frío y pálido; parecía muerto.	*When the ambulance arrived, the man was cold and pale; he looked dead.*
Creo que tengo gripe. Estoy calenturiento y me duele la cabeza.	*I think I have the flu. I'm feverish and my head aches.*

Inanimate Reference

Mi habitación es muy caliente porque le da el sol por la tarde.	*My room is very warm because the sun hits it in the afternoon.*
Tierra del Fuego era fría e inhóspita.	*Tierra del Fuego was cold and inhospitable.*
Cuidado. No te quemes. La sopa está caliente.	*Be careful. Don't burn yourself. The soup is hot.*
No puedo planchar con esta plancha porque está fría.	*I can't work with this iron because it's cold.*

Do not confuse *hot* referring to temperature with *hot* meaning *spicy* (= **picante**).

Si le pones tanto chile a la comida, quedará muy picante.	*If you put so much chili in the food it will be too hot.*

CHANGES IN MEANING OF SOME ADJECTIVES

Some adjectives (and past participles) have differences in meaning depending on whether they are combined with **ser** or **estar**.

	With *ser*	*with* *estar*
aburrido	*boring*	*bored*
borracho	*a drunk(ard)*	*drunk*
bueno	*good*	*in good health*
callado	*quiet*	*silent*
cansado	*tiring*	*tired*
completo	*exhaustive, total*	*not lacking anything*
consciente*	*conscientious*	*aware of, conscious*
divertido	*amusing*	*amused*

*In Spain one hears **ser consciente** with the meaning of *to be aware of.*

despierto	alert, bright	awake
entretenido	entertain·ng	occupied (involved)
interesado	(a) mercenary (person)	interested
listo	witty, clever	ready
malo	bad	sick
nuevo	brand new	like new
seguro	sure to happen, safe (reliable)	certain, sure (about something)
verde	green (in color)	unripe
vivo	lively, witty, bright (color)	alive

APLICACIÓN

A *Decida cuál es la forma correcta en cada caso.*

1. No te recomiendo que matricules esa asignatura. (Es / Está) muy aburrida.
2. (Soy / Estoy) muy interesado en tu porvenir porque te aprecio mucho.
3. Los colores de las cortinas que compré (eran / estaban) vivos.
4. Tuvo que divorciarse porque su marido (era / estaba) borracho.
5. ¡(Son / Están) vivos! gritaron los que trataban de rescatar a los mineros.
6. El negocio (es / está) seguro. Ganaremos mucho dinero.
7. Ella (era / estaba) mala y su madre llamó al médico.
8. Sus libros (son / están) nuevos. No los ha abierto en todo el semestre.
9. Trabajé mucho y (soy / estoy) muy cansada.
10. Pedrito (es / está) bueno y callado.
11. Me acosté a dormir la siesta porque (era / estaba) aburrido.
12. La niñita (es / está) entretenida con las muñecas.
13. El niño (era / estaba) despierto y aprendía rápido.
14. Me duele el estómago porque comí una manzana que (era / estaba) verde.
15. Avísame cuando (seas / estés) lista para salir.
16. Cuando me llamaste ya (era / estaba) despierto.
17. ¿Tienes algún problema? ¡(Eres / Estás) tan callado hoy!
18. Ud. sólo piensa en el dinero. (Es / Está) muy interesado.
19. ¿(Eran / Estaban) Uds. seguros de haber cerrado bien la puerta?
20. La vajilla (es / está) completa. Conté todas las piezas.

B *Complete las siguientes narraciones con la forma correcta de* **ser** *o* **estar.**

Twins

1. LOS DOS MELLIZOS

Esta historia __es__ para los que se interesan en los sucesos curiosos.
¿__es__ posible que existan dos mellizos nacidos en diferentes países? Sí, lo

_os_____. Los hijos de la familia Espínola Martínez _____ (_were_) mellizos, pero uno nació en el Paraguay y el otro en la Argentina. Hacía varios años que Heriberta y Guillermo Espínola _estaban_ casados. Guillermo _era_ un trabajador rural y, tanto él como su esposa _eran_ paraguayos. _____ invierno y _____ las cinco de la madrugada cuando nació Roberto, el primer mellizo. El hospital _____ pequeño y el parto _____ difícil. El segundo mellizo no podía nacer. El hospital _____ en el pueblo donde ellos vivían, un pueblecito que _____ situado cerca del río Paraná. El Paraguay _____ separado de la Argentina por ese río. El hospital del pueblo argentino que _____ en la otra orilla del río _____ mucho más importante. Se decidió que la única solución _____ cruzar el río e ir al hospital argentino. Ya _____ alto el sol cuando iniciaron el viaje. La enferma _____ transportada por el río en un bote de remos. La familia _____ pobre, pero _____ contenta de tener dos miembros más. Especialmente porque Roberto y Rafael _____ hoy famosos. Nacieron mellizos, pero _____ de diferente nacionalidad.

2. COMIENDO FRUTAS

— No comeré esas uvas porque _____ verdes.

— No, _____ que _____ de color verde. Pruébalas, yo las comí. _____ deliciosas.

— Mi fruta favorita no _____ la uva. Prefiero las frutas tropicales. Cuando _____ en Puerto Rico comí frutas a montones. Yo _____ (_would be_) feliz si viviese en un país tropical.

3. CARMEN LAFORET

_____ muy interesada en el libro que _____ leyendo. _____ escrito por Carmen Laforet. Ella _____ una novelista española que _____ muy conocida en todo el mundo hispánico. La historia _____ en la isla de la Palma, una isla que _____ de España pero que _____ cerca del África. Cuando la autora _____ todavía muy joven, su novela _Nada_ _____ premiada en un concurso. Esta novela _____ llena de recuerdos personales de la autora.

4. UN ENCUENTRO

— ¡Ramón! ¡Cuánto tiempo sin verte! ¿Qué joven _____! ¿Seguiste soltero o _____ casado?

— Me casé y _____ muy feliz en mi matrimonio. Mi esposa _____ de mi pueblo. Pero tú pareces _____ muy preocupado.

— Es que no _____ muy bien de salud. Y tampoco en mi trabajo las cosas _____ bien.

— ¿Qué pasa? ¿_____ malo tu jefe?

— No, _____ la situación en general. (Yo) _____ rodeado de personas desagradables. Además, ¡todo _____ tan caro hoy y mi sueldo _____ tan pequeño!

5. LA INVITACIÓN DE ALICIA

— Alicia me llamó esta mañana. (Yo) _____ invitada a comer en su casa.
— ¡Qué bueno! Ella _____ una cocinera excelente. Además, _____ tan limpia. Su cocina _____ siempre inmaculada.
— ¿Sabes qué _____ boliche? Dijo que prepararía uno.
— Sí, _____ un tipo de carne que se asa en una olla. _____ riquísima.
— Ya te diré qué tal _____ la que ella prepara.
— Aunque te parezca increíble, yo _____ quien le dio a Alicia la receta.

ANÁLISIS DE LA LECTURA

A _Lea con cuidado las expresiones que contienen el verbo_ **ser**.

1. No era que tomara posesión del mundo exterior...
2. Y no era tampoco que le molestase la llovizna...
3. Un paraguas cerrado es tan elegante como es feo un paraguas abierto.
4. Porque Augusto no era un caminante...
5. Otra cosa sería dejar mi seguimiento sin coronación...
6. No era cosa de ir entonces a cambiarlo...
7. Eso no es ningún secreto...
8. ¿Cómo es que sale así sola?
9. ¿Es soltera o casada?
10. ¿Cómo es la dulce Eugenia?
11. Augusto, que era rico y solo...
12. Eran pregunta y respuesta sacramentales...
13. La vida es una nebulosa.
14. ¿Y quién es Eugenia?
15. ¿No es esto acaso encontrar algo?
16. ¿No es que la aparición...?
17. ... sus ojos, que son refulgentes estrellas mellizas...
18. Pero es tanto, tanto lo que tengo que decirle...
19. Esta mi Eugenia es una bendición de Dios.
20. La niebla espiritual era demasiado densa.
21. ¿Quién será este joven?

B _Lea las expresiones que contienen el verbo_ **estar**.

1. ¡Estaba tan elegante, tan esbelto, plegado y dentro de su funda!
2. ... se encontró con que estaba húmedo.
3. El criado y la cocinera estaban casados entre sí...

C *Conteste.*

1. ¿Cuáles de las expresiones que usan *ser* son equivalentes de expresiones impersonales con *it* en inglés?
2. ¿En qué casos sirve el verbo *ser* como vínculo entre dos sustantivos?
3. ¿En qué casos une *ser* el sujeto con un adjetivo?
4. ¿En qué casos el segundo elemento de la identidad es un infinitivo?
5. ¿Qué indica el uso del futuro en el número 21?
6. Explique la diferencia entre el uso de *ser* en el número 3(A) y el uso de *estar* en el número 1(B) con referencia al paraguas.
7. ¿Por qué no podría usarse *era húmedo* en el número 2(B)?
8. ¿Hay alguna diferencia entre *ser*, tal como se usa en el número 9(A) y el uso de *estar* en el número 3(B)? ¿Podrían intercambiarse los verbos en estos dos casos?

D *En el primer párrafo de la Lectura usa Unamuno* **quedóse** *en vez de la forma* **se quedó**, *preferida en el español moderno. Éste es un rasgo típico del estilo unamuniano. Encuentre otros casos semejantes en la Lectura.*

SECCIÓN LÉXICA

REPASO
Encuentre en la Lectura palabras que estén relacionadas con las siguientes y explique la relación que existe entre sus significados.

1. araña	5. fulgor	8. maraña
2. ceja	6. funda	9. pliegue
3. corona	7. imán	10. rúbrica
4. estatua		

AMPLIACIÓN

Expresiones relacionadas con el estado del tiempo
En la Lectura aparece la palabra *llovizna*, que el estudiante seguramente ya conocía, pero también se encuentra su sinónimo *orvallo*, voz usada sólo en ciertas partes de España. Su equivalente es *la garúa* peruana. Muchas expresiones relacionadas con el tiempo, como *hace frío, calor*, etc., son bastante elementales, pero hay otras palabras y expresiones, no tan conocidas del estudiante, que pueden serle muy útiles. A continuación se dan algunas.

Fenómenos de la naturaleza

el aguacero	*shower, strong rain*	**el ciclón, el huracán**	*cyclone, hurricane*

la granizada	hailstorm	el rayo	lightning, thunderbolt
el granizo	hail	el rocío	dew
		el terremoto, el temblor de tierra	earthquake
la helada	frost		
la inundación	flood	el tornado	tornado
la lluvia	rain	el trueno	thunder
		el viento huracanado	very strong wind
la marea	tide		
la neblina	mist	el volcán	volcano

Expresiones relacionadas con los fenómenos atmosféricos

cae un aguacero	it is raining hard
escampar	to stop raining
está nublado	it is cloudy
graniza	it is hailing
hace erupción un volcán	a volcano erupts
hay luna llena	there is a full moon
hay rocío	there is dew
hay una inundación	there is a flood
hiela	there is frost
la marea está alta (baja)	the tide is high (low)
llovizna	it is drizzling
relampaguea	it is lightning
sale el sol	the sun is coming out
se pone el sol	the sun is setting
tiembla la tierra, hay un terremoto	there is an earthquake
truena	it is thundering
un clima templado (cálido, húmedo, seco, tórrido)	a temperate (hot, humid, dry, torrid) climate

APLICACIÓN

A *Describa lo que pasa durante: (a) un ciclón, (b) un fuerte aguacero de verano, (c) un terremoto, (d) la erupción de un volcán.*

B *Explique la relación que existe entre la luna y el mar.*

C *Exprese de otra manera.*

1. Había gotitas de agua en la hierba por la mañana.
2. El cielo se iluminaba con la luz de los rayos.
3. Era un clima sumamente cálido.
4. Una capa de hielo cubre la tierra.
5. Ha dejado de llover.

6. El agua nos llegaba a la rodilla.
7. El clima no era ni muy frío ni muy caliente.
8. Cayeron piedras del cielo.
9. Hay una niebla fina.
10. En el verano amanece más temprano y se hace de noche más tarde.
11. La llovizna cayó toda la tarde.
12. Hay muchas nubes en el cielo.
13. Hay un viento muy fuerte.
14. Están cayendo muchos rayos.

PROBLEMA LÉXICO

To Know

1. **Saber** means *to know* in the sense of possessing knowledge or understanding.

¿Sabes el camino?	*Do you know the way? (Do you know which is the right way?)*
Sé que tengo que estudiar mucho para pasar este curso.	*I know that I have to study a lot in order to pass this course.*
No sabíamos a qué hora empezaba la función.	*We didn't know at what time the show was supposed to begin.*

2. **Saber** + inf. means *to know how*, when referring to a skill or ability.

A los tres años de edad, ya Rubén Darío sabía leer y escribir.	*At three years of age, Rubén Darío already knew how to read and write.*

In English, when referring to a skill or ability, *to know how* and *to be able* are often interchangeable, but in Spanish, in such cases, **saber** and **poder** are more carefully distinguished.

Yo sé tocar la guitarra pero hoy no puedo por el dedo roto.	*I can play the guitar but today I can't because of my broken finger.*
Ellos no hablaron con el hombre porque no saben hablar portugués.	*They didn't speak to the man because they can't speak Portuguese.*

3. **Saber(se) de memoria** or simply **saberse** means *to know very well* or *to know by heart*.

Cuando yo era niño, todos (nos) sabíamos de memoria los diez mandamientos.	*When I was a child we all knew the ten commandments by heart.*

Pepito tiene diez años y todavía no se sabe la tabla de multiplicar.	*Pepito is ten years old and he still doesn't know the multiplication tables.*

4.   As seen in chapter 2, the preterite of **saber** often means *learned, found out*.

¿Cuándo supo Ud. que había ganado el premio?	*When did you learn that you had won the prize?*

5.   When referring to food, **saber** means *to taste*.* **Saber a** + noun means *to taste of (like)*.

Este puré de manzana sabe muy bien.	*This apple sauce tastes very good.*
Esta carne sabe a cerdo.	*This meat tastes like pork.*

   Saber a gloria and **saber a rayos** are two common idioms used when something tastes wonderful or awful.

Preparó un postre para sus invitados que sabía a gloria.	*She prepared a dessert for her guests that tasted wonderful.*

6.   **Conocer** means *to know* in the sense of being acquainted or familiar with a person, place, or thing.

¿Conoces este camino?	*Do you know (Are you familiar with) this road?*
La mayoría de las personas que conozco son pobres.	*Most of the people I know (I am acquainted with) are poor.*
Conozco bien la música de Chopin.	*I know well (I am quite familiar with) Chopin's music.*

7.   **Conocer** is also used as a synonym of **reconocer** (*to recognize*).

Pasé junto a él pero no me conoció.	*I passed next to him but he didn't recognize me.*
Conocí a don Pablo por las fotografías que había visto de él.	*I recognized Don Pablo from the photographs of him I had seen.*
Apenas vi el sobre conocí tu letra.	*As soon as I saw the envelope I recognized your handwriting.*

---

*When the subject is a person, *to taste* is **probar**.

Siempre pruebo lo que estoy cocinando para saber si tiene bastante sal.	*I always taste what I am cooking to find out if it has enough salt.*

8. As seen in chapter 2, the preterite of **conocer** generally means *met* (*was* or *were introduced to*).

Julio y yo nos conocimos el año   *Julio and I met last year in Argentina.*
pasado en la Argentina.

9. **Se conoce (conocía)** means *It is (it was) obvious.*

Se conoce que el cuchillo no tenía   *It is obvious that the knife wasn't sharp*
filo, porque la herida no fue grave.   *because the wound wasn't serious.*

Se conocía que tenía dinero, pues   *It was obvious that he had money*
había invitado a todos sus amigos.   *because he had invited all his friends.*

APLICACIÓN

A *Nombre algunas cosas que...*

1. Sabe Ud. hacer.
2. No sabe hacer, pero quisiera saber hacer.
3. Supo Ud. recientemente.
4. Se sabe Ud. de memoria.
5. En su opinión, saben mal.

B *Nombre algunas ciudades o lugares que: (a) conoce, (b) le gustaría conocer.*

C *Nombre algunas personas que conoció recientemente.*

D *Complete con la forma correcta de* **saber** *o* **conocer.**

1. Hubo tres víctimas en el accidente, pero yo no _____ los nombres.
2. No salgas solo, no _____ la capital y te perderás.
3. Él dice que es especialista en español y no _____ quién escribió el *Quijote.*
4. No puedo beber esta agua; _____ a cloro.
5. Si no _____ Ud. bailar, nosotros le enseñaremos en una semana.
6. Yo _____ esa canción, pero no puedo cantarla porque no _____ la letra.
7. ¿_____ qué caballos correrán en la carrera de mañana?
8. ¿_____ Ud. al jockey que montará el caballo favorito?
9. Había visto tantas veces esa película, que ya se _____ el diálogo.
10. Anoche soñé que estaba en un lugar extraño donde no _____ a nadie.
11. Ha comprado tres latas de insecticida, se _____ que hay insectos en su casa.
12. (Nosotros) _____ recientemente que Miguelito se casará en junio.
13. ¿Muerde su perro? No a los extraños, sólo a las personas que _____.
14. Miraba a la chica de tal manera, que se _____ que estaba enamorado.

E *Un estudiante hizo el siguiente ejercicio, pero no sabía usar bien los verbos* **saber** *y* **conocer** *y cometió algunos errores. Corríjalos.*

1. Aunque Pepito es un niño inteligente, no creo que conozca la respuesta.
2. Él llevará pronto a su novia a saber a su familia.
3. Siempre está discutiendo con todos porque no sabe controlarse.
4. Te tiemblan las manos, se sabe que estás nervioso.
5. Estoy muy delgado y por eso Ruperto no me conoció.
6. Tráigame otra leche, por favor, no me gusta como prueba ésta.
7. No sé quién te llamó, no dijo quién era.
8. El bebé tiene dos años y todavía no conoce hablar.
9. Cuando tenemos mucha hambre, todo nos sabe a gloria.
10. Conocíamos que Uds. tenían prisa, pero no podíamos trabajar tan rápido.
11. Si hubiera conocido que su padre había muerto, le habría escrito en seguida.
12. Ella es incapaz de decir una mentira, la sé bien.

TRADUCCIÓN

That was indeed a beautiful morning. The street was very clean because it had rained the night before. Now the sun was bright and the trees were greener than ever. If you have been to my country you will know that it is a springlike paradise where the trees are perennially green and the sky is always blue.

I was on my way to the university and was very happy. "I am very shy," I was telling myself, "and it is a pity because on a day like this I would like to show my joy by hugging the first person who passes by my side. Who knows! It could be my Prince Charming." But these thoughts were in my mind for only a second. "Are you crazy or what?" I asked myself. I am also very imaginative and, knowing myself well, I know that I have to stop my fantasies before it is too late.

When I was two blocks from the university I saw Juan Aragón in the distance. I had known Juan for several years since we both were in secondary school. He was tall and dark and his eyes were large and expressive. I was not in love with him but, in spite of being so shy, I have this weakness when it comes to handsome men. And Juan looked (do not use *verse*) so handsome that day! I felt embarrassed and I didn't know why. It would have been good to be able to avoid the encounter, but it was impossible. Juan was coming toward me, smiling.

Even a shy girl can be daring for a moment if the sun is shining and she is standing in front of a handsome young man. "Juan, I am so happy to see you!" I said as I walked toward him with open arms.

TEMAS PARA COMPOSICIÓN

*Use **ser** y **estar** en su composición el mayor número de veces que sea posible.*

1.   Una vez que el tiempo influyó en su comportamiento. Por ejemplo, un día lluvioso de cielo gris en el cual se sentía deprimido(a), o un día claro y soleado, en el cual actuó de manera dinámica y positiva porque se sentía feliz o alegre. Use el mayor número posible de expresiones relacionadas con el tiempo en su composición.

2.   Describa lo que Ud. consideraría un clima ideal. ¿Qué ventajas tendría vivir en un lugar con esta clase de clima? ¿Tendría alguna desventaja? ¿Cómo se diferencia el clima del lugar donde Ud. vive ahora del clima ideal? ¿Hay alguna relación entre las estaciones y nuestro estado de ánimo?

3.   Los problemas de un chico o una chica tímidos. ¿Qué causas puede tener la timidez? ¿Existen curas para ella? ¿Qué le recomendaría Ud. a una persona tímida? ¿Es Ud. tímido(a), atrevido(a)? ¿Ninguna de las dos cosas? Si puede, ilustre las preguntas anteriores con alguna experiencia personal.

4.   La soledad. La soledad de Augusto Pérez parece aun más trágica porque contrasta con la tradicional cohesión familiar de la vida española. ¿Es la soledad un problema serio en los Estados Unidos? ¿Es más común en determinado grupo de personas, por ejemplo, los viejos, o se encuentra también frecuentemente entre personas de cualquier grupo o edad? ¿Qué aspectos de la soledad son más tristes? ¿De qué maneras puede resolverse o por lo menos combatirse el problema?

CAPÍTULO 4

LECTURA

En esta historia inconclusa un joven cuenta sus experiencias con un duende.[1]

El duende

Me llamo Roberto y tengo dieciocho años. Es posible que a Ud. no le interese mi historia, pero la cuento de todas maneras porque quiero que quede en el papel. Ya la he llevado dentro bastante tiempo.

Sepa Ud. que desde niño he tenido un miedo terrible de la oscuridad. No de la oscuridad en sí, claro, sino de los terribles duendecillos que en ella se esconden. ¿Duda Ud. que existen los duendes? Pues yo estoy seguro de que existen, porque he hablado con uno de ellos muchas veces.

Tenía yo siete años la primera vez que oí su risa, una risa que sonaba con eco, como si su dueño estuviese dentro de una cueva. Llamé a mi madre y le pedí que viniera a mi cuarto. Necesitaba que se sentara al borde[2] de mi cama y espantara[3] al autor de la risa, pero me gritó malhumorada: — ¡Roberto, duérmete en seguida si no quieres que te haga probar el cinturón![4]— Conocía bien las iras de mi madre, que la hacían pegarme sin misericordia y sin fin por el menor motivo, y decidí no tratar de buscarle cinco pies al gato.[5] Atrapado entre la indiferencia de mi madre y la oscuridad amenazante, me quedé quietecito en la cama, congelado de terror, sin respirar apenas,[6] temiendo que el que se había reído saltara sobre mí en cualquier momento. No saltó y tampoco volvió a reír. Sin darme cuenta, me fui quedando dormido.

---

[1]fantasma
[2]extremo
[3]hiciera huir

[4]**te**... te pegue
[5]**buscarle**... buscar problemas
[6]casi

La escena se repitió muchas veces a través de los años. Tras la risa vino la voz, una voz de viejecillo cínico. Esa voz me hablaba y me decía que hiciese toda clase de maldades.[7] Cuando se perdieron los retratos de familia que mi madre guardaba en una caja de zapatos vacía, fue porque el duende insistió en que yo los cogiera. Él me hizo esconderlos en la rendija[8] que había entre dos tablas del piso. Y después reía y reía con su risa cavernosa en la oscuridad, mientras yo temblaba al oír a mi madre buscarlos frenética por toda la casa, refunfuñando[9] que ojalá que a ella y al mundo entero los partiera un rayo[10] y que a mí me hubiera partido al nacer.

Fue el enano quien me mandó aflojar[11] los tornillos de la silla para que don Vicente, el señor que cortejaba[12] a mi madre, se cayera al sentarse; también me obligó a que soltara en la mesa de la cocina las hormigas que guardaba en un frasco y a que derramara[13] grasa frente al fregadero para que mi madre resbalara.[14] Cuando recuerdo estas cosas, me asombro de que golpes y castigos no hayan acabado conmigo,[15] pero es que, la mayoría de las veces, mi madre no adivinaba[16] que mi mano estaba detrás de tantos accidentes caseros, y se limitaba a maldecir[17] contra tan "mala pata".[18] Gracias a eso estoy todavía vivo.

Este grabado de Francisco de Goya (1746-1828) se titula *Duendecitos*. ¿Se imaginaba Ud. así al duende de la Lectura? Como éste, los grabados de Goya son muy impresionantes y hasta deprimentes, y parecen fruto de la locura o de una pesadilla.

---

[7]*mischief*
[8]grieta, espacio vacío, largo y estrecho
[9]quejándose y protestando en voz baja
[10]**ojalá**... *she wished that lightning would strike her and the whole world* (una maldición común en español)
[11]lo opuesto de **apretar**

[12]enamoraba
[13]echara
[14]perdiera el equilibrio y se cayera
[15]**no**... no me hayan matado
[16]imaginaba
[17]*curse*
[18]mala suerte

Fui creciendo y el ~~enano~~ dwarf siguió visitándome. Aunque nunca me amenazó directamente, yo tenía miedo de que se enojase si no lo obedecía, y seguía sus instrucciones al pie de la letra.[19] Mis travesuras[20] ya hombre,[21] por supuesto, han sido muy diferentes de las que solía hacer de niño.

El enano llevaba ya varios meses sin visitarme.[22] Pero hace dos noches, cuando entré en mi cuarto, me sorprendió que la ventana estuviera abierta. Hacía frío, fui a cerrarla y lo divisé, agazapado[23] junto a la cortina desteñida.[24] Era la primera vez que lo veía bien. ¡Ojalá no lo hubiera visto! Era más viejo de lo que yo pensaba, y tenía un brillo maligno en la mirada que me hizo desear que cerrara los ojos y no me mirara más. Pero, en vez de cerrar los ojos, el repulsivo hombrecito me miró con más fijeza, como si quisiera hipnotizarme.

—Hace rato que te espero— me dijo severo—. Necesito hablar contigo. Quiero que hagas algo...

COMPRENSIÓN

1. ¿Cómo explica Roberto su temor a la oscuridad?
2. ¿Qué pasó la primera vez que Roberto oyó la risa del duende?
3. Cuente las travesuras que, según Roberto, le mandó hacer el duende.
4. ¿Por qué Roberto no recibió golpes y castigos por todas sus travesuras?
5. Describa con sus palabras la última entrevista de Roberto y el duende.
6. ¿Por qué lamentó Roberto haber visto al duende?

OPINIONES

1. ¿Qué clase de persona es la madre de Roberto? ¿Cree Ud. que ella es culpable de abusos con su hijo? Explique en qué basa su opinión.
2. ¿De qué manera influyen en el carácter de un niño, su familia y la relación que tiene con sus padres? Comente estas influencias en el caso de Roberto.
3. ¿Qué clase de persona es Roberto? ¿Cree Ud. que está loco? En general, ¿cómo decidiría Ud. quién está loco y quién está cuerdo?
4. En su opinión, ¿cuál de las travesuras del protagonista fue la peor? ¿Por qué? ¿Cuál cree Ud. que fue el motivo verdadero de estas travesuras? ¿Cuáles son los motivos más comunes de las maldades de los niños?
5. ¿Cree Ud. en los duendes? ¿Y en las apariciones sobrenaturales? Explique. ¿Por qué aparecen enanos con poderes especiales en el folclor de tantos países? ¿Por qué tantas personas son supersticiosas? ¿Qué supersticiones tiene Ud.?
6. ¿Por qué hay tantas personas que, como Roberto, le temen a la oscuridad? ¿Le teme Ud.? ¿Le temía en su niñez? ¿Qué otros miedos o fobias son muy comunes? ¿Tiene Ud. algunos?

---

[19]exactamente
[20]maldades (*pranks*)
[21]**ya**... ahora que soy hombre
[22]**llevaba**... hacía varios meses que el enano no me visitaba

[23]agachado, con el cuerpo encogido para ocultarse
[24]que había perdido el color

La familia de Roberto, que vive aislado y solo con su madre, no es representativa de la tradicional familia hispánica, extensa y muy unida. Este grupo familiar, donde están representadas varias generaciones, es un buen ejemplo.

SECCIÓN GRAMATICAL

THE SUBJUNCTIVE I: THE SUBJUNCTIVE IN NOUN CLAUSES

Expressions of Volition

The subjunctive is required in Spanish in a dependent clause when the verb in the main clause indicates volition, intention, wish, or preference. Some typical verbs of this type are: **querer**, **desear**, **prohibir**, **sugerir**, **preferir**, and **aconsejar**.

Carmen quiere que yo vaya a la iglesia.	*Carmen wants me to go to church.*
Prefiero que Ud. no invite a esos niños.	*I prefer that you do not invite those children.*
¿Deseas que terminemos la reunión ahora mismo?	*Do you wish that we end the meeting right now?*
Él logrará que su hijo se gradúe este año.	*He will succeed in having his son graduate this year.*

In each of the preceding examples the subject of the dependent clause is different from the subject of the main clause, that is, there is a change of subject. When the verbs in both clauses share the same subject, the second verb is not a subjunctive but an infinitive.

Carmen quiere ir a la iglesia.	*Carmen wants to go to church.*
Prefiero no invitar a esos niños.	*I prefer not to invite those children.*
¿Deseas terminar la reunión ahora mismo?	*Do you wish to end the meeting right now?*
Él logrará graduarse este año.	*He will succeed in graduating this year.*

Observe that sentences like *Carmen wants me to go to church* can not be translated word for word. The English direct object pronoun *me* becomes a subject pronoun in Spanish: **Carmen quiere que yo vaya a la iglesia.**

Do not be misled by sentences like: **Ella quiere que me afeite.** (*She wants me to shave.*) In this case, the Spanish **me** is not the equivalent of the English *me* but is a reflexive pronoun, since **afeitarse** is a reflexive verb. The subject of the dependent verb is **yo** and it is understood: **Ella quiere que [yo] me afeite.**

Verbs of Communication

Sometimes verbs of communication like **decir**, **telefonear**, **escribir**, convey the idea of will or preference. In this case, the verb in the dependent clause is in the subjunctive. When the verb of communication merely introduces a fact, the subjunctive is not used.

Laura dice que cambies la fecha de tu viaje.	*Laura says for you to change the date of your trip.*
Le escribiré que espere nuestra llegada.	*I will write him (asking him) to wait for our arrival.*

But:

Laura dice que vas a cambiar la fecha de tu viaje.	*Laura says that you are going to change the date of your trip.*
Le escribiré que esperamos su llegada.	*I will write him that we are waiting for his arrival.*

VERBS THAT COMMONLY INDICATE VOLITION, INFLUENCE, OR PREFERENCE			
aceptar	*to accept*	**lograr**	*to succeed in*
acceder a	*to agree to*	**mandar**	*to order*
aconsejar	*to advise*	**negarse a**	*to refuse*
conseguir	*to succeed in*	**obligar a**	*to force*
consentir en	*to consent*	**oponerse a**	*to oppose*
dejar	*to let, allow*	**ordenar**	*to order*
desear	*to wish*	**pedir**	*to ask (someone to do something)*
disgustar(le) (a uno)	*to dislike*	**permitir**	*to allow*
empeñarse en	*to insist*	**preferir**	*to prefer*
estar de acuerdo con	*to agree with (approve of)*	**procurar**	*to try*
exhortar	*to exhort*	**prohibir**	*to forbid*
exigir	*to demand*	**proponer**	*to propose*
gustar(le) (a uno)	*to like*	**querer**	*to want*
hacer	*to have or make (someone do something)*	**recomendar**	*to recommend*
impedir	*to prevent*	**resistirse a**	*to refuse*
insistir en	*to insist*	**rogar**	*to beg*
intentar	*to try*	**sugerir**	*to suggest*
invitar a	*to invite to*	**suplicar**	*to beg, implore*

APLICACIÓN

A *Conteste de manera original usando el subjuntivo.*

1. ¿Qué les exigen generalmente los jefes a sus empleados?
2. ¿A qué se oponen sus padres?
3. ¿Con qué no está Ud. de acuerdo?
4. ¿Qué quiere Ud. que hagamos ahora?
5. ¿Qué órdenes les grita un sargento a los soldados?
6. ¿Qué mandan los estatutos de esta escuela?
7. ¿Qué prohiben los estatutos?
8. ¿En qué insisto yo siempre?

9. ¿A qué se niega Ud.?
10. ¿Qué desean sus compañeros?
11. ¿Qué le gusta a Ud. que hagan sus amigos?
12. ¿Qué le pide su madre que haga?

B *Cambie las siguientes narraciones, introduciendo en ellas formas verbales correspondientes al sujeto que se indica en cada caso.*

1. Mi esposa se niega a *mudarse* de casa. Ella propone *seguir viviendo* aquí por algún tiempo y quiere *renovar* el contrato de este apartamento. Ella recomienda *consultar* a un abogado sobre el nuevo contrato e insiste en *pagar* la misma renta de hace diez años.

    Mi esposa se niega a que *nosotros...*

2. Guillermo siempre se empeña en *beber* unas copas e insiste en *pagar* la cuenta. Desea *brindar* por todos los amigos. Después intenta *manejar* el coche, lo cual no es una buena idea.

    Guillermo siempre se empeña en que *Ud....*

3. Me disgusta *fumar*, prefiero *comer* legumbres, no estoy de acuerdo con *malgastar* el tiempo, siempre consigo *llegar* temprano a las citas, me opongo a *discutir* sobre política y procuro *tener* buenos amigos.

    Hijo mío, me disgusta que *tú...*

C *Traduzca.*

1. She agrees to your leaving the job.
2. The guard is asking her to enter the room.
3. I am not suggesting that you prepare dinner.
4. They want us to travel with them.
5. Tell him to come at 10 o'clock.
6. She wants me to tell (**contar**) her everything.
7. I beg you to forgive me.
8. We demand that they return our money.

Verbs of Influence

Some of the verbs listed in the table on page 78 are verbs of influence. This name indicates that the subject of the main verb tries to exert some influence over the subject of the subordinate clause in the performance of an action. The following verbs of influence allow an alternate infinitive construction: **dejar, hacer, impedir,* invitar a, mandar,* obligar a, permitir,*** and **prohibir.***

---

*These verbs take an indirect object pronoun. A list of object pronouns as well as a discussion of **loísmo** and **leísmo** are in the Appendix.

Sus padres no la dejan que salga con su novio.	*Her parents don't let her go out with her boyfriend.*
Sus padres no la dejan salir con su novio.	
Te prohíbo que me hables de esa manera.	*I forbid you to speak to me [in] that way.*
Te prohíbo hablarme de esa manera.	
Siempre la invitan a que cene con ellos.	*They always invite her to have dinner with them.*
Siempre la invitan a cenar con ellos.	
El maestro le mandó que escribiera en la pizarra.	*The teacher asked him to write on the board.*
El maestro le mandó escribir en la pizarra.	

APLICACIÓN

A *Conteste de dos maneras.*

1. ¿Te deja la policía conducir un auto sin tener licencia?
2. ¿Crees que muchas veces la ira hace que digamos cosas que no sentimos?
3. ¿Debo impedirle a mi gato que salga a la calle?
4. ¿Lo invitan a Ud. frecuentemente sus amigos a ir a su casa?
5. Si el niño tiene las manos sucias, ¿le manda su madre lavárselas?
6. ¿Crees que los padres deben obligar a los niños a acostarse temprano?
7. ¿Piensa Ud. que la ley nos debe permitir llevar armas para defendernos?
8. ¿Les prohíbes a los demás miembros de tu familia que entren en tu cuarto?
9. ¿Se les permite a los transeúntes que pisen la hierba del parque?
10. ¿Lo dejan a Ud. sus padres dormir en casa de sus amigos?

B *¿Indirecto o directo? Complete con el pronombre apropiado.*

1. La niña lloraba porque su padre no _____ dejaba ir al cine.
2. Si viene tu amigo, _____ invitaré a merendar.
3. El hombre quería acercarse a la estrella, pero los guardias _____ impidieron hacerlo.
4. Los amos eran crueles con los esclavos y _____ obligaban a trabajar constantemente.
5. No sé por qué _____ prohibieron al científico que entrara en el laboratorio.
6. El dentista _____ mandó a la paciente abrir la boca.
7. Le dijo a la señora palabras tan duras que _____ hizo llorar.
8. Los cadetes no asistieron a la ceremonia porque no _____ invitaron.

9. En el siglo XVIII no _____ permitían a las mujeres que fueran a la universidad pero sí _____ dejaban aprender música.
10. Si Tomás ensucia el piso con sus botas _____ haré limpiarlo.

Wishes Expressed Elliptically

Most verbs in the subjunctive are found in subordinate clauses. Direct commands are an exception. Another exception is the case of wishes expressed elliptically in sentences often beginning with **Que**:

Que Roberto te ayude.	*Have Roberto help you.*
Que tengas feliz viaje.	*Have a happy trip.*
Que Dios te bendiga.	*(May) God bless you.*
Que aproveche.	*Good appetite.*
¡Mueran los enemigos del pueblo!	*Down with the enemies of the people!*
Que en paz descanse (Q.E.P.D.)	*May he/she rest in peace.*

APLICACIÓN

Situaciones. Use una expresión que comience con **que** *para cada circunstancia:*

1. Sus padres van a una fiesta. Ud. desea que se diviertan y les dice:
2. Su compañera va a examinarse hoy. Ud. le desea éxito diciéndole:
3. La abuela de su amigo ha muerto. Cuando él habla de ella usa la expresión:
4. El Presidente le habla al pueblo. La multitud lo aplaude y grita:
5. Su madre le manda hacer algo. Ud. quiere que lo haga otro miembro de su familia y le dice a su madre:
6. Ud. entra en un lugar donde hay dos personas que comen y les dice:

Wishes with Ojalá (que) or ¡Quién...!

A very common way to express a wish in Spanish is by using **ojalá (que)** + subjunctive.* **Ojalá (que)** + the present subjunctive is used when the speaker wishes for something to happen (or not to happen) in the future. **Ojalá (que)** + the imperfect subjunctive expresses a wish which is impossible or unlikely to happen. **Ojalá (que)** + the present perfect subjunctive expresses a wish about the immediate past. **Ojalá (que)** + the pluperfect subjunctive refers to a wish that was not fulfilled in the past and denotes regret.

Ojalá que Jacinto llame hoy.	*I hope Jacinto calls today. (A wish that may be fulfilled.)*

---

*In some countries, like México, the form most used is **Ojalá y**.

Ojalá que Jacinto llamara hoy.	*I wish Jacinto would call today. (A wish of difficult realization.)*
Ojalá que Jacinto haya llamado.	*I hope Jacinto has called. (The speaker was not at home or for some reason he/she doesn't know whether Jacinto called or not.)*
Ojalá que Jacinto hubiera llamado ayer.	*I wish (if only) Jacinto had called yesterday. (The action didn't take place and the speaker regrets it.)*

Quién + imperfect subjunctive or pluperfect subjunctive also refers to a wish of the speaker. Like **ojalá (que)**, **quién** + subjunctive may express either (a) a wish of impossible or unlikely realization or (b) regret, depending on the tense used. **¡Quién. . . !** is never used with the present subjunctive.

¡Quién pudiera vivir cien años!	*I wish I could live for one hundred years!*
¡Quién hubiera estado allí en ese momento!	*I wish I had been there at that moment!*

APLICACIÓN
A   *Usando* **ojalá** *exprese:*

1. Dos deseos para el futuro.
2. Dos deseos difíciles de realizarse.
3. Dos deseos en el pasado que nunca se realizaron.

B   *Haga dos oraciones con* **¡Quién. . . !** *para indicar un deseo difícil de realizarse y dos oraciones con* **¡Quién. . . !** *lamentándose porque algo no sucedió en el pasado.*

Expressions of Emotion
The subjunctive is required in Spanish in a dependent clause when the verb in the main clause expresses feelings or emotion: regret, fear, pity, hope, surprise, etc.

Esperamos que pueda Ud. quedarse unos días más.	*We hope you can stay a few more days.*
Él siente mucho que ella esté enferma.	*He is very sorry that she is sick.*
Me sorprende que hayas perdido la billetera.	*I am surprised that you have lost your wallet.*

If there is no change of subject the infinitive is used:*

Espero poder quedarme unos días más.   *I hope I can stay a few more days.*

Él siente mucho estar enfermo.   *He is very sorry that he is sick.*

Me sorprende haber perdido la billetera.   *I am surprised that I have lost my wallet.*

COMMON VERBS THAT INDICATE FEELING OR EMOTION

admirar(le) (a uno)*	*to be astonished*	**lamentar**	*to regret*
alegrarse de, alegrar(le) (a uno)*	*to be glad*	**molestar(le) (a uno)***	*to bother*
celebrar	*to be glad*	**sentir**	*to regret*
dar(le) lástima (a uno)*	*to feel sorry*	**sentirse orgulloso (avergonzado) de**	*to feel proud (ashamed)*
esperar	*to hope*	**preocupar(le) (a uno)***	*to worry*
extrañar(le) (a uno)*	*to be surprised*	**sorprenderse de**	*to be surprised*
estar contento de	*to be happy*	**sorprenderle (a uno)***	*to be surprised*
indignar(le) (a uno)*	*to anger*	**temer, tener miedo de, tenerle miedo a**	*to fear*

*These constructions are treated in chapter 9.

---

*In the spoken language one occasionally hears the subjunctive even when there is no change of subject.

Yo siento que no haya podido asistir a las conferencias.   *I regret that I haven't been able to attend the lectures.*

The following table summarizes the sequence or correspondence of tenses. These principles are applicable not only to noun clauses but also to adjective clauses (chapter 6) and adverbial clauses (chapter 7).

SEQUENCE OF TENSES
1. When the action in the dependent clause is simultaneous with, or subsequent to, the action of the main clause.

Main Clause	Dependent Clause
1. Present indicative **Juan les pide** *Juan asks them*	
2. Present perfect **Juan les ha pedido** *Juan has asked them*	
3. Future indicative **Juan les pedirá** *Juan will ask them*	Present subjunctive **que vengan.** *to come.*
4. Future perfect indicative **Juan les habrá pedido** *Juan has probably asked them*	
5. Commands **Juan, pídales** *Juan, ask them*	
6. Imperfect or Preterite **Juan les pidió (les pedía)** *Juan asked them*	
7. Pluperfect indicative **Juan les había pedido** *Juan had asked them*	
8. Conditional **Juan les pediría** *Juan would ask them*	Imperfect subjunctive **que vinieran (viniesen).** *to come.*
9. Conditional perfect **Juan les habría pedido** *Juan would have asked them*	

2. When the action in the dependent clause happened before the action of the main clause.

Main Clause	*Dependent Clause*
1. Present indicative **Juan se alegra de** *Juan is happy*	
2. Present perfect **Juan se ha alegrado de** *Juan has been happy*	Imperfect subjunctive* **que vinieran (viniesen).** *that they came.*
3. Future indicative **Juan se alegrará de** *Juan will be happy*	Present perfect subjunctive **que hayan venido.** *that they have come.*
4. Future perfect indicative **Juan se habrá alegrado de** *Juan must have been happy*	
5. Commands **Juan, alégrese de** *Juan, be happy*	
6. Imperfect or preterite **Juan se alegraba (se alegró) de** *Juan was happy*	
7. Pluperfect indicative **Juan se había alegrado de** *Juan had rejoiced*	Pluperfect subjunctive **que hubieran (hubiesen) venido.** *that they had come.*
8. Conditional **Juan se alegraría de** *Juan would be happy*	
9. Conditional perfect **Juan se habría alegrado** *Juan would have been happy*	

*Because of the fact that the imperfect subjunctive may correspond to the preterite indicative, imperfect indicative, or conditional tense, many Spanish speakers prefer to use the present perfect subjunctive to emphasize the completion of an action or state. Observe the ambiguity of **No creo que María lo hiciera**, which can mean: (a) *I don't think Mary did it*, (b) *I don't think Mary was doing it*, or (c) *I don't think Mary would do it*.

    To express meaning (a) only, (i.e., to stress completion), many speakers choose to say **No creo que María lo haya hecho**, which cannot have meanings (b) or (c).

    What are the three possible translations of **Es posible que el médico viniera**?

APLICACIÓN

A   *Escoja una expresión de la columna* **B** *para cada expresión de la columna* **A** *y únalas con* **que.** *Fíjese en la secuencia de tiempos. Hay más de una posibilidad.*

MODELO   Esperamos que todo salga bien.

A	**B**
1. Esperamos	la reunión no fuera aquí mismo
2. Yo sentiré mucho	cambiemos los planes
3. Mi esposa se habría alegrado	Mario haya dejado el empleo
4. Lamentábamos	él confesara la verdad
5. Don Enrique se asombrará	no nos pagaran
6. A ella le ha extrañado	te esperasen en el aeropuerto
7. Ella habría esperado	Uds. se hubieran quedado con
8. A él le preocupaba	nosotros
9. Nos sorprendemos	todo salga bien
10. Sé que Uds. están contentos de	quieran echarnos de esta casa
11. Nos indigna	que no cuenten conmigo
12. Celebro	te hayan ascendido
13. Me molestaba	no le hubieras escrito
14. No me sorprendería que	no hubiesen aceptado nuestra
15. Temíamos	ayuda
	hayamos pedido prestado el dinero
	no hayan llamado todavía

B   *Cambie al pasado.*

1.   UN CRIMEN RECIENTE.

A Jacinto le preocupa que los detectives no hayan encontrado todavía una pista que seguir y se extraña de que el criminal no haya dejado huellas. Piensa que no se trata de un suicidio, sino de un crimen, y se alegra de que la policía esté de acuerdo en esto.

Le da lástima que esa bella joven haya muerto y espera que capturen pronto al culpable. Teme que haya otra víctima si el asesino no es capturado en seguida. Además, le molesta que no se haga justicia.

2.   UNA CARTA.

Querida Adela: Siento mucho que no asistas a mi graduación. Muchos amigos se sorprenderán de que no estés allí. También mis padres lamentan que no puedas asistir, ellos están orgullosos de que yo me gradúe con tan buenas notas. A todos nos preocupa que no te sientas bien. Debes cuidar más tu salud. Un abrazo, Rosita.

C *Exprese una reacción original ante los siguientes hechos, usando verbos de emoción o sentimiento.*

MODELO   Juan no ha llamado todavía. *Temo que le haya pasado algo.*

1. Vamos a España este verano.
2. Mañana operan a mi padre.
3. Recibí una "A" en ese curso.
4. Él no conoce la ciudad y se ha perdido.
5. Ese perrito se está quedando ciego.
6. Ella no tiene dinero para pagar la matrícula.
7. Me duele mucho la cabeza.
8. No encuentro mi libro de español.
9. Mi novio tiene un auto nuevo.
10. Robert Redford quiere salir con Susana.

Expressions of Uncertainty

The subjunctive is used in Spanish when the verb in the main clause expresses doubt, disbelief, uncertainty, or denial about the reality of the dependent clause.

Dudábamos que la policía pudiera llegar a tiempo.	*We doubted that the police could arrive on time.*
No cree que su enfermedad tenga cura.	*He doesn't believe that his illness has a cure.*
No estoy segura de que Raquel haya cerrado la puerta.	*I am not sure that Raquel has closed the door.*
La madre negaba que su hijo hubiera roto la ventana.	*The mother denied that her son had broken the window.*

When there is no change of subject the infinitive is generally used.*

Dudábamos de poder llegar a tiempo.	*We doubted we could arrive on time.*
No cree poder acompañarme al centro.	*He doesn't believe he can accompany me downtown.*
No estoy segura de haber cerrado la puerta.	*I am not sure of having closed the door.*

---

*In the spoken language one occasionally hears the subjunctive even when there is no change of subject: **Dudo que yo pueda ayudarte.**

La madre negaba haber roto la ventana.	*The mother denied having broken the window.*

The most common verbs of this type are **no creer, dudar, no estar seguro de, negar**, and **resistirse a creer**. However, **no creer** takes the indicative when the speaker is certain about the reality of the dependent verb regardless of someone else's doubt.

Ella ¬o cree que yo me saqué la lotería.	*She doesn't believe that I won a prize in the lottery. (But I, the speaker, know that I did.)*

When verbs of this type are used in a question, the doubt or assurance on the part of the person who asks the question determines the use of the subjunctive or the indicative.

¿Creen Uds. que ella pueda hacer ese trabajo?	*Do you think that she can do that work?*
¿Creen Uds. que ella puede hacer ese trabajo?	

In the first question the speaker doubts and wants to know if other people share his/her doubts; in the second question the speaker wants to know someone else's opinion and does not give his/her own.

The question **¿No cree Ud...?** (*Don't you believe...?*) does not imply doubt on the part of the speaker. Thus the indicative is used.

¿No crees que él es muy inteligente?	*Don't you believe that he is very intelligent?*

Observe the highly subjective nature of the verbs treated in this section. For instance, when the speaker says: **Nadie duda que el crimen es uno de nuestros mayores problemas** he or she is referring to a generally accepted fact. On the other hand, it is possible to say: **No dudo que hayas estudiado, pero debías haber estudiado más.** The use of the subjunctive here indicates some mental reservation on the part of the speaker.

APLICACIÓN
Añada al principio de cada oración las expresiones que se dan, en el orden en que aparecen. Cambie el verbo principal de la oración original al subjuntivo cuando sea necesario.

1. (a) Nadie en el pueblo duda que... (b) Nadie niega que... (c) Pero, ¿cree Ud. que...? (d) Dudo que... (e) Y no creo que...
    La anciana es una excéntrica. Una de sus mayores excentricidades consiste

No(16)

en hablar sola. Su chifladura es peligrosa. Uno de estos días va a atacar a alguien. Deben enviarla a un asilo.

2.   (a) No estoy seguro de que... (b) No creo que... (c) Estoy seguro de que... (d) Dudo que... (e) También dudo que... (f) ¿Cree Ud. que...?

Se sentaron a la mesa en seguida. Las frituras que sirvió la madre estaban deliciosas. Eran de carne. El padre abrió una botella de vino. Dijo que ése era un día especial. Y todos bebieron muy contentos.

3.   (a) Estábamos seguros de que... (b) Pero dudábamos que... (c) Nadie creía que... (d) Aunque algunos creían que... (e) También creían que...

Antes de llegar a nuestro pueblo, el extranjero había pasado varios días perdido en el bosque. El extranjero había venido de muy lejos. En su juventud había sido muy rico. Había nacido en un castillo de Aragón. Sus padres habían sido nobles.

Acaso, Quizá(s), and Tal vez

The subjunctive is used in Spanish after **acaso**, **quizá(s)**, and **tal vez** (*perhaps*) when the speaker wishes to indicate doubt. If the speaker does not want to express doubt the indicative is used.

Tal vez sea demasiado tarde.	*Perhaps it may be too late.*
Tal vez es demasiado tarde.	*Perhaps it is too late. (I think it is.)*
Quizás no quieran ayudarnos.	*Perhaps they don't want to help us. (The speaker is in doubt.)*
Quizás no quieren ayudarnos.	*Perhaps they don't want to help us. (The speaker thinks they don't.)*

APLICACIÓN

Cambie las oraciones siguientes para expresar duda.

1.   Acaso todos nuestros gobernantes son honrados.
2.   Tal vez podrán subir esa montaña.
3.   Quizás esta noche podré dormir bien.
4.   Acaso Susana querrá casarse con él.
5.   Quizá no nos han visto.
6.   Tal vez les gusta el pastel de chocolate.
7.   Quizás nos estarán esperando en el aeropuerto.
8.   Acaso habían secuestrado al Sr. Guzmán.

Impersonal Expressions

Most impersonal expressions fall into one of the categories that call for the subjunctive (wish, doubt, emotion, unreality, etc.) and, therefore, require the subjunctive when there is a change of subject.

Es necesario que vayamos a su casa en seguida.	*It is necessary that we go to his home immediately.*
Era posible que Pedro ganara la competencia.	*It was possible that Pedro would win the competition.*

There is also a less common alternate construction that combines an indirect object pronoun and an infinitive. This construction is often heard when the speaker wishes to place the emphasis on the person rather than on the action.

Nos es necesario ir a su casa en seguida.	*It is necessary for us to go to his home immediately.*
A Pedro le era posible ganar la competencia.	*It was possible for Peter to win the competition.*

Avoid translating *for me* (*you*, etc.) as **para mí** (**ti**, etc.).

If there is no change of subject the infinitive is used.

Es necesario ir a su casa en seguida.	*It is necessary to go to his home immediately.*
Era posible ganar la competencia.	*It was possible to win the competition.*

Impersonal expressions that indicate certainty take the indicative: **ser cierto, ser evidente, ser verdad, ser un hecho, estar claro,** etc.

Es cierto que Carmen hace ejercicio todos los días.	*It is true that Carmen exercises every day.*

When used negatively the above expressions often indicate uncertainty and take the subjunctive: **No es cierto que Carmen haga ejercicio todos los días.**

The expression No + ser + que... sino que...
No + ser + que... sino que... denies the reality of the main verb and it normally requires the subjunctive. Observe the sequence of tenses.

No es que no quiera hacerlo, sino que no puedo.	*It isn't that I don't want to do it but rather that I can't.*
No era que Jenaro no supiera la verdad, sino que no quería aceptarla.	*It wasn't that Jenaro didn't know the truth but rather that he didn't want to accept it.*

COMMON IMPERSONAL EXPRESSIONS			
bastar	*to be enough*	**ser importante**	*to be important*
convenir	*to be advisable*	**ser (im)posible**	*to be (im)possible*
parecer mentira	*to seem incredible, impossible*	**ser (im)probable**	*to be (un)likely*
poder ser	*to be possible*	**ser lástima**	*to be a pity*
¡Qué lástima!	*What a pity!*	**ser necesario, ser preciso**	*to be necessary*
ser bueno	*to be a good thing*	**ser preferible**	*to be better*
ser difícil	*to be unlikely*	**ser urgente**	*to be urgent*
ser dudoso	*to be doubtful*	**valer más**	*to be better*
ser extraño	*to be strange*	**valer la pena**	*to be worthwhile*
ser fácil	*to be likely*		

APLICACIÓN

A *Combine las expresiones entre paréntesis con las oraciones, cambiando los verbos a los tiempos correctos del subjuntivo si es necesario.*

> MODELO El profesor no ha llegado todavía. (Es extraño)
> **Es extraño que** el profesor **no haya llegado** todavía.

1. Nos vamos sin decir adiós. (Será mejor / Es importante)
2. Le habías hecho un buen regalo a Jacinto. (Bastaba / Parecía mentira)
3. Tuvisteis que sacar todo el dinero del banco. (Sería una pena / Es cierto)
4. Pablo se ha quedado sin empleo. (¡Qué lástima! / Es extraño)
5. No pude llegar a tiempo. (Fue lamentable / Fue bueno)
6. La víctima del accidente había muerto. (Podía ser / Era falso)
7. Consigues buenos asientos para el teatro. (Es fácil / Es imposible)
8. El testigo ha declarado la verdad. (Es evidente / Es dudoso)
9. Virginia no le había contado lo sucedido a su madre. (Valdría más / Era mejor)
10. Nos veremos mañana a las seis. (Será difícil / Va a ser preciso)

B *A continuación de cada párrafo se dan varias expresiones impersonales. Escoja de cada grupo las dos que le parezcan más apropiadas, y use cada una de ellas en una oración que se relacione con el contenido del párrafo.*

1. **(a)** Panchita se despertó sobresaltada. ¡Se había quedado dormida! La noche anterior, había olvidado sacar el botón del despertador y, como resultado, éste no había sonado.

   ¡Qué lástima! / Era evidente / Estaba claro / Parecía mentira

   (b) Eran ya las ocho y media. Se tiró de la cama y entró frenética en el baño. No iba a poder llegar a la clase de las nueve, y ese día había un examen.

   Era urgente / Era necesario / Era dudoso / Era difícil

   (c) Mientras se vestía apresuradamente, Panchita debatía consigo misma si debería ir, aunque llegara tarde. En ese caso, tendría que explicarle a la Dra. Castillo lo sucedido. La otra posibilidad era no aparecerse e inventar una excusa para contarla en la clase del miércoles.

   Era preciso / Era posible / Valía más / Era preferible

2. **(a)** Su abogado defensor era uno de los mejores del país. Sin embargo, Vicente Romero sentía en el fondo del alma un marcado escepticismo sobre el futuro. La libertad le parecía un sueño remoto.

   Era evidente / Era un hecho / Podía ser / Era posible

   (b) Era inocente, pero nadie creía sus palabras. Las circunstancias lo incriminaban. Alarcón y él se habían odiado por muchos años y varios testigos lo habían oído amenazarlo.

   Era verdad / Era casi imposible / ¡Qué lástima! / Era dudoso

   (c) Nadie había visto el crimen, pero Vicente no podía probar dónde estaba a esa hora. Esto y sus amenazas eran suficientes para condenarlo.

   Era cierto / Era (muy) posible / Era casi seguro

C *Enlace las oraciones, incorporándolas a la construcción **No + ser + que... sino que...***

   MODELO   No me gusta fumar. El médico me prohibió hacerlo.
   No es que no me guste fumar, sino que el médico me prohibió hacerlo.

1. La mujer era pobre. Era muy tacaña.
2. Mi tío no ha querido votar en las elecciones. No le gustaban los candidatos.
3. Jesús tiene miedo de volar. No le interesa viajar.
4. Esa playa no era buena. Había allí muchos mosquitos.
5. Yo no sabía preparar una paella. No tenía bastantes mariscos.
6. Quiero ir a la ceremonia. Me invitaron con mucha insistencia.
7. El apartamento era pequeño. Teníamos demasiados muebles.
8. No te ha oído. No ha querido contestar.
9. Han fracasado. Decidieron abandonar el proyecto.
10. Me gusta caminar. Necesito hacer ejercicio.

ANÁLISIS DE LA LECTURA
Lea con atención las oraciones siguientes.

1. Es posible que a Ud. no le interese mi historia. . .
2. . . . quiero que quede en el papel.
3. Sepa Ud. . . .
4. . . . como si su dueño estuviese dentro de una cueva.
5. . . . le pedí que viniera a mi cuarto.
6. Necesitaba que se sentara . . . y espantara al autor de la risa. . .
7. . . . si no quieres que te haga probar el cinturón.
8. . . . temiendo que el que se había reído saltara sobre mí . . .
9. . . . y me decía que hiciera toda clase de maldades.
10. . . . el duende insistió en que yo los cogiera.
11. . . . ojalá que a ella y al mundo entero los partiera un rayo y que a mí me hubiera partido al nacer.
12. . . . para que don Vicente . . . se cayera al sentarse . . .
13. . . . también me obligó a que soltara en la mesa de la cocina las hormigas . . .
14. . . . y a que derramara grasa . . .
15. . . . para que mi madre resbalara.
16. . . . me asombro de que golpes y castigos no hayan acabado conmigo.
17. . . . yo tenía miedo de que se enojase. . .
18. . . . me sorprendió que la ventana estuviera abierta.
19. ¡Ojalá no lo hubiera visto!
20. . . . me hizo desear que cerrara los ojos y no me mirara más.
21. . . . como si quisiera hipnotizarme.
22. Quiero que hagas algo . . .

Todas las expresiones anteriores usan el subjuntivo. La número 4 y la número 21 comienzan con *Como si* y corresponden a un caso de irrealidad que se estudiará en el capítulo 6. También se estudiará allí el caso de las oraciones 12 y 15, que usan el subjuntivo porque *para que* indica intención o propósito en el sujeto de la cláusula principal.

A *Las demás oraciones corresponden todas a casos estudiados. Divídalas en tres grupos según indiquen: (1) voluntad, deseo o preferencia, (2) emoción o sentimiento, (3) alguno de los conceptos anteriores expresado de modo impersonal.*

B *Explique por qué ¿**Duda Ud. que existen los duendes?** y **Pues yo estoy seguro de que existen** usan el modo indicativo.*

C *En el número 11 se formulan dos deseos, pero hay cierta diferencia entre ellos, como se ve en el uso de dos tiempos distintos. Explique esto.*

D *Las oraciones: **Él me hizo esconderlos**, **Me mandó aflojar los tornillos de la silla** y **Necesito hablar contigo** no están en subjuntivo, aunque las tres tienen verbos* *que indican la voluntad del sujeto. Explique por qué. Si es posible expresarlas de otra manera, hágalo.*

SECCIÓN LÉXICA

REPASO
Dé la palabra que corresponde a cada definición.

1. Posición de una persona que encoge el cuerpo para esconderse.
2. Perder el equilibrio al caminar.
3. Hacer huir.
4. Sinónimo de *casi*.
5. Extender un líquido sobre una superficie.
6. Protestar en voz baja.
7. Lo contrario de *apretar*.
8. Seguir exactamente las instrucciones dadas.
9. Condición de algo que ha perdido el color.
10. Sinónimo de *grieta*.

AMPLIACIÓN
Los nombres de animales domésticos son fuente de gran número de expresiones en muchas lenguas. En la Lectura aparece la expresión ***buscarle cinco pies al gato***. Hay muchos giros y refranes en español relacionados con los gatos. He aquí otros.

Llevarse el gato al agua.	*To pull off something difficult.*
Andar a gatas, gatear.	*To go on all fours, to crawl.*
Tener siete vidas como los gatos.	*To have nine lives like a cat.*
Caer de pie como los gatos.	*To land on one's feet.*
Cuando el gato no está los ratones bailan.	*When the cat's away, the mice will play.*
Cuatro gatos.	*Hardly anyone, a very small number of persons.*
Dar gato por liebre, dar gatazo.	*To swindle, to sell a pig in a poke.*
Defenderse como gato panza (boca) arriba.	*To defend oneself fiercely (like a demon, tooth and nail).*
Gato escaldado, del agua fría huye.	*Once bitten twice shy.*

Haber gato encerrado.	*To smell a rat, to suspect something.*
Llevarse como perros y gatos (como el perro y el gato).	*To fight like cats and dogs.*
No haber perro ni gato que no lo sepa.	*To be common knowledge.*

Por otra parte, hay expresiones que usan la palabra *cat* en inglés y no tienen equivalente con la palabra *gato* en español, como *to let the cat out of the bag,* **decir un secreto** y *to rain cats and dogs,* **llover a cántaros**.

APLICACIÓN

A *Comente las siguientes situaciones empleando una de las expresiones anteriores.*

1. José y su mujer se pelean constantemente.
2. Ángel va a una ceremonia y ve que hay poquísimas personas ahí.
3. Pilar compra un reloj por la calle y después se da cuenta de que no funciona.
4. Los obreros no trabajan durante la ausencia del patrón.
5. El primer amor de Antonio fue un fracaso y él teme volver a enamorarse.
6. Mariana acaba de saber que la capital de Francia es París.
7. Tuvo varios accidentes muy serios, pero sobrevivió en todos ellos.
8. Varias personas querían ese empleo y fue Carmen la que lo consiguió.
9. Pepe ha pasado por muchos apuros pero siempre sale ganando.
10. Miguel siempre tiene mucho dinero, pero no trabaja nunca.
11. Cuando los ladrones intentaron robar a Juan, él peleó con ellos con tal fiereza que consiguió ahuyentarlos.
12. Después del accidente, Manuel está tan herido que no puede levantarse y se arrastra por el suelo apoyándose en pies y manos.

B *Consulte el diccionario y busque cinco expresiones relacionadas con la palabra* **perro**. *Úselas en oraciones originales.*

C *Busque cinco expresiones basadas en nombres de otros tantos animales.*

PROBLEMA LÉXICO

To Ask

1. When *to ask* refers to a direct or indirect question its Spanish equivalent is **preguntar**.

La chica le preguntó al pastor: "¿De quién son esas ovejas?"	*The girl asked the shepherd: "Whose sheep are those?"*
Nunca le preguntes a Felipe cuántos años tiene.	*Never ask Felipe how old is he.*

To ask a question is **hacer una pregunta**.

Pueden Uds. hacerme las preguntas que quieran.	*You may ask me any questions you wish.*

To ask in the sense of *to inquire after* and *to try to find out about* is **preguntar por**.

No preguntaste por mí cuando estuve enfermo.	*You didn't ask about me when I was sick.*
Hay un hombre aquí que pregunta por ti.	*There is a man here asking for you.*

2. When *to ask* means *to request* or *to demand*, **pedir** is used.

Teresa me pidió que cantara.	*Teresa asked me to sing.*
Los Otero piden $100,000 por su casa.	*The Oteros are asking $100,000 for their house.*

Pedir prestado,-a,-os,-as is *to borrow, to ask to borrow*.

Su hermano siempre le pide prestado dinero.	*His brother is always borrowing money from him.*
Lucía me pidió prestada la cámara, pero no se la di.	*Lucía asked to borrow my camera but I didn't give it to her.*

3. When *to ask* conveys an invitation **invitar** is used.

Los invitaron varias veces a la Casa Blanca.	*They were asked several times to the White House.*
Pablo invitó a Susana a salir el domingo.	*Pablo asked Susana out on Sunday.*

APLICACIÓN

A *Decida entre* **pedir** *y* **preguntar**.

1. Le (pediré / preguntaré) a Guillermo cómo se llama su novia.
2. Cuando vio al bandido gritó (pidiendo / preguntando) auxilio.
3. Debe de ser caro. ¿Quieres que (pidamos / preguntemos) cuánto cuesta?
4. Juanita (me pidió / me preguntó) mi televisor ayer.
5. ¿Cuánto estás (pidiendo / preguntando) por tu coche?
6. (Pídele / Pregúntale) que te ayude a arreglar la plancha.
7. Quiero (pedirle / preguntarle) a Ester si conoce al Profesor Tirado.

8. La curiosidad de los niños los hace (pedir / preguntar) constantemente.
9. El pueblo (pide / pregunta) que disminuyan los impuestos.
10. Me siento mal. Llamaré al médico para (pedirle / preguntarle) un turno.
11. Si alguien (pide / pregunta) por mí, dígale que regreso a las tres.
12. Se arrepintió de haber dicho eso y (pidió / preguntó) perdón.
13. En algunos países está prohibido (pedir / preguntar) limosna.
14. Vamos a (pedirle / preguntarle) a José si irá a la fiesta.
15. La vio llorar, pero no se atrevió a (pedirle / preguntarle) por qué lloraba.

B *Complete de manera original.*

1. Quisiéramos pedirle prestados sus...
2. No se debe pedir prestado...
3. No me gusta que me pidan prestada...
4. ¿Pediste prestadas...?
5. Una ocasión en que pedí prestado...

C *Traduzca.*

1. You didn't ask him if he had asked his dentist for an appointment.
2. It is a pity you didn't come. Everybody was asking for you.
3. If you ask her out you should ask her where she would like to go.
4. Our company has asked two astronauts to collaborate in the project.
5. "Have you ever been asked to their home?" "Don't ask silly questions."
6. First, the man asked me my name and then he asked me for my autograph.

TRADUCCIÓN

When Steve asked me to accompany him on his trip to Santiago I wished he hadn't [done it]. There was hardly anyone on the highway that night because it was raining cats and dogs and it was almost impossible for a driver to see the road. But, since I didn't want Steve to go alone, I accepted while praying to God we wouldn't have an accident.

We didn't have an accident but our windshield wipers stopped working when we were halfway there and this forced us to stop. Lightning flashed in the sky and we made out a large, imposing house at the side of the road. "Let's go there," said Steve, "perhaps they'll let us spend the night. It is likely that the storm will last for several hours." I doubted that Steve's idea was a good one and I would have preferred that we stay in the car, but we were both soaking wet from trying to fix the wipers and Steve insisted so much that we change our clothes that I finally agreed to our going to the house.

There weren't any lights on. Perhaps the owners were sleeping. But ... it was also very possible that nobody lived there. After we knocked many times without getting any answer, Steve suggested that we enter through a window. So we did.

The lights weren't working. It was lucky that Steve had his flashlight with him. It bothered me that the place was so dirty. We finally managed to find a couple of old blankets and two small sofas to lie down on.

I was trying to fall asleep, thinking it wasn't worth our having broken in, when I felt my sofa shaking. I woke up Steve and begged him for us to leave. But Steve, who is a very skeptical person, refused to believe that my sofa had actually moved and demanded that I calm down.

Then, we heard noises upstairs. Since I am a coward, I ran out of the house as fast as I could. When I reached the car, I was very surprised that Steve was already there!

TEMAS PARA COMPOSICIÓN

1.   Déle un final diferente al pasaje traducido, haciendo que los jóvenes se queden en la casa y explicando lo que sucedía allí.

2.   Una película de fantasmas que vio una vez. ¿Estaba bien hecha? ¿Le pareció interesante, miedosa, absurda? ¿Por qué razón les gustan a tantas personas las películas de miedo? ¿Le gustan a Ud.?

3.   Hay cierta diferencia en español entre **duende** y **fantasma**. Éste es siempre serio, pero el duende se divierte haciendo travesuras y molestando a la gente. Invente una historia sobre una casa habitada por uno o más duendes.

4.   Escriba una narración que termine la historia de Roberto y el duende.

5.   Haga una composición usando el subjuntivo cuantas veces pueda, sobre el tema: "Las cosas que me gusta o disgusta que hagan otras personas y las cosas que quiero o sugiero que otros hagan".

CAPÍTULO 5

LECTURA

En este cuento, Amado Nervo (1870–1919), el famoso poeta mexicano de la época modernista, nos presenta la lucha patética de un caballero muy presumido contra la vejez.

Don Diego de Noche[1]

Una de las luchas más heroicas, más denodadas,[2] más conmovedoras, es la que sostienen las mujeres contra la vejez. Lucha fatal que no emociona, porque sabemos que en ella han de ser vencidas.

Esta estrategia, esta táctica estéril,[3] es la que ha inventado los *abat-jours*,[4] que tanto se usan en las casas *chic* de Inglaterra y Francia. El *abat-jour* o pantalla de cartón, suavemente colorida, que se pone sobre las luces, no es más que un inocente arbitrio[5] para que las caras marchitas[6] de las damas se envaguezcan[7] en la penumbra misteriosa, en un claroscuro[8] enigmático, y no se vea de los cuerpos sino el escote, por donde asoma una carne industrialmente fresca,[9] que enmarcan sedas y encajes salpicados de joyas.

Es mentira que esas señoronas detesten la mucha luz porque es cursi:[10] la detestan porque es un índice de oro,[11] brutal, que señala a todo el mundo la ruina de su humanidad.[12]

Pero si en las mujeres esta lucha es, como digo, conmovedora, en los hombres, por inusitada,[13] se vuelve formidable.

---

[1]Nombre de una planta cuyas flores se abren por la noche (*four-o'clock*)
[2]intrépidas, atrevidas
[3]inútil
[4]pantalla de lámpara (*Vea Nota.*)
[5]truco
[6]lo contrario de *frescas*

[7]no se vean con claridad
[8]juego de luces y sombras
[9]**industrialmente**... artificialmente joven
[10]de mal gusto
[11]**índice**... indicador
[12]cuerpo
[13]rara

Pocos hombres luchan contra la vejez apasionadamente. Limítanse a teñir el bigote, que suele ponerse blanco antes que los cabellos y a adaptarse un bisoñé[14] a la calva;[15] arbitrios inocentes con los que no engañan ni a un ciego. Hay, sin embargo, caballeros tan quisquillosos,[16] que no sólo no dicen su edad, sino que se indignan ante la menor alusión indiscreta a ella. Y los hay que no abdican jamás, que no entregan la fortaleza[17] de su juventud a los asaltos de la vejez sino muertos.

De éstos existió uno, fallecido[18] no ha mucho tiempo en cierta capital andaluza. ¡En cuanto cumplió los cuarenta años, se plantó[19] en treinta y tres! De allí en adelante fue en vano preguntarle su edad. Se hicieron proverbiales sus treinta y tres años. Era el hombre que tenía la edad de Cristo.

Cuando el bigote empezó a encanecer,[20] lo tiñó. No hubo tintura[21] que no ensayara. Hizo repetidos viajes por Europa, buscando tintes. Los peluqueros de París, esos insinuantes y sofísticos peluqueros de cabellera rizada que todos conocemos, lo explotaron a maravilla. En Londres se gastó también un dineral.[22]

Al bigote siguió la rara mies[23] de los cabellos, sobre los cuales empezó a escarchar enero...[24] Más tinturas, más viajes...

La vejez, tan temida, puede también ser una etapa feliz. Es evidente que esta abuelita de Barcelona se encuentra muy bien en compañía de su nietecita.

---

[14]peluca para hombre
[15]cabeza sin pelo
[16]meticulosos, fastidiosos
[17]lugar fortificado
[18]muerto
[19]se quedó inmóvil

[20]ponerse blanco
[21]color para el pelo
[22]mucho dinero
[23]**rara**... la poca cantidad
[24]**sobre**... que se pusieron blancos

Las cremas de todos los matices, de todas las virtudes y de todos los olores, pretendieron, aliadas[25] con masajes sabios, llenar o disimular[26] siquiera los surcos[27] cada vez más hondos y más numerosos de las arrugas. Triste empeño. El arador[28] invisible continuaba su tarea.

Llegó, empero, un momento en que no hubo ya pelo que teñir. El hombre se había quedado calvo. Los peluqueros aconsejaron a la víctima una peluca. Fue cosa de elegir, de pensar, de madurar[29] muy lentamente.

Al fin se encontró lo que se buscaba. Pero ¡ay! una irritación de la piel, una eczema que invadió la calva, impidió el uso de postizo[30] tan esencial.

No había misericordia. A cada nuevo recurso de don Diego —que así se llamaba mi hombre— la naturaleza respondía con una nueva crueldad.

La lucha se convirtió en algo romántico, digno de un poema. Don Diego no quería rendirse.

¿Y sabéis lo que hizo? Comprendió que durante el día el enemigo era tremendamente fuerte, que el sol lo odiaba con descaro,[31] que era imposible luchar con él; que si Jacob había combatido con un ángel,[32] él no podía combatir con la luz, y resolvió no salir sino de noche.

Jamás se le volvió a ver de día. En verano, don Diego dormía unas siestas eternas..., y en cuanto el sol consentía en ponerse al fin, muy derecho, muy correctamente vestido, muy acicalado,[33] muy bien pintado,[34] salía de su casa.

A pesar de su reconocida cortesía, no se quitaba nunca el sombrero, pretextando el temor a un enfriamiento. Iba al teatro invariablemente; pero en el palco[35] del club, desde el cual asistía a la representación, se le había reservado una butaca cuyo respaldo estaba pegado a la pared.

De esta suerte, don Diego jamás enseñaba la nuca[36] a nadie; por tanto, en circunstancias en que era de toda precisión estar con la cabeza descubierta, no se podía ver su calva.

Hace poco tiempo que murió don Diego, "Don Diego de Noche", como habían acabado por llamarle todos sus conocidos, y jamás abdicó. Hasta el fin, con un resuelto[37] heroísmo, tuvo la edad de Cristo. ¡En su testamento ordenó que lo embalsamasen,[38] naturalmente!

Su familia, movida por aquella perseverancia, por aquella voluntad de platino y diamante, no quiso desmentirla,[39] y en la lápida[40] de mármol negro bajo la cual "aguarda la resurrección" aquella carne rebelde al *pulverem*

---

[25]en cooperación
[26]ocultar
[27]marca profunda
[28]persona que remueve la tierra para plantar (imagen del Tiempo)
[29]pensar mucho
[30]pelo que no es de la persona
[31]de manera insolente
[32]**si**... un episodio bíblico (Génesis, Cap. 32)

[33]limpio y bien arreglado
[34]maquillado
[35]lugar del teatro donde hay balcones
[36]parte de atrás de la cabeza
[37]atrevido, audaz
[38]*Vea Nota* en la página 126-127.
[39]contradecirla
[40]losa sobre la tumba

reverteris,[41] puede leerse: "Don Diego de Sandoval. Murió el día... de... a los treinta y tres años de edad. R.I.P."[42]

Nota: Amado Nervo pasó en Europa algunos años, representando a México como diplomático. París, donde conoció a Rubén Darío y también a la mujer que fue el gran amor de su vida, tuvo bastante influencia en su obra. Es frecuente encontrar en ésta palabras en francés o referencias a la literatura y cultura de Francia.

COMPRENSIÓN
1. Contraste las diferentes actitudes de los hombres y las mujeres hacia la vejez, según el autor.
2. Resuma los párrafos 6, 7, 8 y 9.
3. Explique las razones que tiene el autor para pensar que la naturaleza era cruel con don Diego.
4. Explique las precauciones que tomaba don Diego para evitar que vieran su calva.
5. Diga en qué se basa el autor para decir que don Diego nunca abdicó.
6. Cuente de qué manera honró la familia de don Diego su perseverancia.

OPINIONES
1. ¿Está Ud. de acuerdo con el autor en que las mujeres luchan más heroicamente que los hombres contra la vejez? Dé ejemplos ilustrando su opinión.
2. ¿Por qué muchas personas no dicen su edad, o dicen tener menos edad de la que tienen? ¿Qué clase de persona se quita la edad? Si Ud. fuera una persona de edad madura, ¿se la quitaría Ud.? Explique.
3. ¿Cree Ud. que es lógico poner límites de edad en algunos casos, por ejemplo, una edad mínima para beber, para manejar o para votar? ¿Cree que debe haber una edad fija para la jubilación?
4. La discriminación contra los viejos está prohibida en nuestro país, pero aún existe. ¿De qué maneras se discrimina contra las personas de edad avanzada?
5. ¿Es cierto que nuestra sociedad rinde culto a la juventud? Dé ejemplos de por qué piensa que esto es o no es cierto.
6. ¿Es apropiado que un hombre se tiña el pelo? ¿Se haga permanente? ¿Lleve peluca? ¿Maquillaje? ¿Se haga una operación de cirugía estética? Explique.

---

[41]parte de las palabras que se dicen en la ceremonia católica del Miércoles de Ceniza: "[Recuerda que eres polvo y] en polvo te convertirás".

[42]Las iniciales en español son "Q.E.P.D." (Que en paz descanse) pero frecuentemente se usa R.I.P., que corresponde a las palabras en latín.

El conquistador Juan Ponce de León buscó obsesionado la fuente de la juventud por muchos años. Su búsqueda inútil tuvo, sin embargo, resultados positivos: la exploración de Puerto Rico y el descubrimiento de la Florida. Esta estatua de Ponce de León se encuentra en San Juan, Puerto Rico, isla donde una ciudad lleva su nombre.

SECCIÓN GRAMATICAL

THE SUBJUNCTIVE II: THE SUBJUNCTIVE IN RELATIVE (ADJECTIVE) CLAUSES

Relative clauses are clauses introduced by a relative pronoun. This type of pronoun refers back to the noun mentioned in the main clause which is called the antecedent.

1. The subjunctive is used in relative clauses where the antecedent is hypothetical, nonexistent, or unknown to the speaker.

Quiero comprar un automóvil que consuma poca gasolina.

I want to buy a car that uses little gas. (The speaker is not referring to any specific car.)

¿Hay alguien aquí que haya estado en el Perú?

Is there anyone here who has been to Peru? (The speaker doesn't know whether there is such a person.)

No, no hay nadie aquí que haya estado en el Perú.

No, there is no one here who has been to Peru. (The speaker denies the existence of such a person.)

But:

Tengo un automóvil que consume poca gasolina.

I have a car that uses little gas.

Hay aquí tres estudiantes que han estado en el Perú.

There are three students here who have been to Peru.

Every time that one lists the characteristics of an unknown person or thing that one is seeking, the subjunctive must be used. This case is very common in everyday usage. If you read the classified ad section in any Spanish newspaper you will realize that it is almost impossible to write an ad for the "wanted" column without using the subjunctive.

SE SOLICITAN
Jóvenes que **hablen** un poco de inglés, **tengan** menos de veintiocho años y **deseen** ser azafatas internacionales. Escriba a Escuela de Azafatas, Granados 25, 2° piso, Madrid 4

CASAS Y DEPARTAMENTOS
Necesito departamento que **sea** claro, **tenga** dos recámaras y **esté** cerca del Paseo de la Reforma. Tengo solvencia y las mejores referencias. Llame al Sr. Roque 549–57–63

But:

SE OFRECEN
¡Ganga! $2,500. Vendo Plymouth 1983. **Está** en excelente estado. **Tiene** aire acondicionado y timón y frenos hidráulicos. Llame a Arturo después de las seis. 939–3442

APLICACIÓN

A   *Forme oraciones combinando las palabras entre paréntesis con las cláusulas que se dan. Si es necesario, ponga los verbos en el tiempo correcto del subjuntivo.*

MODELO   Un mecánico que es bueno. (Busco)
Busco un mecánico que **sea** bueno.

1. Una chica que sabía jugar al tenis. (Deseaban contratar)
2. Una casa que tiene diez habitaciones. (Ella es dueña de)
3. Algún estudiante que no había pagado su matrícula. (¿Había allí...?)
4. Una secretaria que habla japonés. (Se solicita)
5. Un colchón que es cómodo. (Necesito)
6. Algún pintor que no cobra mucho. (¿Conoces ...?)
7. Asientos que estaban en las primeras filas. (Queríamos)
8. Un restaurante donde se come muy bien. (He encontrado)
9. Plazo que no llega ni deuda que no se paga. (No hay)
10. Un gato que cazaba ratones. (Ella necesitaba)
11. Una mujer que tiene dinero. (Él quiere casarse con)
12. Un periodista que había ido a la guerra. (Necesitaban)
13. Puede estar una semana sin dormir. (No hay nadie que)
14. Alguien que ha podido subir esa montaña (¿Hay ...?)
15. Unos zapatos que me quedaban bien. (Buscaba)

B *Ud. tiene suficiente dinero para comprar un buen auto. Describa el coche que busca usando por lo menos cuatro verbos en el modo subjuntivo.*

C *Alguien necesita un empleado o empleada que tenga exactamente las cualidades que Ud. tiene. Prepare este anuncio para el periódico ''a la medida'' para Ud.*

D *¿Cómo sería, para Ud., un profesor ideal? Explique, usando el mayor número de subjuntivos posible, las cualidades que espera encontrar Ud. en un buen profesor.*

2. When the verb in the relative clause expresses an action or state that is future or unknown to the speaker the subjunctive must be used.

Él hará lo que le digas.	*He will do what you tell him [to do]. (You haven't given him any orders yet.)*
Lo haremos como Ud. lo desee.	*We will do it just as you (may) wish. (We don't know exactly how you may wish it to be done.)*
Le pediré dinero al primer amigo que me encuentre.	*I will ask for money from the first friend (whoever he may be) that I run into.*
Yo estaba dispuesto a pagar lo que Ud. me pidiera.	*I was willing to pay whatever price you asked. (You hadn't told me the price yet.)*
Coma todo el pollo que quiera por tres dólares.	*Eat all the chicken you want for three dollars. (The amount of chicken the person may want is unknown to the speaker.)*

But:

Él hizo lo que le dijiste.	*He did what you told him [to do].*

Lo haremos como Ud. lo desea.	*We will do it just as you wish. (We already know how you wish it done.)*
Le pedí dinero al primer amigo que me encontré.	*I asked for money from the first friend I ran into.*
Siempre estoy dispuesto a pagar lo que Ud. me pide.	*I am always willing to pay what you ask. (The speaker refers to a customary action.)*
Comió todo el pollo que quiso por tres dólares.	*He ate all the chicken he wanted for three dollars.*

3. The following indeterminate expressions take the subjunctive if uncertainty is implied; they take the indicative if the speaker wishes to indicate certainty: **cualquiera que, cualquier + noun + que, dondequiera que, comoquiera que**.

Cualquiera que nos ayude será recompensado.	*Anyone who may help us will be rewarded.*
Él comerá cualquier comida que le sirvan.	*He will eat whatever food they may serve him.*
Dondequiera que Ud. vaya, encontrará pobreza.	*Wherever you may go you will find poverty.*
Comoquiera que lo haga, lo hará bien.	*However he may do it, he will do it well.*

But:

Cualquiera que nos ayudaba era recompensado.	*Anyone who helped us was rewarded.*
Él siempre come cualquier comida que le sirven.	*He always eats whatever food they serve him.*
Dondequiera que fui encontré pobreza.	*Wherever I went I found poverty.*
Comoquiera que lo hace, lo hace bien.	*However he does it, he does it well.*

4. The following proportionate comparisons use the first verb in the subjunctive when the speaker is referring to what is hypothetical or future;

otherwise, the indicative is used. **Mientras*** + comparative... + comparative
= *The... the* + comparatives.

Mientras más estudien, más aprenderán.	*The more you study, the more you will learn.*
Mientras menos comas, más adelgazarás.	*The less you eat, the more you will lose.*
Mientras menos se toque Ud. la herida, mejor.	*The less you touch your wound, the better.*
Mientras más cerezas comas, más querrás comer.	*The more cherries you eat, the more you will want to eat.*

But:

Mientras más estudian, más aprenden.	*The more you study, the more you learn.*
Por supuesto, mientras menos comía, más adelgazaba.	*Of course, the less I ate, the more I lost.*
El problema de las cerezas es que mientras más comes, más quieres comer.	*The problem with cherries is that the more you eat, the more you want to eat.*

APLICACIÓN

A *Vuelva a expresar los siguientes pasajes en el futuro.*

1. No emplearon a la persona que más lo merecía y fue injusto que no me dieran el empleo a mí. Claro que siempre digo lo que pienso y esto no les gusta a muchos y a veces soy el último que llega al trabajo por la mañana, pero siempre hago lo que me mandan, escucho lo que me aconsejan mis superiores y lo organizo todo como mi jefe quiere.

2. Mi amiga Zoila siempre tuvo las cosas que necesitaba y aun más, porque su padre le daba todo lo que le pedía. Por eso, aunque los amigos la ayudaron cuanto pudieron, debió enfrentarse a la vida y sufrió mucho. Dondequiera que

---

*****Mientras** is more frequent in Spanish America. In Spain, the more common usage is either (1) **cuanto**, to modify an adjective or adverb, or (2) **cuanto(a, os, as)** to modify a noun.

Cuanto más estudien, más aprenderán.

Cuantas más cerezas comas, más querrás comer.

fue, encontró problemas. Esperaba que todos hicieran lo que ella quería, pero no fue así.

B   *Cambie al pasado.*

No soy muy cuidadoso en el vestir. Cualquiera que me conozca lo sabe. Dondequiera que voy, llevo la misma ropa, porque pienso que comoquiera que me vista, me veré igual. Generalmente compro cualquier cosa que me vendan sin pensar en cómo me queda. Cualquier amigo que me critique pierde el tiempo, porque no pienso cambiar.

C   *Complete usando un verbo y según su experiencia personal.*

1. Cualquiera que venga a verme a mi casa . . .
2. Dondequiera que voy . . .
3. Cualquier disco que me presten . . .
4. Cualquier amigo que me necesite . . .
5. Cualquiera que me vea cuando me levanto por la mañana . . .
6. A veces compro cualquier . . .
7. Dondequiera que esté . . .
8. Cualquiera que llame por teléfono . . .

D   *Complete de manera original.*

1. ¿Sabe Ud. por qué hablo poco? Porque opino que mientras menos . . .
2. Los niños norteamericanos ven demasiada televisión. Creo que mientras menos . . .
3. La vida es injusta y te aseguro que mientras más pienses en esto . . .
4. El problema de algunas personas es que cuanto más tinte se ponen en el pelo . . .
5. Tengo muchos amigos, pero quiero conocer a más gente. Pienso que mientras más amigos . . .
6. Ganamos mucho ahora, pero el problema es que cuanto más gana uno . . .

E   *Traduzca.*

1. Don't bother. The more you explain it, the less I'll understand.
2. The more I know people, the more I love my dog.
3. The less he talks tomorrow, the fewer mistakes he will make.
4. Sometimes the more you work, the less you earn.
5. The less money I spend during my vacation, the happier my father will be.

Idiomatic Expressions That Use the Subjunctive

1. **Por** + adjective or adverb + **que** (*No matter how* + adjective or adverb) is followed by the subjunctive when the speaker does not accept the thought expressed by the verb as a fact.

Por bonita que ella sea, no la elegirán reina.	*No matter how pretty she may be, they won't select her as the queen.*

Por mucho que te apresures, no terminarás a tiempo.	*No matter how much you may hurry, you will not finish on time.*

But:

Por mucho que te apresuras, nunca terminas a tiempo.	*No matter how much you hurry, you never finish on time. (This is a fact. The speaker knows that the subject customarily hurries.)*

2.   **Que yo sepa (que sepamos)**, **que digamos**, and **que diga** are common idiomatic expressions in the subjunctive.

   a)   **Que yo sepa (que sepamos)** = *As far as I (we) know*

   b)   **Que digamos** is used to stress a preceding negative statement and it is difficult to translate since its meaning will vary with the context.

   c)   **Que diga** = *I mean*, in the sense of *I meant to say* or *that is*.

El Dr. Jordán no ha llegado todavía, que yo sepa.	*Dr. Jordán hasn't arrived yet, as far as I know.*
Que sepamos, no han puesto todavía las notas en la pared.	*As far as we know, they haven't posted the grades on the wall yet.*
No coopera Ud. mucho conmigo que digamos.	*You are not exactly cooperating with me.*
No nos queda mucho dinero que digamos.	*We don't exactly have much money left.*
Él salió a las ocho, que diga, a las seis.	*He left at eight, I mean, at six.*

3.   The following idiomatic formulas always take the subjunctive:

cueste lo que cueste	*no matter how much it may cost* (only used in 3rd person sing. and pl.)
pase lo que pase	*come what may* (only used in 3rd person sing.)
puedas o no (puedas)	*whether you can or not* (used in any person)
quieras o no (quieras)	*whether you be willing or not* (used in any person)

   These formulas can be used in the past as well: **costara lo que costara, pasara lo que pasara, pudieras o no, quisieras o no.**

Nuestro país ganará la guerra, cueste lo que cueste.	*Our country will win the war, no matter how much it may cost.*
Pase lo que pase, no cederé.	*Come what may, I will not give up.*
Pudiéramos o no, nuestro jefe nos hacía trabajar excesivamente.	*Whether we could or not, our boss made us work excessively.*

APLICACIÓN

A *Complete el siguiente párrafo, usando los verbos:* **acostarse**, **correr**, **darse**, **doler**, **esforzarse**, **estudiar**, **gastar**.

CONFESIONES DE UN PESIMISTA.

Tengo mala suerte. Por mucho que me _____, debo confesarlo. No, no trate de consolarme; por más que Ud. _____, no podrá convencerme de lo contrario. Por ejemplo, soy muy dormilón y sé que por temprano que me _____, no podré levantarme a tiempo por la mañana. Me levantaré tarde y por mucha prisa que _____, perderé el autobús. Por supuesto, correré tras él, pero sé que por mucho que _____, no lo alcanzaré. Bueno, de todos modos, no vale la pena que vaya a clase. Por mucho que mi padre _____ en mi educación y por más que yo _____, nunca llegaré a graduarme.

B *Conteste, usando en su respuesta uno de los siguientes:* **cueste lo que cueste**, **pase lo que pase**, **puedas o no**, **quieras o no**.

1. Los padres que son estrictos, ¿obligan a sus hijos a ir a la escuela?
2. Si una persona sueña con tener algo y cuenta con el dinero para comprarlo, ¿lo comprará aunque sea caro?
3. Si hay una tormenta mañana, ¿debemos cancelar la clase?
4. ¿Cree Ud. que un estudiante debe hacer siempre su tarea de español?
5. Si hay una guerra y yo tengo edad militar, ¿me obligará la ley a inscribirme en el servicio?
6. Mi jefe es muy exigente. ¿Me obligará a trabajar los sábados?

C *Conteste, usando* **que yo sepa** *o* **que digamos** *en su respuesta.*

1. ¿Hace frío en Puerto Rico en el invierno?
2. ¿Se va de viaje tu profesor esta semana?
3. ¿Eres muy rico,-a?
4. ¿Es ya hora de terminar esta clase?
5. ¿Tendremos el día libre mañana?
6. ¿Está muy barata hoy la vida?
7. ¿Es agradable guiar un coche cuando hay mucha nieve en la carretera?
8. ¿Hubo un accidente de aviación el lunes pasado?

SECCIÓN LÉXICA

REPASO

Cada palabra de la columna izquierda tiene un antónimo en la columna derecha.
Encuentre el antónimo en cada caso.

1.	acicalado	a)	natural
2.	aliado	b)	timidez
3.	calva	c)	desarreglado
4.	cursi	d)	cara
5.	descaro	e)	fresco
6.	estéril	f)	enemigo
7.	fallecido	g)	vivo
8.	inusitado	h)	cabellera
9.	marchito	i)	elevación
10.	nuca	j)	elegante
11.	postizo	k)	común
12.	surco	l)	fructuoso

AMPLIACIÓN

En la Lectura aparecen los verbos **envaguecerse** y **encanecer**. Muchos verbos españoles formados por el prefijo **en-** (**em-** antes de **p** y **b**), tienen un significado similar a *to become* o *to get* en inglés. Observe que en la siguiente lista predominan los verbos reflexivos.

embellecerse	*ponerse bello*	**enfermarse**	*ponerse enfermo*
empeorar	*ponerse peor*	**enfurecerse**	*ponerse furioso*
empequeñecerse	*ponerse (hacerse) más pequeño*	**engordar**	*ponerse gordo*
empobrecerse	*volverse pobre*	**engrandecerse**	*ponerse (hacerse) más grande*
enderezarse	*ponerse derecho*	**enloquecer**	*volverse loco*
endurecerse	*ponerse duro*	**enmudecer**	*quedarse mudo*
ennegrecerse	*ponerse negro*	**ensordecer**	*quedarse sordo*
		ensuciarse	*ponerse sucio*
enriquecerse	*ponerse rico*	**enternecerse**	*ponerse tierno*
enrojecer	*ponerse rojo*	**envejecer**	*ponerse viejo*
enronquecer	*ponerse ronco*	**enviudar**	*quedarse viudo*

Algunos verbos formados con el prefijo **a-** tienen también el significado de *to become* o *to get*.

ablandarse	*ponerse blando*	aflojarse	*ponerse flojo*
aclararse	*ponerse claro*	agriarse	*ponerse agrio*
achicarse	*hacerse (ponerse) más chico*	alargarse	*hacerse más largo*
acortarse	*hacerse más corto*	anochecer	*hacerse de noche*
adelgazar	*ponerse delgado*		

APLICACIÓN

A *Sustituya las palabras en cursiva usando uno de los verbos de las listas anteriores.*

1. Se acercaba la tormenta y el cielo *se puso negro.*
2. Cuando el soldado vio venir al sargento, *se puso derecho.*
3. A medida que se acerca el invierno, las noches *se hacen más largas* y los días *se hacen más cortos.*
4. Cuando *se quedó viudo*, don Tomás se mudó con sus hijos.
5. El bigote suele *ponerse cano* antes que el cabello.
6. Los problemas *se hacen más pequeños* cuando se miran con optimismo.
7. Frecuentemente *nos hacemos más grandes* con el sufrimiento.
8. Al final de la novela todo *se pone claro.*
9. La cera *se pone blanda* con el calor.
10. *Se quedó mudo* de sorpresa al ver lo sucedido.
11. El juez hablaba de manera autoritaria, pero cuando veía llorar a alguien, *se ponía tierno.*
12. Cada vez que *se ponía furiosa se ponía roja.*
13. ¿Cree Ud. que una persona puede *volverse loca* si estudia demasiado?
14. Cuando tomó las pastillas el enfermo *se puso peor.*
15. Cuando llegué a Santa Cruz *se hacía de noche.*

B *Complete con el verbo más apropiado.*

1. Ella no come dulces porque no quiere . . .
2. Al llegar a la madurez, muchas personas tienen miedo de . . .
3. Pérez no tenía dinero, pero hizo varios negocios fabulosos y . . .
4. Cuando asé el bisté, ...
5. Si pongo la mantequilla en el refrigerador . . .
6. Según los médicos, las personas que oyen constantemente música ruidosa corren el peligro de . . .
7. Gritamos tanto en el juego de fútbol que . . .
8. Las mujeres norteamericanas gastan tantos millones en cosméticos porque quieren . . .
9. Siempre uso un delantal en la cocina para que la ropa no . . .
10. Si dejas la leche al sol va a . . .

PROBLEMAS LÉXICOS

Different Meanings of *To Become*

1. When someone becomes a member of a profession, trade, or group, **hacerse** is used in combination with a noun. In special cases it may also be combined with adjectives, as in the expressions **hacerse rico** and **hacerse famoso**.

Como su novio quiere hacerse médico ella se ha hecho dentista.	*Since her boyfriend wants to become a doctor she has become a dentist.*
Después de la revolución cubana su primo se hizo comunista.	*After the Cuban revolution his cousin became a communist.*
Espero hacerme famoso con este invento.	*I hope to become famous with this invention.*

The following are common idiomatic expressions with **hacerse**:

hacerse + definite article + noun	*to pretend to be, to play*
hacerse tarde	*to become (get) late*
hacerse de noche	*to become (get) dark*
hacerse necesario	*to become necessary*
No se haga el tonto (la tonta), Ud. me comprende.	*Don't play dumb, you understand me.*
Se lo dije bien claro, pero se hizo el sordo.	*I told him quite clearly but he pretended to be deaf.*
Pronto se hará de noche, así que se hace necesario que regresemos a casa.	*It will soon get dark and so it becomes necessary for us to return home.*

2. **Ponerse** + adjective means *to become, to take on a certain condition or state*. It often refers to an involuntary reaction that is due to psychological reasons.

Al oír la noticia se pusieron muy serios.	*Upon hearing the news they became very serious.*
Cada vez que veía a la niña, Pedrito se ponía colorado.	*Every time he saw the girl, Pedro blushed (became or turned red).*
Cuando mi perrito me oye llamarlo se pone muy contento.	*When my dog hears me calling him he becomes very happy.*

Mi blusa blanca se puso amarilla cuando la lavé.	*My white blouse became (turned) yellow when I washed it.*

3. *To become* (*to change into, to turn into*) is expressed by: **convertirse en** + noun.

Esta polilla se convertirá en mariposa.	*This moth will become a butterfly.*
Él se convertía en hombre-lobo en las noches de luna llena.	*He became a werewolf on nights when there was a full moon.*
En invierno el agua de la fuente se convierte en hielo.	*The water in the fountain turns to ice in winter.*
Ese chico se ha convertido en un problema últimamente.	*That boy has become a problem lately.*

Volverse + noun can also be used as an alternate in the above sentences. **Volverse**, however, is most often heard in set idiomatic expressions like **volverse loco**.

4. *To become* (to get to be at the end of a series of events or after a long time) is expressed by **llegar a ser**. Note that **llegar a ser** can never be used in the case of sudden or rapid changes.

Si practicas el tenis a diario llegarás a ser campeón algún día.	*If you practice tennis daily you will become a champion some day.*
Aunque al principio se odiaban, llegaron a ser grandes amigos.	*Although they hated each other at first, they got to be good friends.*
Nació pobre pero llegó a ser millonario.	*He was born poor but he became (got to be) a millionaire.*

5. When *to become* is used to inquire what happened to someone or something, either **hacerse de** or **ser de** may be used.

¿Qué fue (Qué se hizo) de aquel amigo tuyo?	*What became of that friend of yours?*
¿Qué será de nosotros?	*What will become of us?*

6. **Meterse a** + noun is usually derogatory and means to become a member of a profession or trade that one is not qualified for.

No he visto a Juan desde que se ha metido a poeta.	*I haven't seen Juan since he became a poet.*

No tenía trabajo y se metió a pintor.	*He didn't have a job and became a painter.*

7. **Quedarse** + adjective means *to become* in some idiomatic expressions, the most common of which are: **quedarse calvo** (*to become bald*), **quedarse ciego** (*to become [go] blind*), **quedarse solo** (*to be left alone*), **quedarse sordo** (*to become deaf*), **quedarse viudo,-a** (*to become a widower, widow*). Note that all these idioms convey the idea of loss.

Algunos hombres se quedan calvos antes de los treinta años.	*Some men become bald before they are thirty.*
Si sigues oyendo tanto *rock* pronto te quedarás sordo.	*If you continue listening to so much rock you will soon become deaf.*

APLICACIÓN

A *Complete de manera original, utilizando en cada caso la expresión que se da entre paréntesis.*

MODELO Si recibo una "F" en este curso, es evidente que no debo meterme a profesor de español.

1. Si recibo una "F" . . . (meterse a profesor de español)
2. Su amor . . . (convertirse en odio)
3. Por leer mucho . . . (quedarse ciego)
4. Algún día . . . (llegar a ser famoso)
5. Al oír la noticia . . . (ponerse pálido)
6. Uno de nosotros . . . (llegar a ser presidente)
7. Cuando un fuego destruyó el almacén . . . (volverse loco)
8. La mantequilla . . . (ponerse blando)
9. Mi gato y mi perro . . . (llegar a ser amigo)
10. Estuvo enfermo . . . (ponerse delgado)
11. Era republicano . . . (hacerse demócrata)
12. A veces me pregunto . . . (ser de)
13. Si Juan no es aceptado . . . (hacerse bombero)
14. Antes de un examen . . . (ponerse nervioso)
15. El presidente . . . (convertirse en un dictador)
16. Ud. lo sabía . . . (hacerse el inocente)

B *Imagine que han pasado unos años y Ud. encuentra a un amigo a quien no ha visto desde su graduación. Él le pregunta qué ha sido de varios de sus compañeros de estudios. Explíquele a su amigo lo que fue de ellos, usando equivalentes de* to become *y basándose en los siguientes datos. Trate de elaborar explicaciones originales.*

1. Andrés Pérez es ahora médico.
2. Andrés y Cuquita Gómez son novios desde el mes de junio.
3. Luis Quirós no tiene pelo.

4. Lolita Ruiz pesa 200 libras.
5. Vicente Guzmán está en un manicomio.
6. Saturnino Rovira es presidente de una compañía.
7. Emilio Arteaga es rico.
8. Marta Salazar es policía.
9. El hermano de Marta está casi sordo.
10. Nicolás Ríos es cantante, pero canta muy mal.

C *Complete.*

1. Cada día ve peor, el médico dice que _____ ciega.
2. La admiración que sentía por él _____ antipatía.
3. ¿Quieres _____ socio de nuestro club?
4. Mi padre _____ furioso cuando vio la cuenta del teléfono.
5. En el otoño, las hojas _____ primero amarillas y después de color marrón.
6. Si algún día _____ millonario, espero que te acuerdes de mí.
7. Un refrán dice que el que _____ redentor, termina crucificado.
8. Cuando pregunté qué _____ Paulina, Rodrigo _____ muy nervioso.
9. La tierra _____ lodo cuando llueve mucho.
10. A los dos días de estar en la cárcel, el pelo de Ramiro _____ blanco.

D *Traduzca.*

Nowadays, learning to work with a computer has become a necessity. Computers have become household objects, like TV sets and radios. Being aware of this, I planned to become a computer programmer. I registered in a basic course but, unfortunately, the more I studied the less I learned. I turned into a bitter person and sometimes I was afraid I would go crazy from trying to memorize that strange vocabulary. Finally, I realized that I would never get to be an expert in that field and decided to become a Spanish major. Here I have found some strange vocabulary too. For instance... But it is getting late and my food will get cold if I don't eat now, so I'll finish this composition after dinner.

Different Equivalents of *But*

1. When *but* has the meaning of *nevertheless, yet*, its Spanish equivalents are **pero** and **mas**. Use of the latter is limited to the written language.

Nevó mucho, pero fuimos de todos modos.	*It snowed a lot but we went anyway.*
No tenemos dinero, pero somos felices.	*We don't have money but we are happy.*
Estaba aislado en la isla, mas leía todos los días los periódicos.	*He was isolated on the island but he read the papers every day.*

2.   After a negative statement when *but* means *but on the contrary* or *but rather*, Spanish uses **sino** or **sino que**. The latter indicates an opposition between two conjugated verbs.

El coche no es mío sino de mi padre.	*The car is not mine but my father's.*
Raúl no es ingeniero sino dentista.	*Raúl is not an engineer but a dentist.*
La blusa que compré no es azul sino gris.	*The blouse I bought is not blue but gray.*
No queremos ir al cine sino quedarnos aquí conversando.	*We don't want to go to the movies but to stay here talking.*
No creo que lo condenarán sino que lo absolverán.	*I don't believe they will condemn him but rather that they will absolve him.*
No compraré el libro sino que lo pediré prestado.	*I will not buy the book but rather I will borrow it.*

All the above sentences can be answers to questions presenting a choice and the two possibilities presented are mutually exclusive:

Is the car yours or your father's?
Is Raúl an engineer or a dentist?
Is the blouse you bought blue or gray?
Do you want to go to the movies or to stay here talking?
Do you believe they will condemn him or absolve him?
Will you buy the book or will you borrow it?

If both elements or both situations are not mutually exclusive, **pero** is used, even when the opening statement is negative. **Pero** in this case conveys the meaning of *however*.

No tengo fiebre, pero me duele la garganta.	*I don't have a fever but (however) I do have a sore throat.*

3.   **No sólo (solamente). . . sino (que) (también) (además)** means *not only. . . but (also)*

No sólo es bonita sino además simpática.	*She is not only pretty but also nice.*
No solamente nos insultó sino que también nos puso pleito.	*He not only insulted us but he also sued us.*
No sólo le compró flores a su esposa, sino también una sortija.	*He not only bought his wife flowers but a ring as well.*

4.   When, after a positive statement, *but* means *except*, its Spanish equivalents are **menos, excepto, salvo**. (Listed here in approximate order of frequency.)

Todos estaban allí menos Ud.	*They were all there but you.*
Todo está bien salvo una cosa.	*Everything is right but one thing.*
Trabajo todos los días menos el domingo.	*I work every day but Sunday.*
Todo se ha perdido menos el honor.	*All is lost but honor.*
Lo intentamos todo, excepto darle dinero.	*We tried everything but giving him money.*

5.   When *but* has the meaning of *only, merely*, Spanish uses **no** + verb + **más que**... or **no** + verb + **sino**...

No tenemos más que tres dólares.	*We have only (but) three dollars.*
El médico no le dio sino un mes de vida.	*The doctor gave him but a month to live.*
No había nada allí, más que hambre y desolación.	*There was nothing there but hunger and desolation.*

APLICACIÓN

A *Complete, usando un equivalente de* but.

1.   No hace _____ un año que murió Pedro Salgado. Salgado no fue solamente un buen padre, _____ un ciudadano ejemplar. No fue un héroe, _____ hizo algunas cosas heroicas. Su biografía no sólo se publicó en un libro, _____ también va a ser llevada al cine. Yo leí todo el libro, _____ el último capítulo.

2.   Mi tía está peleada con mi madre, _____ vino ayer a mi casa. No vino a hacer una visita, _____ a traernos un recado urgente. Cuando le abrí la puerta, no quiso entrar en la casa, _____ insistió en que nos quedáramos en el jardín. La entrevista fue desagradable, porque yo tenía frío. No estamos todavía en invierno, _____ ya hacía frío en el jardín.

3.   No fuimos al restaurante La Carreta, _____ a Los Molinos. Mi novia pidió una paella, _____ como a mí no me gustan los mariscos, no pedí pescado _____ carne. Todos los platos que me sirvieron eran deliciosos, _____ uno. Mi novia no quería que pidiéramos dulce, _____ comiéramos frutas de postre. Su intención no era contradecirme, _____ recordarme que estoy muy gordo. "No es necesario _____ un poco de voluntad para conservar la línea", me dijo.

B *Complete de manera original, usando un equivalente de* **but.**

1. Hacer eso no sólo es inmoral . . .
2. No tenemos bastante dinero para un taxi . . .
3. No quiso desayunar con nosotros . . .
4. Lucía no tiene veinte años . . .
5. El alcalde no mandó un representante al desfile . . .
6. Toda mi casa está limpia . . .
7. A mi tía no le gustan los macarrones . . .
8. Leí su carta tres veces . . .
9. No solamente no ganó dinero . . .
10. Luisa no estaba en la fiesta . . .
11. Nunca bebo jugo de uva . . .
12. Mi casa no es muy grande . . .
13. Todos votaron por ese candidato . . .
14. Él no es el bandido que busca la policía . . .

ANÁLISIS DE LA LECTURA

A *En la Lectura hay seis expresiones que equivalen a* **to become.** *Encuéntrelas.*

1. ¿Sería posible expresar algunas de ellas de otra manera?
2. ¿De qué otra manera se puede expresar: "Cuando el bigote empezó a encanecer, lo tiñó"?

B *Explique el uso de* **sino** *en los casos siguientes.*

1. . . . que no sólo no dicen su edad, sino que se indignan ante la menor alusión indiscreta a ella.
2. . . . que no entregan la fortaleza de su juventud a los asaltos de la vejez sino muertos.
3. Por lo tanto, resolvió no salir sino de noche.

C *¿Por qué se usa el verbo* **detestar** *en el subjuntivo al comienzo del tercer párrafo?*

D *Cambie el pasaje que comienza:* **Hay, sin embargo, caballeros tan quisquillosos. . .** *a la forma interrogativa. ¿Qué cambios deberá hacer en los verbos y por qué?*

E *Explique el uso del subjuntivo en* **No hubo tintura que no ensayara.**

TRADUCCIÓN

THE SUN WORSHIPPER

Not long ago I met a woman who was as obsessed with sunlight as was Amado Nervo's Don Diego de Noche, except that she loved it.

Doña Sol, the lady's name, and her husband Pepe Pérez were living in a dark and old apartment that was already too small for them when their twins

Como don Diego de Noche, muchos consideran que el sol es un enemigo; otros, sin embargo, como la doña Sol de la Traducción y estos bañistas de la Costa Brava, España, lo disfrutan al máximo.

were born. Their situation got even worse when Mrs. Perez's mother-in-law became a widow and moved in with them. But luckily at the same time Mr. Pérez found a new job that paid very well. So they decided that they had to look for a house that had at least four bedrooms, a lot of windows, several skylights, and a swimming pool. Doña Sol said it was necessary that the family have such a house, no matter what it cost. "I'm going crazy in the darkness!" she said. "What will become of me if I can't sunbathe and swim? The more I think about this, the sadder I become."

Mr. Pérez asked a real estate agent to help them find a house that fulfilled their requirements. "As far as I know," said the broker, "there are no houses around here that have all the things you desire. However, I know of one that has some of the requirements. But whatever happens, you shouldn't be discouraged but rather have confidence in me."

Everybody was becoming very upset when the luck of the family suddenly changed again. The house they found not only had many windows, but it also had a sun deck and it was near an excellent beach. Immediately their sadness turned to joy. For Doña Sol, the sun had reappeared after the darkness.

TEMAS PARA COMPOSICIÓN

1.   Don Diego de Noche. ¿Qué clase de persona es? Su actitud ante los años, ¿es cómica, patética, o ambas cosas? ¿Ha conocido Ud. personas así?

2.   En *Don Diego de Noche* Nervo no hace ningún intento por analizar los pensamientos del protagonista, sólo describe sus actos, y con éstos basta para

que comprendamos cómo piensa y siente. Imite esta técnica y describa, a través de sus actos, el proceso mental de una persona que se niega a aceptar algo inevitable: la vejez, una enfermedad grave, un fracaso en los estudios, la falta de amor en el novio o novia, etc.

3.   Cuente las experiencias de una pareja joven que busca apartamento. Quieren que el apartamento reúna ciertas condiciones, pero no tienen mucho dinero para la renta. ¿Cuántas veces puede Ud. usar el subjuntivo en su narración?

4.   Describa detalladamente cómo sería su casa ideal. ¿Estaría en plena ciudad, en las afueras, en la playa? ¿De qué estilo sería? ¿Qué comodidades tendría?

5.   El sol y sus adoradores. ¿Es Ud. uno de ellos? Los atractivos que encuentran muchas personas en las playas y las piscinas. Efectos positivos y negativos del sol para la salud.

CAPÍTULO 6

LECTURA

El siguiente artículo, de Segundo Peña, se publicó en la revista colombiana
Cromos. *En él se nos habla de Eva Perón, una mujer polémica, adorada*
por muchos, detestada también por muchos, pero ante quien pocas personas
permanecieron indiferentes.

Santa Eva de las Americas

A los cuatro minutos de su muerte, José Espejo, el antiguo portero del edificio y en ese momento secretario de la Confederación General de Trabajadores, habló por radio para solicitar que fuera proclamada "Santa Eva de las Américas". Su cuerpo, que el médico catalán Pedro Ara Sarria había embalsamado[1] temporalmente, fue visto en su ataúd[2] con tapa de cristal por no menos de tres millones de personas.

Su autobiografía se convirtió después de su muerte en lectura obligatoria en los colegios, y miles de hospitales, montañas, ríos, pueblos y hasta un asteroide, fueron bautizados en su nombre. Pero un sindicato[3] superó a todo el mundo: le envió al Papa un telegrama, firmado por sus 160 mil miembros, a fin de que la canonizaran. El Vaticano respondió que tenía noticias de sus virtudes cívicas, pero que nada sabía sobre sus prácticas religiosas o sobre el heroísmo que se requieren para ser santo.

Esto no impidió que Evita ascendiera a una especie de santidad laica[4] de la que se aprovechó Perón[5] durante los tres años que sostuvo el poder sin su

---

[1]*embalmed (Vea Nota 1.)*   [4]no religiosa
[2]caja para un muerto   [5]*Vea Nota 2.*
[3]asociación de trabajadores

presencia viva. Su fama de santidad creció durante el exilio de 17 años de Perón. Luego, al regresar él con el cadáver, la usó como una especie de talismán para recuperar el poder y hacer de Isabelita[6] una segunda Eva. No lo logró, porque aunque las dos mujeres tuvieron una vida casi igual antes de que conocieran a Perón, la segunda simplemente no dio la talla.[7]

En realidad, así como Evita había logrado sacar a su marido de la cárcel, prácticamente entregándole el poder, también había sido el símbolo y el motor de su gobierno. Evita había pagado todos los favores que le habían hecho y se había vengado de todas las humillaciones de que fue objeto[8] durante sus años de cortesana.[9] Había colocado a sus parientes en holgadas[10] posiciones a fin de que se enriquecieran, había hecho de la Confederación General de Trabajadores un fuertísimo puntal[11] del régimen que llegó a rivalizar con el Ejército, y con su fundación "Eva Perón", había conquistado el amor de las masas y se había enriquecido al mismo tiempo.

"Nada en mi destino es extraordinario", dijo una vez, y negó que le debiera nada a la suerte. Nació en Los Toldos, un pueblito en medio de una espuela[12] del ferrocarril inglés, a 280 kilómetros de Buenos Aires, el 7 de mayo de 1919. Su padre vivía en Junín, una ciudad cercana, y mantenía en Los Toldos a Juana lbarguren, la madre de Eva, con quien tuvo cinco hijos.

Fue una muchacha pálida, solitaria y soñadora, que apodaban "la flaca" y que iba al cine todas las semanas cuando se fueron a vivir a Junín. (Su padre

Perón y Eva, en el apogeo de su poderío político, saludan a la multitud en una calle de Buenos Aires.

---

[6]*Vea Nota 2.*
[7]**dió...** fracasó porque no tenía las cualidades necesarias
[8]**de que...** que le hicieron
[9]prostituta

[10]cómodas
[11]pilar
[12]sección

había quedado viudo y había llevado a su prole[13] ilegítima a la ciudad.) "La flaca" devoraba las revistas que narraban las historias de jóvenes que se habían vuelto famosas o describían la deslumbrante[14] vida de los ricos y las estrellas. Pero a sus sueños egoístas, la niña unió una sensibilidad[15] nacida de la penuria[16] que luego la convertiría en apóstol de la justicia social. "Hasta los once años"—confesó—"creía que había pobres como había hierba y ricos como había árboles. Un día aprendí por boca de un trabajador que había pobres porque los ricos eran demasiado ricos".

A los catorce años la sedujo un cantador de tangos y se marchó con ella a Buenos Aires. Eva trabajó en un cabaret, en una estación de radio y en una empresa de publicidad, al mismo tiempo que tenía fugaces[17] romances que sirvieron para que hiciera carrera. Era ambiciosa y el cine se convirtió en su meta,[18] pero aparte de que nunca llegó a ser buena artista, todo cambió cuando conoció al coronel Juan Domingo Perón, entonces ministro de Trabajo, un atlético militar pro-fascista de 50 años, que practicaba la equitación,[19] la esgrima[20] y el boxeo, y que había nacido 24 años antes que ella.

Ya en el poder, con sus frases y acciones a favor de "mis descamisados",[21] Eva se convirtió en la mujer más célebre de América. Sólo dos años despúes, en el 47, pensó hacer con el mundo lo que había hecho en su país. Su viaje a Europa fue un gran triunfo, pero no desprovisto[22] de sinsabores.[23] Franco y Salazar[24] la recibieron con gran pompa, pero el papa Pío XII no la condecoró[25] como deseaba. Cuando estaba a punto de viajar a Inglaterra, el rey Jorge VI anunció que no estaría en Londres para recibirla. Del Papa no pudo vengarse, pero hizo que subieran el precio del trigo y la carne, los productos que habían enriquecido a la Argentina durante la guerra y que aún necesitaban los ingleses y los otros desvastados países europeos.

Había viajado en dos aviones, con una comitiva de 100 personas y 130 maletas. Llevó ochenta trajes, sesenta pares de zapatos, cincuenta sombreros, docenas de pieles y unos 20 millones de dólares en joyas, la gran debilidad de Evita.

Despúes que murió a los 33 años de un terrible cáncer, el país, comandado por el doctor Ara, se entregó a una orgía necrofílica sin paralelo en el siglo. Ara perfeccionó su obra de embalsamiento y tuvo que convivir con el cadáver, que

---

[13]sus hijos
[14]muy brillante
[15]*sensitivity*
[16]pobreza extrema
[17]de corta duración
[18]objetivo
[19]**practicaba...** montaba a caballo
[20]*fencing*

[21]personas sin camisa, palabra inventada durante el gobierno de Perón para referirse a los pobres
[22]no le faltaron
[23]momentos desagradables
[24]dictadores de España y Portugal respectivamente, en esa época
[25]honró con una medalla

Los admiradores de Eva lloran su muerte y rinden homenaje a su recuerdo, en una manifestación en la que llevan antorchas encendidas.

terminó por tutear,[26] en el edificio de la Confederación de Trabajadores, donde debía esperar a que se construyera una grandiosa tumba. Pero no habría de ser así. Ni siquiera fue terminada la estatua, que iba a ser dos veces más alta que la de la Libertad. Perón no visitó sino una vez el laboratorio de Ara. El líder estaba demasiado ocupado seduciendo colegialas[27] o procurándoselas[28] a los militares, que terminaron por desbancarlo[29] y por borrar todas las huellas[30] de su gobierno, incluso el cadáver, que le fue quitado a Ara, y que después de varios años de estar enterrado en Italia, bajo otro nombre, le fue devuelto a Perón cuando aún vivía en Madrid. Estaba en perfecto estado.

Después, en 1976, los montoneros[31] que invocaban su nombre ("Si Eva viviera sería montonera", solían decir), ofrecieron cambiar el cadáver de un general que habían matado cuatro años antes por el de Eva, pero nadie les prestó atención. La obra maestra de Ara terminó por ser enterrada en el mausoleo de los Duarte,[32] donde centenares de argentinos siguen rindiéndole homenaje póstumo. Los mitos no mueren fácilmente.

Nota 1. Las costumbres funerarias de los países hispánicos difieren de las de los Estados Unidos, donde los cadáveres son embalsamados. En los países hispánicos las personas se entierran tal como mueren, y esto

---

[26]hablarle usando *tú*
[27]jovencitas de edad escolar
[28]consiguiéndolas para ellos
[29]destituirlo
[30]todo lo que quedaba
[31]grupo revolucionario de la Argentina
[32]la familia de ella. El apellido del padre de Evita era Duarte

Un anuncio de la obra musical *Evita*.

hace que deban ser enterradas a las pocas horas de su muerte. Evita fue una excepción; Perón la hizo embalsamar temporalmente para que el pueblo pudiera rendirle homenaje durante varios días. El Dr. Ara sometió después el cuerpo a otro proceso más complicado, a fin de conservarlo indefinidamente, convirtiéndolo en una especie de reliquia.

Nota 2.   Perón asumió la presidencia de la Argentina en 1946 pero fue, más que presidente, un dictador de derechas. Entre otras irregularidades, hizo modificar la constitución del país para poder prolongar su estancia en el gobierno cuando expiró el término legal. Destituído en 1955, tres años después de la muerte de Eva, se refugió en España. A su regreso del exilio en 1972, Perón volvió a gobernar en la Argentina, esta vez brevemente. Isabel, su segunda esposa, fue elegida presidenta a su muerte, pero resultó un fracaso como figura política y fue sustituída en 1976 por una junta militar.

COMPRENSIÓN
Explique con sus palabras, basándose en la información contenida en el artículo.

1.   Las pruebas que tenemos de la inmensa popularidad de Evita.
2.   La reacción del Vaticano ante la petición de que la canonizaran.
3.   Quién era la familia de Eva y qué vida llevó ella antes de conocer a Perón.
4.   La influencia de Eva en la vida del dictador argentino.
5.   La diferencia entre las dos esposas de Perón.
6.   El viaje de Eva a Europa.
7.   La vida de Perón después de la muerte de su primera esposa.
8.   A qué se refiere el autor cuando habla de ''orgía necrofílica.''

Vista de la Avenida Nueve de Julio con su obelisco, en la ciudad de Buenos Aires. Esta avenida es una de las más anchas del mundo.

OPINIONES

1. ¿Qué clase de persona era Evita? ¿Cree Ud. que era una ambiciosa sin escrúpulos, una hábil política, o una persona con sinceros deseos de ayudar al pueblo? ¿Cómo explica Ud. la adoración que sentían por una mujer llena de joyas los "descamisados" que carecían de todo?

2. ¿Está Ud. de acuerdo con lo que escribió Evita: "Hay pobres porque los ricos son demasiado ricos"? ¿Tiene otros motivos la pobreza? ¿Qué puede hacerse para aliviarla? ¿Qué haría Ud. si pudiera?

3. ¿Qué opina Ud. del comportamiento de Perón, tal como se explica en el artículo? ¿Qué clase de persona era Perón en su opinión? ¿Amaba él a Eva?

4. Hace unos cuantos años, la comedia musical *Evita* fue un gran éxito en los Estados Unidos. ¿Cómo explica Ud. ese éxito?

5. Los héroes y las heroínas, ¿qué importancia tienen para un pueblo? Alguien ha dicho que cuando un país no tiene suficientes héroes, los inventa. ¿Hay figuras glorificadas que han pasado a ser héroes y heroínas en los Estados Unidos? ¿Hay o ha habido aquí alguna figura femenina del tipo de Evita?

6. En muchos países tradicionales las mujeres ocupan desde hace bastantes años importantes posiciones públicas, pero éste no es el caso en los Estados Unidos. ¿Cómo se explica esto? ¿Cree Ud. que la derrota de la primera candidata a la vicepresidencia hace unos años estuvo relacionada con su condición femenina?

SECCIÓN GRAMATICAL

THE SUBJUNCTIVE III: THE SUBJUNCTIVE IN ADVERBIAL CLAUSES.

The Subjunctive After Certain Conjunctive Phrases

The following conjunctive phrases denote proviso, supposition, purpose, etc., and are always followed by the subjunctive.

a fin de que	in order that, so that	**en caso (de) que**	in case (that)
a menos que	unless	**no sea (fuera) que**	lest (so that...not)
a no ser que	unless	**para que**	in order that, so that
con tal (de) que	provided (that)	**sin que**	without

No iré a la ópera a menos que (a no ser que) me prestes tus anteojos.

I will not go to the opera unless you lend me your binoculars.

Te compraré lo que quieras con tal que me des el dinero.

I will buy you whatever you want provided that you give me the money.

En caso de que me necesite Ud., estaré en mi cuarto.

In case you need me I will be in my room.

Apuntó la fecha no fuera que se le olvidara.

He wrote the date down lest he (so he wouldn't) forget it.

Le escribiríamos para que (a fin de que)* nos remitiera el cheque.

We would write him in order that (so that) he would send us the check.

Siempre entra sin que yo lo vea.

He always enters without my seeing** him.

***Para que** is far more common in the spoken language than **a fin de que**.
**English uses a possessive here plus the *-ing* form while Spanish uses a subject pronoun plus the subjunctive.

Para que and sin que are formed by combining que with the prepositions para and sin respectively. When there is no change of subject para and sin are not followed by que and the infinitive is used.

Le escribiríamos para remitirle el cheque.	*We would write him in order to send him the check.*
Siempre entra sin verme.	*He always enters without seeing me.*

The conjunctions **de modo que, de manera que** (*so that*) take the subjunctive when they express purpose; when they express result they take the indicative.

Colgamos el cuadro de modo que (de manera que) todo el mundo lo viera.	*We hung the picture so that (in such a way that) everybody would see it.*
Colgamos el cuadro de modo que (de manera que) todo el mundo lo vio.	*We hung the picture so that (in such a way that) everybody saw it.*

The most common conjunction of concession is **aunque**. **Aunque** takes the subjunctive when it refers to an unaccomplished act or hypothesis, or when it indicates that the speaker does not believe the statement to be a fact. Otherwise, the indicative is used.

Aunque me lo jures no lo creeré.	*Even if you swear it to me I will not believe it.*
Aunque haya hecho algo malo, yo la perdonaré.	*Even if she has done something wrong I will forgive her.*
Aunque me lo juraras no lo creería.	*Even if you swore it to me I wouldn't believe it.*
Aunque hubiese hecho algo malo, yo la perdonaría.	*Even if she had done something wrong I would forgive her.*

But:

Aunque me lo juraste no lo creí.	*Although you swore it to me I didn't believe it. (It is a fact that you swore it.)*
Aunque hizo algo malo la perdoné.	*Although she did something wrong I forgave her. (It is a fact that she did something wrong.)*

APLICACIÓN

A *Complete con la conjunción apropiada.*

1. Mi cuñada compró las flores _____ su casa se viera alegre.
2. Jaime insiste en hacerlo _____ nadie lo ayude.
3. El niño prometió que no lloraría _____ le diesen dulces.
4. Nunca pido un objeto prestado _____ lo necesite mucho.
5. Se irán del país _____ estalle la guerra.
6. Debes distribuir el presupuesto _____ alcance para comprarlo todo.
7. Mañana iré al trabajo _____ haya una tormenta de nieve.
8. No podréis llegar a tiempo _____ caminéis muy rápido.
9. No dejen Uds. de llamarme _____ tengan algún problema.
10. Era pleno invierno, _____ no hacía mucho frío.
11. Las fotos quedarán bien _____ no sepas revelarlas.
12. El vuelo saldrá a tiempo _____ el piloto se sienta mal.

B *Complete de manera original.*

1. Van a llamarnos a las cinco a fin de que...
2. Debe Ud. colocar los libros de modo que...
3. Terminaré temprano con tal de que...
4. Los Martínez alquilarán esa casa a no ser que...
5. Su familia emigrará en caso de que...
6. Pondré el despertador a las siete, no sea que...
7. No nos invitaron, de manera que...
8. Aurora no se casará con Orlando a menos que...

C *Exprese en español.*

1. Our partner signed that contract without consulting us.
2. She left the pie on the windowsill so that it would cool off.
3. Hector did it without their having approved of it.
4. Do not try to fix the record player without my unplugging it first.
5. She took her clothes to the laundry room so that I would wash them.
6. I don't mind lending you my records provided that you take good care of them.
7. The victim will die unless a miracle takes place.
8. We will read the paper in order to find out what is happening in the world.

D *Diga para qué se hacen las siguientes cosas, usando oraciones que tengan un segundo sujeto.*

¿Para qué...

1. lavamos la ropa?
2. trabajan tanto muchos padres de familia?
3. se plantan flores en la primavera?
4. se corta la hierba del jardín?
5. sirven los semáforos?

6. se usan los audífonos?
7. explicó su profesor el subjuntivo?
8. llevó Ud. su auto al mecánico la última vez?
9. lo llamó uno de sus amigos recientemente?
10. cerró Ud. con llave la puerta de su casa esta mañana?

E *Enlace las dos oraciones usando* **sin que**. *Haga los cambios necesarios en la nueva oración.*

MODELO Han pasado tres meses / No hemos recibido carta suya.
Han pasado tres meses sin que hayamos recibido carta suya.

No tomaré esa pastilla / El médico me la receta.
No tomaré esa pastilla sin que el médico me la recete.

1. El niño bebió el vino / No nos dimos cuenta
2. Ofelia fregó los platos / Yo no se lo he pedido
3. No seguiría trabajando / Le aumentaban el sueldo
4. Nunca digo nada / Tu hermana me critica
5. No pasa un día / Él recuerda a su novia
6. No salgo de noche / Mis amigos me acompañan
7. Ellos no irían / Los invitamos varias veces
8. Siempre tomas decisiones / Yo no te autorizo

F *Complete de manera original. Use el indicativo en las cuatro primeras oraciones y el subjuntivo en las demás.*

1. No fuimos anoche al teatro aunque. . .
2. Emilio no firmará la carta aunque. . .
3. Le dieron el empleo a Antonio aunque. . .
4. Saqué solamente un Aprobado en Matemáticas aunque. . .
5. No bailaría con Ud. aunque. . .
6. Carmina discutiría con Pepe aunque. . .
7. Comprará esa computadora aunque. . .
8. Condenarán al acusado aunque. . .

G *Cambie los infinitivos entre paréntesis, fijándose en el sentido de los pasajes.*

1. MI ACCIDENTE

Aunque (llover y hacer frío) anoche, salí en mi coche. Aunque (manejar) con cuidado, el pavimento estaba mojado y no pude evitar que el auto resbalara. El chofer del auto contra el cual choqué, se puso furioso, aunque el choque (no haber sido) serio y aunque yo (explicarle) que no había sido culpa mía. ¿Qué dirá mi madre esta tarde cuando lo sepa? Aunque (comprender) que yo no tuve la culpa del accidente, se disgustará mucho. En cuanto al chofer, me pondrá pleito, aunque la compañía de seguros (pagarle) el arreglo de su auto. Es de esas personas que insisten en usar las vías legales aunque (no ser) necesario.

2. UN JUEGO DE BALONCESTO

El sábado juega mi equipo de baloncesto. Las entradas son caras pero, aunque (costar) todavía más, pagaría el precio con gusto. Es difícil que alguien me critique por esto pero, aunque (criticarme), iría a ese juego. ¡Va a ser emocionante! El equipo contrario es muy bueno y quizás no ganemos. Pero, aunque (perder), valdría la pena haber ido.

The Subjunctive after Conjunctions of Time

The verb of a dependent clause introduced by a conjunction of time will be in the subjunctive if the action of the verb has not taken place at the time spoken of. The dependent verb will be in the indicative if it refers to: (a) an action that has already taken place, or (b) a customary action.

The most common conjunctions of time are:

antes (de) que	*before*	**después (de) que**	*after*
cuando	*when*	**hasta que***	*until*
en cuanto	*as soon as*	**mientras (que)**	*while, as long as*
		tan pronto como	*as soon as*

Ella saldrá a la puerta cuando oiga el claxon del coche.

She will go to the door when she hears the horn of the car.

Ponme un telegrama en cuanto llegues a Madrid.

Send me a telegram as soon as you get to Madrid.

Le darán una propina después que termine el trabajo.

They will give him a tip after he finishes his work.

Tengo que seguir revolviendo hasta que el líquido hierva.

I have to go on stirring until the liquid boils.

Ella no lo perdonará mientras él no cambie su manera de ser.

She will not forgive him as long as he does not change his ways.

But:

Ella salió a la puerta cuando oyó el claxon del coche.

She went to the door when she heard the horn of the car.

---

*With the verb **esperar, a que** is also used.

Me pusiste un telegrama en cuanto llegaste a Madrid.	*You sent me a telegram as soon as you got to Madrid.*
Le dieron una propina después que terminó el trabajo.	*They gave him a tip after he finished his work.*
Siempre sigo revolviendo hasta que el líquido hierve.	*I always go on stirring until the liquid boils.*
Ella no lo perdonó hasta que él no cambió su manera de ser.*	*She didn't forgive him until he changed his ways.*

Antes (de) que is a special case. It is always followed by the subjunctive, since it introduces a verb the outcome of which is, was, or will be unknown at the time spoken of.

Hace frío, cerraré la ventana antes que pesquemos un resfriado.	*It is chilly, I will close the window before we catch a cold.*
¿Recuerdas? Te regalé esta tostadora antes de que te casaras.	*Do you remember? I gave you this toaster before you got married.*
Todos los días me despierto antes de que suene el despertador.	*I wake up every day before the alarm clock goes off.*

APLICACIÓN

A *Escoja la forma verbal correcta para cada oración.*

1. Después que (hayas escrito / escribiste) la carta, ponla en el sobre.
2. Estoy dispuesta a hacer el trabajo mientras me (pagaron / paguen) bien.
3. Ud. deberá esperar hasta que (llegue / llega) su turno.
4. Dijo que cuando (dieran / dieron) las doce comeríamos.
5. Sé que esperasteis hasta que vuestro consejero (estuvo / estaría) desocupado.
6. Luisa se arrepintió después que se lo (dijera / dijo) a su novio.
7. Saldré para la estación tan pronto como me (vista / visto).
8. Después que (pintaremos / pintemos) las paredes, el cuarto se verá mejor.
9. Cuando (termine / termina) el verano compraremos alfombras nuevas.
10. El jurado no dará su veredicto mientras que no (hay / haya) un voto unánime.
11. No me gusta salir a la calle cuando (llueve / llueva).
12. En cuanto (haya lavado / lavó) la ropa, debe Ud. plancharla.

B *Complete de manera original.*

1. Su esposo la comprenderá mejor cuando...
2. Mi amiga se quitó el vestido en cuanto...

---

*A redundant **no** is sometimes found after some conjunctions when the main verb is negative.

3. No conseguirán Uds. convencerme mientras...
4. Simón quiere contarnos lo ocurrido antes de que...
5. El gobierno enviará auxilios a los damnificados mientras...
6. Vas a ser muy feliz cuando...
7. Deben Uds. seguir intentándolo hasta que...
8. Ellos se pusieron a bailar tan·pronto como...

C *Cambie al pasado los siguientes pasajes.*

1. MIGUELITO Y LOS REYES MAGOS

Miguelito escribe su carta a los Reyes Magos antes de que sus amiguitos escriban la suya. Al día siguiente se levanta antes que su madre lo llame, para echarla al buzón. Quiere que los Reyes anoten su bicicleta en su lista antes que los otros niños hagan sus peticiones. Sólo hay un problema: Miguelito echa la carta antes de que su padre le ponga sello.

2. LOS INCENDIOS

Muchas veces un fuego alcanza grandes proporciones antes de que las víctimas se den cuenta y un edificio queda destruído antes de que lleguen los bomberos. Las personas atrapadas tratan de ponerse a salvo antes de que el humo las asfixie, y muchos se tiran por las ventanas antes que los rescaten.

3. EN UN RESTAURANTE

El hombre parece tener mucha hambre y devora el pan de la cesta antes que le sirvan la comida. Cuando le sirven, come tan rápido, que termina el postre antes de que otros clientes que llegaron al mismo tiempo hayan terminado el plato principal. Y, apenas ha comido el postre, escapa corriendo del restaurante antes que el camarero le traiga la cuenta.

Conditional Clauses with **If**

Spanish conditional clauses with *if* take the indicative or the subjunctive depending on the type of condition they refer to.

1. When an *if* clause introduces (a) a contrary to fact verb, or (b) a condition that is unlikely to take place, the imperfect subjunctive is used in Spanish for present or future time and the pluperfect subjunctive is used for past time.* Spanish, like English, uses the conditional or conditional perfect for the conclusion.

Si estudiaras sacarías buenas notas.	*If you studied you would get good grades. (You don't study.)*
Si tuviesen un mapa encontrarían el camino.	*If they had a map they would find the road. (They don't have a map.)*

Si nos hubiese dado su dirección la habríamos visitado.	*If she had given us her address we would have visited her. (She did not give us her address.)*
Si Ud. hubiera ido conmigo se habría divertido muchísimo.	*If you had gone with me you would have enjoyed yourself very much. (You did not go with me.)*
Si recibiera carta de él mañana, me pondría contento.	*If I received (were to receive) a letter from him tomorrow, I would be happy. (It is unlikely that I will receive a letter tomorrow.)*

2.   *If* clauses that introduce a verb that is neither contrary to fact nor unlikely to take place use the indicative.

Si se llega temprano al cine se consigue un buen asiento.	*If one gets to the movies early one gets a good seat.*
Si no trabajábamos no nos pagaban.	*If we didn't work we didn't get paid.*
Si me prestas tu bicicleta te la devuelvo mañana.	*If you lend me your bicycle I'll return it to you tomorrow.*

The Alternate Form: de + Infinitive

De + simple infinitive or **de** + compound infinitive is sometimes used instead of a **si** clause, especially in the case of contrary to fact conditions.

De tener Emilio suficiente pintura (Si Emilio tuviera suficiente pintura) pintaría toda la casa.	*If Emilio had enough paint he would paint the whole house.*
De haberlo sabido ellos antes (Si ellos lo hubieran sabido antes) habrían felicitado al ganador.	*If they had known before they would have congratulated the winner.*

Note that the subject generally follows the verb in this construction.

Como si + subjunctive

Como si (*as if*) always presents a contrary to fact or hypothetical situation and it takes either the imperfect or the pluperfect subjunctive. The imperfect refers to an action or state that is coincident in time with the main verb; the pluperfect indicates an action or state prior to the main verb.

---

*Do not use a present subjunctive in Spanish when **si** means *if*. In everyday usage one hears: **No sé si vaya o no**, but in this case **si** actually means *whether*: *I don't know if (whether) I should go or not.*

Gasta dinero como si fuera rico.	*He spends money as if he were rich.*
Ella cuenta lo que pasó como si hubiese estado allí.	*She tells what happened as if she had been there.*

Ni que + Imperfect or Pluperfect Subjunctive

Ni que is generally used in elliptical exclamatory clauses and always precedes an imperfect subjunctive or pluperfect subjunctive verb. Its translation into English varies according to the circumstances.

¿Vas a salir en medio de esta tormenta? ¡Ni que estuvieras loca!	*Are you going out in the middle of this storm? Anybody would think that you are crazy!*
Carmen pensaba que creeríamos su historia. ¡Ni que fuésemos tontos!	*Carmen thought we would believe her story. As if we were fools!*
Federico estaba enterado de todo. ¡Ni que hubiese oído lo que dijimos!	*Federico knew about everything. It's as if he had heard what we said!*

The Expression por si (acaso)

Por si (acaso) (*just in case*) is followed by either the present indicative or the imperfect subjunctive, the latter indicating a more unlikely situation.

Te dejaré la llave por si llegas (llegaras) a casa antes que yo.	*I'll leave you the key in case you arrive (in case you should arrive) home before I do.*
Marita tiene a mano una novela por si acaso el programa de televisión es (fuera) aburrido.	*Marita has a novel handy in case the TV program is (should be) boring.*

APLICACIÓN

A *Explique con oraciones completas lo que haría o habría hecho en las siguientes circunstancias.*

1. Si fuera presidente de los Estados Unidos.
2. Si se hubiera sacado la lotería en el último sorteo.
3. Si fuese el profesor de esta clase.
4. Si hubiera nacido hace cien años.
5. Si supiera que le quedaba sólo un año de vida. haría ~~~~ un viaje por
6. Si se encontrara en la calle una billetera con $1,000 dólares.
7. Si alguien le hubiera regalado un coche deportivo del último modelo.
8. Si le ofrecieran un contrato para actuar en el cine.
9. Si su perro (o gato) se hubiese perdido.
10. Si descubriera que hay petróleo en el patio de su casa.

B *Use la expresión* **de** + **infinitivo** *en los siguientes pasajes como sustituto de las cláusulas que comienzan con* **si**.

Situaciones

1. Si yo consiguiera un buen trabajo, pasaría unas Navidades alegres, porque tendría bastante dinero, y si tuviera bastante dinero, compraría regalos para todos mis amigos.

2. Si yo cocinara bien, invitaría a mis amigos a comer a menudo. Y si aprendiera a preparar platos mexicanos, convidaría a los Gómez, que son mis vecinos.

3. Alberto nos dijo que si se hubiera enterado de que veníamos, nos habría conseguido un lugar donde parar, y que si lo hubiéramos llamado cuando llegamos, nos habría ido a buscar al aeropuerto. ¡Qué lástima! Si hubiésemos sabido que Alberto era tan amable, le habríamos escrito antes de nuestro viaje.

4. Si el estante no se hubiese caído, yo tendría ahora un lugar para poner mis libros. Es culpa tuya, porque el estante no se habría caído si tú hubieses usado suficientes tornillos cuando lo armaste.

C *Traduzca.*

1. He treats his friends as if they were enemies.
2. You speak as if you knew everything.
3. She buys clothes as if her father were a millionaire.
4. You behave as if the others didn't exist.
5. I don't understand. It is as if the teacher hadn't explained this.
6. Lucho reacted as if I hadn't warned him.
7. It is midnight and they are making noise as if it were noon.
8. She goes on living as if her husband hadn't died.
9. You play your record player as if you were deaf.
10. He smells as if he hadn't taken a bath.

D *Haga expresiones con* **ni que** *basándose en los siguientes datos.*

> MODELO Herminia se expresa como si lo supiera todo.
> ¡**Ni que** lo supiera todo!

1. Ellos gastan tanto dinero como si fueran ricos.
2. Ud. lo cuenta como si hubiera estado presente.
3. Me miró como si me pudiese leer el pensamiento.
4. Nuestro jefe nos exige como si nos pagara un sueldo fabuloso.
5. Aurelio contestó como si lo hubieras ofendido.
6. Se sirvió la comida como si estuviera sola en la mesa.
7. Me reclamas como si yo tuviera la culpa de tu problema.
8. Don Miguel nos habla como si él fuera una persona muy importante.
9. Quiere que lo lleve a todas partes como si fuese su chofer.
10. Andas tan despacio como si te dolieran los pies.

E *Complete de manera original, usando* **por si (acaso)**. *Use* **por si (acaso)** + *presente de indicativo en las cuatro primeras oraciones, y* **por si (acaso)** + *imperfecto de subjuntivo en las cuatro últimas.*

1. Mi madre tendrá lista la comida a las seis...
2. Nos quedaremos en casa esta tarde...
3. Voy a planchar mi vestido nuevo...
4. Pon suficiente gasolina en tu auto...
5. Debes llevar paraguas...
6. Siempre tengo aspirinas en el botiquín...
7. Le daré a Ud. mi dirección...
8. Es bueno tener en el bolsillo la libreta de cheques...

ANÁLISIS DE LA LECTURA

A *Lea con cuidado las siguientes expresiones que usan el subjuntivo.*

1. ...para solicitar que fuera proclamada...
2. ...le envió al Papa un telegrama...a fin de que la canonizaran.
3. Esto no impidió que Evita ascendiera a una especie de santidad laica.
4. ...aunque las dos mujeres tuvieron una vida casi igual antes de que conocieran a Perón.
5. Había colocado a sus parientes en holgadas posiciones a fin de que se enriquecieran.
6. ...donde debía esperar a que se construyera una grandiosa tumba.
7. ...y negó que le debiera nada a la suerte.
8. ...hizo que subieran el precio del trigo y la carne...
9. ...que le sirvieron para que hiciera carrera.
10. Si viviera, sería montonera.

B *Conteste las siguientes preguntas.*

1. ¿Qué expresiones usan el subjuntivo porque existe una intención o voluntad en el sujeto?
2. ¿Por qué se usa el subjuntivo en los números 3 y 7?
3. ¿Cambiaría el verbo principal si en el número 4 sustituyéramos **después de que** por **antes de que**?
4. ¿Qué otra conjunción se puede usar en el número 6 en vez de **a que**?
5. ¿De qué otra manera podría expresarse la oración número 10?

SECCIÓN LÉXICA

REPASO

Encuentre en la Lectura la palabra que completa correctamente cada oración.

1. Un padre bueno es responsable de su _____ .

2. Debe Ud. ser respetuoso y no _____ a las personas que no conoce bien.
3. Muchas personas desfilaron frente al _____ para ver el cadáver.
4. La _____ y la _____ son deportes.
5. Sus _____ le hicieron derramar muchas lágrimas.
6. Ella esperaba una medalla, pero el Papa no la _____ .
7. Eva fue apoyo y fuerte _____ del régimen peronista.
8. Una asociación de trabajadores es un _____ .
9. Sus padres no eran ricos, al contrario, vivían en gran _____ .
10. Prefiero tener un solo amor verdadero que varios romances _____ .
11. Aunque ese colegio es religioso, en él enseñan muchos profesores _____ .
12. Muchos programas de televisión muestran la _____ vida de los ricos.

AMPLIACIÓN

Muchos giros corrientes reflejan la influencia que ha ejercido la Iglesia en la cultura hispánica. Las siguientes expresiones se relacionan con la palabra *santo*.

1. **írsele a uno el santo al cielo:** *to lose one's train of thought; to*
   Yo se lo iba a contar, pero se *completely forget*
   me fue el santo al cielo.

2. **desnudar (desvestir) un santo** *to rob Peter to pay Paul*
   para vestir otro:
   Si el jefe le rebaja el sueldo a
   una persona para
   aumentárselo a otra, se dice
   que desnuda un santo para
   vestir otro.

3. **no ser una persona santo de la** *not to be exactly fond of someone*
   devoción de otra:
   Adela no es santo de mi
   devoción.
   (Note the different
   construction in English: *I am*
   not exactly fond of Adela.)

4. **¿a santo de qué?:** *Why on earth...?*
   ¿A santo de qué te llamó
   Beatriz anoche?

5. **todo el santo día:** *all day long*
   He trabajado todo el santo día.

6. **decir el milagro pero no el santo:**
   ¿Quién hizo eso?—Yo digo el milagro, pero no el santo.

   to tell what happened but not the person involved

7. **¡Y sanseacabó!** *(san(to)* + *se* + *acabó)*:
   ¡No quiero salir contigo esta noche y sanseacabó!

   And that's all there is to it!

8. **en un santiamén:**
   Como tienen tanta experiencia, hicieron el trabajo en un santiamén.

   in a jiffy

9. **comerse los santos:**
   Ese tipo se come los santos.

   to be sanctimonious

10. **llegar y besar el santo:**
    No te preocupes; eso será llegar y besar el santo.

    as easy as pie, a piece of cake

11. **tener el santo de cara:**
    Para sacarse la lotería hay que tener el santo de cara.

    to have tremendous luck

12. **quedarse para vestir santos:**
    Ana es muy tímida y probablemente se quedará para vestir santos.

    to be left on the shelf, to remain an old maid (spinster)

APLICACIÓN

A *Conteste las siguientes preguntas, empleando en cada respuesta la expresión más apropiada de la lista anterior.*

1. ¿Felipe va a la iglesia con frecuencia?
2. ¿Has estudiado mucho hoy?
3. ¿Por qué no terminó Raúl el chiste que comenzó?
4. ¿Cuál es un sinónimo de *con qué motivo*?
5. ¿Por qué no te sorprende que yo haya ganado el premio?
6. ¿Por qué no saludaste a Isabel?
7. ¿Fue fácil resolver ese problema?
8. ¿Qué explicación le darás a Pepe cuando te niegues a ir al cine con él?
9. ¿Quién cometió esa barbaridad que me cuentas?
10. ¿Crees que debo pagar el alquiler este mes con el dinero de la matrícula?
11. ¿Cuánto tiempo tardaste en terminar este ejercicio?
12. ¿Está casada tu hermana?

B *Use cinco de las expresiones anteriores en oraciones originales.*

C *¿Cuántas expresiones con la palabra* **Dios** *se le ocurren? Consulte un diccionario y haga cinco oraciones originales, empleando giros con esta palabra.*

PROBLEMA LÉXICO

Spanish Equivalents of *Back*

1.	contener	*to hold back*
2.	de espaldas	*on one's back; with one's back turned toward the other person.*
3.	el dorso	*back of a hand or document*
4.	el fondo	*back of a room; background of a picture*
5.	el lomo	*back of an animal; spine of a book*
6.	el respaldo	*back of a chair or sofa*
7.	el reverso	*back of a coin or medal*
8.	la parte de atrás	*back of a book or house*
9.	la(s) espalda(s)	*back of a person*
10.	por detrás	*from (on) the back*
11.	regresar, volver	*to go back to a place*
12.	respaldar	*to back, support*
13.	retroceder	*to back away, move backwards*
14.	volverse atrás	*to go back on an agreement or on one's word.*

Los policías trataron de contener a la muchedumbre.	*The policemen tried to hold back the crowd.*
Juan estaba de espaldas a la puerta y no me vio entrar.	*Juan had his back toward the door and he didn't see me enter.*
Firme al dorso del cheque, por favor.	*Sign on the back of the check, please.*
Me gustan las fotos que tienen árboles en el fondo.	*I like photos that have trees in the background.*
El caballo tiene el lomo lastimado.	*The horse's back is hurt.*
Compré unas sillas con respaldo de rejilla.	*I bought some chairs with cane backs.*
Esta medalla tiene mi nombre grabado en el reverso.	*This medal has my name engraved on the back.*
Los libros españoles generalmente tienen el índice en la parte de atrás.	*Spanish books generally have the table of contents at the back.*
Me duele la espalda.	*My back hurts.*

El bandido lo atacó por detrás.	*The bandit attacked him*
Olvidé mis llaves y tengo que regresar a buscarlas.	*I forgot my keys and have get them.*
Es bueno saber que nuestros amigos nos respaldan.	*It is good to know that our ﹍﹍ are backing us.*
El fuego hizo retroceder a los soldados.	*The fire made the soldiers back away.*
Te prometí ayudarte y no me volveré atrás.	*I promised to help you and I won't go back on my promise.*

APLICACIÓN

Conteste las siguientes preguntas usando los modismos anteriores.

1. ¿Cómo sabes el nombre de los libros que están en el estante?
2. ¿Se sienta tu amigo en las primeras filas de la clase?
3. ¿Te quemaste la palma de la mano?
4. ¿Prefieres las sillas de respaldo alto, o las de respaldo bajo?
5. ¿Crees que siempre debemos cumplir todo lo que prometemos?
6. Cuando cobras un cheque en el banco, ¿dónde lo firmas?
7. ¿Crees que es saludable el contener siempre las emociones?
8. ¿Tiene tu casa sólo una puerta en el frente?
9. Sé que te vas. ¿Te volveremos a ver pronto?
10. ¿Crees que solamente los cobardes retroceden ante el peligro?
11. Para montar a caballo, ¿dónde se pone la montura?
12. ¿Le da a aquella casa el sol de la mañana por delante?
13. Diga qué figura tienen las monedas de veinticinco centavos en la cara y en el reverso.
14. ¿Dónde están las listas de vocabulario en los libros de español?
15. ¿Cómo transportan a sus bebés las madres indias?

TRADUCCIÓN

Lucy was in the back of the room, sitting in a high-backed chair, with her back to the door. Her husband, Armando, would take the six o'clock flight that afternoon; unless, of course, he changed his mind, which was unlikely. She would have preferred for them to discuss things before he left but Armando had said: "I'm leaving and that's all there is to it!" He would go without her having explained her feelings to him and he would close the door without looking back. She had decided that she would sit (use **estar** + p.p.) there until he was no longer in the house, even if this meant not moving all day long (use **santo**). It was as if something were dying inside her but it was too late to back out. Armando wouldn't come back to their home after he returned from his business trip. She had lately said and done some horrible things. It wasn't that she hated him but rather than she was so very jealous.

Lucy heard Armando slam the back door and she held back the tears. The cat rubbed his back against her legs, but the woman didn't pay attention to him. She put the back of her hand on her forehead. "I have a fever and my back aches," she thought, "but I must be strong although it may not be easy." She stood up. There was an envelope on the coffee table. It had been there all the time without her having noticed. It read: "For Lucy. Open only after I leave."

TEMAS PARA COMPOSICIÓN

Use en su composición tantos casos del subjuntivo como sea posible.

1.   La carta que Armando le escribió a Lucy. Basándose en los datos que se dan en el pasaje traducido, imagine la situación, personalidad y sentimientos de Armando, y escriba una carta como la que él hubiese podido escribir.

2.   Cuente una historia de amor (personal, ajena o imaginaria). ¿Cómo comenzó todo? Describa a los amantes. Hable de sus sentimientos. ¿Hubo obstáculos en sus relaciones? ¿Cuál es el final de la historia?

3.   El momento de romper un matrimonio es muy penoso, pero es a veces inevitable. ¿Cree Ud. en el divorcio como solución? ¿Qué problemas resuelve el divorcio? ¿Qué problemas crea? ¿A qué se debe el gran número de divorcios que hay hoy en día en los Estados Unidos? ¿Qué puede hacerse para disminuir el número de divorcios?

4.   Eva Perón. Escriba una breve biografía. Puede buscar información o simplemente basarse en los datos que se dan en la Lectura.

5.   El poder detrás del trono. Se dice que detrás de cada hombre que ha triunfado, siempre hay una mujer que lo ayudó. ¿Está Ud. de acuerdo? El papel de la primera dama es muy importante en los Estados Unidos. ¿Qué primera dama admira Ud.? ¿Cómo ayuda o ayudó ella al presidente?

CAPÍTULO 7

LECTURA

Como Don Diego de Noche, *el siguiente cuento es de Amado Nervo.*
Don Diego de Noche *se desarrolla en un ambiente europeo y enfoca de
manera cómica un tema que, para muchos, puede ser muy serio.* Una
esperanza, *por el contrario, ilustra bien la veta mexicana en la obra de
Nervo. Es una historia de suspenso cuyo final, trágico y sorprendente,
recuerda un poco los cuentos de O'Henry.*

Una esperanza

I

En un ángulo de la pieza, habilitada de[1] capilla,[2] estaba Luis, el joven militar,
abrumado por todo el peso de su mala fortuna.

Cogido con las armas en la mano, hecho prisionero y ofrecido con otros
compañeros a trueque de[3] las vidas de algunos oficiales reaccionarios, había
visto desvanecerse su última esperanza, en virtud de que[4] la proposición de
canje[5] llegó tarde, cuando los liberales, sus correligionarios,[6] habían fusilado
ya a los prisioneros conservadores.[7] Iba, pues, a morir.

—¡La Patria! ¡morir por la Patria!— pensaba—. Pero es que ésta, en su
augusta y divina inconsciencia, no sabrá siquiera que he muerto por ella...

—¡Y qué importa, si tú lo sabes!— le replicaba allá dentro un subconsciente
misterioso—. La Patria lo sabrá por tu propio conocimiento, por tu

---

[1]arreglada para servir como
[2]lugar donde un prisionero pasa las últimas
 horas antes de ser ejecutado
[3]**a...** a cambio de

[4]**en...** a causa de que
[5]intercambio
[6]camaradas
[7]Vea *Nota.*

pensamiento propio, que es un pedazo de su pensamiento y de su conciencia colectiva; eso basta...

No, no bastaba eso... y, sobre todo, no quería morir: su vida era "muy suya" y no se resignaba a que se la quitaran. Un formidable instinto de conservación se sublevaba en todo su ser y ascendía incontenible, torturador y lleno de protestas.

A veces, la fatiga de las prolongadas vigilias anteriores, la intensidad de aquella sorda fermentación de su pensamiento, el exceso mismo de la pena, le abrumaban y dormitaba[8] un poco; pero entonces, su despertar brusco y la inmediata, clarísima y repentina noción de su fin, un punto perdida,[9] eran un tormento inefable, y el cuitado,[10] con las manos sobre el rostro, sollozaba con un sollozo que llegando al oído de los centinelas, hacíales asomar por la rejilla sus caras atezadas.[11]

II

Se oyó en la puerta un breve cuchicheo y en seguida ésta se abrió dulcemente para dar entrada a un sombrío personaje, cuyas ropas se diluyeron[12] casi en el negro de la noche, que vencía las últimas claridades crepusculares.[13]

Era un sacerdote. El joven militar, apenas lo vio, se puso en pie y extendió hacia él los brazos como para detenerlo, exclamando:

La revolución mexicana ha servido de inspiración a muchos pintores. Este óleo de José Clemente Orozco se titula *Zapatistas*.

---

[8]*dozed*
[9]**un**... olvidada por un momento
[10]desventurado

[11]oscuras
[12]se mezclaron
[13]del atardecer

—¡Es inútil, padre; no quiero confesarme!

Y sin aguardar a que la sombra aquella respondiera, continuó con exaltación creciente:

—No, no me confieso; es inútil que venga usted a molestarse. ¿Sabe usted lo que quiero? Quiero la vida, que no me quiten la vida; es mía, muy mía y no tienen derecho de arrebatármela... Si son cristianos, ¿por qué me matan? En vez de enviarle a usted a que me abra las puertas de la vida eterna, que empiecen por no cerrarme las de ésta... No quiero morir, ¿entiende usted? me rebelo a morir; soy joven, estoy sano, soy rico, tengo padres y una novia que me adora; la vida es bella, muy bella para mí... Morir en el campo de batalla, en medio del estruendo[14] del combate, al lado de los compañeros que luchan, enardecida[15] la sangre por el sonido del clarín... ¡bueno, bueno! Pero morir, oscura y tristemente, pegado a la barda mohosa[16] de una huerta, en el rincón de una sucia plazuela, a las primeras luces del alba, sin que nadie sepa siquiera que ha muerto uno como los hombres... ¡padre, padre, eso es horrible!

—Hijo mío— dijo el sacerdote cuando comprendió que podía ser oído —yo no vengo a traerle a usted los consuelos de la religión; esta vez soy emisario de los hombres y no de Dios. Óigame con atención, procurando dominar sus nervios y sus emociones, porque no tenemos tiempo que perder; he entrado, con el pretexto de confesar a usted y es preciso que todos crean que usted se confiesa; arrodíllese pues, y escúcheme. Tiene usted amigos poderosos que se interesan por su suerte; su familia ha hecho hasta lo imposible por salvarle, y no pudiendo obtenerse del Jefe de las Armas la gracia[17] de usted, se ha logrado con graves dificultades e incontables riesgos sobornar[18] al jefe del pelotón encargado de fusilarle. Los fusiles estarán cargados sólo con pólvora y taco;[19] al oír el disparo, usted caerá como los otros, los que con usted serán llevados al patíbulo,[20] y permanecerá inmóvil. La oscuridad de la hora le ayudará a representar esta comedia. Manos piadosas — las de los Hermanos de la Misericordia, ya de acuerdo[21] — le recogerán a usted del sitio en cuanto el pelotón se aleje, y le ocultarán hasta llegada la noche, durante la cual sus amigos facilitarán su huida. Las tropas liberales avanzan sobre la ciudad, a la que pondrán sin duda cerco[22] dentro de breves horas. Se unirá usted a ellas si gusta. Conque... ya lo sabe usted todo; ahora rece en voz alta el "Yo pecador", mientras pronuncio la fórmula de la absolución, y procure dominar su júbilo durante el tiempo que falta para la ejecución, a fin de que nadie sospeche la verdad.

---

[14]gran ruido
[15]encendida, inflamada
[16]**barda**... tapia o pared deteriorada por la humedad
[17]perdón

[18]comprar
[19]*wadding*
[20]lugar de la ejecución
[21]**de**... participando en el plan
[22]**podrán cerco** rodearán

III

Apuntaba apenas el alba,[23] un alba desteñida[24] y friolenta de febrero, cuando los presos — cinco por todos[25] — que debían ser ejecutados, fueron sacados de la prisión y conducidos, en compañía del sacerdote, que rezaba con ellos, a una plazuela terregosa[26] y triste, limitada por bardas semiderruidas y donde era costumbre llevar a cabo las ejecuciones.

Nuestro Luis marchaba entre todos con paso firme, con erguida[27] frente; pero llena el alma de una emoción desconocida y de un deseo infinito de que acabase pronto aquella horrible farsa.

Al llegar a la plazuela, los cinco reos fueron colocados en fila, a cierta distancia, y la tropa que los escoltaba, a la voz de mando, se dividió en cinco grupos de a siete hombres, según previa distribución hecha en el cuartel.

El coronel del cuerpo, que asistía a la ejecución, indicó al sacerdote que vendara[28] a los reos[29] y se alejase luego a cierta distancia. Así lo hizo el padre, y el jefe del pelotón dio las primeras órdenes con voz seca y perentoria.

De pronto una espada rubricó[30] el aire, una detonación formidable y desigual llenó de ecos la plazuela, y los cinco cayeron trágicamente en medio de la penumbra semirrosada del amanecer.

El jefe del pelotón hizo en seguida desfilar a sus hombres con la cara vuelta hacia los ajusticiados,[31] y con breves órdenes organizó el regreso al cuartel, mientras que los Hermanos de la Misericordia se apercibían[32] a recoger los cadáveres.

En aquel momento, un granuja[33] de los muchos mañaneadores[34] que asistían a la ejecución, gritó con voz destemplada,[35] señalando a Luis, que yacía cuan largo era[36] al pie del muro:

—¡Ése está vivo! ¡Ése está vivo! Ha movido una pierna...

El jefe del pelotón se detuvo, vaciló un instante, quiso decir algo al pillete;[37] pero sus ojos se encontraron con la mirada interrogadora, fría e imperiosa del coronel, y desnudando[38] la gran pistola de Colt que llevaba ceñida,[39] avanzó hacia Luis que, preso[40] del terror más espantoso, casi no respiraba, apoyó el cañón en su sien izquierda e hizo fuego.

Nota: Este cuento tiene lugar durante la Revolución Mexicana. Ésta estalló en 1910 cuando Francisco Madero, un rico hacendado, se rebeló y derrocó al presidente Porfirio Díaz, el cual llevaba más de treinta años en el poder.

---

[23]**Apuntaba...** Comenzaba a amanecer
[24]sin color
[25]**por...** en total
[26]sin pavimentar
[27]alta, levantada
[28]cubriera los ojos
[29]condenados
[30]hizo un dibujo
[31]ejecutados

[32]preparaban
[33]chico pícaro y callejero
[34]personas que se levantan temprano
[35]alterada, poco armoniosa
[36]**yacía...** *was lying stretched out*
[37]granuja
[38]sacando de la funda
[39]en la cintura
[40]lleno

A diferencia de las revoluciones francesa y rusa, la mexicana no tuvo al principio ideales bien definidos, aunque la reforma agraria, con una distribución equitativa de la tierra, fue el lema constante de los rebeldes. Como Luis, muchos jóvenes ricos eran idealistas y se unieron al bando de los liberales en defensa de los campesinos.

Madero fue asesinado por Victoriano Huerta cuando apenas había tomado el poder, y esta traición dio lugar a su vez a que tres líderes importantes: Venustiano Carranza, Pancho Villa y Francisco Zapata, se levantaron en armas contra Huerta.

Carranza fue electo presidente en 1916 y gobernó hasta que fue asesinado en 1920. Su sucesor, Álvaro Obregón, (1920-1924) pacificó el país e hizo realidad muchas de las ideas revolucionarias.

COMPRENSIÓN

1. ¿Dónde estaba Luis al principio del cuento?
2. ¿Por qué iban a fusilar a Luis?
3. Resuma los pensamientos y sentimientos de Luis con respecto a su muerte inminente.
4. ¿Por qué reaccionó Luis de manera negativa cuando vio al sacerdote?
5. Explique el plan que había para salvar a Luis.
6. Describa el lugar de la ejecución y los preparativos para ésta.
7. ¿Cómo se descubrió que Luis no estaba muerto?
8. ¿Qué hizo el jefe del pelotón?

OPINIONES

1. Las palabras liberal, conservador y reaccionario tienen diversas interpretaciones. ¿Qué significa para Ud. cada una de ellas? ¿Con cuál se identifica Ud. más?
2. Luis llora y parece tener mucho miedo. ¿Cree Ud. que él es un cobarde? Explique su opinión. Si Ud. estuviera en el lugar de Luis, ¿se comportaría igual, o de manera diferente? ¿Por qué?
3. Algunas personas, como Luis, dan más importancia a la manera de morir que a la muerte misma. ¿Está Ud. de acuerdo? ¿Cree como él que es más hermoso morir por la Patria?
4. El sacerdote y los Hermanos de la Misericordia son religiosos, y sin embargo, participan en el engaño para salvar a Luis. ¿Cree que hacen bien? ¿Es lícito engañar y usar métodos ilegales si se hace por una buena causa?
5. La actuación del granuja. ¿Cuáles, en su opinión, fueron sus motivos para denunciar a Luis?
6. Gran parte del encanto de este cuento reside en su desenlace sorprendente. Al terminar de leer la segunda parte, ¿qué pensaba Ud. que pasaría al final?
7. ¿Qué contrastes ve Ud. entre este cuento y *Don Diego de Noche*? ¿Ve Ud. alguna semejanza?

SECCIÓN
GRAMATICAL

SIMPLE PREPOSITIONS IN SPANISH			
a	*to, at, in, for, upon, by*	**hacia**	*toward*
ante	*before*	**hasta**	*until, as far as, up to*
bajo	*under*	**para**	*for, to, on, by*
con	*with*	**por**	*for, by, in, through, because of, around, along*
contra	*against*	**según**	*according to*
de	*of, from, to, about*	**sin**	*without*
desde	*since, from*	**sobre**	*on, about, over*
en	*in, into, at, on*	**tras**	*after*
entre	*between, among*		

Se presentaron ante el juez para protestar contra nosotros.

They went before the judge to protest against us.

Cuba está bajo el control comunista desde 1960.

Cuba has been under communist control since 1960.

Él llegó hasta la esquina y se escondió tras un árbol.

He went as far as the corner and hid behind a tree.

Caminaron hacia la calle que está entre el parque y la iglesia.

They walked toward the street that is between the park and the church.

Según Conchita, hablaron mucho sobre el asunto sin tomar ninguna decisión.

According to Conchita, they talked a lot about the matter without making any decision.

SOME GENERAL RULES

Uses of a
1. **A** precedes the indirect object. It also precedes the direct object when the latter is a definite person, an intelligent animal, or a personified thing.

Cuando don Pascual murió, dejó su dinero a varias instituciones.

When don Pascual died he left his money to several institutions.

La mujer miró el regalo y después miró a su marido.	*The woman looked at the present and then looked at her husband.*
Él quiere a su perro más que a sus amigos.	*He loves his dog more than he loves his friends.*
Es casi imposible no amar a la patria.	*It is almost impossible not to love one's country.*

Some verbs like *to buy, to borrow, to rob (steal)*, and *to take away* are followed by the preposition *from* in English. In Spanish the person or entity from whom the subject borrows, buys, etc., is the indirect object and **a** is used.*

El joven le pidió prestados unos pesos a su amigo para comprarle flores a la viejecita.	*The young man borrowed a few pesos from his friend to buy flowers from the old lady.*
Si le quitas 15 a 50 te quedan 35.	*If you take 15 away from 50 you have 35 left.*
En vez de pedirle prestado el dinero al banco, Daniel se lo robó a su padre.	*Instead of borrowing the money from the bank Daniel stole it from his father.*

2. **A** follows verbs that express motion, whether this motion is physical or figurative. It is also used after verbs of beginning. In these categories are: **acercarse a, arrojarse (lanzarse) a, bajar a, caer a, comenzar (empezar) a, echarse a, ir(se) a, llegar a, ponerse a, salir a, subir(se) a, tirar a, venir a, volver a.**

El suicida se arrojó (se lanzó) al abismo.	*The suicidal man threw himself into the abyss.*
Aunque estaba en la calle, el joven se sentía tan alegre que comenzó (empezó)(se puso) a cantar.	*Although he was in the street, the young man felt so happy that he began to sing.*
Cuando Margarita oyó que la llamaban, bajó al primer piso.	*When Margarita heard them calling her she went down to the first floor.*
—¡Vete a la cama, Pablito!— gritó la madre.	*"Go to bed, Pablito!" yelled the mother.*
El criminal siempre vuelve a la escena del crimen.	*The criminal always returns to the scene of the crime.*

Note that some of these verbs do not require a preposition in English.

---

*For special uses of the indirect object, see chapter 9.

El forastero se acercó a la casona desierta.	*The stranger approached the imposing, deserted house.*
Después de nadar mucho rato, el náufrago llegó a la orilla.	*After swimming for quite a while the shipwrecked man reached the shore.*

3.   **A** follows verbs that refer to a teaching-learning process. It is also used after verbs that express the subject's intention to engage in some activity or to have someone else do so. In these categories are: **aprender a, convidar (invitar) a, consagrarse (dedicarse) a, enseñar a, forzar (obligar) a, impulsar a, incitar a.**

—¿Quién lo enseñó a manejar? Maneja Ud. bastante mal.	*Who taught you how to drive? You drive rather badly.*
Mi madre siempre me obligaba a comer hortalizas.	*My mother always forced me to eat vegetables.*
Después que murió su esposa, Tomás se dedicó a cocinar.	*After his wife died Tomás devoted himself to cooking.*
Os invitaremos a cenar con nosotros.	*We will invite you to have dinner with us.*

4.   **A** expresses the manner in which an action is performed.

"Irse a la francesa" significa en español irse sin despedirse.	*"To leave French style" (To take French leave) means in Spanish to leave without saying good-bye.*
"A mi manera" es una canción que me gusta mucho.	*"My Way" is a song I like very much.*
Irma siempre escribe sus cartas a mano, porque no sabe escribir a máquina.	*Irma always writes her letters by hand because she can't type.*
Sirvieron en la cena bisté a la parrilla y manzanas al horno.	*At dinner they served grilled steak and baked apples.*
¿Hiciste el viaje a caballo o a pie?	*Did you make the trip on horseback or on foot?*

Many adverbial expressions of manner take the preposition **a.**

a ciegas	*blindly*	**a hurtadillas**	*on the sly*
a escondidas	*behind someone's back, secretly*		

a la fuerza	*against one's will, by force*	**a tontas y a locas**	*without thinking*
a lo loco	*in a crazy way*	**gota a gota**	*drop by drop*
a oscuras	*in the dark*		
a propósito	*on purpose*	**paso a paso**	*step by step*
a sabiendas	*knowingly*	**poco a poco**	*little by little*
		uno a uno, (uno por uno)	*one by one*

Sus padres se oponían a sus relaciones y ellos se veían a escondidas.

Their parents were opposed to their relationship and they met secretly.

Él no obró a ciegas, actuó a sabiendas.

He didn't act blindly, he acted knowingly.

No me gusta hacer las cosas ni a lo loco ni a la fuerza.

I don't like to do things in a crazy way nor by force.

"Paso a paso se va lejos" y "Gota a gota se llena la copa", dicen dos refranes.

"Little by little one goes far" and "Drop by drop the glass gets filled" say two proverbs.

Fueron saliendo uno a uno, y poco a poco se vació la sala.

They left one by one and the room emptied little by little.

La Sra. Guillén nos dejó a oscuras sobre ese asunto a propósito.

Mrs. Guillén left us in the dark about that matter on purpose.

5. **A** expresses a point in time.

Pasan mi telenovela favorita a las nueve.

They show my favorite soap opera at nine.

Al salir de la casa vi al cartero.

Upon leaving the house I saw the mailman.

A principios (fines) de mes te enviaré el cheque.

At the beginning (the end) of the month I will send you the check.

A + definite article + period of time = Period of time + *later.*

Al poco tiempo (a los pocos días, a la semana, al mes, al año, a los cinco minutos) eran grandes amigos.

A little while (a few days, a week, a month, a year, five minutes) later they were great friends.

6. **A** often precedes measurements and prices.

Dicen que la temperatura estará mañana a 40° centígrados.	*They say the temperature will be 40° centigrade tomorrow.*
Es ilegal correr a cien kilómetros por hora en este pueblo.	*It is illegal to go one hundred kilometers per hour in this town.*
¿A cómo compraste las toronjas? Están a tres por un dólar en la esquina.	*How much did you pay for the grapefruits? They are three for a dollar at the corner.*

Combinations of Spanish Verb + a + Infinitive			
acostumbrar a	to be accustomed to	**decidirse a**	to decide to
animarse a	to make up one's mind to	**desafiar a**	to challenge to
arriesgarse a	to risk	**esperar a**	to wait to
aspirar a	to aspire to	**limitarse a**	to limit oneself to
atreverse a	to dare to	**meterse a**	to undertake to
aventurarse a	to venture to	**oponerse a**	to be opposed to
ayudar a	to help to	**prepararse a**	to prepare oneself to
comprometerse a	to commit oneself to	**prestarse a**	to lend oneself (itself) to
condenar a	to condemn to	**renunciar a**	to give up
contribuir a	to contribute to	**resignarse a**	to resign oneself to

Combinations of Spanish Verb + a + Object			
asistir a	to attend	**renunciar a**	to give up
dar a	to face (toward), look out on	**responder a**	to answer
jugar a (las cartas, etc.)	to play (cards, etc.)	**saber a**	to taste like, taste of
oler a	to smell of, like	**salir a**	to take after
parecerse a	to resemble	**traducir a**	to translate into

APLICACIÓN

A *Complete los siguientes pasajes con los equivalentes españoles de las preposiciones en inglés.*

1. UN MOMENTO DE MIEDO

Cuando oyó el ruido (*of*) algo que rozaba (*against*) la puerta, la joven dejó el libro que leía (*on*) la mesa y avanzó (*toward*) la puerta (*in order to*) abrirla. Pero llegó sólo (*as far as*) el centro de la habitación. Dudó (*for*) un segundo, pero por fin decidió esperar (*until*) oír el ruido otra vez, y quedó inmóvil, (*under*) el influjo (*of*) un miedo irracional, de pie (*between*) la mesa y una butaca. No abriría (*without*) estar segura (*about*) quién estaba allí.

2. LOS ORÍGENES DEL CHOCOLATE

El chocolate está (*among*) los aportes que el Nuevo Mundo hizo (*to*) el Viejo. (*From*) el principio, el chocolate se consideró un regalo (*from*) los dioses. (*According to*) la leyenda, Quetzacóatl vino (*to*) la tierra (*in*) un rayo y trajo (*with*) él una planta (*of*) cacao.

B *Complete de manera original.*

1. Perseguido por los perros, el hombre se arrojó a . . .
2. Estábamos contentos porque nos acercábamos a . . .
3. Cuando la niña vio que no quedaban caramelos, se echó a . . .
4. Fue el miedo a fracasar lo que me impulsó a . . .
5. Después que recojas los papeles tíralos a . . .
6. Apenas llegó a su casa, Encarnación se puso a . . .
7. Cuando suena la campanilla del heladero, todos los niños salen a . . .
8. José ganó dinero, porque compró las manzanas a . . . y las vendió a . . .
9. El sueño de mi vida es dedicarme a . . .
10. Después que la Srta. Montiel me enseñó a . . . yo quise aprender a . . .

C *Haga comentarios basándose en los siguientes datos y usando expresiones adverbiales con la preposición* **a**.

1. Era una noche sin luna y teníamos que avanzar muy despacio.
2. No debes hablar sin saber lo que dices.
3. No fue un accidente. Lo hizo intencionalmente.
4. El niño cogió el pedazo de pastel sin que nadie lo viera.
5. No te obligará a hacer nada contra tu voluntad.
6. No sabía lo que hacía. La ira le impedía ver la verdad.
7. Cada vez que salía un soldado enemigo, nuestras tropas lo mataban.
8. Todo lo haces sin organización ni plan previo.
9. Recibí contestación a mi carta tres días después de escribirla.
10. Depositó ese dinero en agosto y un año más tarde tenía el doble.

D *Traduzca.*

1. When you limited yourself to attending only one lecture, you ran the risk of not obtaining enough information.
2. If you want to lose weight you should give up sweets and resign yourself to going hungry.
3. When the teacher took the exam away from the student who was cheating, the guy began to cry.
4. You should prepare yourself to oppose their plans in case they challenge you to speak at the end of the year.
5. My apartment faces a busy street and doesn't lend itself to a private meeting.
6. My friend borrows money from everybody but he always repays it a few days later. (Do not use **más tarde** nor **después**.)
7. Ramón was not accustomed to traveling and he didn't want to venture to go.
8. Why don't you make up your mind to help organize the festival?

Uses of de

1. **De** expresses origin, separation, or departure. Some common verbs of this type are: **abstenerse de, alejarse de, deshacerse de, divorciarse de, huir de, partir de, prescindir de, salir de, separarse de, ser de, surgir de, venir de.**

Mi profesora de alemán es de la Argentina.	*My German professor is from Argentina.*
Sin decir palabra, ella se separó de nosotros y salió del cuarto.	*Without saying a word she got away from us and left the room.*
El médico me dijo que prescindiera del tabaco y me abstuviera de beber.	*The doctor told me to do without tobacco and to abstain from drinking.*
Mi amiga se divorció del mismo hombre dos veces.	*My friend divorced the same man twice.*
No sé de dónde surgió el problema, pero nos va a ser difícil deshacernos de él.	*I don't know where that problem appeared from but it is going to be difficult for us to get rid of it.*
Es mejor huir de la tentación que arrepentirse de haber caído en ella.	*It is better to flee from temptation than to repent for having fallen into it.*

2. **De** expresses possession or indicates where someone or something belongs.

El mantel es de mi madre, las servilletas son de Susana y los cubiertos son de mi abuela.	*The tablecloth is my mother's, the napkins are Susana's, and the silverware is my grandmother's.*
Un hombre de mundo y una muchacha de campo no hacen una buena pareja.	*A man of the world and a country girl don't make a good couple.*
Me interesan mucho los problemas de actualidad.	*I am very interested in present-day problems.*
Brasil es el país más grande de la América del Sur.	*Brazil is the biggest country in South America.*

3. **De** is used to form adjectival phrases, many of which are equivalent to a two-noun combination in English. Spanish noun + **de** + noun = English noun + noun.

bebedor de café	*coffee drinker*	**reloj de oro**	*gold watch*
casa de campo	*country house*	**techo de tejas**	*tile roof*
cuentos de hadas	*fairy tales*	**vestido de seda**	*silk dress*
mesa de cristal	*glass table*	**vida de ciudad**	*city life*

4. **De** is equivalent to *with* and *in* when describing or identifying someone or something. When the identification is based on the location, **de** is equivalent to *in*, *on*, or *at*.

El hombre de la barba roja y la mujer del parche en el ojo parecen piratas.	*The man with the red beard and the woman with the patch over her eye look like pirates.*
¿Quién es el joven del uniforme blanco?	*Who is the young man in the white uniform?*
El hombre de la tienda me dijo que él no vivía en el edificio de la esquina, sino en la casa de al lado.	*The man at the store told me that he didn't live in the building on the corner but in the house next door.*

5. **De** expresses manner. Some common expressions with **de** are: **de balde (de gratis)**, *for free*; **de buena (mala) gana**, *(un)willingly*; **de buena (mala) fe**, *in good (bad) faith*; **de memoria**, *by heart*; **de pie**, *standing*; **de puntillas**, *on tiptoe*; **de reojo**, *out of the corner of one's eye*; **de repente**, *suddenly*; **de rodillas**, *on one's knees*.

La vi de casualidad cuando tuve que salir de repente.	*I saw her by chance when I had to go out suddenly.*
Yo era tan pequeñito entonces, que sólo de puntillas alcanzaba a la mesa.	*I was so small then that only on tiptoe did I manage to reach the table.*
En el pasado, los alumnos que no sabían la lección de memoria, debían permanecer de pie o de rodillas en un rincón.	*In the past, pupils who didn't know the lesson by heart had to remain standing or kneeling in a corner.*
Durán actuó de mala fe en ese negocio.	*Durán acted in bad faith in that deal.*
De buena gana le hubiera hablado, pero me limité a mirarla de reojo.	*I would have liked to speak to her but I limited myself to looking at her out of the corner of my eye.*

6.   **De** expresses cause. It follows, therefore, the verbs **culpar**, *to blame for*; **morir(se)**, *to die of*; **ofenderse**, *to be offended at*; **padecer**, **sufrir**, *to suffer from*; **quejarse**, *to complain about*; and **reírse**, *to laugh at*.

Tú estás muerto de hambre, pero yo me muero de sueño.	*You are starving but I am terribly sleepy.*
Las expresiones "ponerse pálido de miedo" y "verde de envidia" son comunes.	*The expressions "to turn pale with fear" and "green with envy" are common.*
También es común decir que uno está rojo de ira y morado de frío.	*It is also common to say that one is red with anger and purple because of the cold.*
A Don Quijote se le secó el seso de tanto leer libros de caballerías.	*Don Quijote's brain dried up from reading so many books of chivalry.*
El enfermo se quejaba de dolores de cabeza y padecía de alergia.	*The patient was complaining of headaches and suffered from an allergy.*
Lorenzo se ofendió de que lo culpasen del accidente.	*Lorenzo was offended at their blaming him for the accident.*
No es educado reírse de la gente.	*It is not polite to laugh at people.*

7.   Since **de** expresses cause, it is often combined with verbs that express emotion or describe mental states and attitudes. Some verbs of this type are: **alegrarse de, arrepentirse de, asombrarse de, asustarse de, avergonzarse de, cansarse de, compadecerse de, desconfiar de, dudar de, enamorarse de, extrañarse de, sorprenderse de.**

Se arrepentirá Ud. de haberle dado el empleo a Armando.	*You will be sorry you gave Armando the job.*
Debes avergonzarte de haber desconfiado de mí.	*You ought to be ashamed of having mistrusted me.*
La abuela se asombraba de las nuevas modas.	*The grandmother was astonished at the new fashions.*
Don Paco se ha enamorado de Madrid y no se cansa de pasear por sus calles.	*Don Paco fell in love with Madrid and he doesn't get tired of strolling along its streets.*
Debemos compadecernos de los habitantes del Tercer Mundo.	*We should feel pity for the inhabitants of the Third World.*

Combinations of Verb + de + Infinitive

acordarse de	*to remember*	**encargarse de**	*to take charge (care) of*
cesar de	*to cease to*	**jactarse de**	*to boast of, about*
dejar de	*to cease to, stop*	**olvidarse de**	*to forget*
no dejar de	*not to fail to*		

Combinations of Verb + de + Object

abusar de	*to abuse, misuse; to impose on*	**despedirse de**	*to say good-bye to*
acordarse de	*to remember*	**disfrutar de**	*to enjoy*
agarrarse de (a)	*to seize, clutch*	**entender de**	*to know about*
burlarse de	*to make fun of*	**enterarse de**	*to find out about*
cambiar de	*to change*	**hacer de**	*to serve as, play the part of*
carecer de	*to lack*		
constar de, componerse de	*to consist of*	**jactarse de**	*to boast*
		llenar de	*to fill with*
		olvidarse de	*to forget*
darse cuenta de	*to realize*	**servir de**	*to serve as*
depender de	*to depend on*		

sospechar de	*to suspect*	**vestirse de**	*to dress in, dress as*
vengarse de	*to avenge oneself for something*		

Te jactas de tener buena memoria, pero dijiste que te encargarías de apagar las luces y te olvidaste de hacerlo.

You boast of having a good memory but you said that you would take care of turning off the lights and you forgot to do it.

Al fin se dio Ud. cuenta de que no puede depender de Octavio. Él abusa de sus amigos, se burla de todo y sólo quiere disfrutar de la vida.

Finally you realized that you can't depend on Octavio. He imposes on his friends, makes fun of everything, and only wants to enjoy life.

APLICACIÓN

A   *Complete de manera original.*

1. Cuando esté en la Ciudad de México, no deje Ud. de..
2. El niño se agarró de . . .
3. El motor se compone de . . .
4. ¡Qué lástima que carezcamos de . . .
5. Acabo de enterarme de . . .
6. ¿Te olvidaste de . . .
7. Silvia se encargará de . . .
8. El perro dejó de . . .
9. El viajero se despidió de . . .
10. Es una suerte disfrutar de . . .
11. Todos dependemos algunas veces de . . .
12. La policía sospechaba de . . .

B   *Complete con un sustantivo. Después escoja cinco de las combinaciones que formó, y haga oraciones con ellas.*

1. traje de . . .
2. cubiertos de . . .
3. casa de . . .
4. máquina de . . .
5. espejo de . . .
6. estudiante de . . .
7. cepillo de . . .
8. fábrica de . . .
9. mesa de . . .
10. piezas de . . .

C   *Forme oraciones usando **de** para unir cada frase de la columna **A** con una frase apropiada de la columna **B**.*

A	**B**
1. No queremos prescindir	tener una cuna humilde
2. Me gusta más la alfombra	las cenizas
3. Siempre huyo	la ayuda de sus padres

4. Colón partió   los servicios de la asistenta
5. Según la leyenda, el ave fénix   lo que dijo Gustavo
   surgía   las gafas oscuras
6. ¿No se sorprende Ud.   las flores rojas
7. Nadie debe avergonzarse   los amigos que le piden dinero
8. Santiago se extrañó   un puerto de Andalucía
9. Los estudiantes que no   del fracaso de ese negocio?
   trabajan, dependen
10. Mi cuñada es la señora

D *Conteste, usando en su respuesta el verbo o expresión que se indica en cada caso. Trate de elaborar sus respuestas y de que sean originales.*

1. ¿Te miró de frente el hombre? (de reojo)
2. ¿Había Ud. planeado encontrarse con un amigo? (de casualidad)
3. ¿Tuvisteis que pagar por ese servicio? (de balde)
4. ¿Hace Ud. ese trabajo voluntariamente? (de buena gana)
5. ¿Saben Uds. todas esas formas verbales? (de memoria)
6. ¿Por qué estaba en el hospital su amigo? (padecer de)
7. ¿Por qué estaban disgustados los inquilinos del edificio? (quejarse de)
8. ¿Qué le pasó a su abuela? (morir de)
9. ¿Por qué está en la cárcel el chofer que tuvo el accidente? (culpar de)
10. ¿Cómo bailan las bailarinas de ballet? (de . . .)

Uses of con

1. **Con** expresses accompaniment, both physical and figurative, as *with* does in English.

El sábado pasado fui con Josefina a un baile.	*Last Saturday I went with Josefina to a dance.*
Debes definirte: o estás conmigo o estás contra mí.	*You should define your position: either you are with me or against me.*

2. **Con** expresses instrumentality: **con las manos**, *with one's hands*; **con pluma**, *with a pen*; **con una herramienta especial**, *with a special tool*.

3. **Con** is combined with a noun to form adverbial expressions of manner.

No puedo trabajar con cuidado y con prisa al mismo tiempo.	*I can't work carefully and in a hurry at the same time.*
La enfermera hablaba con vacilación y con acento extranjero.	*The nurse spoke hesitantly and with a foreign accent.*

4. The table includes common verbs that are followed by **con**.

Spanish Verb + con + Infinitive or Noun or Pronoun			
acabar con	to put an end to, finish off	contribuir con (dinero, etc.)	to contribute (money, etc.)
casarse con	to marry	cumplir con	to do one's duty toward
comparar(se) con	to compare (oneself) to	encariñarse con	to get attached to
comprometerse con	to get engaged to	enojarse con (+ person)	to get angry at
contar con	to rely on, count on	soñar con	to dream of
		tropezar con	to stumble over, run across

Contamos con Ud. para que acabe con nuestros problemas.	We count on you to put an end to our problems.
Lucía se comprometió con Antonio y se casará con él en febrero.	Lucía got engaged to Antonio and she will marry him in February.
Mi padre tropezó con los patines y se enojó mucho con mi hermanito.	My father stumbled over the roller skates and was very angry at my little brother.
Cuando quise deshacerme del gato ya era tarde; me había encariñado con él.	When I tried to get rid of the cat it was too late; I had gotten attached to him.
Bernardo contribuyó con mil dólares a ese programa.	Bernardo contributed one thousand dollars to that program.

Uses of en

1.   **En** indicates location in time or space, whether it is physical or figurative.

En julio nos quedaremos en un hotel en la playa.	In July we will stay at a hotel on the beach.
Liliana dejó la copa en la mesa de centro y se sentó en el sofá.	Liliana left the glass on the coffee table and sat on the sofa.
Mi amigo, que en paz descanse, murió en la miseria.	My friend, may he rest in peace, died in dire poverty.

Está metido en el tráfico de drogas y terminará en la cárcel.	*He is involved in drug dealing and will end up in jail.*

2. **En** refers to a specialty, expertise, or degree.

Mi tío es doctor en medicina, especialista en enfermedades de la piel, y experto en cáncer de la piel.	*My uncle is a doctor of medicine, a specialist in skin diseases, and an expert in cancer of the skin.*
Celestina era muy sabia en asuntos de amor.	*Celestina was very wise in matters of love.*

3. **En** expresses manner or means.

Julia tiene miedo de viajar en avión, prefiere ir en barco.	*Julia is afraid of traveling by plane, she prefers to go by boat.*
A muchos les gustan los libros de español escritos en inglés.	*Many people like Spanish books written in English.*
Entraron en silencio en la funeraria.	*They entered the funeral parlor silently.*
Muchos dicen en broma lo que no se atreven a decir en serio.	*Many people say in jest what they don't dare to say seriously.*

SOME COMMON VERBS FOLLOWED BY THE PREPOSITION EN

Spanish Verb + **en** + Infinitive or Noun or Pronoun

apoyarse en	*to lean on, upon*	**entretenerse en**	*to entertain oneself by*
		fijarse en	*to notice*
		influir en	*to influence*
confiar en	*to trust, confide in*	**ingresar en (una sociedad, etc.)**	*to join (an association, etc.)*
consentir en	*to consent to*		
convertirse en	*to turn into*		
		molestarse en	*to take the trouble to*
empeñarse en, insistir en	*to insist on*	**pensar en**	*to think of*
		quedar en	*to agree to, decide on*
entrar en*	*to enter*		

*In most Spanish American countries one hears **entrar a** rather than **entrar en**.

| tardar (+ period of time) en | it takes (person or vehicle + period of time) to |
| vacilar en | to hesitate to |

Como yo vacilé en acompañarlo, Fernando insistió en entrar solo en el cuarto.

As I hesitated to accompany him, Fernando insisted on entering the room alone.

Confío en que esto no se convierta en un problema.

I trust this won't turn into a problem.

Tardé más de cinco minutos en pensar en una respuesta apropiada.

It took me (I took) over five minutes to think of a suitable answer.

No voy a molestarme en pedirle que ingrese en nuestra asociación.

I won't bother asking him to join our association.

APLICACIÓN
Conteste usando una combinación de verbo y preposición en su respuesta.

1. ¿En qué cosas se interesa Ud.?
2. ¿Quedaron Ud. y sus amigos en verse hoy?
3. ¿Con qué no se conforma Ud.?
4. ¿Con quién se enojó Ud. alguna vez?
5. ¿En qué está Ud. pensando ahora?
6. ¿Con quién soñó recientemente?
7. ¿Con qué persona puede contar Ud. siempre?
8. ¿Está comprometido,-a Ud. con alguien?
9. ¿Qué persona ha influido más en Ud.?
10. ¿Cuánto tarda en llegar a la escuela por la mañana?
11. ¿En quién confía Ud. más? ¿En quién no confía o confía muy poco?
12. ¿En qué sociedad ha ingresado Ud.?
13. ¿En qué prefiere viajar Ud.?
14. ¿Siempre habla Ud. en serio, o le gusta a veces hablar en broma?

Spanish Verbs That do not Require a Preposition*
Some Spanish verbs do not require a preposition but their English equivalents do require one. The table contains the most common ones.

---

*Unless, of course, the direct object is a definite person, an intelligent animal, or a personalized thing.

Daniel dijo que acusaría a su hermanita.   *Daniel said that he would tell on his little sister.*

Spanish Verb + Infinitive or Noun or Pronoun			
acusar	*to tell on*	**impedir**	*to prevent from*
aprobar	*to approve of*	**lograr**	*to succeed in*
buscar	*to look for*	**pagar**	*to pay for*
conseguir	*to succeed in*	**presidir**	*to preside over*
esperar	*to wait for*	**querer**	*to care for, feel affection for*

APLICACIÓN

A *Traduzca.*

1. He prevented her from going because he cares for her.
2. Dr. Torres presided over the meeting.
3. The boys succeeded in taking the record player without paying for it.
4. When I was waiting for the bus I saw a little girl looking for her mother.
5. I don't approve of what you did but I won't tell on you.

B *Complete con la preposición correcta.*

1. Se jacta _____ entender _____ todo y se echa _____ reír cuando alguien habla _____ tontas y _____ locas.
2. Si se conforman _____ lo que yo decida, no se arrepentirán Uds. _____ ello.
3. No contéis _____ nosotros, contentaos _____ que no nos burlemos _____ vosotros.
4. Me asombro _____ que sólo veinte personas asistieran _____ la reunión.
5. Quedaron _____ conseguirnos una habitación que diera _____ la calle.
6. Raúl se decidió _____ complacer _____ Ofelia para que ella no se enojara _____ él.
7. Me inclino _____ pensar que debes divorciarte _____ tu esposo.
8. Cambie Ud. _____ dieta y absténgase _____ comer carne.
9. Ella está comprometida _____ Pedro y está enamorada _____ Felipe, pero sueña _____ Ángel y probablemente se casará _____ Arturo.
10. ¿Por qué te atreves _____ dudar _____ mí?
11. No te olvides _____ llenar la jarra _____ agua.
12. Padece _____ varias enfermedades, pero nunca se queja _____ nada.
13. El chico se apoyaba _____ la cerca y se entretenía _____ contar hormigas.
14. Compadézcase _____ las víctimas del terremoto y contribuya _____ algo _____ nuestra colecta.
15. Disfruta _____ tu viaje pero no abuses _____ tus fuerzas.

16. Consentí _____ servir _____ secretaria para ayudar _____ poner al día la correspondencia.
17. Quiero acabar _____ las cucarachas pero ellas surgen _____ cualquier rincón.
18. Sebastián se enteró _____ la verdad y se empeña _____ vengarse _____ lo que Ud. le hizo.
19. Huyendo _____ sus perseguidores la joven tropezó _____ una piedra.
20. No me opongo _____ que Ud. cumpla _____ su deber.

C *Traduzca.*

1. Since I lacked money, I decided to learn how to drive and to look for a job as a driver.
2. When José learned that Luz was seeing Benito on the sly he went crazy with jealousy.
3. Notice that she hesitated to answer when I asked her whether she knew the woman in the white dress.
4. Pérez gave up playing cards with us when he realized we mistrusted him.
5. The man with the gray hair was leaning on a pole next to the house on the corner.
6. You don't look like my family, you took after your father's family.
7. The actor, who aspired to play the part of the soldier in the movie, got angry at the director.
8. He turned pale with fear and seized a branch while he tried to go away from the precipice little by little.

D *Complete, escogiendo entre* **a**, **de**, **en** *o* **con**.

EL PROBLEMA DE LA COMIDA

Un conocido dicho _____ inglés es: "Cavarse la tumba _____ los dientes". Su equivalente en español es: "_____ grandes cenas, están las sepulturas llenas". Si esto es verdad, el peligro _____ una muerte temprana amenaza _____ una gran parte _____ nuestro pueblo.

Hay, sin embargo, problemas más trágicos que el exceso _____ comida, problemas que enfrenta la mayor parte _____ la población _____ nuestro planeta. Día _____ día, miles _____ personas mueren _____ hambre.

_____ nuestras universidades hay frecuentes competencias _____ las que se apuesta _____ quién podrá comer más _____ menos tiempo. Es triste comparar esta situación _____ la de los países del Tercer Mundo.

ANÁLISIS DE LA LECTURA

A *Lea con cuidado las siguientes expresiones que aparecen en la Lectura.*

1. ... habilitada de capilla...
2. ... y no se resignaba a que se la quitaran.

3. Se oyó en la puerta un breve cuchicheo...
4. ... se puso en pie ...
5. Y sin aguardar a que la sombra aquella respondiera...
6. ... es inútil que venga usted a molestarse.
7. ... y no tienen derecho de arrebatármela.
8. En vez de enviarle a usted a que me abra las puertas de la vida eterna, que empiecen por no cerrarme las de ésta...
9. ... sin que nadie sepa siquiera que ha muerto uno como los hombres...
10. ... al oír el disparo usted caerá como los otros...
11. ... en cuanto el pelotón se aleje...
12. ... y es preciso que todos crean que usted se confiesa...
13. ... a fin de que nadie sospeche la verdad.
14. ... cinco por todos...
15. ... llena el alma... de un deseo infinito de que acabase pronto aquella farsa.
16. El coronel... indicó al sacerdote que vendara a los reos y se alejase luego...
17. El jefe del pelotón hizo en seguida desfilar a sus hombres...

B *Conteste las siguientes preguntas.*

1. ¿Qué otras preposiciones se podrían usar también en los números 1, 4, 5 y 7?
2. ¿De qué otra manera se puede expresar "cinco por todos"?
3. ¿Qué preposición se usaría en inglés en la oración número 3?
4. ¿Qué casos hay de subjuntivo combinado con expresiones impersonales?
5. ¿En qué casos el uso del subjuntivo indica que existe una intención de parte del sujeto de que la acción se realice o no se realice?
6. ¿Por qué se usa el subjuntivo en 9 y 11?
7. ¿De qué otra forma se puede expresar "al oír el disparo"?
8. ¿Cuál es, en su opinión, la razón por la cual el autor combina en la misma oración los verbos "vendara" y "alejase" en el número 16?
9. ¿Qué estructura se podría usar en lugar del infinitivo en la oración número 17?

SECCIÓN LÉXICA

REPASO

Sustituya las expresiones en cursiva por expresiones equivalentes.

1. Las figuras *se mezclaban* en las sombras *del atardecer*.
2. Entre el *gran ruido* de la batalla el soldado, *inflamado* de patriotismo, luchaba con valentía.

Artesanías típicas mexicanas para el Día de los Fieles Difuntos.

3. Luis esperaba que hubiera un *intercambio* de prisioneros, pero sus *camaradas* habían fusilado a los prisioneros conservadores.
4. Los amigos de Luis *compraron la ayuda del* jefe del pelotón.
5. *Comenzaba a amanecer*, y Luis, con la cabeza *alta*, caminaba con los otros *condenados* hacia el *lugar de la ejecución*.
6. Un *pillete callejero* de cara *oscura* gritó con voz *poco armoniosa*: — ¡Ése está vivo!

AMPLIACIÓN

En la Lectura aparecen muchas palabras terminadas en *-ción*, como conservación, fermentación, exaltación, absolución, ejecución, etc. El sufijo *-ción* se usa mucho en español para formar nombres abstractos. Otros sufijos para formar palabras de este tipo, todas ellas femeninas, son:

-dad: credulidad, entidad, humildad, infinidad, intensidad, seriedad

-ez: delgadez, estupidez, hediondez, niñez, ordinariez, pesadez, rapidez

-eza: belleza, entereza, extrañeza, fijeza, firmeza, fortaleza, gentileza, ligereza, naturaleza, nobleza, pereza, pureza, rudeza, tristeza

-tud: altitud, inquietud, juventud, lentitud, plenitud, prontitud, rectitud

-ura: altura, blandura, cordura, espesura, frescura, gordura, hermosura, locura, negrura, ternura

APLICACIÓN

A *Diga qué significan en inglés las siguientes palabras.*

1.	blancura	**4.**	senectud	**7.**	destreza	**10.**	cordura
2.	sensatez	**5.**	grandeza	**8.**	soledad	**11.**	simpleza
3.	fragancia	**6.**	presteza	**9.**	finura	**12.**	rareza

B *Explique en español las características que se asocian con las siguientes palabras.*

1.	hediondez	**4.**	credulidad	**7.**	rectitud
2.	entereza	**5.**	rudeza	**8.**	frescura
3.	elegancia	**6.**	indigencia		

C *Haga cinco oraciones usando en ellas tantos nombres abstractos como pueda.*

PROBLEMAS LÉXICOS

Parecer and Parecerse a

Both **parecer** and **parecerse a** are equivalents of *to resemble* but they are not interchangeable. **Parecer** expresses the likeness of the subject to a concept or an indefinite person, animal, or thing. **Parecerse a** expresses the likeness of the subject to a definite person, animal, or thing.

The following formulas can be useful in most cases:

parecer + noun with no article or noun preceded by indefinite article.
parecerse a + name, pronoun, or noun preceded by a definite article, a demonstrative, or a possessive.

Roberto parece un boxeador.	*Roberto resembles a boxer. (Any boxer, indefinite person.)*
Roberto se parece a ese boxeador.	*Roberto resembles that boxer. (Definite person.)*
Esa mujer parece un loro.	*That woman resembles a parrot. (Any parrot, because she talks incessantly like a parrot.)*
Con ese peinado esa mujer se parece a mi loro.	*With that hairdo that woman resembles my parrot. (Definite animal.)*
Tu vestido parece un traje de baño.	*Your dress resembles a bathing suit. (Any bathing suit, indefinite thing.)*
Tu vestido se parece al traje de baño de Lola.	*You dress resembles Lola's bathing suit. (Definite thing.)*

Subir, Subir a, and Subirse a

Subir means *to go up* or *to climb* without emphasizing the height one wishes to reach.

El explorador subió la montaña.	*The explorer climbed the mountain.*
La pobre vieja sube jadeando la escalera.	*The poor old woman goes up the stairs panting.*

Subir a focuses on the top.

El explorador subió a la cima de la montaña.	*The explorer climbed up to the top of the mountain.*
La pobre vieja sube al tercer piso.	*The poor old woman goes up to the third floor.*

Subirse a (sometimes **subirse en**) refers to a relatively low climb, and usually one that requires the use of other parts of the body besides the feet, such as the hands.

El bebé consiguió subirse a una silla.	*The baby managed to climb a chair.*
No te subas al techo, puedes caerte.	*Don't climb up to the roof, you may fall down.*

Consistir en, Constar de, and Componerse de

Constar de, componerse de are interchangeable and both mean *to consist of* referring to the different parts or components of a whole.

Esta máquina se compone de (consta de) más de cien piezas.	*This machine consists of more than one hundred pieces.*
El examen se componía de (constaba de) veinte preguntas y una composición.	*The examination consisted of twenty questions and a composition.*

Consistir en is not *to consist of* but *to consist in.*

Mi trabajo consistía en dar la bienvenida a los visitantes.	*My job consisted in greeting the visitors.*

APLICACIÓN

A *Haga un comentario basado en cada situación, usando* **parecer** *o* **parecerse a**.

1. Al mirar los árboles en la oscuridad, creí que eran figuras humanas.

2. La Mezquita de Córdoba, con sus cientos de columnas, trae a la memoria un extenso bosque.
3. Sarita y Miriam son hermanas, pero físicamente no tienen rasgos comunes.
4. Sarita es como una muñeca, rubia y frágil.
5. La madre de Sarita es también rubia y frágil como ella.
6. Pero Miriam salió a su padre.
7. Miriam es grande y fuerte como un roble.
8. Arévalo Martínez escribió un cuento sobre un hombre que tenía características de caballo.
9. La letra de Ud. es similar a la de Valentín.
10. Creo que a veces existen semejanzas físicas entre los perros y sus amos.

B *Traduzca.*

Pamplona resembles a mad house during the bulls' *encierro* of San Fermín. San Fermín's fiesta really consists of many different activities that last for several days and it resembles all other typical festivals of Spain except for the main attraction, which has made San Fermín famous, and which consists in letting bulls loose in the streets.

I had gone up to the second floor to a friend's apartment to see the bulls from there. The façade of my friend's apartment consists of two windows and a balcony that resembles that of Romeo and Juliet.

I noticed a youngster on the sidewalk, who resembled my younger brother. His outfit consisted of a white shirt, white trousers, and a red beret. The youngster tried to climb onto our balcony to see better. He resembled a monkey holding the bars with both hands while trying to go up. "If you want to come up to our balcony come up the stairs," said my friend.

TRADUCCIÓN

SOME VIEWS OF DEATH IN THE HISPANIC WORLD

According to some psychologists, Hispanics dream of death more often than people of other origins. It is also evident that they think of it more often.

Art and literature provide us with many examples of the Spanish preoccupation with death. The most famous poem of the 15th century was written by Jorge Manrique on his father's death. In the 16th century the burial of the Count of Orgaz served as the theme for one of El Greco's best paintings and in the following century Valdés Leal, another painter, specialized in depicting death scenes. In the 20th century the dramatist Alejandro Casona dressed Death as a pilgrim woman in his play *La dama del alba*. Death also influenced Unamuno greatly. He wrote many essays and books on the topic of immortality.

The beliefs of the Incas in an afterlife were somewhat similar to those of the Spaniards. There was a heaven for the good, and evil people were thrown into hell. But, unlike Catholic tradition, the hell of the Incas was a very cold place.

El entierro del Conde de Orgaz, pintado por el Greco para la iglesia de Santo Tomé, en Toledo, ejemplifica la importancia de la muerte en la tradición española.

The Aztecs thought that one's destination in the afterlife depended on the kind of death one had. Warriors killed in battle and victims sacrificed to the gods entered the House of the Sun, a beautiful place filled with flowers. They later turned into hummingbirds and returned to earth. People who drowned and those killed by lightning went to the paradise of Tlaloc, the god of rain. On the other hand, women who died in childbirth went to the House of Corn in the West but at night came down to earth and wandered in the fields. The dead were delivered from hell only if they succeeded in passing through several tests; for this reason, they couldn't do without their weapons and were buried with them.

The gravity of death doesn't prevent modern-day Mexicans from laughing at it. On All Souls' Day Mexican pastry shops produce specialties that consist of pastry, bread, and cookies made in the shape of skulls. Children aren't afraid of these symbols of death; in fact, they greatly enjoy this celebration. They also play with toy skeletons called "calacas."

TEMAS PARA COMPOSICIÓN

1. El énfasis de los hispanos en la muerte es un poco extraño, pero no lo es menos la obsesión con la sangre y la violencia de la televisión, el cine y la prensa norteamericanos. ¿Cómo la explica Ud.? ¿De qué manera afecta esta obsesión a adultos y niños?

2. Busque las *Coplas* de Jorge Manrique a la muerte de su padre en una antología y haga un resumen de su contenido.

3. El Greco u otro pintor español o hispanoamericano. Su vida, su estilo y sus pinturas más famosas.

4. La fiesta norteamericana de Halloween. Sus orígenes. Los símbolos y costumbres relacionados con ella. Recuerdos de su niñez en esta fecha.

CAPÍTULO 8

*En este cuento, que tiene lugar en la región española de Valencia, el secuaz (henchman) de un político es traicionado. Blasco Ibáñez, el autor, escribió muchas novelas regionales, y varias de sus obras, como **Los cuatro jinetes del Apocalipsis, Sangre y arena** y **Mare Nostrum**, tienen versiones cinematográficas.*

La paella[1] del *roder*[2]

Fue un día de fiesta para la cabeza del distrito la repentina visita del diputado,[3] un señorón de Madrid, tan poderoso para aquellas buenas gentes, que hablaban de él como de la Santísima Providencia. Hubo gran paella en el huerto del alcalde, un festín pantagruélico,[4] amenizado por la banda del pueblo y contemplado por las mujeres y chiquillos, que asomaban curiosos tras las tapias.

Todas las miradas eran para un hombrecillo con calzones de pana[5] y negro pañuelo en la cabeza, enjuto,[6] bronceado, de fuertes quijadas,[7] y que tenía al lado un pesado retaco,[8] no cambiando de asiento sin llevar tras sí la vieja arma, que parecía un adherente[9] de su cuerpo. Era el famoso Quico Bolsón, el héroe del distrito, un roder con treinta años de hazañas,[10] al que miraba la gente joven con terror casi supersticioso. A los veinte años tumbó[11] a dos por cuestión de amores; y después, al monte[12] con el retaco, a hacer la vida de roder, de caballero andante de la sierra.

---

[1] fiesta valenciana donde la paella es el plato principal
[2] hombre fuera de la ley (*Vea Nota 1.*)
[3] el representante de un distrito
[4] enorme

[5] **calzones...** *corduroy breeches*
[6] delgado
[7] *jaws*
[8] escopeta antigua

[9] algo pegado
[10] actos de violencia
[11] mató
[12] bosque

La paella, el plato típico de la región valenciana, se prepara con arroz y multitud de mariscos. A veces también se le añade chorizo y pollo.

Ladrón. . . eso nunca. Comía en el monte lo que le daban por admiración o miedo, y si salía en el distrito algún ratero,[13] pronto le alcanzaba su retaco; él tenía su honradez y no quería cargar con robos ajenos. Sangre. . . eso sí, hasta los codos. Para él, un hombre valía menos que una piedra del camino; aquella bestia feroz usaba magistralmente[14] todas las suertes[15] para matar al enemigo: con bala, con navaja; frente a frente; a la espera y emboscado.[16] Por celos había ido suprimiendo a los otros roders que infestaban la sierra; y muchas veces bajó a los pueblos en domingo para dejar tendidos en la plaza, a la salida de la misa mayor, a alcaldes y propietarios influyentes.

Ya no le molestaban ni le perseguían. Mataba por pasión política a hombres que apenas conocía, por asegurar el triunfo de don José, eterno representante del distrito. La bestia feroz era, sin darse cuenta de ello, una garra[17] del gran pólipo[18] electoral que se agitaba en el Ministerio de Gobernación.

Vivía en un pueblo cercano, casado con la mujer que le impulsó a matar por vez primera, rodeado de hijos, paternal, bondadoso, fumando cigarros con

---

[13]ladrón de pequeñas cantidades
[14]muy bien
[15]maneras, sistemas
[16]escondido
[17]tentáculo
[18]pulpo

la Guardia Civil,[19] que obedecía órdenes superiores, y cuando a raíz de[20] alguna hazaña había que fingir que le perseguían, pasaba algunos días cazando por el monte.

Por él se celebraba aquella fiesta. Sólo por él se había detenido en la cabeza del distrito el majestuoso don José, de paso para Valencia. Quería tranquilizarle y que cesase en sus quejas, cada vez más alarmantes.

Como premio por sus atropellos[21] en las elecciones, don José le había prometido el indulto; y Bolsón, que se sentía viejo y ansiaba vivir tranquilo como un labrador honrado, obedecía al señor todopoderoso, creyendo en su rudeza, que cada barbaridad, cada crimen, aceleraba su perdón.

Pero pasaban los años, todo eran promesas, y el roder, creyendo firmemente en la omnipotencia del diputado, achacaba[22] a desprecio o descuido la tardanza del indulto.

La sumisión trocóse en[23] amenaza, y don José sintió el miedo del domador[24] ante la fiera que se rebela. El roder le escribía a Madrid todas las semanas con tono amenazador. Y estas cartas, garrapateadas[25] por la sangrienta zarpa[26] de aquel bruto, acabaron por obsesionarle, por obligarle a marchar al distrito.

Había que verles, después de la paella, hablando en un rincón del huerto: el diputado, obsequioso y amable; Bolsón, cejijunto[27] y malhumorado.

— He venido sólo por verte— decía don José, recalcando[28] el honor que le concedía con su visita — Pero, ¿qué son esas prisas? ¿No estás bien, querido Quico? Te he recomendado al gobernador; la Guardia Civil nada te dice... ¿Qué te falta?

Sonrió Bolsón con ironía cruel. No era tan bruto como le creían. Había consultado a un abogado de Valencia, que se había reído de él y del indulto.

— Ese abogado es un ignorante. ¿Crees tú que para el gobierno hay algo imposible? Cuenta con que pronto saldrás de penas:[29] te lo juro.

Recobró el roder poco a poco su confianza en el diputado. Esperaría; pero un mes nada más. Si después de este plazo no llegaba el indulto, no escribiría, no molestaría más. Él era un diputado, un señor; pero para las balas sólo hay hombres.

El roder regresaba a casa. Le acompañaba el carnicero de su pueblo, un mocetón[30] admirador de su fuerza y destreza, un satélite que le seguía a todas partes. La tartana[31] avanzaba dando tumbos[32] por entre los huertos de naranjos, cargados de flor de azahar.[33] Brillaban las acequias[34] reflejando el

---

[19]*Vea Nota 2.*
[20]**a...** inmediatamente después de
[21]abusos empleando la violencia
[22]atribuía
[23]se convirtió en
[24]entrenador de animales salvajes
[25]mal escritas
[26]*claw*

[27]uniendo las cejas (gesto de desagrado)
[28]subrayando
[29]**saldrás...** terminarán tus problemas
[30]joven fuerte
[31]coche de caballos de dos ruedas
[32]**dando...** *jouncing (bouncing)*
[33]**flor...** flor de los naranjos
[34]canal donde hay agua para regar las siembras

dulce sol de la tarde, y por el espacio pasaba la tibia respiración de la primavera, llena de perfumes y rumores.

Vieron en el camino una pareja de la Guardia Civil, y Bolsón la saludó amablemente. En una revuelta[35] apareció una segunda pareja. Eran muchas parejas para un camino tan corto. Un poco más allá encontraron la tercera pareja, que, como las anteriores, siguió lentamente al carruaje.

Y la tartana siguió adelante, hasta que de repente saltaron al camino quince o veinte guardias, una nube de tricornios[36] con un viejo oficial al frente. Por las ventanillas entraron las bocas de los fusiles apuntando al roder. — Bolsón, baja o te matamos — dijo el teniente. Bajó el roder con su satélite y, antes de poner pie en tierra ya le habían quitado sus armas. Aún estaba impresionado por la charla con su protector y no pensó en hacer resistencia por no imposibilitar su famoso indulto con un nuevo crimen.

Llamó al carnicero, rogándole que corriese al pueblo cercano para avisar a don José. Sería un error, una orden mal dada.

Vio el mocetón cómo se lo llevaban a empujones a un naranjal inmediato, y salió corriendo camino abajo por entre aquellas parejas que cerraban la retirada[37] a la tartana.

No corrió mucho. Montado en su jaco[38] encontró a uno de los alcaldes que habían estado en la fiesta... ¡Don José! ¿Dónde estaba don José? El rústico sonrió, como si adivinara lo ocurrido... Apenas se fue Bolsón, el diputado había salido a escape[39] para Valencia.

Todo lo comprendió el carnicero: la fuga, la sonrisa de aquel tío[40] y la mirada burlona del viejo teniente cuando el roder pensaba en su protector, creyendo ser víctima de una equivocación.

Volvió corriendo al huerto, pero antes de llegar, una nubecilla blanca y fina se elevó sobre las copas de los naranjos y sonó una detonación larga y ondulada, como si se rasgase la tierra.

Acababan de fusilar[41] a Bolsón.

Nota 1. *Roder* es una palabra del valenciano. Además de la lengua nacional (el español o castellano), en España se hablan tres lenguas regionales: el gallego, el vascuence y el catalán. El valenciano se considera una variedad del idioma catalán. Naturalmente, muchos españoles son bilingües y hablan una lengua regional además del español.

Nota 2. La Guardia Civil es una división del ejército español que fue creada a mediados del siglo XIX con el propósito de mantener el orden en las zonas rurales. En los últimos cincuenta años, la labor de la Guardia Civil se ha extendido, y ahora se ocupa, además, de la vigilancia de las fronteras y costas y del tráfico en las carreteras.

---

[35]curva del camino
[36]sombreros que usan los guardias civiles españoles
[37]**cerraban...** impedían el paso
[38]caballo pequeño y flaco
[39]de prisa
[40]tipo
[41]ejecutar (con varios rifles)

TV3
TELEVISIÓ DE CATALUNYA

● **Dijous 8:** 21,00: **Tendra és la nit.** 22,30: **A tot esport.**
● **Divendres 9:** 21,30: **Trossos.** 22,15: **Max Headroom.** 23,15: **Pel.lícula:** *L'ansietat de Veronika Voss.*
● **Dissabte 10:** 18,30: **La ruta de la seda.** 20,00: **Vida salvatge.** 21,00: **Vostè Jutja.**
● **Diumenge 11:** 15,30: **Snoopy.** 16,00: **Pel.lícula:** *T'he tornat a trobar.* 19,45: **El vici de cantar.** 21,00: **30 minuts.**
● **Dilluns 12:** 19,30: **Joc de ciència.** 21,30: **Cinema-3:** *Les germanes alemanes.*
● **Dimarts 13:** 21,00: **Allo, allo.** 21,30: **Angel Casas Show.**
● **Dimecres 14:** 19,30: **El dia del tríffids.** 21,00: **Magnum.** 22,00: **Pel.lícula:** *Un parell de sabates del 32.*

EUSKAL TELEBISTA

● **Osteguna 8:** 14,30: **Txikagoto ipuinak.** 19,00: **Akya man.** 20,30: **Benji.**
● **Ostirala 9:** 15,00: **Carson darren legea.** 19,00: **Aurkezpena.** 20,30: **Kirolez Kirol.**
● **Larunbata 10:** 15,30: **Dr. Slup.** 17,30: **Inor az da irlabat.**
● **Igandea 11:** 17,30: **Hazzardeko dukeak.** 21,15: **Hemen bizi.** 22,15: **Kirolez kirol.**
● **Astelehena 12:** 19,30: **Bostak.** 20,30: **Kirolez kirol.**
● **Asteartea 13:** 14,30: **Dallas.** 19,35: **Kaizo Spencer.**
● **Asteazkena 14:** 18,30: **Kaizo Spencer.** 19,30: **Dallas.**

TVG
Televisión de Galicia

● **Xoves 8:** 14,05: **Entre nos.** 20,00: **Debuxos animados.** 20,30: **A terra.** 22,15: **Dallas.**
● **Venres 9:** 14,05: **Entre nos.** 19,30: **Debuxos animados.** 20,00: **Saber e xogar.**
● **Sábado 10:** 14,30: **Resume informativo.**
● **Domingo 11:** 15,00: **Atlántico.** 21,00: **Telexornal.** 21,30: **En xogo.**
● **Luns 12:** 20,45: **Concurso.** 22,15: **Boa noita.** 23,55: **O peche.**
● **Martes 13:** 14,30: **Telexornal.** 22,15: **Magnum.**
● **Mercores 14:** 14,05: **Entre nos.** 20,45: **Concurso.** 21,30: **Telenovela:** *Baila conmigo.*

Listas de programas de televisión en los idiomas catalán, vasco y gallego, publicadas en una revista española. Observe los nombres de los días de la semana.

COMPRENSIÓN

Explique lo siguiente.

1. Quién era don José.
2. La vida delictiva que había llevado Quico Bolsón.
3. Los contrastes que había en el carácter y principios morales del roder.
4. La presencia de don José en la fiesta.
5. Lo que quiere decir: "Él era un disputado, un señor; pero para las balas sólo hay hombres".
6. Quién era el carnicero y su participación en el cuento.
7. La manera en que murió Bolsón.
8. La manera en que nos enteramos de quién fue el responsable de la muerte de Bolsón.

OPINIONES

1. ¿Es posible triunfar en la política actuando honradamente? ¿Por qué hay tantos políticos que utilizan métodos sucios? ¿Hay en su región o ciudad un político que haya ayudado a la gente?
2. Quico Bolsón presenta una dualidad: es un asesino, pero se jacta de que nunca ha robado y es paternal y bondadoso en su hogar. ¿Es esto lógico o hay aquí una contradicción sicológica? ¿Ha leído Ud. sobre casos similares? Explique.

3. Establezca un paralelo entre don José y Bolsón. ¿Le parece uno de ellos más inmoral y culpable que el otro? Explique su opinión.

4. El bilingüismo es muy importante en España. ¿Hay bilingüismo en los Estados Unidos? ¿Qué otros países puede nombrar Ud. donde haya bilingüismo? En su opinión, ¿tienen algún problema las personas bilingües? ¿Qué ventajas tienen ellas?

SECCIÓN GRAMATICAL

USES OF PARA

The general concept behind **para** is aim, goal, destination, either real or figurative.

Para is used to express:

1. Purpose, aim, *in order to.*

Mi hermano estudia para ingeniero.	*My brother is studying to be an engineer.*
Mi abuelo compró una bandera para colgarla del balcón.	*My grandfather bought a flag to hang it from the balcony.*
Para ir a Washington tienes que pasar por Filadelfia.	*[In order] To go to Washington you have to pass through Philadelphia.*
Se arrojó al agua para salvar al niño.	*He threw himself into the water to save the boy.*
No hay que ser rico para ser feliz.	*It is not necessary to be rich in order to be happy.*

2. Motion toward a specific destination.

Parto para el Brasil esta tarde.	*I am departing for Brazil this afternoon.*
La ambulancia acababa de salir para la escena del accidente.	*The ambulance had just left for the scene of the accident.*
Las mujeres iban para el mercado con grandes cestas.	*The women were on their way to the market with large baskets.*

3. Use or suitability. Also for whom or for what something is meant.

Te olvidaste de poner en la mesa copas para vino.	*You forgot to put wine glasses on the table.*
Éste es el mejor remedio para el dolor de cabeza.	*This is the best remedy for headaches.*
Hay una venta especial de llantas para nieve.	*There is a special sale of snow tires.*
Llevaban velas para el santo patrón del pueblo.	*They were carrying candles for the patron saint of the village.*
Este pastel lo hice para Susana. Hoy es su cumpleaños.	*I baked this cake for Susan. Today is her birthday.*

4. Deadlines or a definite point in time.

El carpintero tendrá la mesa lista para la semana que viene.	*The carpenter will have the table ready by next week.*
Para el año 2,000 todos tendremos aviones en vez de coches.	*By the year 2,000 we'll all have planes instead of cars.*
Este reporte es para el primero de diciembre.	*This paper is due on December the first.*
¿Qué hora es? Faltan diez minutos para las tres.	*What time is it? It is ten minutes to three.*

5. *Compared with, considering (that).*

Esta casa es demasiado grande para una familia tan pequeña.	*This house is too large for such a small family. (Considering that the family is so small.)*
Hoy hace mucho calor para noviembre.	*Today it is very warm for November.*
Este examen es fácil para el profesor, pero es muy difícil para los estudiantes.	*This exam is easy for the teacher but it is very difficult for the students. (The difficulty of the exam depends on who is taking it.)*
Ella tiene ya sesenta años pero se ve joven para su edad.	*She is already sixty but she looks young for her age. (Considering her age.)*

6.   *To be about to, to be on the verge of.** **Listo para** means *ready to.*

Estaba muy nerviosa y le faltaba poco para echarse a llorar.	*She was very nervous and she was about to start crying.*
Hay muchas nubes negras en el cielo. Está para llover.	*There are many black clouds in the sky. It is about to rain.*
Los plátanos vienen congelados y listos para freír.	*The plantains come frozen and ready to be fried.*
Estábamos listos para salir cuando oímos la explosión.	*We were ready to go out when we heard the explosion.*

APLICACIÓN

A   *Complete, fijándose en el uso de* **para**.

1.   Los bolígrafos se usan para...
2.   Tendré mi título universitario para . . .
3.   Mi casa es grande (pequeña, de tamaño adecuado) para . . .
4.   Mis padres se ven jóvenes (viejos) para . . .
5.   Estoy ahorrando dinero para . . .
6.   Cuando salga de esta clase, iré para . . .
7.   El hablar bien el español nos servirá para . . .
8.   Faltan dos horas para . . .
9.   Es importante asistir a clase para . . .
10.   Usamos un cuchillo para . . ., una taza para . . ., una copa para . . ., una cucharita para . . .

B   *Conteste usando oraciones completas.*

1.   ¿Crees que sabes demasiado para estar en esta clase?
2.   ¿Compran frecuentemente en tu casa comida lista para comer?
3.   ¿Para qué fecha habrán terminado las clases?
4.   ¿Está para nevar (por, al nevar) en estos momentos? ¿Para (por, al) llover?
5.   ¿Has comprado un regalo recientemente para alguien? ¿Para quién?
6.   ¿Para dónde está mirando el profesor (la profesora) en estos momentos?
7.   ¿Hay tiendas cerca donde vendan piezas para automóviles?

---

*In many Spanish American countries, and especially in Mexico, **estar por** is used instead of **estar para** to express *to be about to, to be on the verge of.*

Llevaré paraguas porque está por llover.	*I'll carry an umbrella because it is about to rain.*
Espera a Juan, está por llegar.	*Wait for Juan, he'll be arriving any minute. (He is about to arrive.)*

   In some countries, especially in the Caribbean, **estar al** is the expression commonly used in this case:

Llevaré paraguas porque está al llover.

Espera a Juan, está al llegar.

8. ¿Es útil este tipo de práctica para Uds.?
9. Para ser norteamericano,-a, ¿hablas bien el español?
10. Para llegar de la universidad a tu casa, ¿debes pasar por algún parque?

USES OF POR

There are two basic concepts behind **por**. One involves the subject's feelings and explains the motivation or reasons for an action; the other deals with the physical aspects of an action and introduces details such as approximate time, approximate location, as well as means or manner of performing the action, agent of an action, etc.

Por is used to express:

1. Motivation, reasons, compulsion. (*Because of, out of, for, on behalf of, on account of*)

No pudimos ir por el mal tiempo.	*We couldn't go because of the bad weather.*
¡Por Dios! Ella hizo eso por celos.	*For heaven's sake! She did that out of jealousy.*
Gonzalo hace muchos sacrificios por sus hijos.	*Gonzalo makes many sacrifices for his children. (For their sake.)*
El abogado rogó al juez por su cliente.	*The lawyer pleaded with the judge on behalf of his client.*
El Papa recibió el Premio Nobel por su labor por la paz.	*The Pope received the Nobel Prize on account of his work for peace.*

2. Feelings or attitudes of the subject toward a person or thing. Also *to be for, to be in favor of.*

Siento gran admiración por ese autor.	*I feel great admiration for that author.*
Su odio por aquel hombre no podía describirse con palabras.	*His hatred for that man could not be described with words.*
María siempre vota por los candidatos republicanos.	*María always votes for the Republican candidates.*
Estoy cien por ciento por esa ley.	*I am one hundred percent for that law.*

3. The object of an errand, usually with verbs like **ir, venir, mandar, enviar**.

Vine por el libro que dejé aquí ayer.	*I came for the book that I left here yesterday.*

Como no quería cocinar envió al chico por comida al restaurante.

As she didn't want to cook, she sent the boy for food to the restaurant.

Mi esposa se siente muy mal. Voy por el médico.

My wife feels sick. I am going for the doctor.

4. Approximate location or time, place of transit. (*Around, in, by, through, along*)

¿Dónde estarán las tijeras? Deben de estar por aquí.

I wonder where the scissors are. They must be around here.

Ella nació por los años de la depresión.

She was born around the depression years.

Nos gustaría viajar por España.

We would like to travel in Spain.

La Alhambra se comunica con el Generalife por un túnel.

The Alhambra is connected with the Generalife through a tunnel.

—¿Por dónde se sale de este edificio? —Por aquí.

"How does one get out of this building?" "This way."

Pasó por mi lado sin verme.

He passed by my side without seeing me.

El día está precioso. Demos un paseo por la avenida.

The day is very beautiful. Let's stroll along the avenue.

5. Duration of an action. **Por** is frequently omitted in this case.

Nos quedaremos en la ciudad (por) una semana.

We will stay in the city for a week.

Estuvo discutiendo con el vendedor (por) dos horas.

He was arguing with the salesman for two hours.

Estuvimos sin vernos (por) un mes.

We didn't see each other in a month.

6. Substitution,* exchange, price.

---

*Sustituir por** does not mean *to put (be) in the place of* but *to replace with*. Note that the elements involved are inverted in the Spanish sentence.

Sustituya los nombres por pronombres.

Substitute pronouns for the nouns. (Replace the nouns with pronouns.)

Sustituiré el azúcar por sacarina.

I will substitute saccharin for sugar. (I will replace sugar with saccharin.)

To substitute for in the sense of one person taking the place of another, is **sustituir a.**

Ayer el profesor Padilla sustituyó a nuestro profesor, que estaba enfermo.

Yesterday Professor Padilla substituted for our professor, who was sick.

No creo lo que dices. ¿Me tomas por tonta?	*I don't believe what you are saying. Do you take me for a fool?*
Mi amigo está enfermo, ¿puedo examinarme por él?	*My friend is sick, may I take the exam for him? (In his place.)*
Como el novio vive en Europa, se casarán por poder.	*Since the bridegroom lives in Europe, they will be married by proxy.*
Carlitos cambió su trompo por la pelota del vecino.	*Carlitos traded his top for the neighbor's ball.*
Pagaron $90,000 por la casa.	*They paid $90,000 for the house.*

7.   Correspondence and rate. English often uses *per* here.

Mi secretaria toma taquigrafía a diez palabras por minuto.	*My secretary takes shorthand at ten words per minute.*
Tres por cuatro son doce.	*Three fours are twelve.*
¿Trabajas por hora o trabajas a destajo?	*Do you work by the hour or do you work on a piecework basis?*
El cuarenta por ciento de los habitantes del país son analfabetos.	*Forty percent of the inhabitants of the country are illiterate.*

8.   Means, manner, instrument, agent.

Echaron a los huelguistas por la fuerza.	*They threw the strikers out by force.*
Usando mi calculadora resolví la ecuación como por arte de magia.	*Using my calculator I solved the equation as if by magic.*
Me dieron todas las instrucciones por teléfono.	*They gave me all the instructions by telephone.*
Lo vi todo por el ojo de la cerradura.	*I saw it all through the keyhole.*
El pueblo entero fue destruido por el huracán.	*The whole town was destroyed by the hurricane.*

9.   Incompleteness. (*Yet to be done, yet to be finished.*)

El puente está por terminar.	*The bridge is yet to be finished.*
Hay todavía mucho trabajo por hacer.	*There still is a lot of work to be done.*

APLICACIÓN

A *Complete de manera original.*

1. Siento gran simpatía por . . .
2. En las próximas elecciones votaré por . . .
3. Siempre hago lo que puedo por . . .
4. Pagué . . . por . . .
5. Treinta y seis es el resultado de multiplicar . . .
6. Me gusta mucho pasear por . . .
7. Camino de mi casa, paso por . . .
8. Siento amor por . . .
9. Entré en esta habitación por . . .
10. El salario mínimo en nuestro país es . . . por . . .

B *Conteste, fijándose en el uso de* **por.**

1. ¿Has dicho a veces cosas desagradables por celos? ¿Por otra razón? ¿Cuál?
2. ¿Te han tomado alguna vez por otra persona? ¿Por quién?
3. ¿Vives por aquí o vives lejos de aquí?
4. ¿Nacieron todos Uds. por la misma época?
5. ¿Tienes algún trabajo por hacer? ¿Cuál?
6. ¿Te gustaría que otra persona pudiese tomar tus exámenes por ti? ¿Quién?
7. ¿Conoces a alguien que se haya casado por poder?
8. ¿Te han enviado alguna vez un mensaje por telegrama?
9. Mas o menos, ¿qué por ciento de hispanos hay en esta región?
10. ¿Sientes mucha admiración por tu profesor,-a de español?
11. Si no puedes devolver un libro de la biblioteca personalmente, ¿por quién lo envías?
12. ¿Cuánto hay que pagar generalmente por una entrada para un concierto?

C *Exprese las siguientes oraciones de manera diferente, usando* **sustituir.**

MODELO   No usaré más mi automóvil. Usaré en cambio una bicicleta.
　　　　Sustituiré mi autómovil **por** una bicicleta.

1. A nuestra juventud no le gusta la seda. Todos prefieren el algodón.
2. No quiero este café. Prefiero que me traiga un té.
3. Mi gato Quiqui se murió. Ahora tengo otro gato llamado Pomponio.
4. Echaron a la Srta. Robles de su empleo y contrataron al Sr. Martín.
5. Antes comía mantequilla, pero el médico me ordenó que comiera margarina.
6. El ladrón se llevó las monedas de oro. Dejó en su lugar dinero falso.
7. Por favor, tráigame maíz en vez de berenjena.
8. Íbamos a leer *Doña Perfecta* en ese curso, pero el profesor prefirió que leyéramos *Misericordia.*
9. El sofá de mi sala era muy viejo y mis padres compraron un sofá nuevo.
10. Antes usaba un reloj despertador para despertarme, pero ahora uso un radio reloj.

IDIOMATIC PHRASES WITH POR

al por mayor	*wholesale*	**por gusto**	*unnecessarily, for the fun of it*
al por menor	*retail*	**por las nubes**	*sky-high (price or praise)*
por adelantado	*in advance*	**por lo general**	*as a general rule*
por ahora	*for the time being*	**por lo menos**	*at least*
por casualidad	*by accident*	**por lo tanto**	*consequently, therefore*
por completo	*completely*	**por lo visto**	*apparently*
por consiguiente	*therefore*	**por ningún motivo**	*under no circumstances*
por decirlo así	*so to speak*	**por otra parte**	*on the other hand*
por Dios	*for heaven's sake*	**por regla general**	*as a (general) rule*
por encima	*hastily, cursorily*	**por supuesto**	*of course*
por entero	*entirely*	**por ... vez**	*for the ... time*
por escrito	*in writing*		
por eso	*for that reason*		

EXAMPLES:

Por casualidad vi el anuncio de ese apartamento en el periódico. **Por regla general,** no leo los periódicos, pero ayer lo leí **por encima. Por lo visto** era mi día de suerte. **Por lo tanto,** decidí ir inmediatamente a ver el lugar. Visitaba ese barrio **por primera vez.** La casera puso el apartamento **por las nubes** y dijo que acababan de pintarlo **por completo.** También dijo que esperaba que yo no la hubiese molestado **por gusto,** y que tenía que pagar dos meses **por adelantado** para que me dieran un contrato **por escrito. ¡Por Dios!** Yo gano muy poco. **Por consiguiente,** he decidido que no puedo alquilar ningún apartamento **por ahora. Por lo menos,** puedo vivir en casa de mis padres, y ellos no me echarán a la calle **por ningún motivo.** ¡Soy un tipo que nació de pie, **por decirlo así!**

APLICACIÓN

A *Traduzca al inglés el pasaje anterior.*

B *Añada un comentario original a cada uno de los comentarios siguientes, usando los modismos:* **por lo visto, por eso, por ahora, al por menor, al por mayor, por entero, por última vez, por supuesto, por gusto, por lo general, por escrito.**

1. Ese almacén no está abierto al público, les vende solamente a otras tiendas.
2. Mi coche está muy viejo, pero no tengo dinero para comprar otro.
3. La guerra destruye pueblos, hombres y familias; trae enfermedades y miseria y debilita los principios morales del individuo.
4. Ha decidido que tiene vocación musical y se dedica a tocar el piano día y noche, sin hacer otra cosa.
5. Cuando vaya al supermercado, no me digas oralmente lo que necesitas, porque se me olvidará.
6. Te he explicado varias veces lo que tienes que hacer, y voy a explicártelo solamente una vez más.
7. Creo que si te inscribieras en el concurso de Señorita Universo te elegirían reina.
8. Como hay crisis de energía nunca debes dejar las luces encendidas innecesariamente.
9. Al capitán le gustaba dar un paseo por el parque todas las noches después de la cena.
10. Creí que el niño no comería la tapioca, pero dejó el plato limpio.

COMMON VERBS FOLLOWED BY POR

acabar por	to end up by	**morirse por**	to be dying to
afanarse por	to strive to, for	**optar por**	to choose to
brindar por	to drink to	**preguntar por**	to inquire for, after
esforzarse por	to strive to, for	**preocuparse por**	to worry about
interesarse por	to be interested in	**trepar por**	to climb (along)
luchar por	to struggle to, for	**votar por**	to vote for

Aunque Peralta se afanó mucho por vender su invento al principio, acabó por abandonar el proyecto.

Although Peralta strived a lot to sell his invention at the beginning, he ended up by abandoning the project.

Brindemos por los que luchan por la libertad.

Let's drink a toast to those who struggle for freedom.

Me moría por conocer al nuevo huésped, pero opté por ser discreta.

I was dying to meet the new guest but I chose to be discreet.

Si deseas causar una buena impresión, debes preguntar por la salud de su madre.

If you wish to make a good impression you should inquire about his mother's health.

Las cabras treparon por la escarpada loma.	*The goats climbed along the steep hill.*

APLICACIÓN
Complete de manera original.

1. Si sigue Ud. así, acabará por . . .
2. No deben Uds. preocuparse tanto por . . .
3. Me muero por . . .
4. Admiro mucho a las personas que luchan por . . .
5. Me intereso mucho por . . .
6. El señor que estuvo aquí antes preguntó por . . .
7. Es bastante difícil trepar por . . .
8. Después de mucho pensarlo, ella optó por . . .
9. Mi amigo me dijo que pensaba votar por . . .
10. Uds. deben esforzarse por . . .

SPECIAL USES OF PARA AND POR
1. Sometimes the difference between **para** and **por** is quite subtle and either may be used depending on whether the speaker wishes to stress (a) the purpose or goal of an action, or (b) its motivation. Such is the case in the following sentences.

Ernesto se casó con la viuda para apoderarse de su dinero.	*Ernesto married the widow to get her money.*
Ernesto se casaría con la viuda por apoderarse de su dinero.	*Ernesto would marry the widow because he wants to get her money.*

Also compare the following:

1. **Trabajar para** (*to be employed by*) and **trabajar por** (*to work on behalf of*).

El tío de Elena trabaja para la Compañía de Electricidad.	*Elena's uncle works for the Electric Company.*
El tío de Elena ha trabajado mucho por los pobres.	*Elena's uncle has worked a lot for the poor. (On their behalf.)*

2. **Hacer... para** (*to make... for*) and **hacer... por** (*to do... for*).

Hice esto para ti.	*I made this for you. (A material object to give to you.)*
Hice esto por ti.	*I did this for you. (For your sake, on your behalf.)*

3. **Luchar para** and **luchar por** both mean *to struggle to*. The use of **para** emphasizes the goal and implies that the subject not only struggled to achieve something, but succeeded in achieving it. **Por**, on the other hand, focuses on the struggle and is not concerned with the results.

Luché mucho para abrirme paso.	*I struggled a lot to get ahead. (And I succeeded.)*
Luché mucho por abrirme paso, pero fracasé.	*I struggled a lot to get ahead but I failed.*

4. **Para** + *personal pronoun or noun* expresses an opinion.

Para mí, (que) el asesino fue el camarero.	*In my opinion, the murderer was the waiter.*

Por + *personal pronoun* is used to indicate a person's indifference toward something.

Por mí, puedes hacer lo que te parezca.	*For all I care (as far as I am concerned), you may do whatever you please.*

APLICACIÓN

A *Llene los blancos decidiendo entre* **para** *y* **por***.*

1. Muchos viajan hoy _____ toda Europa en un par de semanas. Hacen estos viajes atraídos _____ los anuncios que ven _____ la televisión. Pagan cientos de dólares _____ unos pocos días de entretenimiento. Lo ven todo demasiado rápidamente _____ poder apreciarlo bien. _____ cuando regresan a su patria, ya han olvidado todo lo que vieron, pero están demasiado cansados _____ quejarse.

2. Daría cualquier cosa _____ encontrar una solución _____ mi problema. La puerta de mi cuarto tiene treinta pulgadas de ancho _____ seis pies de alto, y necesito que pase _____ ella un piano grande.

3. José vivía _____ entonces _____ la calle de Remedios. _____ mí, que lo echaron de esa casa _____ no pagar la renta. De allí se mudó _____ el barrio de Limones y ahora está otra vez _____ mudarse, tal vez _____ la misma razón.

4. Tenemos que felicitar a Teresita _____ su compromiso con Juan. Me dijeron que tienen planeada la boda _____ el próximo verano. Me enteré _____ Rosa de que los padres de él no estaban (*in favor of*) _____ esa boda. Creen que su hijo es muy joven _____ casarse. Rosa, que evidentemente no siente mucho cariño _____ Teresita, me dijo además que no se casaba _____ amor. Según ella, se casa _____ liberarse del control de su padre y _____ disfrutar del dinero de Juan, que es muy rico.

5.   Mi hermana Carmita quiere estudiar _____ enfermera. _____ mí, que lo haga, pero las enfermeras tienen que hacer mucho _____ sus pacientes, y creo que esta profesión es muy dura _____ una chica nerviosa como ella. Sin embargo, siento cierta admiración _____ mi hermana _____ haberse decidido _____ esta carrera a pesar de los obstáculos.

6.   —Andaba esta mañana _____ el parque y me encontré con Ernesto. _____ él supe que sales mañana _____ Venezuela, y vine _____ desearte un feliz viaje.

      —Gracias _____ tus buenos deseos. En realidad no viajo _____ gusto sino _____ necesidad. Mi tía Angustias fue atropellada _____ un coche y _____ las muchas fracturas que recibió, debe permanecer en el hospital _____ lo menos seis meses. Aunque es una persona muy fuerte _____ su edad, los médicos temieron al principio _____ su vida. Dicen que en su delirio preguntaba _____ mí constantemente. Ahora pasó la crisis _____ completo y creo que _____ Navidad podrá salir del hospital. Pero hizo tanto _____ nosotros cuando éramos niños, que _____ agradecimiento tengo que ir ahora a su lado _____ cuidarla. Tuve algunos problemas _____ renovar mi pasaporte, pero me las arreglé _____ conseguirlo pronto. Si no estuviese listo _____ acudir cuando mi tía me necesita, sentiría poco aprecio _____ mí mismo.

7.   El Sr. Huerta me citó _____ carta _____ que pasara _____ su oficina. Yo había soñado con esta entrevista _____ varios meses y me había preparado _____ ella. _____ abril del año pasado llené una planilla _____ conseguir empleo en su compañía, pero tras esperar _____ tanto tiempo, estaba _____ perder las esperanzas. Al recibir la llamada no sabía si Huerta quería verme _____ ofrecerme un empleo, o sólo _____ curiosidad. Resultó que sí tenía un empleo _____ mí, pero sólo _____ un mes. Su secretaria está enferma y necesita quien trabaje _____ ella. Cuando oí esto, me faltó poco _____ llorar.

8.   No te llamé antes _____ estar muy ocupado. Me dieron el empleo que tengo _____ venir recomendado _____ un senador amigo de mi familia. Trabajo _____ una compañía exportadora, pero hago mucho _____ lo poco que gano. El senador me aprecia y se ha interesado siempre _____ mí. Es una lástima que no quiera ayudarme más, cambiando su empleo _____ el mío.

B   *Haga un comentario original basado en cada una de las siguientes situaciones y usando las expresiones explicadas en* Special Uses of ***para*** *and* ***por*** *(página 189-90).*

1.   Ud. planea un viaje con dos amigos. Cada uno de ellos tiene un hotel favorito y quiere hacer reservaciones en él, pero Ud. no tiene preferencia por ningún hotel en especial y les dice a sus amigos: . . .

2.   Era muy difícil entrar en el estadio el sábado por la noche, porque iba a cantar Julio Iglesias y había cientos de personas tratando de entrar al mismo tiempo.

      a)   Ud. se cansó de los empujones y el tumulto y decidió irse a su casa en vez de seguir tratando de entrar. Al llegar a su casa, le explicó a su madre: ...

b) Ud. persistió y, por fin, consiguió entrar. Una vez dentro del estadio, encontró a un amigo y le explicó que no había sido fácil la entrada diciéndole: ...

3.   Tomás Minaya tiene un empleo como inspector en el gobierno municipal. Hablando de Minaya y su empleo, Ud. dice: ...

4.   Su madre es una mujer maravillosa. El Día de las Madres Ud. le envía una tarjeta agradeciéndole todos sus sacrificios. Ud. escribe: ...

5.   Lisa ha faltado mucho a sus clases este semestre y está estudiando muy poco. Ud. expresa una opinión pesimista sobre las notas que recibirá Lisa: ...

6.   Es el cumpleaños de su novio(a) y Ud. ha hecho un pastel en su honor. Ud. le entrega una caja con el pastel dentro y le explica su contenido, diciéndole: ...

7.   Ud. admira mucho la labor de la Madre Teresa y explica el motivo de su admiración diciendo: ...

COMPOUND PREPOSITIONS

In Spanish two or more words are often combined to form compound prepositions. Sometimes one or more of the components of a compound preposition serves no other purpose than to intensify the meaning of the verb that accompanies it. The sentence: **¡Qué mal educado! Pasó por delante de nosotros sin saludar.** (*What an impolite man! He passed in front of us without saying hello.*) could be also expressed without **por**, but using **por** stresses the idea of movement in the verb **pasó.**

Many compound prepositions establish spatial relationships and can be grouped in pairs of opposite meaning.

al lado de, junto a	*by, next to*	**separado,-a de**	*separated from*
alrededor de	*around*	**a través de**	*through*
arriba de, encima de	*on, over, on top of*	**debajo de**	*under, beneath*
cerca de	*near*	**lejos de**	*far from*
delante de*	*before, in front of*	**detrás de**	*behind*
frente a, enfrente de*	*facing, in front of*	**de espaldas a**	*with one's back toward*
fuera de	*outside (of)*	**dentro de**	*inside (of)*

*Frente a, enfrente de, and delante de are often interchangeable but you cannot use the first two unless the person or thing that is in front of you is facing you.

En esta aula, el profesor está frente a (delante de) los estudiantes, y los estudiantes que están sentados en la primera fila están delante de los que están sentados en la segunda.

In this classroom the professor is in front of the students and the students who are seated in the first row are in front of those who are seated in the second row.

La cola frente al (delante del, enfrente del) teatro era larga; había más de veinte personas delante de mí.

The line in front of the theater was long; there were more than twenty people in front of me.

Other common compound prepositions include:

a causa de	*on account of, because of*	**a pesar de**	*in spite of*
acerca de	*about, concerning*	**con respecto a**	*in regard to, with respect to*
además de	*besides*	**después de**	*after*
a excepción de	*with the exception of*	**en contra de**	*against*
a fuerza de	*by dint of*	**en cuanto a**	*as for*
antes de	*before (time or order)*	**en lugar de, en vez de**	*instead of*

EXAMPLES:

En cuanto al viejo, que andaba con dificultad **a causa de** su artritis, era malicioso **además de** avaro. **A pesar de** haber nacido muy pobre, había conseguido amasar una fortuna **a fuerza de** ser ahorrativo. Vivía en una choza **junto al** río **en vez de** vivir en el pueblo, **cerca de** sus hijos. Nadie lo visitaba, **a excepción de** su nieto.

As for the old man, who walked with difficulty because of his arthritis, he was cunning besides being a miser. Despite having been born very poor, he had succeeded in amassing a fortune by dint of being thrifty. He lived in a hut by the river instead of living in town, near his children. Nobody visited him with the exception of his grandson.

Note that often one of the components of a compound preposition is an adverb that can be used alone.

Trajeron **antes** los bocaditos; el champán lo sirvieron **después**.

They brought the appetizers first; the champagne was served later.

Si dejas tu bicicleta **fuera**, se oxidará.

If you leave your bicycle outside, it will get rusty.

APLICACIÓN
Dé el equivalente en español de las palabras entre paréntesis.

1.   LA REUNIÓN DEL LUNES

Nos reunimos el lunes (*before*) la clase para hablar (*with respect to*) la nueva cafetería y también (*about*) los problemas de estacionamiento. Sólo (*by dint of*) paciencia o de mucha suerte consigue uno estacionarse aquí. (*In spite of*) la fuerte lluvia, todos estábamos en la reunión, (*with the exception of*) Alejandro y Eduardo. Alejandro avisó que no asistiría (*on account of*) el mal tiempo; (*as for*) Eduardo, (*instead of*) llamar, envió una nota, que llegó dos días (*after*) la reunión. Siempre está (*against*) todo, pero no coopera con nadie.

2.   MI CUARTO

No tengo baño (*inside*) mi cuarto; en mi apartamento hay un solo baño, que está (*near*) la cocina, (*next to*) la habitación de mis padres. Mi cuarto no es muy grande, y parece más pequeño porque las cosas están frecuentemente (*outside*) el ropero: hay zapatos (*under*) la cama, ropa (*on top of*) las sillas, libros (*behind*) la puerta. A veces, cuando me paro (*in front of*) el espejo, no puedo verme porque tengo montones de discos (*on top of*) la cómoda (*in front of*) mí. Pero, (*in spite of*) tanto desorden, me siento bien en mi cuarto. Miro (*through*) la ventana y veo los arbustos que hay (*around*) el edificio. También veo a varios niños que juegan (*far from*) la calle, en un patio.

ANÁLISIS DE LA LECTURA
A   *Lea con atención las expresiones que usan* **para**, *y después conteste las preguntas que siguen.*

1.   Fue un día de fiesta para la cabeza del distrito . . .
2.   . . . un señorón de Madrid, tan poderoso para aquellas buenas gentes . . .
3.   Todas las miradas eran para un hombrecillo . . .
4.   Para él, un hombre valía menos que una piedra del camino . . .
5.   . . . usaba magistralmente todas las suertes para matar al enemigo . . .
6.   . . . y muchas veces bajó a los pueblos en domingo para dejar tendidos en la plaza . . . a alcaldes y propietarios influyentes.
7.   . . . de paso para Valencia.
8.   ¿Crees tú que para el gobierno hay algo imposible?
9.   . . . pero para las balas sólo hay hombres.
10.   Eran muchas parejas para un camino tan corto.
11.   Llamó al carnicero, rogándole que corriese al pueblo cercano para avisar a don José.
12.   . . . el diputado había salido a escape para Valencia.

B   *Conteste.*

1.   ¿En qué oraciones precede **para** al recipiente de una acción?
2.   ¿En qué oraciones **para** indica una opinión?
3.   ¿En cuáles de estas expresiones **para** indica propósito o intención?
4.   ¿En qué casos señala **para** dirección?
5.   ¿Cuáles son los casos de **para** en una comparación o como equivalente de *considering*?

C   *Lea con atención las expresiones que usan **por**, y después conteste las preguntas que siguen.*

1.   . . . amenizado por la banda del pueblo y contemplado por las mujeres y chiquillos, que asomaban curiosos tras las tapias.
2.   A los veinte años tumbó a dos por cuestión de amores . . .
3.   Comía en el monte lo que le daban por admiración o miedo . . .
4.   Por celos había ido suprimiendo a los otros roders . . .
5.   Mataba por pasión política a hombres que apenas conocía, por asegurar el triunfo de don José . . .
6.   . . . casado con la mujer que le impulsó a matar por vez primera . . .
7.   . . . pasaba algunos días cazando por el monte . . .
8.   Por él se celebraba aquella fiesta. Sólo por él . . .
9.   Como premio por sus atropellos . . .
10. Y estas cartas, garrapateadas por la sangrienta zarpa de aquel bruto, acabaron por obsesionarle, por obligarle a marchar al distrito.
11. He venido sólo por verte.
12. La tartana avanzaba dando tumbos por entre los huertos de naranjos . . .
13. . . . y por el espacio pasaba la tibia respiración de la primavera . . .
14. Por las ventanillas entraron las bocas de los fusiles . . .
15. Aún estaba impresionado por la charla con su protector y no pensó en hacer resistencia por no imposibilitar su famoso indulto con un nuevo crimen.
16. . . . y salió corriendo camino abajo por entre aquellas parejas . . .

D   *Conteste.*

1.   ¿De qué otra manera se puede expresar **tras las tapias** en la oración 1 (**C**)?
2.   ¿En qué ocasiones indica **por** causa, motivo o razón?
3.   ¿En qué casos precede al agente de una acción?
4.   ¿En qué expresiones es **por** equivalente de *through* y *around*?
5.   En las oraciones 12 y 16 (**C**), ¿podríamos eliminar una de las preposiciones? ¿Cómo expresaría Ud. estas oraciones en inglés?
6.   ¿En qué oración (**C**) el uso de **por** está determinado por el verbo que precede?

SECCIÓN LÉXICA

REPASO
Exprese de otra manera las palabras en cursiva.

1.   El inspector de policía *insistió en* que, aunque *le echaban la culpa del robo* a la criada, ella era inocente. El culpable era un *ladronzuelo* que había esperado, *escondido*, a que todos abandonaran la habitación, y a quien habían visto luego salir *muy de prisa* de la casa con dirección al *bosque*.

2.   El dolor que sintió Bernardo *inmediatamente después de* la muerte de su novia, pronto *se convirtió en* amargura. Bebía en exceso, y todas las noches regresaba a su casa *tambaléandose*.

3.   Aquel *tipo*, un hombre *delgado*, de *mandíbulas* cuadradas, *que juntaba mucho las cejas*, era el *entrenador* de los leones.

4.   Aunque algunos *representantes* de nuestra provincia lo protegen, los *abusos* que ha cometido ese hombre son tantos, que los soldados lo *ejecutarán*.

AMPLIACIÓN
En la Lectura aparecen los nombres de varias ocupaciones y cargos: diputado, alcalde, propietario, representante, guardia, oficial, abogado, carnicero, teniente. Los nombres de muchos oficios y profesiones en español derivan de nombres o verbos relacionados con lo que hace la persona. Las siguientes terminaciones son las más comunes.

1.   **-ero, -era**

banco	**banquero,-a**	pandilla	**pandillero,-a**
carne	**carnicero,-a**	pelo	**peluquero,-a**
confite	**confitero,-a**	pelota	**pelotero,-a**
enfermo	**enfermero,-a**	repostería	**repostero,-a**
hierro (fierro)	**ferretero,-a**	tinte	**tintorero,-a**
leche	**lechero,-a**	toro	**torero,-a**
pan	**panadero,-a**	vaca	**vaquero,-a**

2.   **-or, -ora**

cuenta	**contador,-ra**	impreso	**impresor,-ra**
composición	**compositor,-ra**	oración	**orador,-ra**
diseño	**diseñador,-ra**	programa	**programador,-ra**
domar	**domador,-ra**	senado	**senador,-ra**
escrito	**escritor,-ra**	tejido	**tejedor,-ra**
gobierno	**gobernador,-ra**	traducción	**traductor,-ra**

3. **-ista** (común a ambos géneros)

almacén	**almacenista**	maquillaje	**maquillista**
arte	**artista**	moda	**modista***
ascensor	**ascensorista**	órgano	**organista**
comisión	**comisionista**	telégrafo	**telegrafista**
computadora	**computista**	trapecio	**trapecista**
electricidad	**electricista**		

5. **-ante** (común a ambos géneros)[†]

canto	**cantante**	fábrica	**fabricante**
comedia	**comediante**	representar	**representante**
comercio	**comerciante**	tripular	**tripulante**
dibujo	**dibujante**	viajar	**viajante**

6. **-ente***

agencia	**agente**	presidir	**presidente,-a**
asistir	**asistente,-a**	servir	**sirviente,-a**
gerencia	**gerente**		

7. **-ario, -aria**

antigüedad	**anticuario,-a**	función	**funcionario,-a**
biblioteca	**bibliotecario,-a**	secreto	**secretario,-a**
empresa	**empresario,-a**		

Los nombres de otros muchos oficios y profesiones no se forman con los sufijos anteriores y hay que aprenderlos por separado. Éstos son algunos ejemplos.

albañil	**cónsul**	**monje, monja**
alcalde, alcaldesa	**cura**	**payaso,-a**
árbitro	**fiscal**	**piloto**
arquitecto,-a	**físico,-a (nuclear)**	**químico,-a**
bailarín,-ina	**hacendado,-a**	**rabino**
campesino,-a	**juez**	**sastre**
	mecanógrafo,-a	**taquígrafo,-a**
	ministro,-a	

---

*Un diseñador masculino es **el modisto**.

[†]La Real Academia Española acepta ahora la terminación en **a** para estos grupos, pero la gente vacila en usar las formas femeninas de los sustantivos en **-ante** y de algunos sustantivos en **-ente**.

En el pasado, las formas femeninas de muchos oficios y profesiones se usaban para referirse a las esposas de los hombres que hacían esos oficios y profesiones. Varios personajes literarios pueden servir de ejemplo: la Molinera, protagonista de *El sombrero de tres picos* de Alarcón, la Regenta, personaje principal de la novela de Clarín del mismo nombre, la Zapatera en la farsa de García Lorca *La zapatera prodigiosa*. Hoy, el hecho de que tantas mujeres hayan entrado en nuevas profesiones y oficios, ha hecho que la Real Academia acepte las formas femeninas, y la gente dice: **la cartera, la médica, la boxeadora, la arquitecta, la abogada.** Hay cierta vacilación, sin embargo, en el caso de algunos nombres. Así, muchos prefieren decir todavía: **el, la albañil; el, la cónsul; el, la fiscal; el, la juez; el, la sastre; el, la árbitro; el, la piloto.**

APLICACIÓN*

A *Diga cómo se llama una persona que . . .*

1. compone música
2. traduce
3. vende propiedades inmuebles
4. hace mapas
5. representa a su país en el extranjero
6. es un médico especialista en operar a la gente
7. hace dulces y postres
8. pronuncia discursos
9. vende entradas para el cine
10. examina la vista y decide qué lentes necesita una persona

B *Explique lo que hacen.*

1. un alfarero
2. una tenedora de libros
3. una corredora de bolsa
4. un cerrajero
5. un ebanista
6. una fumigadora
7. un traficante
8. un talabartero
9. un predicador
10. un practicante
11. una masajista

C *¿Cómo se llama la persona que arregla . . .?*

1. tapicería
2. pelo
3. zapatos
4. relojes

D *¿Qué nombre damos a quien reparte . . .?*

1. mensajes
2. leche

E *¿Qué cuida . . .?*

1. un carcelero
2. un vaquero
3. una jardinera
4. una portera
5. un ujier

---

*No todas las palabras necesarias para contestar estos ejercicios aparecen en las listas anteriores. Si Ud. no conoce algunas de ellas, puede encontrarlas en el glosario o en un diccionario.

F *Explique, oralmente o por escrito, los siguientes puntos.*

1. Cómo será un día típico de la presentadora de un programa de televisión.
2. Qué satisfacciones y qué problemas tiene un cantante de moda.
3. Las dificultades de una mujer policía.
4. El trabajo de una consejera universitaria.
5. El control que los modistos tienen sobre la gente.
6. Las responsabilidades de un enfermero y una farmacéutica.
7. El tipo de persona que utiliza los servicios de un guardaespaldas.
8. Por qué los oficios de bordadora y tejedor tienen hoy mucha menos importancia que en el pasado.
9. Los trabajos que le gustaría más (menos) hacer y por qué.

PROBLEMA LÉXICO

Different Meanings of *To Move*

1. *To move* (*to change the place or position of something*) is a transitive verb and is **mover**.

El viento mueve las hojas de los árboles.	*The wind moves the leaves on the trees.*
Empujé el armario, pero era tan pesado que no pude moverlo.	*I pushed the cabinet but it was so heavy that I couldn't move it.*

2. As an intransitive verb, *to move* is **moverse**.

— ¡No se mueva o disparo!— dijo el asaltante.	*"Don't move or I'll shoot!" said the assailant.*

To *move away* is **alejarse (de)** and *to move closer* is **acercarse (a)**.

No te oigo bien, ¿quieres acercarte?	*I don't hear you well. Will you move closer?*

3. *To move on* in the sense of *to advance* or *to make progress* is **avanzar**.

El soldado siguió avanzando a pesar de estar herido.	*The soldier continued moving on in spite of being wounded.*

4. *To move* in the sense of *to move in* is **mudarse**. *To change one's residence* is **mudarse (de)... (a)**.

Anita va a mudarse con nosotras.	*Anita is going to move in with us.*

Nos hemos mudado de la Tercera Avenida a la Calle Treinta y dos.	*We have moved from Third Avenue to Thirty-second Street.*

Mudarse (de) also means *to change clothes.*

Tengo que mudarme de ropa porque esta noche voy a una fiesta.	*I have to change clothes because I am going to a party tonight.*

5. *To move* in the sense of *to affect emotionally* is **conmover**. For the more specific expressions *to move to anger, to tears*, etc., Spanish generally uses **hacer** + infinitive.

Su triste historia me conmovió profundamente.	*His sad story moved me deeply.*
Las tontas palabras de la mujer me hicieron enojar.	*The woman's silly words moved me to anger.*
La película era tan triste que hizo llorar a todos.	*The movie was so sad that it moved everybody to tears.*

6. *A move* in a game, gambling, etc., is **una jugada** and *to move* in such cases is **jugar**.

Ud. juega ahora, le toca a Ud.	*You move now, it is your turn.*
Él ganó mucho dinero gracias a una hábil jugada en la bolsa.	*He made a lot of money thanks to a smart move in the stock market.*

7. *On the move* is **en movimiento**.

Carmen es una mujer muy activa, siempre está en movimiento.	*Carmen is a very active woman, she is always on the move.*

APLICACIÓN

A *Complete con un equivalente de* to move *o uno de los modismos relacionados con este verbo.*

1. Estás muy alejada. _____ tu silla hacia nosotros.
2. Generalmente los hispanos _____ mucho las manos cuando hablan.
3. A mi tío le encanta viajar. Siempre está en _____.
4. Muchos jugadores de ajedrez tardan horas en hacer _____.
5. La situación de esa pobre familia nos _____ mucho.
6. Vimos una figura que _____ en la oscuridad.
7. _____ la cabeza de arriba a abajo es como decir "sí".
8. En toda su vida se ha _____ casa solamente tres veces.

9. Hemos avanzado mucho en los últimos años. Somos un país en
_____.

10. Ella es tímida y si la humillas la _____ llorar.

11. No _____ Ud. Tiene una serpiente junto al pie derecho.

12. Si piensa Ud. _____, informe al correo con anticipación.

13. El niño _____ los labios, pero no pudo hablar.

14. La nueva vecina que _____ a la casa de enfrente es muy bonita.

15. La _____ que acabas de hacer es mala y perderás el juego.

B *Haga una oración con cada uno de estos verbos:* **mover, moverse, mudarse**.

TRADUCCIÓN

Blasco Ibáñez, who always felt great love for his native land, depicts the landscape and life of Valencia in his novels and short stories. Last summer, for the first time, we traveled in this region that we knew so well through Blasco's works.

We left for Valencia early in June and stayed there for two weeks. We liked it so much that we wouldn't mind moving there.

Agriculture is very important to Valencia. Because of its benign climate, the region has an extensive cultivated area called **la huerta**. We went to **la huerta** to see the typical farmers' cottages called **barracas** with their whitewashed mud walls standing out amidst the green landscape. Orange groves were a real feast for the eyes.

Orange and rice crops are essential to the economy of the region.

Las *fallas* son una fiesta valenciana famosa en todo el mundo. Enormes figuras de cartón, generalmente inspiradas en temas de actualidad, se construyen para ser quemadas el 19 de marzo, festividad de San José. Esta copia de la Estatua de la Libertad se hizo especialmente para una de las fallas.

Unfortunately, there isn't enough water for so many farmers and that's why every Thursday morning they meet by the door of the cathedral to present their irrigation disputes before the Water Tribunal.

Of course, the first thing we did was to eat **paella**, the regional dish now famous all over the world. To make a good *paella* one needs rice, several types of seafood, and sometimes chicken. But, in spite of so many ingredients, one doesn't have to pay a lot of money for a good *paella* at a Valencian restaurant.

The region is also famous for its handicrafts. I feel great admiration for Valencian artisans. Their pottery and tiles have been famous for centuries. Today, the Lladró figurines made by these artisans are cherished by collectors for their fine lines and delicate colors.

TEMAS PARA COMPOSICIÓN

Use en su composición **por** *y* **para** *el mayor número posible de veces.*

1.   Imite la traducción y describa una región que visitó alguna vez. Puede también usar algunos folletos de viaje y referirse a un lugar de España o Hispanoamérica que le gustaría visitar.

2.   Haga un resumen del cuento "La paella del roder".

3.   Instrucciones para preparar una buena paella. Si no sabe la receta de paella, escriba sobre algunos platos que conozca, preferiblemente de la cocina española o hispanoamericana.

4.   Escriba una narración sobre un hombre importante que decide eliminar a uno de sus secuaces porque éste se ha convertido en una amenaza. La narración puede referirse a un político deshonesto, a un pandillero, a un hombre de negocios que no es honrado, etc., y puede suceder en cualquier lugar, incluyendo los Estados Unidos.

5.   Blasco Ibáñez y su obra. Busque información sobre este autor y comente sus novelas y cuentos, su estilo, y el lugar que ocupa en la literatura regionalista española.

CAPÍTULO 9

LECTURA

Este cuento de Lupita Lago, una escritora cubana contemporánea, expone la crueldad, tal vez inconsciente, a que pueden llegar algunos seres de inteligencia limitada.

Tedy

Era un perrito joven, pero a las claras se veía que su pequeñez no era solamente producto de su corta edad. — Los perros de raza fina se conocen porque de cachorros tienen las patas muy gordas — me había dicho mi abuelo. Y este cachorro no dejaba dudas de que era sato,[1] por las patas delgadas y el cuerpecillo endeble,[2] que temblaba lastimosamente al menor susto. Le pusimos[3] Tedy. Se me ha olvidado completamente de dónde vino. Debió de habérnoslo regalado alguien, porque cuando yo era niña nadie compraba animales domésticos ni plantas. Hubiera sido absurdo pagar por ellos: los amigos eran fuente inagotable[4] de plantas, perros y gatos.

Tedy era experto en encontrar entretenimientos. Le fascinaba perseguir mariposas, contemplar arrobado[5] los moscones[6] de alas tornasoladas[7] que zumbaban en el bochorno espeso[8] de la tarde, jugar al juego interminable de convertirse en trompo[9] viviente tratando de capturar su propio rabo.

— No nos conviene tener este tipo de perro — dijo mi madre desde un principio — Princesa es mansa,[10] pero es muy grande, y su ladrido[11] profundo

---

[1](Cuba) de raza indefinida
[2]débil, delgado
[3]lo nombramos
[4]*inexhaustible source*
[5]fascinado
[6]moscas grandes

[7]iridiscentes
[8]**buchorno**...calor
[9]*top (toy)*
[10]amistosa
[11]sonido que hacen los perros al ladrar

El cariño recíproco de un niño por su perro fue el tema de inspiración de este cuadro de Murillo, famoso pintor español del siglo XVII.

puede asustar a cualquier intruso. Pero a éste, ¿quién va a tenerle miedo? — Princesa era una gran danesa negra. También nos la había regalado alguien. No se usaba tampoco cuando yo era niña, la poda[12] cruel de orejas y rabos que es hoy ritual obligado para algunas clases de perros. Por eso Princesa, aunque era una gran danesa de rancia estirpe,[13] no lo parecía: en vez de las orejitas artificialmente puntiagudas de los perros modernos, tenía dos apéndices largos y caídos que hacían juego[14] con sus ojos lagañosos[15] para darle un aspecto de lo más aburrido.

Tenía mi madre un sentido sumamente utilitario de la vida. Le disgustaba que hubiese en casa cualquier cosa inútil, ya fuese animal, objeto o persona. Y un perrillo como Tedy era a las claras un trasto.[16] Por eso un día —esto lo supe después— mi madre le pidió a Gerardo que se deshiciese de Tedy. Gerardo era un peón desmañado,[17] rayando en[18] retrasado mental, que a mí me caía muy antipático. —Cuando dije "deshacerse"-nos explicó luego ella apenada[19]—, no me pasó por la mente nada malo, simplemente quería que le encontrase otros amos.

El hecho es que Tedy desapareció un buen día. Era viernes. A mi hermano Beto y a mí nos extrañó no ver a nuestro lado su hociquito[20] húmedo cuando bajamos de la guagua[21] al volver del colegio, pero pensamos que estaría entretenido persiguiendo algún insecto. La alarma surgió cuando llegó la noche.

---

[12]*cropping*
[13]**rancia**...linaje aristocrático
[14]**hacían**...combinaban
[15]*bleary*

[16]objeto inservible
[17]torpe, sin habilidad
[18]casi

[19]con pena
[20]*small nose*
[21](Cuba y Caribe) autobús

Al día siguiente, lo buscamos por todas partes, pero fue inútil.

Pasó el sábado y amaneció[22] un domingo radiante. Ese día teníamos invitados. A mi madre le encantaba que hubiese gente a comer, porque esto le daba ocasión de sacar el mantel bordado de hilo, las copas finas y los cubiertos de plata. —En una mesa así, se siente uno persona— decía siempre. Mi padre no comentaba nada, pero asentía complacido.

No he explicado aún que no vivíamos en la ciudad, sino en las afueras,[23] en una de esas llamadas "quintas de recreo".[24] Claro que, tratándose de mi madre, el recreo no era tal, y en nuestro terreno había más tomates y lechugas que rosas, y se criaba multitud de gallinas para no tener que comprar huevos ni pollos. El resto del terreno lo compartían un naranjal y una arboleda de mangos que era la envidia de la comarca.[25] No llegaban a nuestra quinta los servicios del acueducto,[26] a pesar de que estaba a sólo siete kilómetros del pueblo. Cuando mi padre la compró, había un pozo exiguo en el centro del mangal,[27] pero él decidió que nos hacía falta agua de la mejor calidad, y tras hacer excavar un pozo artesiano un poco más allá, mandó cegar[28] con escombros[29] el pozo viejo. De éste, quedó sólo un hoyo semiseco, relleno hasta más de la mitad con hojarasca[30] y cascajo.[31]

A nuestros invitados de aquel día les gustaban los mangos, y cuando ya se iban, mi padre les ofreció algunos. —Beto y Lupita irán a cogérselos, ellos saben tirar los mejores— les dijo. Beto tendría unos once años por aquel entonces, y yo dos menos.

Armados de un palo largo con un gancho en la punta y una jaba de yagua,[32] nos fuimos al mangal. Habíamos cogido cuatro o cinco mangos, cuando un gemido apagado[33] llegó a mis oídos. —¿Qué es eso?— exclamé sobresaltada. Como un eco de mi voz, el gemido se repitió, esta vez más audible y lastimero. —¡Quieta, déjame escuchar!— ordenó Beto, a quien no se le escapaba ocasión para hacer valer su mayorazgo.[34] Y después de concentrarse escuchando los gemidos, dictaminó[35] con voz de perito:[36] —¡Viene del pozo seco!— En el centro del pozo, semihundido en la mezcla pantanosa[37] de hojarasca y piedras, había un latón abollado y herrumbroso.[38] La tapa no encajaba[39] bien, pero estaba asegurada con un alambre. Beto bajó con certero tino[40] la vara de tumbar mangos[41] y enganchó el alambre. Le costó

---

[22]*dawned*
[23]alrededores de una ciudad
[24]pequeñas fincas cerca de una ciudad, con casa para los dueños
[25]región
[26]servicio público de agua de una ciudad
[27]lugar con muchos mangos
[28]cerrar
[29]lo que queda de una casa o edificio derrumbado
[30]hojas secas
[31]escombros

[32]**jaba**...bolsa que se hace tejiendo la corteza de las palmas
[33]*muffled moan*
[34]**hacer**...ejercer sus derechos de hermano mayor
[35]dio su opinión
[36]experto
[37]fangosa, con lodo
[38]**latón**...*rusty and dented drum*
[39]ajustaba
[40]**certero**...destreza
[41]**la**...palo largo para tirar al suelo los mangos

un poco de trabajo, pero por fin pudo subir el latón. El gemido era ahora un aullido[42] que taladraba los tímpanos.[43]

Cuando logramos romper el alambre, Tedy saltó, como saltan esos muñecos de las cajas metálicas de juguete mientras se toca la música con una manigueta.[44] El cuerpecillo blanco y café parecía aún más frágil, y temblaba con una mezcla extraña de alegría y pavor.[45] Beto lo acarició con sus manos gordezuelas[46] y rudas, hechas a[47] cazar lagartijas[48] y a manejar el tirapiedras.[49] Tenía un brillo de lágrimas en los ojos, de costumbre burlones. —A este sinvergüenza le hace falta un buen baño—dijo mientras lo alzaba como un trofeo—. El latón es viejo y él está todo lleno de óxido.[50]

Han pasado muchos años de este episodio de mi niñez. Pero cuando oigo que a las personas malvadas las llaman "animales" y "perros", veo los ojitos húmedos de Tedy brillar en la oscuridad del latón cerrado.

Cuba tiene paisajes muy hermosos. En este valle de la provincia de Pinar del Río se ven muchas palmas y también las casas típicas de los campesinos, llamadas *bohíos*.

COMPRENSIÓN

1. ¿Por qué se podía saber que Tedy no era un perro de raza fina?
2. ¿Por qué es probable que alguien hubiera regalado a Tedy?

---

[42]sonido agudo que hacen los perros
[43]**taladraba**. . .atravesaba la parte interna del oído
[44]*crank*
[45]miedo grande
[46]un poco gordas

[47]acostumbradas a
[48]*lizards*
[49]artefacto que usan los niños para tirar piedras
[50]*rust*

3. ¿Qué cosas le gustaban a Tedy?
4. ¿Qué actitud tenía la madre de los muchachos hacia el perro? ¿A qué se debía ésta?
5. ¿Cómo era el lugar donde vivían Lupita y su familia?
6. ¿Cómo se reflejaba en la quinta la actitud utilitaria de la madre?
7. ¿Qué pasó en el mangal?
8. ¿Qué efectos tuvo en el perrito su encierro de dos días en el latón?

OPINIONES

1. La personalidad de la madre. A base de los datos que se dan en el cuento, ¿qué opinión tiene Ud. de la madre? ¿Es malo ser demasiado práctico como ella? ¿Cree que hizo mal en darle esa orden al peón? ¿Cree Ud. que la protagonista culpa a su madre de lo que sucedió? ¿La culparía Ud.? Explique.
2. El hogar. ¿Qué tipo de hogar era éste? ¿Tenía uno de los esposos más control, o había equilibrio? ¿Le parece a Ud. demasiado borrosa la figura del padre?
3. Beto. ¿Cómo era este chico? ¿Qué sentimientos y actitud parece tener Lupita hacia su hermano? ¿Y él hacia ella?
4. La imagen más generalizada de la persona retardada mentalmente es la de un ser dulce e indefenso. Gerardo, sin embargo, parece no tener sentimientos. ¿Cree Ud. que hay alguna relación entre la falta de inteligencia y la crueldad? ¿Son menos crueles las personas más civilizadas o más inteligentes?
5. ¿Qué significa para Ud. el comentario que hay al final del cuento? ¿Está Ud. de acuerdo con él? Explique.

SECCIÓN GRAMATICAL

SPECIAL VERB CONSTRUCTIONS

Some Spanish verbs require a special construction in which the person affected is not the subject but the indirect object.

Me encanta este libro. *To me this book is delightful.*

In certain cases, there is an alternate structure in which the person affected is expressed as the subject (not the indirect object), but this alternative construction is much less frequent in Spanish than in English.

Estoy encantado con este libro. *I'm delighted with this book.*

Where the two constructions exist in English, they are generally used with equal frequency. For these reasons, in section 4 the alternative structures have been indicated for English but not for Spanish.

1.   The most frequently used of these verbs is **gustar**. In the case of **gustar**, one or more things are pleasing (or displeasing) to the person or persons. The verb, therefore, will always be in either the third person singular or the third person plural, as seen in the following chart.

SENTENCE STRUCTURE WITH GUSTAR			
Stressed Indirect Object Pronoun*	Indirect Object Pronoun	Verb (third person singular or third person plural)	The thing(s) that please(s)**
A mí	me		
A ti	te		
A él	le		
A ella	le		
A Ud.	le	**GUSTA**	ese disco.
A nosotros,-as	nos	**GUSTAN**	esos discos.
A vosotros,-as	os		
A ellos	les		
A ellas	les		
A Uds.	les		

A mucha gente le gustan las piñas pero no le gusta pelarlas.

Many people like pineapples but they don't like to peel (cut) them.

Although the table shows only the present tense, note that the same principles apply to all tenses.

A doña Hortensia le gustaban las flores blancas.

Doña Hortensia liked white flowers.

No creo que al peón le gustaría esa clase de trabajo.

I don't think the worker would like that kind of work.

---

*Necessary in the case of third persons for clarification. Used with the other persons for emphasis.
Do not use a person here. **Me gustas does not mean *I like you* but *I am attracted to you.* To tell a person that you like him/her, say: **Me cae Ud. (Me caes) bien,** or **Me cae Ud. (Me caes) simpático-a.**

2. Another common verb of this type is **doler** (*to hurt*).

Stressed Indirect Object Pronoun*	Indirect Object Pronoun	Verb (third person singular or third person plural)	The thing(s) that hurt(s)
A mí	me		
A ti	te		
A él	le		
A ella	le		
A Ud.	le	**DUELE**	la cabeza.
A nosotros,-as	nos	**DUELEN**	los pies.
A vosotros,-as	os		
A ellos	les		
A ellas	les		
A Uds.	les		

¿Dónde le duele?—preguntó el médico.

"Where does it hurt?" the doctor asked.

A mi hermano le dolían las muelas pero no quería ir al dentista.

My brother's teeth ached but he didn't want to go to the dentist.

3. This type of construction is also used with the verb **faltar** in the case of distances, time, amount, etc., to tell the distance one has to go to arrive at one's destination, the time left before a deadline, the amount or quantity needed to reach a certain limit or goal, etc. The English translation varies according to the context.

A mi coche le faltan 732 millas para tener 5,000.

The mileage on my car is 732 miles short of 5,000.

---

*Necessary in the case of third persons for clarification. Used with the other persons for emphasis.

A Juanito le falta una cuadra para llegar a su casa.

Juanito is a block away from his home.

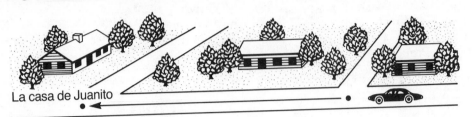

La casa de Juanito

Falta un cuarto de hora para las cuatro.

It's is a quarter to four.

A la botella le falta la mitad para estar llena.

The bottle is half full.

This construction can also mean *to lack* or *to be missing.*

A este libro le faltan seis páginas.

Six pages are missing in this book.

APLICACIÓN

A *Conteste usando oraciones completas.*

1. ¿Qué comidas te gustan más?
2. ¿Qué te gustaría hacer el próximo verano?
3. ¿Qué les gusta hacer a tus amigos?
4. ¿A cuál (cuáles) de tus amigos le(s) gusta(n) más. . .
    (a) . . .los gatos?   (b) . . .estudiar?   (c) . . .el dinero?

B *Reemplace las palabras en cursiva con las que están entre paréntesis, haciendo otros cambios si es necesario.*

1. Si haces demasiado ejercicio te dolerán *los pies*. (todo el cuerpo)
2. *A muchas personas* les duele la cabeza cuando tienen gripe. (yo)
3. *La soprano* prometió que cantaría aunque le doliera la garganta. (tú)
4. A Benito le dolía ayer *la herida*, pero ya no le duele. (los ojos)
5. *A mí* me duele el brazo derecho cuando lo muevo. (nosotros)
6. *Al pobre perrito* le dolía una de las patitas. (los perritos)
7. —No creo que *el diente* le duela más— me dijo el dentista. (las muelas)
8. ¡Qué mal me siento, me duelen *el pecho y la espalda*! (todo)
9. A *nosotros* nos duele llegar tarde a las citas. (mucha gente)
10. Al boxeador le dolía *la cara*. (las dos piernas)

C *Exprese las palabras en cursiva usando una construcción con el verbo* **faltar.**

   Eran las ocho menos diez cuando comencé a hacer mi tarea anoche. Entonces descubrí que *mi libro no tenía* las páginas que yo necesitaba leer. Decidí ir a casa de Carlos para pedirle su libro. Salí, pero no llegué a su casa. Cuando *estaba a dos o tres cuadras* recordé que Carlos había salido esa noche.

D *Traduzca.*

1. How many kilometers do we have to go to get to Madrid?
2. "Nobody likes insects." "I do."
3. Often one's ears hurt when one has a cold.
4. "Does your head ache?" "No, doctor, but I have a sore throat."
5. Few people like cold weather.
6. Would your friend like to come to my home tonight?
7. It is twenty minutes to seven. (Use **faltar**.)
8. I explained my idea to Mr. García but he didn't like it.
9. He likes coffee a lot but she doesn't.
10. My cat's leg hurts.

4. Other verbs and expressions that use the **gustar** construction.

1. **agradar(le) (a uno)**	*to like*
No me agrada que los desconocidos me traten de "tú".	*I don't like it when strangers use the* **tú** *form with me.*

2. **alcanzar(le) (a uno)**
   A mi prima no le alcanzó la
   soga para amarrar la caja.

   to have enough
   My cousin didn't have enough rope to
   tie the box.

3. **caer(le) bien (mal, etc.) (a uno)**

   La Sra. Jiménez me cae muy
   bien, pero su esposo me cae
   pesado.

   to create a good (bad) impression (on
   one), to like
   I like Mrs. Jiménez very much but I
   don't like her husband.

4. **convenir(le) (a uno)**
   A Ud. no le conviene cambiar
   de empleo ahora.

   to suit (one's) interests, to be good for
   It is not good for you to change
   positions now.

5. **costar(le) trabajo (a uno)**

   A Mauricio le cuesta mucho
   trabajo madrugar.

   to be hard (for one); to have a hard time
   + ing form
   It is very hard for Mauricio to get up
   early.
   Mauricio has a hard time getting up
   early.

6. **dar(le) lástima (a uno)**
   A los jóvenes les daba mucha
   lástima la viejecita.

   to feel sorry for
   The young men felt very sorry for the
   old woman.

7. **disgustar(le) (a uno)**
   Me disgustan las personas que
   no son sinceras.

   to dislike
   I dislike people who are not sincere.

8. **encantar(le) (a uno)**
   Puerto Rico me encanta.

   to delight, to charm; to be delighted with
   I am delighted with Puerto Rico. To me
   Puerto Rico is delightful (charming).

9. **extrañar(le) (a uno)**
   ¿No le extraña a Ud. que hoy
   haga tanto calor?

   to be surprised
   Aren't you surprised that it is so hot
   today?

10. **fascinar(le) (a uno)**

    A ella le fascinan esas
    pulseras.

    to delight, to charm, to fascinate; to be
    fascinated by
    Those bracelets delight her. She is
    fascinated by those bracelets.

11. **fastidiar(le) (a uno)**
    Me fastidia la actitud de ese
    vendedor.

    to bother (one); to be bothered by
    That salesman's attitude bothers me.
    I am bothered by that salesman's
    attitude.

12. **hacer(le) falta (a uno)**
    ¿Cree Ud. que a uno le hace
    falta dinero para ser feliz?

    to need, to be lacking, to miss
    Do you think that one needs money to
    be happy?

13. importar(le) (a uno)
A nosotros no nos importa
esperar, ¿le importa a Ud.?

to matter (to one); to mind
We don't mind waiting, do you?

14. interesar(le) (a uno)
Al profesor Quevedo le
interesan mucho las ruinas
egipcias.

to interest (one); to be interested in
Egyptian ruins interest Professor
Quevedo a great deal.
Professor Quevedo is very interested in
Egyptian ruins.

15. llamar(le) la atención (a uno)

Me llamó la atención el
vestido que ella llevaba.
El profesor le llamó la
atención al chico distraído.

to attract (one's) attention, to catch
(one's) eye; also: to reprimand
The dress she was wearing attracted my
attention.
The teacher reprimanded the distracted
child.

16. molestar(le) (a uno)
¿Les molesta a Uds. que fume?

to bother (one); to be bothered by
Does my smoking bother you?
Are you bothered by my smoking?

17. parecer(le) (a uno)
A Raúl no le pareció bien que
no lo llamaras.

to seem (to one)
Your not calling him didn't seem right
to Raúl.

18. preocupar(le) (a uno)
A los padres de Julián les
preocupaba su conducta.

to worry; to be worried by
Julian's behavior worried his parents.
Julian's parents were worried by his
behavior.

19. quedar(le) (a uno)
¿Cuánto dinero les queda a
Uds.?

to have left
How much money do you have left?

20. quedar(le) bien (mal) (grande,
pequeño)
A la clienta no le quedaba
bien la falda.
El rosado es el color que me
queda mejor.

to fit right (badly); to be (un)becoming;
to be too large (small) (for one)
The skirt didn't fit the customer right.

Pink is the most becoming color for me.

21. resultar(le) agradable
(desagradable, difícil,
doloroso, fácil, penoso, triste)
(a uno)
A algunos padres les resulta
difícil castigar a sus hijos.

to be (turn out to be) pleasant
(unpleasant, difficult, painful, easy,
distressing, sad) (for one)

It is difficult for some parents to punish
their children.

22. **sobrar(le) (a uno)**	*to have in excess, to have more than enough, to have left over*
Hicimos tan rápido el trabajo, que nos sobró el tiempo.	*We did the work so fast that we had more than enough time.*
23. **sorprender(le) (a uno)** **A Ernesto le sorprende que ella no haya venido.**	*to be surprised* *Ernesto is surprised that she hasn't come.*
24. **tocar(le) el turno (una rifa, la lotería) (a uno)** **—¿A quién le toca contestar ahora? —A mí.** **A la familia Solís le tocó el premio gordo.**	*to be (one's) turn; to win (a raffle, a lottery prize)* *"Whose turn it is to answer now?"* *"Mine."* *The Solís family won the grand prize in the lottery.*

5. The Idiom Poner(lo) (a uno)

Poner(lo) (a uno) + adj. = *to make* (*one* + adjective). Notice that the difference between this idiom and the **gustar** construction is the use of the direct object pronoun.

Esa canción siempre la pone triste.	*That song always makes her sad.*
A ese piloto lo pone muy nervioso el montar en avión.	*Flying makes that pilot very nervous.*

APLICACIÓN

A *Exprese de otra manera, usando los verbos que están entre paréntesis.*

SITUACIONES

1. La chica recibió una reprimenda del director del colegio (llamarle la atención) porque estaba fumando. Él le explicó que muchas personas no soportan el humo de los fumadores (molestarle). Le dijo además que era triste para él (resultarle) verla hacer algo que era malo para la salud y que opinaba (parecerle) que ella debía hacer un esfuerzo para abandonar ese vicio, aunque fuera difícil (costarle trabajo).

2. No me importa (molestarle) que toques el disco a todo volumen, porque considero muy agradable esa clase de música (encantarle), pero te advierto, que los nuevos vecinos detestan (disgustarle) la música ruidosa.

3. El domingo pensé que sería muy bueno comer paella (agradarle mucho). Conté mi dinero, y vi que tenía solamente diez dólares (quedarle). No tenía suficiente (alcanzarle) para comprar los ingredientes, necesitaba por lo menos quince dólares (hacerle falta). Decidí que era mejor que hiciera unas hamburguesas (convenirle). Fue una buena idea, porque, después de comprarlo todo, me quedé con un dólar (sobrarle).

4.   Mi amiga y yo esperamos mucho rato en la zapatería a que fuera nuestro turno (tocarle). Cuando el dependiente atendió a mi amiga, le trajo varios pares de zapatos, pero todos eran muy grandes o muy pequeños para ella (quedarle). Tuve una buena impresión del dependiente (caerle simpático), pero no creo que fuera muy experto en zapatos.

B   *Diga o nombre, usando los siguientes verbos con la construcción de* **gustar**.

1.   lo que les agrada hacer a sus amigos los fines de semana
2.   algo que les disgusta a sus padres y algo que les encanta
3.   algo que le resulta difícil a mucha gente
4.   lo que le gusta beber a Ud. cuando hace mucho calor
5.   la persona que le cae mejor (o peor) de todas las que conoce
6.   algo que le cuesta a Ud. trabajo
7.   una cosa que no le conviene a nadie hacer
8.   algo que le interesa mucho a su profesor
9.   lo que le hace más falta a su amigo
10. una cosa que le llamó la atención recientemente
11. la cantidad de dinero que le queda para el resto de la semana
12. la persona a quien le tocó contestar antes que a Ud.
13. lo que le alegraría a Ud. más
14. algunas cosas que le molestan a su madre

C   *Traduzca usando la construcción de* **gustar** *en los verbos.*

1.   Would you mind not smoking here? Smoke bothers me a lot.
2.   It seemed to us that he would be lacking money but he had more than enough.
3.   It was hard for Cinderella to put the slipper on since it was too small for her.
4.   We are delighted at your invitation and the time suits us.
5.   The episode turned out to be very painful for us.
6.   After winning first prize in the lottery she creates an excellent impression on almost every one.
7.   Máximo was surprised that the little boy had no shoes, and his wife felt very sorry.
8.   His father was very happy that he graduated so soon.

PRONOUN CONSTRUCTIONS

Special uses of the indirect object pronoun

In Spanish the indirect object pronoun often expresses for whose advantage or disadvantage the action is done. This is frequently expressed in English with prepositions like *on*, *at*, *for*, and *from*.

—¡No te me mueras! —gritó la mujer desesperada, sacudiendo al herido.

"Don't die on me!" yelled the woman, desperately shaking the wounded man.

Me reía porque Luisito me hacía muecas.

I was laughing because Luisito was making faces at me.

Las naranjas estaban baratas y le compré dos al chico.

The oranges were cheap and I bought two for (from) the boy.

Note that in the last example the Spanish indirect object renders the meaning of both *for* and *from*. The context will usually indicate the exact meaning.

This so-called "dative of interest" is commonly found with verbs that are used reflexively. The subject of the Spanish verb is often inanimate in this case, and the sentence conveys the idea of an accident or involuntary event. Observe the difference in meaning between **Perdí las llaves** and **Se me perdieron las llaves**. In the first sentence the speaker shows guilt for the loss of the keys, perhaps through some neglect on his/her part; in the second sentence, the loss of the keys is presented as something accidental: *The keys got lost on me.*

Other examples:

¡Qué día de mala suerte tuvo Lola! **Se le rompió** el auto y **se le hizo tarde** para ir a trabajar, porque **se le fue** el autobús. Además, **se le perdieron** cinco dólares. Por la noche, **se le quemó** la comida y **se le cayó** al piso una de sus copas finas.

What a unlucky day Lola had! Her car broke down on her, and it got too late for her to go to work because she missed the bus. Besides, she lost five dollars. In the evening, dinner got burnt on her and she dropped one of her fine wine glasses on the floor.

Note that although there is often a parallel construction in English, at other times there is no exact equivalent and the sentence is expressed differently: **A Joaquín se le olvidaron las entradas.** *Joaquín forgot the tickets (The tickets got forgotten to Joaquín.)*

Redundant use of the direct object pronoun

The noun direct object often precedes the verb in Spanish. In this case, a redundant direct object pronoun is used between the noun and the verb.

La carta la envié por correo, el paquete lo entregaré en persona.

I mailed the letter; I will deliver the package in person.

A María la vi ayer, a sus padres no los he visto en mucho tiempo.

I saw María yesterday; I haven't seen her parents in a long time.

Use of lo **with some verbs**

The neuter pronoun **lo** is used in Spanish as the direct object with the verbs **creer, decir, estar, parecer, preguntar, saber,** and **ser**. The **lo** refers to a previously stated idea. Note that no pronoun is used in English. The idea is sometimes rendered by *so*.

—¿Cree Ud. que ellos llegarán a tiempo al aeropuerto? —No, no lo creo.
"Do you think that they'll arrive on time at the airport?" "No, I don't think so."

—¿Quién le dio a Ud. esa noticia? —Lo siento, no puedo decirlo.
"Who gave you that piece of news?" "I am sorry, I can't tell."

Creíamos que González estaba casado, pero no lo está.
We thought that González was married, but he is not.

Mi novio no es mexicano, pero lo parece.
My sweetheart is not a Mexican but he looks like one.

—¿Cuánto cuesta el collar? —No lo sé, pero lo preguntaré.
"How much is the necklace?" "I don't know but I'll ask."

Este capítulo parece difícil, pero no lo es.
This chapter seems difficult but it is not (so).

The construction tener + article + part of the body or garment + adjective

This construction is the Spanish equivalent of the English possessive + part of the body or garment + *to be* + adjective.

La víctima tenía los ojos cerrados y la cara hinchada.
The victim's eyes were closed and his face was swollen.

Tienes los pantalones manchados.
Your pants are stained.

APLICACIÓN

A *Exprese que una o más personas reciben ventaja o desventaja por cada verbo en negrita.*

1. Le presté a Roberto mi grabadora y él la **rompió**. **Grité** mucho porque estaba furioso. Mi novia **había comprado** esa grabadora en Navidad.
2. Le dije a mi madre que **limpiaría** las ventanas. Ella lo **agradeció** mucho, y para **demostrarlo, horneó** un pastel de chocolate.
3. La goma se **desinfló** en una carretera solitaria. La noche se **venía** encima. Recordé que el gato **se había quedado** en el garaje. Afortunadamente, un hombre **se acercó** y ofreció **cambiar** la goma.

B *Cambie las oraciones para expresar que el carácter involuntario de la acción.*

MODELO   El pintor manchó el piso al pintar.
Al pintor se le manchó el piso al pintar.

1. La secretaria rompió la fotocopiadora.
2. La camarera derramó el jugo que llevaba en el vaso.
3. No puedo leer bien, porque olvidé mis lentes en casa.
4. En invierno los niños siempre pierden los guantes.
5. Ojalá que resolvamos pronto el problema que tenemos.
6. Haz la maleta con cuidado para no arrugar los trajes.
7. Cuando estaba terminando el dibujo, usé demasiada tinta y lo estropeé.
8. La mantequilla está líquida porque la derretisteis.
9. Había lodo en la calle y ensucié mis zapatos blancos.
10. Ya no me duele el pie porque me curé la herida.

C *Exprese de otra manera, anteponiendo el complemento directo al verbo.*

Alquilamos el **apartamento** hace quince días, pero nos mudamos el domingo. Es un apartamento muy bonito. Pintamos **las paredes** de azul, porque es el color favorito de mi esposa. Limpiamos **la alfombra** el viernes, ya que el sábado traían **los muebles**. Habíamos comprado **el refrigerador** en Caracas y estaba instalado hacía una semana.

D *Conteste usando **lo** en su respuesta.*

1. ¿Sabe Ud. cuáles de sus compañeros tienen beca?
2. ¿Cree Ud. que lloverá esta tarde?
3. ¿Es o era su abuelo una persona conservadora?
4. ¿Está casado,-a su profesor,-a?
5. ¿Está Ud. decidido en cuanto a la carrera que va a seguir?
6. En su último discurso, ¿dijo el Presidente que aumentaría los impuestos?
7. ¿Somos todos aquí norteamericanos?
8. ¿Parecemos todos norteamericanos?

E *Traduzca usando construcciones con el verbo **tener**.*

1. His hair was dirty but his hands were clean.
2. Your shirt is unbuttoned.
3. The soles of his shoes were worn out.
4. The little girl's face was thin and pale.
5. Their eyes were blue but their skin was dark.
6. My pants are wrinkled.

USES OF THE INDEFINITE ARTICLE

The indefinite article (**un, una, unos, unas**)* is used in Spanish much less than its counterpart in English, so most rules about its use really deal with cases in which the indefinite article is omitted in Spanish while it is used in English.

1.   The indefinite article is omitted in Spanish in the following cases:

a.   After the verb *to be* when referring to professions, trades, nationalities, ranks, and affiliations.

Su madre soñaba con que él fuese médico, pero él quería ser basurero.	*His mother dreamt of his being a doctor but he wanted to be a garbage collector.*
No sabía que la novia de Blas era argentina.	*I didn't know Blas' girlfriend was an Argentinian.*
La madre de Purita es católica, pero ella es budista.	*Purita's mother is a Catholic but she is a Buddhist.*

Note that in this type of classification the word following **ser** really functions as an adjective in Spanish. When this word is modified the classification becomes individualized and the indefinite article is used to nominalize it. **Ser médico**, **ser argentina**, and **ser católica** are general classifications; however, **ser un médico famoso**, **ser una argentina muy simpática**, and **ser una católica muy devota** refer to personal characteristics of the individual that make him or her stand out from the rest of the group.

The indefinite article can also be added for emphasis even when the noun is not modified. This happens mostly in exclamations.

¡Es un varón!	*It's a boy!*
¡Juanita es una actriz!	*Juanita is (quite) an actress!*

But:

No sé si el bebé es varón o hembra.	*I don't know whether the baby is a boy or a girl.*

---

*The definite article **la** becomes **el** before feminine nouns beginning with stressed **a** or **ha**. Popular usage has extended this rule to the indefinite article: **un asa**, **un hacha**, but **una habitación**.

Juanita es actriz.	*Juanita is an actress.*

b.   Before **otro,-a** (*another*), **cien**, **ciento** (*a hundred*), **mil** (*a thousand*), **cierto,-a** (*a certain*); after **medio,-a** (*half a*) and **tal** (*such a*). The indefinite article is also omitted in the expression: **¡Qué** + noun + **tan (más)** + adjective!** (*What a* + adjective + noun!*)

¡Tenía tal apetito! Se comió media libra de pan y más de cien cerezas.	*He had such an appetite! He ate half a pound of bread and more than a hundred cherries.*
Cierta persona me dijo que Ramírez tuvo otro ataque recientemente.	*A certain person told me that Ramírez had another attack recently.*
Te he explicado esto mil veces y no quiero explicarlo otra vez.	*I have explained this to you a thousand times and I don't want to explain it again (another time).*
¡Qué día tan (más) hermoso!	*What a beautiful day!*
¡Qué situación tan (más) embarazosa!	*What an embarrassing situation!*

Exception: **Un(a) tal**, before a proper name, means *one, a certain, a person by the name of*. **Un(a) cierto(a)** can also be used with a similar meaning, but it is less common.

Una tal Dolores Cisneros reclamó la herencia.	*Some woman by the name of Dolores Cisneros claimed the inheritance.*

c.   After the verbs **tener**, **poseer**, **llevar**, and **usar**. Also after the prepositions **con** and **sin**.

El hombre llegó al hotel sin reservación. Tenía fiebre y también tenía dolor de estómago. Aunque era invierno, no llevaba abrigo. Había venido a pie, porque no tenía carro y no había podido conseguir (un) taxi. ¡Qué caso más triste!	*The man arrived at the hotel without a reservation. He had a fever and he also had a stomach ache. Although it was winter, he was not wearing a coat. He had come on foot, because he didn't have a car and he hadn't been able to get a taxi. What a sad case!*
Pocas personas usan dedal cuando cosen.	*Few people use a thimble when they sew.*

However since **uno**, **una** also has a numerical meaning (*one*), the article is retained when the concept of number is emphasized.

¡Tantas cuentas que pagar, y yo sin un centavo!	*So many bills to pay and I don't have a (single) cent!*
Cuando tengo mucho frío no llevo un suéter, sino dos.	*When I am very cold I don't wear one sweater but two.*

2.   The plural forms **unos**, **unas** are equivalents of *some* when *some* expresses quantity or degree, or when it means *a number of*, *a few*, or *about*.

Vivimos unos años en aquel edificio.	*We lived in that building for some (a number of) years.*
Tengo unos pesos que puedo prestarte.	*I have some (a few) dollars that I can lend you.*
Unos diez estudiantes presenciaron el accidente.	*Some (About) ten students witnessed the accident.*

3.   **Unos, unas** often equals *a pair*.

unas piernas perfectas	*a perfect pair of legs*
unos brazos fuertes	*a strong pair of arms*
unos ojos preciosos	*a beautiful pair of eyes*
unos zapatos nuevos	*a new pair of shoes*
unas medias rotas	*a torn pair of stockings*
unos labios besables	*a pair of kissable lips*
unas manos hábiles	*a pair of capable hands*
unas tijeras	*a pair of scissors*
unos alicates	*a pair of pliers*
unas tenazas	*a pair of tongs*
unos espejuelos (lentes), unas gafas	*a pair of eyeglasses*
unos pantalones	*a pair of pants*

APLICACIÓN
Complete con el artículo indefinido, si es necesario.

1.   ¡Qué _____ sorpresa! León salió de su pueblo sin _____ peso y regresó convertido en _____ millonario. Parece _____ cuento de hadas.

2.   En _____ ocasión, hicimos _____ excursión al campo. Era _____ viernes. Íbamos en _____ autobús, porque no tenemos _____ coche. Durante el viaje, Juan se bebió él solo medio _____ litro de vino. ¡Es _____ borracho!

3. _____ tal Guzmán vino a verte ayer. Dijo que era _____ corredor de bolsa. No recuerdo su nombre de pila, pero lo reconocería si lo viera _____ otra vez. Tenía _____ barba, pero no tenía _____ bigote. Llevaba _____ chaqueta elegante, pero no llevaba _____ corbata. Tengo _____ cierta sospecha de que no dijo la verdad sobre su profesión.

4. El novio de Violeta es _____ soldado y siempre lleva _____ uniforme cuando sale con ella. Pero ayer tuvo que usar _____ pantalones míos porque se le mojó el uniforme. Estaba lloviendo y él salió sin _____ paraguas. ¡Qué _____ tonto!

5. ¡Qué _____ día tuve ayer! Cuando intenté abrir la puerta del dormitorio, descubrí que no tenía _____ llave. Tampoco llevaba _____ identificación. Llamé a _____ policía, pero él no creyó que yo era _____ estudiante, aunque soy _____ conocido líder estudiantil. ¡Jamás me había pasado tal _____ cosa! Finalmente, resolví el problema cuando _____ otro estudiante que es mi amigo me identificó.

6. ¿Te acuerdas de Rosa, aquella vecina nuestra que tenía _____ piernas preciosas y _____ ojos muy expresivos? Me dijeron que está comprometida con _____ tal Jesús, que es _____ venezolano. Yo no sabía que Rosa tenía _____ novio, porque no lleva _____ anillo. Pero parece que aunque Jesús es _____ buen joyero, no ha podido conseguir trabajo y no tiene _____ peso. Por eso no ha podido darle _____ anillo a Rosa.

ANÁLISIS DE LA LECTURA

A *Observe las oraciones que usan la construcción de* **gustar**.

1. Le fascinaba perseguir mariposas...
2. No nos conviene tener este tipo de perro...
3. Le disgustaba que hubiese en casa cualquier cosa inútil...
4. ...que a mí me caía muy antipático.
5. A mi hermano Beto y a mí nos extrañó no ver a nuestro lado su hociquito...
6. A mi madre le encantaba que hubiera gente a comer...
7. ...nos hacía falta agua de mejor calidad...
8. Le costó un poco de trabajo, pero por fin pudo subir el latón.
9. A este sinvergüenza le hace falta un buen baño...

Fíjese en que las oraciones 3 y 6 tienen un segundo verbo en el subjuntivo. La mayoría de los verbos que usan la construcción de **gustar** requieren el subjuntivo cuando van seguidos de una cláusula, porque caen dentro de la categoría de los verbos de emoción.

B *Exprese de otra manera las oraciones anteriores.*

C *Explique la construcción de la oración:* **A quien no se le escapaba ocasión de hacer valer su mayorazgo.**

D *Traduzca y explique el uso de* **lo** *en la frase:* **Aunque era una gran danesa de rancia estirpe, no lo parecía.**

E *Traduzca al inglés:* **Tenía un brillo de lágrimas en los ojos, de costumbre burlones.**

F *Explique la oración:* **Beto y Lupita irán a cogérselos.**

G *Explique las diferencias que hay entre* **A las personas malvadas las llaman "animales" y "perros"** *y la oración equivalente en inglés.*

H *En la Lectura se encuentran las siguientes palabras relacionadas con sonidos:* **aullido, gemido, ladrido.** *Muchos nombres de sonidos se forman con el sufijo* **-ido.** *Valiéndose de un diccionario encuentre seis más.*

I *Las palabras* **naranjal** *y* **mangal** *son nombres colectivos de árboles. Esta clase de palabras se estudió en el capítulo 2. ¿Cuántas recuerda Ud.? Haga oraciones con cinco de ellas.*

J *Explique la omisión del artículo indefinido en los siguientes casos.*

1. . . .cuando yo era niña. . .
2. Tedy era experto en encontrar entretenimientos.
3. . . .cualquier cosa inútil, ya fuese animal, objeto o persona.

K *Explique el uso del artículo indefinido en los siguientes casos.*

1. Princesa era una gran danesa negra.
2. Gerardo era un peón desmañado. . .
3. Beto tendría unos once años por aquel entonces. . .

SECCIÓN LÉXICA

REPASO
Exprese de otra manera las palabras en cursiva.

1. *Estoy muy triste* por el terremoto que hubo en esa *región.* Hay todavía víctimas entre *las ruinas.* Da *mucho miedo* pensar que, según *han opinado* los *expertos* en sismos, éste puede repetirse.

2. El marqués de Tarascón, que vivía en una *pequeña finca* en *los alrededores* de Madrid, se jactaba de su *linaje aristocrático.* Era un hombre enfermizo, de cuerpo *débil y delgado,* y su figura física *combinaba* con su espíritu, porque era un verdadero *ser inservible, acostumbrado al ocio, casi* tonto.

3. El chiquillo, que venía de un país sin otoño, contemplaba *fascinado* la gama de colores de *las hojas secas.*

4.   Ayer compramos *una lata grande* de galletas, pero la tapa no *ajusta* bien y las galletas se estropearán.

AMPLIACIÓN

El vocabulario español cuenta con buen número de palabras compuestas que se forman de diferentes modos.

A   En la Lectura aparece la palabra *tirapiedras*. Como ella, las voces que siguen están formadas por la suma de una raíz verbal (tercera persona singular del presente) y un sustantivo. Obsérvese que todos estos nombres son del género masculino, excepto cuando se refieren a una mujer.

abrelatas	*can opener*
cuentagotas	*(medicine) dropper*
guardafangos	*fender (of car)*
lavamanos	*washbasin, washstand*
lavaplatos	*dishwasher*
matasanos	*quack doctor*
matasellos	*postmark, cancel (of stamps)*
paraguas	*umbrella*
parabrisas	*windshield*
paracaídas	*parachute*
pasamano(s)	*handrail, banister*
picaflor	*hummingbird, playboy*
picamaderos	*woodpecker*
portamonedas	*purse, pocketbook*
quitamanchas	*spot remover*
quitasol	*sunshade, parasol*
rascacielos	*skyscraper*
sacacorchos	*corkscrew*
salvavidas	*life preserver, lifeguard*
tocadiscos	*record player*

APLICACIÓN

1.   Invente 10 preguntas cuyas respuestas requieran el uso de 10 de las palabras de la lista anterior.
2.   ¿Qué significan en inglés las siguientes palabras, formadas exactamente como las anteriores: **abrecartas, cortaúñas, cortacésped, cuentamillas, lavacristales, lavacoches, parachoques, portaequipajes, quitanieves, quitaesmalte**? Use cada palabra en una frase original.
3.   Busque 5 palabras de este tipo en el diccionario y defínalas en español.

B   Otras palabras compuestas se forman por otros procedimientos:

preposición + nombre, nombre + nombre, verbo + verbo, etc.

la **sinrazón** (sin + razón)	*injustice*
el **quehacer** (que + hacer)	*chore*
la **compraventa** (compra + venta)	*transaction, buying and selling*
el, la **correve(i)dile** (corre + ve y + dile)	*gossip, mischief-maker*
el **ciempiés** (cien + pies)	*centipede*
el **hazmerreír** (hazme + reír)	*laughingstock*
el **entreacto** (entre + acto)	*intermission*
el, la **sabelotodo** (sabe + lo + todo)	*know-it-all*
la **bocacalle** (boca + calle)	*intersection*
la **enhorabuena** (en + hora + buena)	*congratulation*

APLICACIÓN

1. Invente 5 preguntas cuyas respuestas requieran el uso de 5 de las palabras de la lista anterior.
2. ¿Qué significan en inglés los siguientes sustantivos compuestos: **sinvergüenza, sinhueso, autopista, altavoz, tiovivo, aguanieve, vanagloria, gentilhombre, balonmano, francotirador**? Use cada palabra en una frase original.
3. Busque 5 palabras de este tipo en el diccionario y defínalas en español.

PROBLEMA LÉXICO

Different Meanings of Top

1.	*top (a toy)*	el **trompo**
2.	*top: big top (circus tent)*	la **carpa**
3.	*top (of a box, can, etc.)*	la **tapa**
4.	*top (of a car)*	el **techo**, la **capota** *(in a convertible)*
5.	*top (of a mountain)*	la **cima**, la **cumbre**
6.	*top (of a page)*	la **parte superior**, la **parte de arriba**
7.	*top (of a tree)*	la **copa**
8.	*top (as in top drawer)*	la **gaveta** (el **cajón**) **de arriba**
9.	*top hat*	el **sombrero de copa**
10.	*top salary*	el **sueldo más alto**
11.	*top secret*	**muy confidencial**, **secreto de estado** *(government)*
12.	*full to the top*	**lleno hasta arriba**
13.	*on top of (location)*	**encima de**, **sobre**
14.	*on top (with victory or success)*	**victorioso**
15.	*to be at the top (highest place)*	**ser el primero**
16.	*to be the top (the best or most important)*	**ser el mejor**

17. *from top to bottom*   **de arriba a abajo**

Dejé la tapa de la caja encima de la mesa.	*I left the top of the box on top of the table.*
El auto del techo rojo que está junto a la carpa es el mío.	*The car with the red top that is next to the circus big top is mine.*
Desde la cima de la montaña podíamos ver la copa de los árboles.	*From the top of the mountain we could see the tree tops.*
Rita es la primera de la clase.	*Rita is at the top of the class.*
Este cirujano es el mejor en su especialidad.	*This surgeon is the top in his field.*
Nuestro equipo quedó victorioso en la competencia.	*Our team finished on top in the competition.*
La gente que vive encima de mí hace mucho ruido.	*The people who live on top of me make a lot of noise.*
El médico me revisó de pies a cabeza (de arriba a abajo).	*The doctor checked me over from top to bottom.*

APLICACIÓN

A *Conteste, incluyendo en su respuesta un equivalente de* top.

1. ¿Ha ganado su equipo favorito una competencia alguna vez?
2. ¿En qué parte de la página aparece el título del capítulo?
3. ¿Dónde fabrican su nido los pájaros?
4. Cuando la policía captura a un delincuente, ¿lo registra bien?
5. ¿Cómo se sabe cuando hay un circo en un pueblo?
6. ¿Dónde están los ceniceros en la sala de tu casa?
7. ¿Cuándo se usa sombrero de copa?
8. ¿Qué guardas en la gaveta de arriba de tu cómoda?
9. ¿En qué parte de una lata se pone el precio?
10. Cuando tienes bastante dinero y vas a echar gasolina, ¿qué le dices al empleado de la gasolinera?
11. ¿Has sido alguna vez el primero de la clase?
12. Si una casa tiene dos pisos, ¿dónde están generalmente los dormitorios?

B *Complete de manera original, usando un equivalente de* top.

1. La montaña tiene nieve...
2. La botella no está vacía, al contrario...
3. A diferencia de un auto de tipo sedán, un convertible tiene...
4. Un juguete favorito de muchos niños...
5. Mi profesor,-a de español es...

6. No boto las cajas de detergente, porque a veces hay concursos que requieren que se envíen...
7. El gobierno considera los asuntos relacionados con el programa espacial...
8. Cuando se lleva poco tiempo trabajando en una compañía, no se puede ganar...

C *Traduzca.*

Jimmy is the top top spinner (**bailador**) in our neighborhood. He has spun (**bailar**) his top on the top of a can, on the top of his father's car, on top of a chair, and even on a top hat, and has always ended on top in any competition.

TRADUCCIÓN

In my house we don't have a dog; instead, we have two cats because my mother thinks that a house without a cat is not a home. My house is very large and we have more than enough space, (*no use* **suficiente**) but dogs are not to the liking of my sisters or my father (*no use* **gustar**).

I, however, dislike cats; they are foolish animals that climb to the tops of trees and then don't know how to get down. I want to be a veterinarian and to specialize in canines, because dogs delight me. When I was a child, the program "Lassie" fascinated me. What an intelligent dog! Also I liked to see old Rin-Tin-Tin movies. However, these programs didn't attract my sisters; (*no use* **atraer**); they preferred certain cartoons about a cat that always wore a top hat. But it seems to me that, deep down, it bothered them that there were no heroic cats on television.

There was a time when I was a little afraid of dogs; it was when I read in secondary school about Cerberus, the mythological dog with three heads and from whose neck snakes emerged. That negative image stuck in my mind until I read another old tale that impressed me more; the one about Argus, Ulysses' dog. It made me sad to learn that Argus waited for more than twenty years while his master was away on a journey and that the poor dog died of joy when he saw Ulysses again.

It seems to me that the most interesting characteristic of dogs is that they adapt to every climate. For example, huskies, which pull sleds in the snow, as well as St. Bernards, which climb to the tops of mountains, have very abundant hair because they need it (*no use* **necesitar**), to protect themselves from the cold. There are dogs for every taste, from the large Great Dane to the tiny Chihuahua. If one is interested in hunting, one should get a bloodhound; if one is charmed by elegance, one will buy an Afghan or an English greyhound. For those who live in a city of skyscrapers, a Pekinese or other small dog is appropriate (*no use* **apropiado**). To me, what is attractive is an animal that will love me and defend me, so the dog that I would like to have would be a German shepherd. Even though some think dogs of this breed are not affectionate, they really are.

I have tried to influence my parents and my sisters but, unfortunately, it has proved impossible to impose my taste on them. A friend told me that perhaps their attitude will change, but I don't think so. Nevertheless, I should say that, although it hurts me a little that my wishes don't matter to anyone, I am delighted with my family.

TEMAS PARA COMPOSICIÓN

1. Cuente una anécdota sobre un perro, gato, u otro animal que haya tenido. Trate de escribir mezclando diálogo y narración a imitación de la Lectura.

2. ¿Perros o gatos? ¿Cuáles prefiere? ¿Qué buenas cualidades y qué defectos pueden tener unos y otros? ¿Se presentan en los animales domésticos problemas sicológicos similares a los de las personas? ¿Sufren los animales domésticos espiritualmente como sufrimos nosotros? (Use el mayor número de construcciones del tipo de **gustar** que sea posible.)

3. Las personas que maltratan a los animales. ¿Podemos hacer algo por resolver esta situación? ¿Qué motivos existen para que una persona sea cruel con un animal? ¿Es posible que una persona que maltrata a los animales sea buena en otros sentidos? ¿Existen diferencias en el tratamiento que se da a los animales en otras culturas?

4. Los animales que se usan en los laboratorios. ¿Son justificables algunos de los experimentos e injustificables otros? (Por ejemplo, el uso de las ratas para encontrar curas para el cáncer y el uso de conejos para probar cosméticos.) Hable de otros experimentos con animales que conozca. ¿Debe el gobierno intervenir en este asunto? ¿Qué haría Ud. si fuera legislador o gobernante?

CAPÍTULO 10

LECTURA

*Este artículo de Jorge Ianizewski, aparecido en la revista **Geomundo**, nos habla del Chaco, una región olvidada del Paraguay, y de la labor colonizadora que por más de sesenta años viene realizando allí un grupo de inmigrantes.*

Los colonos menonitas[1] del Chaco paraguayo

El Chaco es para los paraguayos una preocupación nacionalista. En sus vastos y duros territorios se enfrentaron Paraguay y Bolivia en una de las guerras más tristes de la historia americana (1932–35).[2]

El panorama es allí extraño y temible: arbustos espinosos,[3] palmeras y árboles únicos se entrelazan[4] en una selva reseca e impenetrable, de tierras bajas y arenosas, donde el agua, que cae a montones[5] durante el verano, se evapora rápidamente con el sol abrasador[6] que sigue después de las tormentas.

Durante el invierno, que allí es la estación seca, no se encuentra una gota de agua en todo el territorio. Los ríos, que tuvieron una corta existencia, desaparecen. Algunas plantas se han adaptado para guardar el agua en verdaderos "estanques[7] vegetales". Algunos peces, en lo que casi es un prodigio de la naturaleza, entran en estado de hibernación, esperando el retorno de las lluvias. Y los arbustos han desarrollado espinas, hasta de 25 cm. de largo, para mantener alejados a los animales y poder retener la humedad.

---

[1]*Vea Nota 1.*
[2]*Vea Nota 2.*
[3]con espinas
[4]*intertwine*

[5]en abundancia
[6]muy caliente
[7]depósitos de agua

Allí, 70 años atrás, sólo las patrullas[8] bien armadas se atrevían a desafiar a los indómitos[9] indígenas chaqueños y a las fieras,[10] y hubo algunas de esas patrullas que desaparecieron, sin dejar rastro,[11] entre esa alta maraña[12] vegetal que parece repetirse hasta el infinito, quizás muriendo de sed o, tal vez, a manos de los nativos o devorados por los jaguares.

Los verdaderos colonizadores del Chaco paraguayo han sido los menonitas, es decir, los rubios descendientes de alemanes que, por mantenerse fieles a su doctrina de no-violencia, y por negarse a tomar las armas contra cualquier ser humano, ya que interpretan literalmente los preceptos "Amarás a tu prójimo" y "No matarás", han sido expulsados de muchos países donde han querido establecerse.

Los orígenes de este grupo religioso se remontan[13] al año 1527, cuando los miembros de un núcleo[14] de humanistas suizos se reunieron y comenzaron a predicar[15] el acercamiento a la Biblia, rechazando toda forma de violencia. De Suiza fueron expulsados por herejes, dando comienzo a un largo peregrinar[16] que todavía hoy no ha llegado a su fin. Su primer lugar de exilio fue Alemania, donde hicieron muchos adeptos[17] entre los sectores más humildes del pueblo, y de ahí adoptaron el idioma que aún conservan, el platdeutsch.

Paraguay, urgentemente necesitado de colonos para poblar y desarrollar el disputado Chaco, les ofreció un territorio donde podrían establecerse y practicar su fe y sus costumbres libremente. Nadie les advirtió, sin embargo, qué clase de territorio era. Y tampoco se les dijo que el Chaco estaba habitado por indígenas hostiles ni que estaba disputado por Bolivia.

Los primeros menonitas llegaron a Paraguay desde Canadá en 1926. Cuando vieron el Chaco, muchos se decepcionaron, y algunos hasta retornaron a Canadá. Pero a pesar de todo, cuatro años después llegaron más menonitas, esta vez desde Ucrania. En los primeros tiempos, unos cien de ellos murieron, afectados por la ruda naturaleza chaqueña. Sin embargo, en 1930 ya había 1,437 menonitas asentados[18] en la áspera[19] región del Chaco.

Para hablar con los menonitas puede usarse el alemán o el inglés. Pocos han aprendido el guaraní,[20] y antes casi no aprendían el español, pero ya esto ha cambiado en los últimos años. Los indígenas, en cambio, sí han sido bastante receptivos al castellano, pero, aun así, casi todos prefieren, después de sus dialectos nativos, hablar el platdeutsch que han aprendido de los menonitas.

En cuanto a la prédica religiosa, los nativos no han seguido mucho el culto de los menonitas, prefiriendo la religión católica, quizá por sus ceremonias y rituales más llamativos[21] y por ser una fe más tolerante, menos rígida, que la de los colonos chaqueños. Estos, por ejemplo, no permiten el baile, y condenan

---

[8]grupo de personas armadas
[9]que no se pueden dominar
[10]animales salvajes
[11]huella
[12]selva

[13]van hacia atrás
[14]grupo
[15]*preach*
[16]ir de un lugar a otro buscando algo

[17]seguidores
[18]que vivían
[19]*rough*
[20]*Vea Nota 3.*
[21]*showy*

las relaciones amorosas prematrimoniales, siendo ambas cosas irrenunciables para los indígenas, acostumbrados a una completa libertad sexual.

El progreso que hoy se ve en los territorios de las colonias menonitas, es el resultado del trabajo racional comunitario, donde la colaboración entre todos los miembros del grupo es fundamental. Estos hombres han logrado, entre otras realizaciones, despejar[22] grandes extensiones de bosques para levantar empalizadas[23] y criar ganado. En una sola de las colonias, ya hay más de 50 mil cabezas de ganado vacuno.[24]

En Asunción, la capital paraguaya, se habla del Chaco como de algo muy lejano, aunque en realidad basta cruzar el puente sobre el río Paraguay para pisar sus tierras. En cuanto a los pobladores de las colonias, se les considera misteriosos. Se ha hablado de que entre ellos se escondían criminales de guerra nazis de la Segunda Guerra Mundial, y las leyendas suman y siguen. Quizá a ello contribuya la misma actitud de los menonitas, a quienes no parece interesarles mucho integrarse a la vida del resto del país, prefiriendo vivir en su aislada independencia.

Fuera de las relaciones laborales, está prohibido el contacto entre los menonitas y los indígenas. Las fronteras entre sus respectivas comunidades se cierran una vez que ha terminado la jornada.[25] Con estas estrictas medidas, los menonitas han evitado la posibilidad del mestizaje,[26] manteniendo hermética su sociedad por más de medio siglo.

Un colono menonita del Chaco. Los menonitas muestran preferencia por los sistemas antiguos de transporte.

---

[22]cortar los árboles
[23]cercas rústicas
[24]**ganado...** vacas y toros
[25]trabajo diario
[26]mezcla de razas

De los 18 mil menonitas que actualmente viven en Paraguay, diez mil de ellos residen en las colonias del Chaco. Y, aunque ya dijimos que han conservado una sociedad hermética, muchos de sus dirigentes se están preocupando de proyectarse al exterior, tratando de romper los mitos que se han edificado en torno a ellos. Varias empresas humanitarias son administradas por los menonitas o reciben de ellos apoyo moral y económico. Mantienen, además, un colegio en Asunción y están colaborando activamente en la gigantesca y ambiciosa tarea que representa la construcción de la carretera Trans-Chaco, una verdadera necesidad para la economía paraguaya. Esta vía, cuando finalmente esté terminada del todo,[27] eliminará muchas de las barreras que todavía separan al Chaco del resto de Paraguay, y posiblemente acerque más a los menonitas al país donde se han asentado.

Nota 1. Los menonitas son un grupo protestante originado en Suiza, que se adhiere en la vida diaria a las costumbres de sus antepasados y sigue la religión de manera muy estricta, imitando la sencillez de ritos y la devoción de los cristianos de los siglos pasados. Los menonitas son parte del grupo llamado *Pennsylvania Dutch* en los Estados Unidos.

Nota 2. En 1932, el descubrimiento de petróleo en el Chaco originó una guerra entre el Paraguay y Bolivia por la posesión de la región. La situación hostil tardó tres años en resolverse, y el Paraguay pudo al final conservar el Chaco.

Nota 3. El guaraní es la lengua original de los indios paraguayos. El Paraguay es un país completamente bilingüe, con dos lenguas oficiales, y en sus escuelas se enseñan hoy día el español y el guaraní.

COMPRENSIÓN

Basándose en la información contenida en el artículo, explique con sus propias palabras los siguientes puntos.

1. La naturaleza del Chaco en verano y en invierno.
2. Los casos interesantes de la defensa de animales y plantas contra las dificultades del ambiente.
3. Los problemas que representaban los indígenas en el pasado.
4. La historia de los menonitas.
5. La situación actual en el Chaco en cuanto a: (a) los idiomas, (b) la religión y (c) las relaciones entre los indígenas y los menonitas.
6. La ayuda que han dado los menonitas al Paraguay aparte de su labor colonizadora.

---

[27]completamente

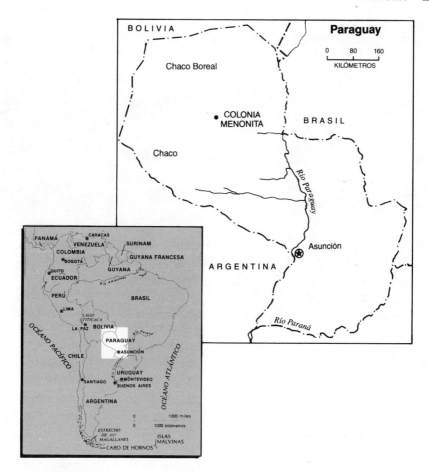

OPINIONES

1. Los menonitas han tenido problemas por su filosofía pacifista. ¿Cree Ud. que tienen razón? ¿Tiene un individuo el derecho a resistirse a defender a su patria con las armas? Explique su opinión. Si Ud. piensa que no, ¿de qué manera debe castigarse a los que se resistan?

2. Hay menonitas y otros grupos que viven aislados en los Estados Unidos por motivos étnicos o religiosos. ¿Qué sabe Ud. de estos grupos? ¿Qué opina de ellos?

3. Casos conocidos de criminales de guerra nazis. ¿Pueden algunos de ellos estar escondidos en el Chaco? Explique su opinión.

4. Los menonitas consideran que el baile es pecaminoso. ¿Qué piensa Ud. de esta actitud? ¿Podría Ud. pertenecer a una religión que prohibiera el baile? ¿Por qué o por qué no? ¿Qué otras prohibiciones aceptaría o no aceptaría?

5. Los menonitas condenan también las relaciones amorosas prematrimoniales. ¿Qué ventajas tiene el vivir en una sociedad donde haya mucha libertad social? ¿Qué desventajas?

Vista de la ciudad de Asunción, capital del Paraguay. Al fondo se ve el río Paraguay, cuyas aguas cruzan también El Chaco.

SECCIÓN GRAMATICAL

PLACEMENT OF DESCRIPTIVE ADJECTIVES

Limiting adjectives (those indicating number or quantity) are placed in Spanish before the noun. So are demonstratives, indefinites, and possesives in their unstressed form. The problem of placement concerns only descriptive adjectives since they can either precede or follow the noun.

The rules concerning the position of descriptive adjectives are very flexible. Good writers use adjective position to attain certain effects, taking into consideration such elements as rhythm and sound. There are, however, some general guidelines that can help inexperienced writers to place adjectives correctly.

1.   Descriptive adjectives follow the noun when they are differentiating, that is, when they distinguish between one noun and others of its kind. Adjectives that refer to color, size, shape, condition, nationality, group, or any type of classification are differentiating adjectives. (Since all adjectives precede the noun in English, differentiating adjectives are distinguished by vocal stress: The *blond* child was the one who said that.)

En mi sala tengo una mesa redonda, un sofá azul y una alfombra china.	*I have in my living room a round table, a blue sofa, and a Chinese rug.*

Cambié el curso de química orgánica por uno de sicología aplicada.	*I changed the course on organic chemistry for one on applied psychology.*

The adjectives **buen(o)** and **mal(o)** may precede or follow the noun.

Un mecánico debe tener herramientas buenas (buenas herramientas).	*A mechanic should have good tools.*

2. Since past participles used as adjectives normally express a condition, they have a differentiating function and follow the noun in most cases.

En el nido caído había un pajarito con un ala rota y un pajarito muerto.	*In the fallen nest there was a bird with a broken wing and a dead bird.*

3. Adjectival phrases (those formed with **de** + noun) always follow the noun. So do descriptive adjectives when modified by an adverb.

Jacinto hablaba con una chica bastante bonita, que llevaba un traje de noche.	*Jacinto was talking to a rather pretty girl who was wearing an evening gown.*

4. A descriptive adjective following a noun is as important as the noun. When the descriptive adjective precedes the noun, it becomes nondifferentiating; in other words, its importance is minimized and it functions as an ornament or to add color.

An easy way to decide whether or not an adjective is nondifferentiating is to try to eliminate it. If the adjective can be omitted without a loss in meaning, it is probably nondifferentiating and should be placed before the noun. In the sentence *His father gave him a beautiful clock for his birthday* the word *beautiful* can be omitted without great loss in meaning. In the sentence: *His father gave him an alarm clock for his birthday* omitting *alarm* would leave the meaning incomplete. So we say: **un hermoso reloj** and **un reloj despertador**.

5. There are three main types of nondifferentiating adjectives.

a. Adjectives that express qualities inherent in the noun and, therefore, form a concept with it. One says: **La fría nieve cubría el campo, Un violento huracán destruyó la cosecha**, and **El ágil atleta saltó los obstáculos**. These are expected adjectives. One expects snow to be cold, a hurricane to be violent, and an athlete to be agile. Note that all these purely ornamental adjectives could be omitted without loss of meaning in the sentences. However, if one says: **No me gusta la sopa fría**, **Juan es un hombre violento**, and **Necesitan una chica ágil**, it is evident that **fría**, **violento**, and **ágil** cannot be eliminated. **No me gusta la sopa** would have a different meaning while **Juan es un hombre** and **Necesitan una chica** would have little meaning or no meaning at all.

Study the following quotations from a description of the town of Málaga by Rubén Darío.

"Los hombres pasan con sus trajes *nuevos*, los sombreros *grises cordobeses*, los zapatos *de charol . . ."*

Note that all the adjectives here follow the noun because they have a differentiating function: they are describing what kind of suits, hats, and shoes those men are wearing.

"Sol *andaluz*, que vieron los *primitivos* celtas, que sedujo a los *antiguos* cartagineses, que deslumbró a los navegantes *fenicios*, que atrajo a los *brumosos* vándalos, que admiró a los romanos . . ."

The adjectives **andaluz** and **fenicios** geographically distinguish the sun and the navigators respectively and, therefore, they follow the noun. **Primitivos**, **antiguos**, and **brumosos** are used to refer to three of the ancient peoples that colonized the Iberian Peninsula. Anybody who knows the history of Spain would expect these adjectives to be used with reference to these peoples. Furthermore, they could be omitted without the meaning of the sentence being affected.

"Junto a las *doradas* naranjas *dulcísimas*, se ve la *americana* chirimoya".

Doradas precedes **naranjas** because it is an adjective one expects to be applied to oranges. **Dulcísimas** follows because it has a differentiating quality, it is telling us what kind of oranges these are. The position of **americana** preceding **chirimoya** is an interesting case, since adjectives of nationality rarely precede the noun. But the **chirimoya** (a tropical fruit unknown in the United States) is not a Spanish fruit. **Americana** (here meaning from the New World) is "expected" and non-differentiating in this case since there are no **chirimoyas** except the ones from America.

b. Subjective adjectives are also nondifferentiating. Complimentary statements, like those found in the social pages of the newspapers, belong in this category.

La *linda* señorita Marieta Camejo, hija de la *elegante* dama Lucía Cortés viuda de Camejo, se casará el sábado próximo con el *distinguido* abogado Pablo Enrique Castillo Vergara.	*Pretty Miss Marieta Camejo, daughter of the elegant lady Lucía Cortés widow of Camejo, will marry the distinguished lawyer Pedro Enrique Castillo Vergara next Saturday.*

c. Adjectives that normally would be differentiating are often placed before the noun in poems or in written descriptions that have a poetic tone.*

A la *solitaria* mansión de *esbeltas* y *elegantes* columnas, se llegaba por un *retorcido* sendero.	*One reached the lonely mansion with its slim and elegant columns by a winding path.*

6. Other cases of a descriptive adjective preceding the noun.

   a. In some set phrases.

a corto (largo) plazo	*short (long) term*
Bellas Artes	*Fine Arts*
La Divina Comedia	The Divine Comedy
mala hierba	*weeds*
mala suerte	*bad luck*
(hacer) su santa voluntad	*(to do) as one pleases*
una solemne tontería	*a very foolish thing*

   b. In exclamations.

¡Qué hermoso día!	*What a beautiful day!*
¡Increíble suceso!	*An unbelievable incident!*

APLICACIÓN

A *¿Antes o después? Coloque los adjetivos en el lugar apropiado.*

1. NUESTRA VIDA EN EL PUEBLO

Por aquel entonces vivíamos en una (*pequeña*) _____ casa _____ que habíamos alquilado cerca de la (*principal*) _____ calle _____ del pueblo. Era un (*muy pintoresco*) _____ pueblo

---

*In Spanish, an adjective placed before the noun has a more elegant tone than one that follows.

_____. Las (*estrechas*) _____ calles _____ estaban empedradas con (*duros*) _____ adoquines _____. Había poco (*de automóviles*) _____ tráfico _____ en ellas. Constantemente pasaban (*callejeros*) _____ vendedores _____ voceando su (*variada*) _____ mercancía _____. Entre ellos había un (*extranjero*) _____ vendedor _____, que hablaba un (*atroz*) _____ español _____ y traía su mercancía en un (*viejo*) _____ carretón _____.

2. VISITA A UNA MINA

Cuando llegaron a la (*angosta*) _____ entrada _____ de la mina, José Asunción, un (*flaco*) _____ minero _____, entró delante para guiar a los (*impresionados*) _____ turistas _____. Caminaron todos despacio por el (*oscuro*) _____ túnel _____, guiándose por la (*débil*) _____ luz _____ de la linterna que llevaba el minero.

3. UNA TORMENTA EN EL MAR

Era una (*tropical*) _____ tormenta _____. El (*pesquero*) _____ barco _____ en que íbamos se movía como un juguete de las (*furiosas*) _____ olas _____. El (*fuerte*) _____ viento _____ azotaba la cubierta de la (*desamparada*) _____ embarcación _____. Debajo se agrupaban los (*temerosos*) _____ pasajeros _____. María, que era una (*religiosa*) _____ mujer _____, rezaba en (*alta*) _____ voz _____.

B *Imagine que Ud. es un,-a cronista social, describiendo un acto para el periódico, y añada adjetivos originales al siguiente pasaje. Use el mayor número de adjetivos posible.*

1. LA INAUGURACIÓN DEL PARQUE DE LA CONSTITUCIÓN

La ceremonia de inauguración del Parque de la Constitución contó con la asistencia de funcionarios de la ciudad. El señor alcalde asistió, acompañado de su esposa e hija. También vimos allí, en un palco reservado a las autoridades, al jefe de la policía y a tres de nuestros concejales. La música estuvo a cargo de la banda municipal, que tocó muchas marchas y canciones. Poco antes de que comenzaran los discursos, la esposa del alcalde cortó la cinta que sujetaba más de cien globos. Fue un espectáculo verlos cubrir el cielo de esta tarde de agosto.

C *Añada adjetivos originales a las siguientes descripciones, tratando de usar un tono poético. Puebe cambiar un poco las oraciones si así lo desea.*

1. Las nubes avanzaban acumulándose hasta formar una especie de maraña. Eran grises, casi negras. Se veía que se acercaba un chubasco. De pronto, se oyó un trueno a lo lejos. Hilos de agua comenzaron a caer oblicuamente,

empapando la hierba y los matorrales. La luz de los relámpagos atravesaba el cielo. Todo duró menos de media hora. El sol salió cuando menos se esperaba. El campo olía a limpio, y los pajaritos, saliendo de Dios sabe dónde, cantaban en las ramas de los árboles.

2. Cuando salimos al campo empezaba a amanecer. Todos dormían todavía. La tranquilidad del paisaje invitaba a la meditación. Vi en lontananza unas lomas, casi cubiertas por la niebla. Parecían gigantes. Después fuimos viendo señales de vida. Por un puente pasaba una recua de mulas. Rebaños de ovejas subían por la falda, y sobre el fondo del prado, en el horizonte, un grupo de palomas volaba sobre el techo de un caserón. Yo iba en un caballo y los demás en mulas. Cuando pasábamos cerca de alguna casa, los perros nos perseguían ladrando.

D *Exprese en español.*

1. What a surprising piece of news! I didn't know you were a student of Fine Arts.
2. You should read *The Divine Comedy*. What a masterpiece!
3. Leaving your savings in a short-term account is, in my opinion, a very foolish thing, but you always do as you please.
4. I have to remove the weeds from my garden. What an unpleasant task!

DIFFERENCES IN THE MEANING OF ADJECTIVES ACCORDING TO POSITION

	Before the noun	After the noun
antiguo	former, of long standing, ex-	very old, ancient
cierto	certain	sure, definite
diferente	various	different
medio	half	average
mismo	same, very	-self
nuevo	another	brand-new
pobre	poor (unfortunate, pitiful)	penniless, needy
propio	own	own, very, appropriate
puro	sheer	pure
raro	rare (few)	strange, odd, uncommon
simple	just, mere	simple-minded
único	only, single	unique
viejo	old (of long standing)	old (in years)

EXAMPLES:

La pobre Ana Montejo era una persona rara. A la muerte de sus padres, se había mudado a un edificio viejo, no lejos de su antigua casa. Salía en raras ocasiones y había acumulado, en el único dormitorio de su departamento, un montón de cachivaches antiguos que le daban a la habitación un aspecto único.	*Poor Ana Montejo was an odd person. On her parents' death, she moved into an old building, not far from her former house. She went out on rare occasions and she had accumulated, in the only bedroom of her apartment, a lot of very old stuff which gave the room a unique look.*

APLICACIÓN

Coloque los adjetivos en el lugar más apropiado según el sentido de cada oración.

1. Supe por (*pura*) _____ casualidad _____ que los Ortega se mudaron de su (*antigua*) _____ casa _____ para una (*nueva*) _____ casa _____ que acaban de construir.

2. El (*único*) _____ problema _____ que tenemos es que ésta no es (*pura*) _____ agua _____.

3. La familia del (*pobre*) _____ Carlos _____ está (*medio*) _____ arruinada _____ y él es ahora un (*pobre*) _____ hombre _____.

4. Las (*raras*) _____ personas _____ que han visto el cuadro dicen que es una (*única*) _____ obra _____.

5. No es la (*misma*) _____ cosa _____ un (*viejo*) _____ amigo _____ que un (*viejo*) _____ amigo _____.

6. El (*mismo*) _____ artista _____ nos enseñó las (*diferentes*) _____ esculturas _____ que tenía en la exposición.

7. En las afueras del pueblo vimos unos (*antiguos*) _____ monumentos _____.

8. Es un (*único*) _____ caso _____ el que un (*simple*) _____ hombre _____ como Tobías tenga varios títulos universitarios.

9. El (*medio*) _____ hombre _____ no tiene un (*cierto*) _____ futuro _____.

10. Es increíble que su (*propia*) _____ novia _____ le haya robado ese dinero a Germán.

11. Lo siento. Sé que queréis una (*diferente*) _____ habitación _____, pero tengo que daros la (*misma*) _____ habitación _____ de la otra vez.

12. Ofelia creía padecer una (*rara*) _____ enfermedad _____, pero lo que tenía era un (*simple*) _____ catarro _____.

Positioning two or more descriptive adjectives

1. Very often a noun is modified by two or more descriptive adjectives. The first thing to do in this case is to decide whether all these adjectives are of the same type. There are three possible combinations.

(a)   Nondifferentiating adjective + noun + differentiating adjective.

Su madre siempre nos preparaba deliciosos postres cubanos.	*Her mother always prepared delicious Cuban desserts for us.*

Deliciosos is far more subjective than **cubanos**. Of the two adjectives, **deliciosos** is the one that could be omitted without a loss in meaning.

When one of the adjectives is an adjectival phrase, the other adjective, whether nondifferentiating or not, is often placed before the noun to provide some kind of stylistic balance for the adjectival phrase. This is true especially if the adjective is somewhat subjective. In the following examples, **costoso** and **lejano** may be relative terms depending on who is saying them.

Marta llevaba un costoso traje de noche.	*Marta was wearing an expensive evening gown.*
Siempre pasan las vacaciones en un lejano pueblo de pescadores.	*They always spend their vacation in a distant fishing town.*

But:

Aurelio compró un traje de lana gris.	*Aurelio bought a gray wool suit.* (**Gris**, being an objective, differentiating adjective here, cannot precede **traje**.)

(b)   Noun + differentiating adjectives.

Una mujer flaca, desdentada y sucia se acercó a nosotros.	*A thin, toothless, and dirty woman approached us.*

Flaca, desdentada, and **sucia** are adjectives of the same kind, all are part of the woman's description. Note that in Spanish the first two adjectives are separated by a comma and the second and third by a conjunction.

(c)   Nondifferentiating adjectives + noun.

> **Acabo de leer** *Lo que el viento* *I have just read* Gone with the
> *se llevó*, **una larga e interesante** Wind, *a long and interesting novel*
> **novela sobre la Guerra Civil.** *about the Civil War.*

Larga and **interesante** are two adjectives one expects to be applied to
Gone with the Wind. They are nondifferentiating. Note also that these
adjectives could be omitted.

2.   There is a preference in the order of two or more differentiating
descriptive adjectives: the adjective considered most important is placed
closest to the noun.

> **Mi prima se especializa en** *My cousin specializes in medieval*
> **literatura española medieval.** *Spanish literature.*

The speaker considers **española** to be the more important word of the
classification and **medieval** to be a subdivision. But it is also possible to say:

Mi prima se especializa en literatura medieval española.

In this case, the speaker's cousin specializes in medieval literature and,
within this specialization, **española** is considered a subdivision.

APLICACIÓN

Coloque cada par de adjetivos junto al nombre en cursiva, en la posición más apropiada.
Los adjetivos se dan en orden alfabético, es posible que sea necesario invertir el orden y
también usar y en algunos casos.

1.   (azul / tibia) Todo sucedió en una *mañana* del mes de abril.
2.   (vasta / verde) Los caballos galopaban por la *llanura*.
3.   (tropical / violenta) Una *tormenta* destruyó la cosecha.
4.   (enormes / puntiagudos) Cuando el cazador vio los *colmillos* del jabalí,
     tuvo tanto miedo que no pudo disparar.
5.   (aterciopelados / fragantes) Deshojó uno por uno los *pétalos* de la rosa.
6.   (blanco / inalámbrico) Le regalé a mi madre un *teléfono*.
7.   (desierto / oscuro) Era una noche sin luna, y nadie los vio escaparse por el
     camino.
8.   (de seda / pequeño) La chica llevaba una blusa con un *lazo*.
9.   (modernos / pedagógicos) Mi profesor es un admirador de los *sistemas*.
10. (blancos / escasos) El viejo se peinaba los *cabellos*.
11. (fiel / viejo) Gracias a la amistad de mi *amigo* Miguel, resolví el problema.
12. (huérfana / pobre) Anita me da lástima porque es una *niña*.
13. (inmenso / familiar) El caballero vivía solo en el *caserón*.
14. (tibias / transparentes) Me encantan las *aguas* de las playas del Caribe.
15. (complicados / matemáticos) ¡Es un genio! Resolvió esos *problemas* en un
     minuto.

USE OF THE DEFINITE ARTICLE

The definite article is found in both Spanish and English with nouns that are definite or known to the speaker.

Siéntate en la silla que está junto a la ventana.	*Sit on the chair that is next to the window.*

In Spanish, however, the definite article is necessary in many cases when no article is required in English. The rules concerning the definite article in Spanish have many exceptions, and therefore careful observation is recommended. However, the following general guidelines can be helpful.

1. The definite article is needed before nouns referring to concepts and abstract things as well as with nouns that refer to a group or class in general.

La gente suele pensar que el dinero es muy importante en la vida.	*People usually think that money is very important in life.*
En el mercado abundaban los claveles, pero escaseaban las rosas.	*At the market carnations were plentiful but roses were scarce.*

When there is an idea of amount (if the words *some* or *any* can be inserted in English), the article is omitted in Spanish.

Conozco gente sin dinero que es feliz.	*I know (some) people without (any) money who are happy.*
Hay niños que siempre comen hortalizas.	*There are (some) children who always eat (a certain amount of) vegetables.*

Note that the verb **haber** always conveys an idea of quantity or amount, therefore, it is not followed by the definite article except in rare regional usage.

2. The definite article is generally used with dates, seasons, meals, centuries, and hours.

En el verano el desayuno se sirve a las ocho, en el invierno a las ocho y media.	*In summer breakfast is served at eight, in winter it is served at eight-thirty.*

This rule, however, is not always followed. In the case of the seasons, the article is optional after **de** and **en**; in the case of hours, it is often omitted in the expression **de** + hour + **a** + hour.

Tanto en invierno como en verano tenemos el mismo horario: de siete a ocho, desayuno; de una a dos, almuerzo; de siete a nueve, cena.	*In winter as well as in summer we have the same schedule: from seven to eight breakfast, from one to two lunch, from seven to nine, dinner.*

With the days of the week, the article is omitted after **ser: Hoy es jueves.***
With the year, it is generally omitted, except in the case of decades.

Eso sucedió allá por el 55.	*That happened around '55.*

But:

Eso sucedió en 1955.	*That happened in 1955.*

3.   The definite article precedes most titles, except when speaking directly to the person. Exceptions to this rule are the following titles: **don, doña, san(to), santa, fray, sor.**

El rey Juan Carlos I es el sucesor del general Francisco Franco.	*King Juan Carlos I is the successor of General Francisco Franco.*

But:

Fray Gabriel Téllez fue el creador de Don Juan Tenorio.	*Fray Gabriel Téllez was the creator of Don Juan Tenorio.*

4.   The well-known rule about the definite article preceding parts of the body and garments extends also to some physical and psychological acts and reactions.

Al oírte no pude contener la risa.	*When I heard you I couldn't hold back my laughter.*
Había corrido tanto que me faltaba la respiración.	*I had run so much that I was out of breath.*

Remember also the construction with *tener* explained in chapter 9.

El niño tenía la carita triste.	*The boy's little face was sad.*

5.   The definite article is used with the words **cama, cárcel, colegio, escuela, guerra, iglesia,** and **trabajo** when they are preceded by prepositions.

Si Ud. no va a la guerra cuando lo llamen, lo enviarán a la cárcel.	*If you don't go to war when they call you, they'll send you to jail.*

---

*Note that this rule applies only when you are telling what day of the week it is (was, will be, etc.) When **ser** means to *take place* the article is used.

La reunión es el jueves.	*The meeting will be on Thursday.*

Conocí a Jaime en la iglesia, no en la escuela.	*I met Jaime in church, not at school.*

Observe that these words may also fall under rule 1. In this case, they take the article even if they are not preceded by prepositions.

El trabajo y la escuela son las claves del progreso.	*Work and school are the keys to progress.*

6.   The definite article has customarily been used with certain geographical names. The most common are: **la Argentina, el Brasil, el Canadá, los Estados Unidos, la Florida, la Habana, el Japón, el Paraguay, el Perú, la República Dominicana, el Salvador** and **el Uruguay.**

Today, however, the article is often omitted with these names, especially in the press. The only two countries that have consistently kept the article are **El Salvador** and **la República Dominicana.**

Names of places that are modified by an adjective take the definite article: **la España meridional, el Perú colonial.**

7.   Names of sciences, skills, school subjects, and languages require the definite article when they are used as subjects of a sentence or as objects of a preposition other than **de** or **en.**

La física es una asignatura interesante, pero prefiero estudiar biología.	*Physics is an interesting subject, but I prefer to study biology.*
El español no es difícil, pero tengo problemas con el alemán.	*Spanish is not difficult, but I have problems with German.*
¿Has visto algún libro de español escrito en alemán?	*Have you seen any Spanish book written in German?*

Exception: The article is used after the preposition in the case of **interesarse en.**

Mi médico me contó que desde niño se interesó en la medicina.	*My doctor told me that he was interested in medicine since his childhood.*

APLICACIÓN

A   *Complete con el artículo definido si es necesario.*

1.   Cuando _____ presidente Kennedy fue asesinado en _____ 1964, yo vivía en _____ Florida. Ya entonces había allí _____ cubanos, porque _____ cubanos comenzaron a llegar a _____ Estados Unidos en _____ 59. Al principio, _____ cubanos tenían _____ fe en que Kennedy conseguiría restaurar _____ democracia en Cuba, pero después de los hechos de _____ Bahía de Cochinos, _____ desencanto se apoderó de todos.

2. Aunque _____ mujeres han sido muy discriminadas en todos _____ siglos, _____ historia presenta muchos casos de _____ mujeres que se han destacado. Muchas de estas mujeres se han dedicado a _____ vida religiosa. Por ejemplo, _____ Santa Teresa de Jesús, en _____ Siglo de Oro, _____ Sor Juana Inés de la Cruz, en _____ México colonial y, actualmente, _____ Madre Teresa de Calcuta.

3. Aunque eran sólo _____ nueve y era _____ viernes, ya había _____ niños en _____ parque, porque era _____ verano y _____ niños tenían _____ vacaciones. Una niñita, sobre todo, me llamó _____ atención. Era delgadita y tenía _____ pelo negro recogido en dos trenzas. Aunque llevaba _____ ropa de buena calidad y parecía rica, me dio lástima. _____ mirada de sus ojos era triste. Me di cuenta de que no tenía _____ amigos.

4. _____ doctor don Carlos Gutiérrez, _____ famoso sicólogo, dio una conferencia titulada: "¿Qué es _____ felicidad?" Según _____ don Carlos, _____ felicidad no es una cosa concreta, y alcanzarla no debe ser _____ meta en _____ vida. Todos tenemos _____ momentos felices y _____ suma de estos momentos es lo que nos hace dichosos. _____ profesor Alberto Catá, que además de ser sicólogo, es muy aficionado a _____ filosofías orientales, le hizo _____ preguntas durante _____ debate que siguió. Al acto asistieron _____ estudiantes y _____ profesores.

ANÁLISIS DE LA LECTURA

A *Lea los siguientes casos de adjetivos que diferencian, y observe que en todos ellos el adjetivo completa el significado del nombre.*

1. preocupación nacionalista
2. arbustos espinosos, palmeras y árboles únicos
3. una selva reseca e impenetrable
4. tierras bajas y arenosas
5. sol abrasador
6. estación seca
7. estanques vegetales
8. patrullas muy bien armadas
9. grupo religioso
10. humanistas suizos
11. los sectores más humildes del pueblo
12. dialectos nativos
13. la prédica religiosa
14. la religión católica
15. las relaciones amorosas prematrimoniales
16. las colonias menonitas
17. un trabajo racional comunitario
18. ganado vacuno
19. la capital paraguaya
20. criminales de guerra nazis

21. las relaciones laborales
22. la jornada de trabajo
23. una sociedad hermética
24. varias empresas humanitarias
25. apoyo moral y económico
26. la economía paraguaya

B *¿Qué frases adjetivales se encuentran en la lista anterior?*

C *¿Cuáles de estos adjetivos están modificados por un adverbio de cantidad?*

D *Explique los siguientes casos de adjetivos que preceden al nombre. Vaya a la Lectura y busque los ejemplos allí, si es que necesita ver los adjetivos dentro de un contexto más amplio.*

1. vastos y duros territorios
2. los rubios descendientes de alemanes
3. el disputado Chaco
4. la áspera región del Chaco
5. su aislada independencia
6. la ruda naturaleza chaqueña
7. estrictas medidas
8. la gigantesca y ambiciosa tarea

E *En el cuarto párrafo de la Lectura se lee:* **indómitos indígenas chaqueños** *y en el párrafo 7 aparece la expresión* **indígenas hostiles**. *Explique la diferencia en la posición de los adjetivos en ambos casos.*

F *Observe que en el segundo párrafo de la Lectura, en* **arbustos espinosos, palmeras y árboles únicos** *no se usan artículos. ¿Puede Ud. explicar por qué?*

G *En la Lectura, ¿se usa el artículo definido antes de los nombres de países? ¿antes de los nombres de idiomas? ¿delante de los nombres de grupos étnicos?*

H *¿Por qué no se usa el artículo definido en:* ... **urgentemente necesitado de colonos** ... *y* ... **estaba habitado por indígenas hostiles...?**

SECCIÓN LÉXICA

REPASO

Encuentre las palabras de la Lectura que están relacionadas con las siguientes y explique esa relación. Haga después una oración con cada una de las palabras que encontró.

1. vaca	5. llamar	8. lazo
2. palo	6. sentarse	9. espina
3. mestizo	7. domar	10. brasa
4. jornal		

AMPLIACIÓN

Formación de adjetivos

En la Lectura aparecen los adjetivos derivados *espinoso* y *abrasador*. Como éstos, muchos adjetivos se forman por derivación, al añadir uno o más sufijos a un sustantivo. Algunos de estos sufijos son

1.   **-ado**, que expresa parecido con el sustantivo del cual deriva el adjetivo.

colcha	**acolchado**	óvalo	**ovalado**
corazón	**acorazonado**	perla	**perlado**
cuadro	**cuadrado**	rosa	**rosado**
naranja	**anaranjado**	sal	**salado**

2.   **-(i)ento**, que indica que la persona o cosa posee la cualidad expresada por el sustantivo.

amarillo	**amarillento**	grasa	**grasiento**
avaro	**avariento**	hambre	**hambriento**
calentura	**calenturiento**	polvo	**polvoriento**
ceniza	**ceniciento**	sed	**sediento**

3.   **-ino**, que indica que la persona o cosa posee la cualidad expresada por el sustantivo.

alabastro	**alabastrino**	muerte	**mortecino**
cristal	**cristalino**	púrpura	**purpurino**
daño	**dañino**		

Este sufijo se combina frecuentemente con nombres geográficos e históricos.

| los Andes | **andino** | el rey Alfonso | **alfonsino** |
| capital | **capitalino** | la reina Isabel | **isabelino** |

4.   **-izo** que indica tendencia en la persona o cosa hacia la cualidad expresada por el sustantivo.

cobre	**cobrizo**	paja	**pajizo**
enfermo	**enfermizo**	plomo	**plomizo**
huida	**huidizo**	rojo	**rojizo**
olvido	**olvidadizo**		

5.   **-oso**, que indica que algo o alguien posee o produce la característica expresada por el sustantivo.

cariño	**cariñoso**	lluvia	**lluvioso**
chiste	**chistoso**	engaño	**engañoso**
orgullo	**orgulloso**	fango	**fangoso**
pasta	**pastoso**	fatiga	**fatigoso**
tierra	**terroso**	lujo	**lujoso**
trampa	**tramposo**		

6. También se forman adjetivos combinando sufijos con otras partes de la oración. Por ejemplo, **-ón** forma adjetivos de mucho uso en la lengua oral, pero se combina con verbos, no con sustantivos. Algunos de los adjetivos formados con **-ón** son cómicos, y los hay también despectivos.

adular	**adulón**	jugar	**juguetón**
burlar	**burlón**	llorar	**llorón**
criticar	**criticón**	mandar	**mandón**
comer	**comilón**	preguntar	**preguntón**
dormir	**dormilón**	responder	**respondón**

APLICACIÓN

A *Busque el significado de los adjetivos de las listas anteriores que no conozca. Después use los más apropiados para reemplazar partes de las siguientes oraciones.*

1. Yo tenía mucha sed y ese arroyo que parecía un cristal invitaba a beber.
2. A mi perro le gusta mucho dormir, pero también le gusta mucho jugar y comer.
3. Hay caras en forma de corazón y caras semejantes a un cuadro, pero según los estetas, la cara ideal debe tener forma de óvalo.
4. Era un tipo muy repulsivo. Tenía los dientes casi amarillos y el pelo con mucha grasa.
5. Como eran de la capital, no podían adaptarse a la vida de los Andes.
6. El camino antes tenía mucho polvo, pero después de la lluvia se puso peor, porque se llenó de fango.
7. Hay engaño en ese negocio porque a Jiménez le gusta mucho hacer trampa.
8. La lámpara tenía mucho moho y había perdido su hermoso brillo de cobre.
9. Ella se pintó las uñas con un esmalte con tonos de perla muy bonito, pero el contraste entre el color púrpura de sus labios y su tez como el alabastro, le daba aspecto de enferma.
10. Me gustan las personas que dicen chistes y también las que me demuestran cariño. Detesto a las que me adulan y también a las que son avaras.
11. ¡Qué matrimonio! La mujer es la que manda y el marido critica siempre a todo el mundo.

12. Las frutas verdes me hacen daño, no las comeré aunque tenga mucha hambre.

B *¿Cómo calificaría Ud. a una persona que . . .?*

1. lo olvida todo
2. tiene calenturas
3. tiene mucho orgullo
4. nunca se queda callada cuando alguien dice algo
5. disfruta burlándose de todo
6. pregunta demasiado

C *¿Qué adjetivo aplicaría Ud. a algo (o a alguien) que . . .?*

1. es de lujo
2. parece una pasta
3. se parece a la tierra
4. causa fatiga
5. pertenece a la época de la reina Isabel
6. tiene el color de la ceniza
7. parece estarse muriendo

PROBLEMA LÉXICO

Different meanings of *To Take*

1. *To take* is **tomar** in the sense of *to take in one's hand, to take notes, to take a medicine* or *to drink a beverage.*

Toma el dinero que te debo.	*Take the money I owe you. (A sentence generally said while handing the money to the person.)*
El doctor me dijo que tomase las pastillas tres veces al día.	*The doctor told me to take the pills three times a day.*

2. *To take* is **coger** in the sense of *to take or grab an object* or *to take a vehicle.**

Si cogemos el tren de las cuatro llegaremos a tiempo.	*If we take the four o'clock train we will get there on time.*
El policía logró coger a la suicida por los cabellos.	*The policeman succeeded in grabbing the suicidal woman by the hair.*

---

*In Mexico and Argentina, use of **coger** is avoided. In these two countries **tomar** and **agarrar** substitute for **coger**.

3. *To take (someone or something)* in the sense of carrying, transport accompanying is **llevar**. *To take* or *lead* (said of a road) is also **llevar**.

Mi coche está roto, pero Juan me llevará en el suyo.	*My car broke down but Juan will take me in his.*
El paquete que Ud. se lleva consigo llega más pronto.	*The package you carry with you gets there sooner.*
¿Adónde me lleva este camino?	*Where will this road take me?*

4. *To take* when it means *to steal* is **llevarse**.

—¡Nos han robado! —¿Qué se llevaron?	*"We have been robbed!" "What did they take?"*

Other meanings of *to take*

1. *to take or remove from, to take away* = **quitar**

Quita esa caja de la cama, está sucia.	*Take that box off the bed, it is dirty.*
Si quitas tres dólares nos quedan siete.	*If you take away three dollars we will have seven left.*

2. *to take off (clothing)* = **quitarse**

Él entró en el agua sin quitarse los zapatos.	*He entered the water without taking off his shoes.*

3. *to take off (said of a plane)* = **despegar**

El avión despegará en unos minutos.	*The plane will take off in a few minutes.*

4. *to take a step* = **dar un paso**

No dé Ud. ese paso sin pensarlo mucho primero.	*Don't take that step without thinking a lot about it first.*

5. *to take a picture* = **sacar (tomar) una fotografía**

En el zoológico sacaremos fotos de los monos.	*At the zoo we will take pictures of the monkeys.*

6. *to take a trip* = **hacer un viaje**

¿Te gustaría hacer un viaje a Italia el próximo verano? — *Would you like to take a trip to Italy next summer?*

7. *to take a walk, a stroll* = **dar un paseo, dar una vuelta**

Es muy agradable dar un paseo al atardecer. — *It is very pleasant to take a walk at dusk.*

8. *to take out* = **sacar**

Abrió el armario y sacó dos copas y una botella. — *He opened the cabinet and took out two wineglasses and a bottle.*

9. *to take a nap* = **dormir (echar) una siesta**

En el verano le gustaba echar una siesta bajo los árboles. — *In the summertime he liked to take a nap under the trees.*

10. *to take (something) lying down* = **quedarse con los brazos cruzados**

Las personas activas nunca se quedan con los brazos cruzados. — *Active people never take things lying down.*

11. *it takes* + noun = **se necesita(n)** + noun

Se necesita paciencia para sacar un crucigrama. — *It takes patience to solve a crossword puzzle.*

12. *to take a vacation* = **tomarse (cogerse) unas vacaciones**
to take time off = **tomarse (cogerse) un descanso**

Ud. se ve cansado. Debe tomarse un descanso (unas vacaciones). — *You look tired. You ought to take some time off (a vacation).*

APLICACIÓN

A *Haga un comentario original para cada una de las siguientes circunstancias, usando un equivalente de* to take.

MODELO No pudimos fotografiar la ceremonia de la boda.
Lo sé, está prohibido **sacar** fotografías en la iglesia.

1. No pudimos fotografiar la ceremonia de la boda.
2. Hace mucho calor en este cuarto y tengo puesto un abrigo de lana.
3. Quiero salir, pero mi coche está roto.
4. Estamos perdidos y no conocemos este camino.

5. A Josefina le gusta mucho viajar y ahora tiene dinero.
6. Se sentía mal y fue a ver al médico.
7. Hay un montón de libros sobre la mesa y no tengo espacio para escribir.
8. Trabajo demasiado. Necesito descansar unos días.
9. El avión todavía estaba en la pista porque había una tormenta de nieve.
10. Ella se queja de que su marido siempre sale solo.
11. Un ladrón entró en nuestra casa y nos robó muchas cosas.
12. Es bueno caminar después de comer, ¿lo hacen Uds.?
13. ¿Duerme Ud. a veces por la tarde?
14. Cuando tiene un problema, mi amiga siempre trata de resolverlo en seguida.

B *Traduzca.*

1. You must take out a license to get married.
2. The rocket will take off at dawn.
3. They took away the prisoner's shoes.
4. The little girl took me by the hand.
5. Bernardo always takes coffee with his dinner.
- 6. It is necessary to take notes in this class.
7. He will fight back. He never takes things lying down.
8. I would like to take a trip to Europe now.
9. He took me for a ride in his blue Mercedes.
10. We must take steps to solve the situation.
11. It takes courage to tell the truth.
12. The armchair was so comfortable that she took a nap.
13. She took money out of her purse and told me: "Take this."
14. Ryan took Farah away from Lee.

TRADUCCIÓN

Legends are beautiful. All countries have legends and Paraguay is no exception. One of the most interesting legends that Paraguayans have explains the origin of **ñandutí**, the artistic native weaving that looks like fine lace and is their most famous handicraft.

A good and hard-working young man was in love with the only daughter of a powerful chief, a beautiful girl with shiny, almond-shaped eyes. The chief had proclaimed that he would give his daughter's hand to the suitor who would bring her the best gift. Since the young man was very poor, he felt disheartened when he learned about this greedy request. But love does not give up easily and the man went to his grandmother seeking her wise advice.

While walking in the dense and green tropical forest near her humble straw hut, the grandmother had frequently seen diligent spiders weaving their thin webs on the top of the tall trees. When she learned of her favorite grandson's predicament, the loving and generous old woman had a brillant idea. She began to weave, imitating the delicate texture of the spiderwebs. It

Mujer paraguaya confeccionando el famoso encaje *ñandutí*. Este nombre significa en guaraní tela de araña.

was an exhausting task, but kind grandmothers are often untiring and, after several days, she finally gave her grandson an exquisite weaving that resembled a spiderweb. This was the first piece of **ñandutí** lace.

The young man took this unique present to his beloved. The demanding father-in-law decided that this was the most valuable and beautiful gift his daughter had received and agreed to the marriage. The handsome lovers lived a long and happy life together and delicate **ñandutí** weaving became a Paraguayan handicraft.

TEMAS PARA COMPOSICIÓN

Use todos los adjetivos descriptivos que pueda en su composición.

1. Si conoce alguna leyenda de los indios norteamericanos, cuéntela. Si no, narre una leyenda interesante que conozca.

2. Las costumbres del pasado relacionadas con el matrimonio, en contraste con las de hoy día. ¿Cree Ud. que la mayor libertad de los jóvenes de hoy en su vida social ayuda o perjudica la felicidad en el matrimonio?

3. ¿Existen circunstancias en las que los padres pueden y deben intervenir en las relaciones amorosas de sus hijos? ¿Qué debe hacer un joven (una joven) ante la oposición paterna? Según su experiencia, en la mayoría de los casos, ¿les da el tiempo la razón a los padres que se oponen a las relaciones de sus hijos?

4. ¿Por qué cree (o no cree) que es importante que su futuro esposo o esposa tenga una buena situación económica? Otras cualidades que considera importantes en su futuro cónyuge. Coloque en orden de importancia las

siguientes cualidades: belleza, bondad, sentido del humor, inteligenci
explique por qué.

5. Las inmigraciones. La inmigración de los menonitas ha sido beneficiosa para el Paraguay. ¿Son beneficiosas todas las inmigraciones? ¿Qué problemas tienen los inmigrantes en su nuevo país? ¿En qué sentido son estos problemas mayores si el inmigrante no habla la lengua del país? ¿Qué ventajas tiene la inmigración para el inmigrante?

CAPÍTULO 11

LECTURA

Este artículo de la revista ecuatoriana **Vistazo**, *narra la historia de un hombre a quien el alcohol convirtió en un guiñapo,[1] pero que consiguió vencerse a sí mismo y a su enfermedad.*

Yo fui alcohólico

A los siete años fue cuando empezó todo. Esa noche celebraban alguna fiesta en la casa y quise ser una persona mayor. Como había visto hacer a mi familia, me dediqué a beber de una botella de champán que previamente había sacado de la cocina. En realidad, llegué a la tercera copa cuando sentí que el piso era arena movediza[2] pero que, al mismo tiempo, mi cuerpo no se hundía en él, sino que, como un globo de colores, se elevaba en el aire. La lámpara de la sala comenzó a girar velozmente hasta que lo único que pude reconocer fue mi cama y mi cuarto y un terrible dolor de cabeza, que me atravesaba desde la coronilla[3] a la frente. De ahí en adelante quedó establecida la regla de la casa: nadie podía beber hasta cumplir la mayoría de edad.

Fueron once años de sobriedad. Cuando cumplí los dieciocho años, decidí celebrarlo destapando el corcho. Con un grupo de compañeros nos metimos en uno de los cabarets de la zona roja[4] de la ciudad. Aún estaba muy lejos de tocar fondo,[5] pero ahora me doy cuenta de que ya había iniciado el descenso. Era lo que se dice, un bebedor social. El regreso fue la primera de las múltiples noches de vuelta a casa en las que llegaba completamente borracho, armando

---

[1]persona sin voluntad ni personalidad
[2]*quick sand*

[3]parte de arriba de la cabeza
[4]barrio donde están las prostitutas

[5]**tocar**... llegar al punto máximo de degradación

Aunque el consumo excesivo de licor es fuente de grandes males, muchas personas suelen asociar la bebida con la diversión. Estos estudiantes salen muy contentos de un bar.

escándalo,[6] gritándole a mi madre y desafiando a mi padre, el cual, en más de una ocasión, descargó[7] terribles bofetadas[8] en mí.

Cuando la situación se volvió insostenible en casa de mis padres, decidí casarme. En parte lo hice por amor, en parte porque, habiendo conseguido trabajo, me sentí suficientemente importante y poderoso como para hacer mi vida por cuenta propia.[9] Hasta ese momento no es que yo bebiera todos los días, sino que cuando lo hacía volcaba las cervezas de la botella a mi boca con un extraño desenfreno.[10] En el trabajo me convertí en un gran tipo. Todos los fines de semana invitaba a algunos compañeros a beber, quienes, a mi parecer,[11] siempre se retiraban demasiado pronto. Yo creía entonces que no eran dignos de ser considerados mis amigos. Desesperado, decidí beber solo.

Las cosas con mi mujer no podían ir bien. Es más, ella se quejaba de un prematuro abandono, de su juventud sola por las noches, cuando yo prefería el trago. Me había transformado en dos hombres. Uno que intentaba cumplir con su trabajo, aunque de mal genio[12] y resentido contra los jefes, a quienes acusaba de incomprensión; el otro, que mezclado en el bajo mundo, vivía tratando con borrachos y fumones,[13] con prostitutas y cafiches.[14]

Una tarde que llegué a casa temprano y no encontré a mi mujer, no llegué a sospechar lo que se avecinaba.[15] En realidad, mi mujer salía casi todas las

---

[6]**armando**... haciendo ruido y creando problemas
[7]lanzó
[8]golpes en la cara
[9]**por**... independientemente
[10]frenesí
[11]**a**... en mi opinión
[12]**de**... irritable
[13]fumadores de marihuana
[14]*pimps*
[15]se acercaba

tardes a mitigar su soledad. Cuando regresó, en la noche, sorprendida al verme, sentí miedo y rabia. — ¿Qué te pasa? — le reclamé con violencia — Ya no te quiero, he encontrado una persona que me ama —. Esa fue su respuesta y no tuve ánimo[16] ni fuerzas para nada. Salí de casa y no volví a ella jamás.

Como mis jefes no me comprendían, salí del trabajo y puse mi propio negocio. En eso conocí a Mariela. La sobriedad de la luna de miel duró lo que la vida de una mariposa. Los problemas no tardaron en regresar. Era como si la vida de mi primer matrimonio se estuviera repitiendo en cámara lenta. Pero Mariela era más comprensiva, o más aguantadora,[17] o más resignada. No sé. Tuvimos dos hijos. Cuando la menor entró en la escuela, un compañero de trabajo — mi negocio, por supuesto, había quebrado,[18] —me preguntó dónde estudiaban mis hijos. Y no supe responder.

Entonces busqué la ayuda de un siquiatra. Sólo resistí[19] una sesión. El hombre se me presentó como un ejemplo. Me dijo:— Tiene que hacer lo que hago yo. Beba, pero poco. Contrólese, y cuando sienta las mejillas como dormidas,[20] no vuelva a tomar en toda la noche. Al día siguiente un cebiche[21] y listo—. Yo lo oía y por dentro pensaba que el desgraciado[22] no se había percatado[23] de que si pudiera hacer eso no lo hubiera ido a buscar.

Las ciudades de los Estados Unidos donde viven muchos hispanos, no sólo hacen campaña contra los choferes borrachos en inglés, sino también en español.

---

[16]valor
[17]paciente, capaz de soportar más
[18]fracasado
[19]aguanté
[20]insensibles

[21]plato de pescado que se adoba con jugo de limón, cebolla, sal y chile
[22]*wretch*
[23]dado cuenta

Un día salí a caminar y me topé con un amigo que había sido compañero de juerga.[24] Lo invité y me acompañó a un bar. Me asombré cuando al pedir dos cervezas, él me interrumpió y le dijo al mesero: —Sólo una, para mí un jugo de naranjilla—. Hablamos de su enemistad con el alcohol, como yo le dije burlándome, y me contó de Alcohólicos Anónimos. Me invitó a una sesión y dejándome la dirección se despidió.

Empecé a frecuentar los grupos de AA y a dejar de beber. Pero aún me reconocía como un alcohólico. Al faltarme la bebida me volví malgenioso, irrascible, y descubrí que yo había sido un extraño para mi familia. No sabía en qué grado estaban mis hijos, ni cómo hacía Mariela para pagar el alquiler, o la luz, o comprar comida. Me costó mucho tiempo reintegrarme al hogar y mucho dolor también, pero al parecer, del amor todavía quedaba una pequeña llama, que pudo ser avivada[25] más tarde.

No sé cómo hicieron los de AA, pero lo cierto es que dejé de beber. O mejor, he dejado de beber hasta hoy día, y espero no volver a beber nunca más, después de haber reconocido ser alcohólico en una reunión grande de los AA en la cual había algunos niños. "Hijos de los AA", me supuse en ese instante. Hablaban en el estrado[26] algunos AA cuando de pronto llegó a él una niña: —Me llamo Ana, tengo siete años y soy alcohólica—. Todo retumbó[27] en mi interior y tal vez haya sido por ese choque, por esa experiencia, por lo que he contado esta historia.

Después de siete años de sobriedad, todos estos recuerdos me suenan lejanos, pero no por eso menos terribles. El camino es largo todavía, pero espero terminar con éxito. Como repetimos diariamente, la cerveza de hoy día me la tomaré mañana.

COMPRENSIÓN

1. Relate lo que le sucedió al que escribe cuando tenía siete años.
2. Cuente lo que sucedió después que cumplió dieciocho años.
3. ¿Cuáles fueron sus razones para casarse la primera vez?
4. ¿Por qué lo consideraban "un gran tipo" en el trabajo?
5. Explique la doble personalidad que tenía el que escribe.
6. ¿Cómo terminó el primer matrimonio de este hombre?
7. Cuente cómo le fue al hombre en su segundo matrimonio.
8. ¿Por qué visitó él solamente una vez al siquiatra?
9. ¿Cómo llegó el hombre a los Alcohólicos Anónimos?
10. ¿Qué fue lo que decidió al que escribe a contar su historia?

OPINIONES

1. El narrador no parece conocer muy bien a Mariela, su segunda esposa. En su opinión, ¿qué clase de persona es ella? ¿Por qué continuó casada

---

[24]**compañero...** *drinking companion*   [25]revivida   [26]tarima, plataforma   [27]**Todo...** sentí una sacudida

después que supo que su marido era alcohólico? ¿Cómo haría ella para pagar los gastos de la casa? ¿Cree Ud. que fue más lógico el comportamiento de la primera esposa? Explique.

2. ¿Hay personas más propensas al alcoholismo que otras? Si las hay, ¿qué clase de personas son, en su opinión? ¿De qué manera influyen las circunstancias y los ejemplos de otros en el alcohólico?

3. Los choferes borrachos son responsables de una gran parte de los accidentes automovilísticos en los Estados Unidos. ¿Qué se está haciendo para resolver este problema? En su opinión, ¿qué otras cosas pueden hacerse?

4. ¿Es buena la idea de no vender licor a los menores de 21 años? Explique. ¿Cree Ud. que el licor debería limitarse o prohibirse también en otros casos? Explique.

5. ¿Qué sabe Ud. de la Asociación de Alcohólicos Anónimos? ¿Cree Ud. que es más importante curar al alcohólico, o ayudar a su familia? ¿De qué manera sufre la familia de un alcohólico? ¿Qué clase de ayuda cree Ud. que puede ofrecerle esta asociación a la familia?

6. Además de la bebida, hay otros vicios y defectos que pueden destruir a un individuo y a su familia. Por ejemplo, el juego, la pereza excesiva, la falta de control con el dinero, los complejos y problemas de carácter, las drogas. ¿Cuáles considera Ud. peores? ¿Por qué? ¿Existen soluciones para algunos de estos problemas? ¿Cuáles?

SECCIÓN GRAMATICAL

RELATIVE PRONOUNS

Relative pronouns refer to a preceding word, called an antecedent. Spanish relative pronouns are: **que, quien, el que, el cual, lo que,** and **lo cual.** Relative pronouns are sometimes omitted in English, but they are never omitted in Spanish.

Me encanta el disco que me prestaste.	*I love the record (that) you lent me.*
Ésta es la señora que conocí en la exposición.	*This is the lady (whom) I met at the exhibit.*

Uses of que

Que is the most frequently used relative pronoun, since it may mean: *that, who, whom,* or *which* and it may refer to persons or things. **Que** is invariable in gender and number.

Los zapatos que Julián llevaba eran importados.	*The shoes (that) Julián was wearing were imported.*
La niña que habló en la reunión era alcohólica.	*The girl who spoke at the meeting was an alcoholic.*
El hombre que saludé vive cerca de mi casa.	*The man (whom) I greeted lives near my home.*
El tocadiscos, que era muy viejo, no tenía muy buen sonido.	*The record player, which was very old, didn't have a very good sound.*

As a relative, **que** is not used after prepositions except in the case of **con**, **de**, and **en**. This rule applies when **que** refers to either people or things.*

Me sorprendió la facilidad con que resolviste el asunto de que hablamos ayer.	*I was surprised at the ease with which you resolved the matter about which we talked yesterday.*
La reunión fue en el mismo edificio en que vivo.	*The meeting was in the same building where I live.*
No conozco a las personas con que soñé anoche.	*I don't know the people of whom I dreamed last night.*

Uses of quien

Quien and its plural **quienes** refer to persons and are used in the following cases:

A.   To express *who* in nonrestrictive clauses.†

Ofelia y Bebita, quienes (que) estaban muy cansadas, no fueron.	*Ofelia and Bebita, who were very tired, didn't go.*

---

*In the case of things **que** may also be used after **a**, except when **a** is part of an indirect object. One can say: **La universidad a que fui** (*The university I went to*) but not **La universidad a que hice una donación** (*The university to which I made a donation*). In the second sentence one must use **a la que** or **a la cual**.

†Nonrestrictive clauses are those that provide additional information about a preceding word without restricting its meaning. These clauses can be omitted without altering the essential meaning of the sentence. Nonrestrictive clauses are set off by commas, except when they are at the end of the sentence: **El Cónsul de México, quien llegó ayer, asistirá a la recepción. A la recepción asistirá el Cónsul de México, quien llegó ayer.** Note that in both cases we could remove the clause **quien llegó ayer** and still have a meaningful sentence: *The Mexican Consul will attend the reception.*
  On the other hand, a restrictive clause is essential to identify or make specific the word to which it refers and its omission would produce a loss of meaning in the sentence. In the statement: **El hombre que llegó ayer es el Cónsul de México** the omission of the restrictive clause **que llegó ayer** would leave the sentence incomplete since *The man is the Mexican Consul* would not identify or make specific which man.

Gabriel García Márquez, quien (que) ganó un Premio Nobel, es colombiano.	*Gabriel García Márquez, who won a Nobel Prize, is a Colombian.*

Note that, although **quien,-es** can be used in this case, **que** is also possible. **Que** is in fact more common, especially in the spoken language.

B. After a preposition.

Uds. son las dos personas en quienes confío más.	*You are the two people whom I trust the most.*
Sus hijos, por quienes hizo tantos sacrificios, no lo quieren.	*His children, for whom he made so many sacrifices, don't love him.*
La joven con quien bailaste es viuda.	*The young woman with whom you danced is a widow.*
No dijo el nombre de la persona para quien compró las flores.	*He didn't say the name of the person for whom he bought the flowers.*

Uses of el cual

El cual and its inflected forms (**la cual, los cuales, las cuales**)* can refer to either persons or things. These forms are used in the following cases:

1. As alternates for **que** when referring to things in nonrestrictive clauses.

Las bolsas, que (las cuales) eran de papel, se rompieron con el peso.	*The bags, which were made of paper, broke because of the weight.*
El armario, que (el cual) es una antigüedad, nos costará un dineral.	*The cabinet, which is an antique, will cost us a bundle.*

2. As alternates for **que** or **quien,-es** when referring to people in nonrestrictive clauses.

Fernando, que (quien, el cual) estaba borracho, insultó a todo el mundo.	*Fernando, who was drunk, insulted everybody.*
Las gemelas, que (quienes, las cuales) siempre se vestían igual, se parecían muchísimo.	*The twins, who always dressed alike, resembled each other very much.*
Los García, que (quienes, los cuales) compraron la casa de la esquina, son extranjeros.	*The Garcías, who bought the house on the corner, are foreigners.*

---

*For brevity's sake only **el cual** will be cited henceforth.

El cual is more formal than **que** and, therefore, in everyday conversation **que** is preferred in the first and second cases.

3.   To refer to things after a preposition, especially in the case of longer or compound prepositions.

¡Qué problema! Olvidé mis gafas, sin las cuales no veo nada.	*What a problem! I forgot my glasses without which I can't see anything.*
La cueva dentro de la cual se ocultan los rebeldes, es muy pequeña.	*The cave inside which the rebels are hiding is very small.*
La cuestión acerca de la cual discutimos me preocupa.	*The matter about which we argued worries me.*
Las hojas secas sobre las cuales se acostaron los niños, estaban húmedas.	*The dry leaves on top of which the children lay were wet.*

4.   To refer to persons after a preposition, as alternates for **quien,-es.** (See B above.)

Uds. son las dos personas en las cuales confío más.

Sus hijos, por los cuales hizo tantos sacrificios, no lo quieren.

La joven con la cual bailaste es viuda.

No dijo el nombre de la persona para la cual compró las flores.

Use of el cual to avoid ambiguity

El cual is used to avoid ambiguity when there are two possible antecedents of different genders.

La hija de Tomás, la cual es artista, acaba de ganar un premio.	*Tomás's daughter, who is an artist, has just won a prize.*
Se lo explicamos todo al criado de la duquesa, el cual había ido con nosotros.	*We explained everything to the duchess' servant, who had gone with us.*
Clara no pudo enseñarme la carta de Enrique, la cual se había perdido en Guadalajara.	*Clara wasn't able to show me the letter from Enrique, which had got lost in Guadalajara.*

El que **after prepositions**

El que and its inflected forms (**la que, los que, las que**)* are used after prepositions as alternates for **el cual** and its forms in cases 3 and 4.

¡Qué problema! Olvidé mis gafas, sin las que no veo nada.

La cueva dentro de la que se ocultan los rebeldes, es muy pequeña.

La cuestión acerca de la que discutimos me preocupa.

Las hojas secas sobre las que se acostaron los niños, estaban húmedas.

Uds. son las dos personas en las que confío más.

Sus hijos, por los que hizo tantos sacrificios, no lo quieren.

La joven con la que bailaste es viuda.

No dijo el nombre de la persona para la que compró las flores.

Use of lo que, lo cual

Lo que, lo cual are neuter relative pronouns. They mean *which (fact)* and do not refer to a specific person or thing, but rather to a preceding idea.

Mi televisor no funciona, lo que (lo cual) significa que necesito comprar uno nuevo.	*My TV set doesn't work, which means that I need to buy a new one.*
Mario llegó muy tarde a casa, lo que (lo cual) no le gustó a su padre.	*Mario got home very late, which his father didn't like.*
No sabíamos qué hacer, por lo que (lo cual) decidimos pedirle consejo.	*We didn't know what to do, for which reason we decided to ask him for advice.*
Soy una persona nocturna, por lo que (lo cual) tengo problemas con mi compañero de cuarto.	*I am a night person, on account of which I have problems with my roommate.*

APLICACIÓN

A *Complete, usando* **quien,-es** *cada vez que sea posible.*

1. Micaela, _____ es muy bonita, quiere ser actriz.

---

*For brevity's sake only **el que** will be cited henceforth.

2. Los estudiantes _____ quieran ir a la excursión deben hablar con Julián, _____ está encargado del viaje.
3. El señor _____ está sentado junto a la ventana es mi tío.
4. Cuando empezó la lluvia, los muchachos _____ jugaban en el patio echaron a correr.
5. Le regalé una muñeca nueva a la niña, _____ se puso muy contenta.
6. Muchos de los devotos _____ visitan la Villa de Guadalupe andan de rodillas.
7. El ingeniero _____ dirige la obra no se lleva bien con los obreros _____ trabajan en ella.
8. Maradona, _____ es un gran futbolista, fue el jugador _____ mejor jugó ayer.
9. Vasco Núñez de Balboa, _____ descubrió el Océano Pacífico, fue ejecutado.
10. El padrino de la boda será Rodrigo, _____ es hermano de la señorita _____ servirá de madrina.

B *Reemplace* **que** *con* **quien,-es** *en los casos en que sea posible.*

Cuando Orlando, que es mi mejor amigo, me vio entrar en la cafetería, me llamó para presentarme a dos jóvenes que estaban con él. Uno de ellos, que parecía extranjero, llevaba ropa que era, sin lugar a dudas, de otro país. Los saludé a los dos amablemente, pero el joven que llevaba la ropa extraña no pareció comprenderme. El otro muchacho, que era norteamericano, me explicó que su amigo era un griego que acababa de llegar de Atenas.

C *Traduzca al español las palabras entre paréntesis. En caso de que pueda usarse más de un relativo, dé todas las alternativas. Añada la preposición* **a** *cuando sea necesario.*

1. Un inmigrante ruso (*who*) llegó a Nueva York en 1890 inventó la linterna, (*which*) no es un hecho muy conocido. La compañía para (*which*) trabajaba el ruso, (*who*) se llamaba Hubert, vendía una planta artificial (*that*) tenía bombillitos (*which*) se encendían por medio de pilas. Hubert se dio cuenta de que sus clientes no querían floreros con plantas de luces, pero sí comprarían una luz (*that*) fuera portátil, y diseñó un cilindro dentro de (*which*) había pilas. La linterna, (*which*) su inventor patentó con el nombre de "Ever Ready", lo hizo millonario.

2. La señora (*who*) está de pie cerca del traje (*that*) te gusta, no es la misma dependienta (*whom*) le pregunté el precio. Se lo pregunté a aquella joven junto a (*whom*) hay un maniquí.

3. La persona (*whom*) habían atropellado era una viejecita (*whom*) todos llamaban Fili. El accidente, (*which*) fue realmente lamentable, sucedió muy temprano, en el camino (*that*) lleva a las afueras del pueblo, por (*which*) pasaba Fili todos los días. Su entierro, para (*which*) se recogió dinero públicamente, demostró que toda la gente (*who*) conocía a Fili la quería mucho.

D *Introduzca una cláusula original en las oraciones, usando* **el cual** (**la cual**, *etc.*) *para evitar ambigüedad.*

MODELO El amigo de Rosaura se sacó la lotería.
El amigo de Rosaura, el cual tiene mucha suerte, se sacó la lotería.

1. La madre del director padece del corazón.
2. El abogado de la empresa nos aconsejará en esto.
3. La mujer de Pepe sufre de insomnio.
4. Los hijos de las presas jugaban en el patio de la cárcel.
5. El padrino de la niña es francés.
6. El ídolo de Pepita es un cantante famoso.
7. Las novias de los cadetes no podrán verlos mañana.
8. El abuelo de la condesa murió en esta habitación.
9. El emisario de la reina llevará la carta.
10. El peluquero de la actriz no habla muy bien el inglés.

E *Complete de manera original, usando* **lo que** (**lo cual**) *para referirse a la idea anterior.*

MODELO Carmita tiene la mala costumbre de pedirme dinero.
Carmita tiene la mala costumbre de pedirme dinero, lo que (lo cual) me molesta mucho.

1. Estoy sin trabajo.
2. El hombre decidió no beber más.
3. Me invitaron a una fiesta en la Casa Blanca.
4. Tenemos examen mañana.
5. Mi grupo favorito dará un concierto el mes que viene.
6. Siempre estás criticando a todo el mundo.
7. Mi amigo es fanático del fútbol.
8. El nuevo empleado era muy poco puntual.
9. Se me perdió la licencia para conducir.
10. Vivís en una casa demasiado pequeña.

Relative pronouns that contain their own antecedent

The relative pronouns we have seen so far all refer to antecedents in the main clause. There are other relative pronouns, however, that contain their own antecedent. They are: **quien** (*he who*), **quienes** (*those who*), **el que** and its inflected forms (*the one(s) who, the one(s) which*). These pronouns are found very often in proverbs and popular sayings. While **quien,-es** refers only to people, **el que** can refer to either people or things.

Quien ríe último, ríe mejor.	*He who laughs last laughs best.*
El que a hierro mata, a hierro muere.	*He who lives by the sword dies by the sword.*

Los que (Quienes) quieran ir, que levanten la mano.	*Those who want to go, raise your hands.*
No me gusta esa grabadora, la que tengo es mejor.	*I don't like that tape recorder, the one I have is better.*

These pronouns can also be used as objects.

Contratarán a quien (al que) llegue primero.	*They will hire the one who gets there first.*
Ella escribió al principio de la carta: "A quien pueda interesar."	*She wrote at the beginning of the letter: "To Whom It May Concern."*
Enviaron varias herramientas, pero no enviaron las que pedí.	*They sent several tools but they didn't send the ones (that) I requested.*

After the verb **haber**, **quien,-es** is used. **El que** is not correct in this case.

Hay quienes dicen que el Alcalde no será reelecto.	*There are those who say that the Mayor won't be reelected.*
Yo preparo esa sopa con agua, pero hay quien le pone leche.	*I prepare that soup with water but there are some people who use milk.*
No había quien pudiera con ella.	*There was no one who could control her.*

A special case of agreement

When **quien,-es** or **el que** are the subjects of one clause and the other clause contains the verb **ser**, the verb in the relative clause tends to agree with the subject of **ser**. (Note that in English the subject of *to be* is the impersonal *it*, while in Spanish the person is the subject of **ser**.)

Son ellas quienes (las que) tienen que pedir perdón.	*It is they who have to apologize.*
Seremos nosotros quienes (los que) decidiremos el caso.	*We will be the ones who will decide the case.*
Fui yo quien (el que) pagué la cuenta.*	*It was I who paid the bill.*
Eres tú quien (la que) me debes dinero, y no al revés.*	*It is you who owes me money and not viceversa.*

The neuter form lo que

1. The neuter form **lo que** is the equivalent of the English *what (that which)*. **Lo cual** is not interchangeable with **lo que** in this case.

El final de la novela fue lo que no me gustó.	*The end of the novel was what I didn't like.*
Lo que sucedió despúes fue increíble.	*What happened afterwards was unbelievable.*

2. After verbs of information (**contar, decir, explicar, preguntar, saber,** etc.) **qué** (with an accent) is interchangeable with **lo que**.

Explíqueme lo que (qué) hizo toda la tarde.	*Explain to me what you did the whole afternoon.*
El sacerdote nos preguntó lo que (qué) pensábamos hacer.	*The priest asked us what we were planning to do.*

3. **Todo lo que** means *all (that), everything*.

Todo lo que necesitamos es dinero.	*All we need is money.*
Ud. puede comer todo lo que quiera por cinco dólares.	*You can eat all you want for five dollars.*
Le contaré a la policía todo lo que sé.	*I'll tell the police everything I know.*

RECAPITULATION

Relative pronouns are very often interchangeable in Spanish. The following summary refers to those cases when they are not.

1. **Que** cannot be used after a preposition other than **con, de, en,** and, in some special cases, **a**.

La mesa en que escribo. El bolígrafo con que escribo.	*The table on which I write. The pen that I write with.*

---

*In the case of **yo** and **tú** a third person verb can also be used. So, it is possible to say: **Fui yo quien (el que)** *pagó* **la cuenta**, and **Eres tú quien (la que)** me *debe* **dinero**. Making both verbs agree with the subject of **ser**, however, is preferred by many people since it gives a more personal tone to what is being said.

But

La mesa sobre la que (la cual) escribo.	*The table on top of which I write.*
El bolígrafo sin el que (el cual) no podría escribir.	*The pen without which I couldn't write.*

2. **Quien,-es** cannot be used in a restrictive clause.

El abogado que me representa.	*The lawyer who represents me.*
Los esquiadores que subieron a la cima.	*The skiers who went up to the top.*

3. Only **quien,-es** can be used after **haber** to express *one who, those who,* etc.

No hay quien pueda hacer eso.	*There is no one who can do that.*
Hubo quienes dijeron que el accidente fue planeado.	*There were those who said that the accident was planned.*

4. Only **lo que** can be used to express *what* in the sense of *that which.*

El vendedor no explicó lo que vendía.	*The salesman didn't explain what he was selling.*
Lo que Ud. necesita es descansar.	*What you need is to rest.*

APLICACIÓN

A *Complete, decidiendo entre* **lo que** *y* **lo cual**. *Si es posible usar ambos, indíquelo.*

1. El hombre no tenía dinero ni trabajo, _____ era muy triste. Yo le prometí que haría _____ pudiera por conseguirle empleo. Pero sospecho que _____ él quería no era un empleo, sino un préstamo.

2. Vivimos cerca de la playa, _____ me permite hacer todos los días _____ más me gusta: acostarme a tomar el sol.

3. Blanca no quiso explicarme _____ pasó, de _____ me alegro, porque no me gusta verme envuelto en _____ no me importa.

4. _____ más me gusta de volver a casa en las vacaciones, es que mi madre siempre cocina _____ yo le pido. En una semana me hizo seis tortas, _____ significa que tendré que ponerme a dieta cuando regrese a la universidad.

B *Reemplace* **lo que** *con* **qué**, *si es posible.*

1. Le pregunté a mi amigo **lo que** iba a hacer y me contestó que haría **lo que** yo quisiera.
2. La tienda cometió un error y no nos envió **lo que** pedimos.
3. ¿No sabes **lo que** le sucedió a Brenda?
4. Los ricos deberían dar a los pobres **lo que** les sobra.
5. No quiso contarme **lo que** pensaba comprar con tanto dinero.
6. Siempre le pido a mi padre **lo que** necesito.
7. No comprendo **lo que** haces solo en el parque a esta hora.
8. Puso sobre la mesa **lo que** tenía en los bolsillos.
9. El profesor dictó varias palabras, pero no nos explicó **lo que** significaban.
10. Tocar la guitarra es **lo que** más me gusta.

C *Complete de manera original.*

1. Los García se divorciaron y hay quienes piensan...
2. Para mí, el dinero no es esencial para la felicidad, pero hay quien considera ...
3. El decano renunció a su puesto y hay quienes dicen ...
4. No iré, pero hay quien piensa ...
5. La reunión fue un fracaso; había quienes querían ...
6. Muchos protestaron y hubo quien decidió ...
7. Yo siempre voy al cine los sábados, pero hay quienes prefieren ...
8. Tenemos un buen alcalde, pero no dudo que haya quien diga ...
9. Nuestro país es rico y es triste que haya en él quienes vivan ...
10. La misión es peligrosa, pero siempre habrá quienes quieran ...

D *Complete de manera original.*

1. Llamamos a María, pero fue José quien ...
2. La idea original fue mía, pero fueron Uds. quienes ...
3. Aunque todos bailan bien, son Pedro y Teresa los que ...
4. No tiene Ud. que irse, soy yo quien ...
5. No creo que la culpa fuera de tu novia. Serías tú el que ...
6. Ellos prometieron lavar el carro, pero fuimos nosotros quienes ...
7. Yo cocinaré, pero seréis vosotros los que ...
8. El equipo jugó bastante mal, fui yo el que ...

THE RELATIVE ADJECTIVE CUYO

Cuyo means *whose*, *which*, and *the ... of which*. It also has the forms **cuya,-os,-as**, since it agrees in gender and number with the noun it precedes.

Los jóvenes cuyos padres beben, tienen muchos problemas.	*Youngsters whose parents drink have many problems.*
No hace tanto frío en las habitaciones cuyas ventanas están herméticamente cerradas.	*It is not so cold in those rooms whose windows are tightly closed.*

The equivalent of *in which case* is **en cuyo caso**. *For which reason* is **por cuya razón**.

Es probable que llueva esta noche, en cuyo caso no iremos.	*It is likely that it will rain tonight, in which case we won't go.*
Ella nunca abre un libro, por cuya razón casi nunca sale bien en los exámenes.	*She never opens a book, for which reason she seldom does well in exams.*

Cuyo is repeated before two nouns of different genders and shows agreement with each one.

La actriz, cuya belleza y cuyo talento eran extraordinarios, merecía el premio.	*The actress, whose beauty and talent were exceptional, deserved the prize.*

If the nouns are of the same gender, **cuyo** or **cuya**, not a plural form, precedes the first noun only.

La actriz, cuya belleza e inteligencia eran extraordinarias, merecía el premio.	*The actress, whose beauty and intelligence were exceptional, deserved the prize.*
González, cuyo padre y hermano trabajan en la misma empresa, es el vicepresidente.	*González, whose father and brother work in the same company, is the vice-president.*

The preceding rules apply to the plural also.

Do not confuse **cuyo** and its other forms with **¿De quién (de quiénes) + ser + noun?** which means *Whose* + noun + *to be?*

¿De quién es esa corbata?	*Whose tie is that?*
No sé de quiénes serán estos libros.	*I don't know whose books these can be.*

In English *Whose?* is often combined with a verb other than *to be* but **¿De quién (de quiénes)?** requires the use of **ser**.

No dijeron de quién era el reloj que se llevó el ladrón.	*They didn't say whose watch the thief took. (Whose watch it was that the thief took.)*
¿De quiénes eran hijos los niños que tuvieron el accidente?	*Whose children had the accident? (Whose children were the children who had the accident?)*

APLICACIÓN

Exprese en español.

1. It wasn't us who expelled them, it was Don Antonio, whose lands they cultivate.
2. The police didn't say whose pieces of jewelry had been recovered.
3. I don't know whose coat this is, but it isn't mine.
4. "Whose record is that?" "It's my brother's, the one who collects Spanish records."
5. They may not find out whose fault it was, in which case they'll blame me.
6. Madariaga, whose books and lectures made him famous, was the one who spoke at that time.

ANÁLISIS DE LA LECTURA

A *Lea con atención las siguientes oraciones que contienen relativos.*

1. ... me dediqué a beber de una botella de champán que previamente había sacado de la cocina.
2. ... un terrible dolor de cabeza, que me atravesaba desde la coronilla a la frente.
3. Era lo que se dice, un bebedor social.
4. El regreso fue la primera de las múltiples noches de vuelta a casa en las que llegaba completamente borracho ...
5. ... desafiando a mi padre, el cual, en más de una ocasión, descargó terribles bofetadas en mí.
6. Todos los fines de semana invitaba a mis compañeros a beber, quienes, a mi parecer, siempre se retiraban demasiado pronto.
7. Uno que intentaba cumplir con su trabajo ... el otro, que mezclado en el bajo mundo ...
8. ... resentido contra los jefes, a quienes acusaba de incomprensión.
9. Una tarde que llegué a casa temprano ...
10. ... no llegué a sospechar lo que se avecinaba.
11. ... he encontrado una persona que me ama.
12. La sobriedad de la luna de miel duró lo que la vida de una mariposa.
13. Tiene que hacer lo que hago yo.
14. ... me topé con un amigo que había sido compañero de juerga.

15. ... del amor todavía quedaba una pequeña llama, que pudo ser avivada más tarde.
16. ... en una reunión grande de los AA en la cual había algunos niños.
17. ... tal vez haya sido por ese choque, por esa experiencia, por lo que he contado esta historia.

B *Conteste ahora lo siguiente.*

1. ¿Es posible usar **quien** en los dos casos que se presentan en el número 7? ¿Y en los números 11 y 14? Explique su respuesta.
2. ¿Es posible usar también **lo cual** en los números 3, 10, 12, 13 y 17? Explique.
3. Diga qué otros relativos se pueden usar correctamente en los números 1, 2, 4, 15 y 16.
4. Use todos los relativos que se puedan usar correctamente en los números 5, 6 y 8.

SECCIÓN LÉXICA

REPASO
Diga de qué palabra deriva cada una de las siguientes, y explique la relación entre la palabra original y su derivado.

1. movedizo
2. coronilla
3. desenfreno
4. fumón
5. avecinarse
6. avivar
7. aguantador

AMPLIACIÓN
La lengua española es muy rica en refranes; los hay para todas las circunstancias de la vida diaria. "Hay más refranes que panes", dice uno de ellos. La mayoría de los refranes se originaron en la Península Ibérica hace varios siglos, y algunos datan de la Edad Media, pero también hay refranes regionales que son originarios de Hispanoamérica. Como los refranes se han transmitido oralmente, a veces un refrán tiene diferentes versiones. La lista siguiente contiene algunos refranes que usan relativos y que tienen equivalentes en inglés.

1. **Antes que te cases, mira lo que haces.**   *Look before you leap.*

2. **A quien le venga el guante, que se lo plante.**   *If the shoe fits, wear it.*
   A quien le sirva el sayo, que se lo ponga.

3. **A quien madruga, Dios lo ayuda.** — *The early bird catches the worm.*

4. **Bien predica quien bien vive.** — *He preaches well who lives well. Practice what you preach.*

5. **Dime con quién andas y te diré quién eres.** — *A man is known by the company he keeps. Birds of a feather flock together.*

6. **El que mucho abarca poco aprieta.** — *Grasp all, lose all.*

7. **El que la hace, la paga.** — *You get what you deserve.*

8. **El que tiene padrinos, se bautiza.** — *It is not what you know, it is whom you know.*

9. **El que tiene tejado de vidrio, no tire piedras al del vecino.** — *People in glass houses shouldn't throw stones.*

10. **En el país donde fueres, haz lo que vieres.** — *When in Rome, do as the Romans do.*

11. **No es oro todo lo que reluce.** — *All that glitters is not gold.*

12. **No hay mal que por bien no venga.** — *It's an ill wind that blows no good.*

13. **No hay peor sordo que el que no quiere oír.** — *No one is so deaf as he who will not hear.*

14. **Ojos que no ven, corazón que no siente.** — *Out of sight, out of mind.*

15. **Perro que ladra no muerde.** — *A barking dog never bites.*

16. **Quien busca, halla.** — *He who seeks, finds.*

17. **Quien calla, otorga.** — *Silence gives consent.*

18. **Quien más tiene, más quiere.** — *The more one has, the more one wants.*

19. **Quien mucho habla, mucho yerra.** — *He who talks much, errs much. Silence is golden.*

20. **Quien no se aventura, no cruza la mar.** — *Nothing ventured, nothing gained.*

21. **Quien se junta con lobos, a aullar aprende.** — *He who lies with dogs wakes up with fleas.*

22. **Quien siembra vientos, recoge tempestades.** — *As you sow, so shall you reap.*

APLICACIÓN

A *Complete los siguientes refranes sin consultar la lista anterior.*

1. Bien predica . . .
2. A quien le venga el guante . . .
3. El que la hace . . .
4. Ojos que no ven . . .
5. Quien se junta con lobos . . .
6. Quien busca . . .
7. Quien calla . . .
8. Quien siembra vientos . . .
9. El que mucho abarca . . .
10. Quien más tiene . . .

B *Explique el sentido de cinco de los proverbios.*

C *¿Está Ud. de acuerdo con el refrán que dice:* **No hay mal que por bien no venga?** *Describa sus razones.*

D *¿Qué refrán usaría Ud. en cada una de las siguientes circunstancias?*

1. Hace más de un año que Arturo se porta mal. Su padre lo regaña constantemente y lo amenaza con echarlo de casa, pero siempre lo perdona. Arturo no tiene miedo a las amenazas de su padre y dice: . . .

2. Ud. piensa hacer un viaje a España, pero el día de la partida se enferma. El avión se cae. Ud. dice: . . .

3. Los González son, aparentemente, una familia modelo. Pero Ud., que los conoce íntimamente, sabe que no es así. Cuando un amigo le habla de lo buenos que son los González, Ud. comenta: . . .

4. En los países hispánicos se considera de mal gusto que una persona lleve pantalones cortos, excepto en la playa. Ud. está en Buenos Aires con un amigo y él quiere salir en pantalones cortos a la calle. Ud. le aconseja: . . .

5. Su amiga Juanita es muy habladora y a veces dice lo que no debe. Su comentario sobre las indiscreciones de Juanita es: . . .

6. Varias personas muy capacitadas querían el mismo empleo, pero fue José Ruiz quien consiguió el puesto, porque el presidente de la compañía conocía a su padre. Los otros candidatos comentan: . . .

7. Ud. tiene un amigo que bebe en exceso. Ud. le da buenos consejos continuamente, pero pierde su tiempo, porque él no lo escucha. Ud. le dice: . . .

8. Ud. es una persona muy dormilona, y su madre siempre insiste en que se levante temprano. Ella le dice: . . .

9. Cuquita no es muy honrada en su trabajo académico y se sabe que en el pasado presentó como suyos reportes escritos por sus amigos. Ahora Cuquita critica a un compañero que ha hecho esto. Ud. dice, refiriéndose a la actuación de Cuquita: . . .

10. Ud. no conoce bien a Fernando, pero sí conoce a varios amigos de él que tienen muy mala fama. Basándose en esto, Ud. tiene una mala opinión de Fernando, y la justifica diciendo: . . .

11. Su amigo Alberto está tan enamorado de una chica a quien conoció hace sólo un mes, que quiere casarse inmediatamente con ella. El consejo que Ud. le da es: . . .

12. Guillermo piensa tomar un examen del estado, por el cual la universidad le dará seis créditos. Pero el examen es difícil y Guillermo tiene mucho miedo. Ud. lo anima a que se examine diciéndole: . . .

PROBLEMA LÉXICO

Right and Wrong

1. When *right* means *appropriate; fitting, timely* = **correcto, apropiado; oportuno**.

When *wrong* means: *inappropriate; unfitting, untimely* = **incorrecto, inapropiado; inoportuno**.

Tuve la suerte de estar en el lugar apropiado en el momento oportuno.	*I was lucky to be in the right place at the right moment.*
La cuenta anterior estaba equivocada; le enviaré una cuenta por la cantidad correcta.	*The previous bill was wrong; I'll send you a bill for the right amount.*
En el pasado, fumar se consideraba inapropiado en una mujer.	*In the past, smoking was considered wrong in a woman.*

2. When *right* means *not mistaken or wrong* = definite article + (noun) + **que** + **ser**.

When *wrong* means *mistaken, false* = **equivocado**, definite article + (noun) + **que no** + **ser**.

Antes de llamar, asegúrate de que tienes el número que es.	*Before calling, make sure that you have the right number.*
Tomé el autobús que era, pero me bajé en una parada equivocada (que no era).	*I took the right bus but I got off at the wrong stop.*
Al salir, tomó Ud. el abrigo equivocado (que no era) por error.	*Upon leaving, you took the wrong coat by mistake.*

3. When *right* means *fair* = **justo**.
   When *wrong* means *unfair* = **injusto**.

Los patronos deben pagar a sus empleados el salario justo.	*Employers should pay their employees the right salary.*
Es injusto que yo tenga que hacer todo el trabajo.	*It is wrong that I have to do all the work.*

4.   When referring to a person: *to be right* = **tener razón**; *to be wrong* = **estar equivocado, no tener razón, equivocarse.**

Generalmente me equivoco, pero esta vez tengo razón.	*I am generally wrong, but this time I am right.*
Él se negaba a aceptar que estaba equivocado.	*He refused to acknowledge that he was wrong.*

The expression **equivocarse de** + noun is expressed in English in different ways: **equivocarse de fecha** (*to get the date wrong*), **equivocarse de casa** (*to go to the wrong house*), **equivocarse de número** (*to get the wrong number*).

5.   When *to be right* refers to a thing accepted as correct or proper by general standards, **ser correcto** is used.

When *to be wrong* refers to a thing considered mistaken or incorrect by general standards, **ser erróneo** and **ser incorrecto** are used.

No es correcto mascar chicle en clase.	*It isn't right to chew gum in class.*
La fecha de nacimiento que ella dio era errónea (incorrecta).	*The birth date she gave was wrong.*

If *to be right* and *to be wrong*, referring to things, stress a judgment on the part of the speaker, **estar correcto, estar bien** and **estar equivocado, estar incorrecto** and **estar mal** are used, whether or not the speaker's opinion coincides with general standards.*

El profesor dijo que todas mis respuestas estaban correctas, pero que dos de las tuyas estaban equivocadas.	*The professor said that all my answers were right but that two of yours were wrong.*
No está bien que no los ayudemos.	*It is not right for us not to help them.*
Esta suma está incorrecta (equivocada, mal); vuelva a hacerla.	*This total is wrong; add it again.*

6.   *The right thing(s)* = **lo que** + **deber**. *The wrong thing(s)* = **lo que** + **no** + **deber.**

Lo que debéis hacer es contestar esa carta.	*The right thing for you to do is to answer that letter.*

---

*Note that this usage is in keeping with the normal functions of **ser** and **estar**. (See chapter 3.)

No adelgazo porque siempre como lo que no debo.	*I don't lose weight because I always eat the wrong things.*

7.   *To do the right thing in* + *-ing* = **hacer bien en** + infinitive. *To do the wrong thing in* + *-ing* = **hacer mal en** + infinitive.

Ud. hizo bien en quedarse en casa.	*You did the right thing in staying home.*
Sé que hago mal en darle dinero, pero no puedo evitarlo.	*I know I am doing the wrong thing in giving him money, but I can't help it.*

8.   *Right* as a noun meaning *good* = **el bien, lo bueno**. *Wrong* as a noun meaning *bad* = **el mal, lo malo**.

Los niños pequeños no pueden diferenciar el bien del mal.	*Small children can't tell right from wrong.*
Espero que me perdones por el mal (lo malo) que te hice.	*I hope you'll forgive me for the wrong I did you.*

9.   *Right* as an adverb meaning *the right way* = **bien**. *Wrong* as an adverb meaning *in a wrong manner* = **mal**.

Trate Ud. de hacerlo bien; no importa cuánto se tarde.	*Try to do it right; it doesn't matter how long it takes.*
Trabajamos mucho organizando la fiesta, pero todo salió mal.	*We worked hard organizing the party but everything went wrong.*

10.   Other meanings of *right*

a. *at, on, to the right*	**a la derecha**
b. *right angle*	**ángulo recto**
c. *right away, right off*	**inmediatamente**
d. *right there (here) (now)*	**allí (aquí) (ahora) mismo**
e. *to serve one right*	**estar(le) bien empleado**
f. *right (as a noun) (a just claim)*	**el derecho**
g. *to be right-handed*	**ser derecho**

El avión torció a la derecha en ángulo recto.	*The plane turned right on a right angle.*
—Necesito que saque las copias inmediatamente y aquí mismo. —Sí, señor, ahora mismo las hago.	*"I need you to make the copies right away and right here." "Yes, sir, I'll do them right now."*

Protestarán ante la Comisión de Derechos Humanos.	*They will protest before the Commission on Human Rights.*
Ud. tiene el derecho de permanecer callado.	*You have the right to remain silent.*
Le estuvo bien empleado perder, porque hizo trampa.	*It served him right to lose, because he cheated.*
Yo soy derecho, pero mis dos hermanos son zurdos.	*I am right-handed but my two brothers are left-handed.*

11.   Other equivalents of *wrong*

When *wrong* means *in a bad state or condition, out of order, amiss* = **algo + (le) + pasar, no + andar + bien**.

Algo le pasa a este auto. (Este auto no anda bien).	*Something is wrong with this car.*
Estás pálido. ¿Te pasa algo?	*You look pale. Is anything wrong with you?*
Tengo un turno con el médico porque no ando bien últimamente.	*I have an appointment with the doctor because something is wrong with me lately.*

APLICACIÓN
Traduzca.

1. She did the right thing when she defended her right to call her lawyer.
2. You were right; I got the date wrong.
3. Something was wrong with the car. The driver lost control and right away hit the right side of a truck on a right angle.
4. We did the wrong thing in stopping right here.
5. Lucía is wrong. It isn't wrong to drink a little as long as one drinks at the right time.
6. What's wrong with you? You are giving me the wrong book.
7. The wrong thing for us to do is to give up our rights.
8. All your answers in the exam are wrong. It serves you right for not having studied.

TRADUCCIÓN
There are those who insist that their children learn to play an instrument, which seems wrong to me. Among those musicians who play best, one rarely finds persons whose musical training was forced [on them]. Children who are obliged by their parents to learn something, don't enjoy what they are learning.

What happens is that those who couldn't accomplish something in their youth believe they have the right to see it accomplished by their children. Roberto, who is a friend whom I have known for many years, is a good example. Roberto, whose parents were very poor, couldn't have as a child everything he wished for. They could never buy him the piano he wanted. Roberto now has a child whom he "convinced" to take piano lessons. Roberto's son, who was unwillingly learning to play the piano, began to have nightmares in which he saw insects on the bench on which he sat to practice. It was evident that something was wrong with him. It was I who suggested that the reason why (do not use *por qué*) the child had those nightmares, was that he didn't like to play the piano.

Roberto, who is an understanding man, decided that the right thing for him to do was to forget about the lessons. The nightmares stopped right away. "A child who learns what he likes, learns better," said Roberto afterwards. And I added: "A child whose father acknowledges that he is wrong is a fortunate child."

TEMAS PARA COMPOSICIÓN
Use el mayor número posible de relativos en su tema.

1. Los chistes sobre borrachos. La Lectura de este capítulo presenta el alcoholismo en su aspecto trágico. Pero frecuentemente el beber tiene su lado humorístico y es fuente de innumerables cuentos y chistes. ¿Cuál es el motivo de esto? Cuente o comente uno o varios chistes de borrachos que conozca.

2. La música. La música suave vs. la música ruidosa. ¿Podemos saber el carácter de una persona basándonos en el tipo de música que prefiere? ¿Qué música prefiere Ud.? ¿Cuál es su grupo o cantante favorito? ¿Por qué?

3. Sobre instrumentos musicales. ¿Por qué aprendió (o le gustaría aprender) a tocar un instrumento musical? Uno de los instrumentos favoritos de los jóvenes de hoy es la guitarra. ¿A qué se debe su popularidad?

4. Las profesiones u oficios "heredados". ¿Qué ventajas y qué desventajas tiene el seguir la misma profesión u oficio de los padres? ¿Va a hacerlo Ud.? ¿Por qué o por qué no? ¿Qué profesión seguirá?

5. "Un niño que aprende lo que le gusta, aprende mejor". ¿Está Ud. de acuerdo? Explique sus razones. ¿Debe haber requisitos en los programas de estudios, por ejemplo, el requisito de tomar dos años de una lengua? ¿Debe permitirse que el estudiante escoja libremente todos sus cursos? Si fuera así, ¿qué cursos escogería Ud. y cuáles no tomaría de ninguna manera? ¿Por qué? ¿De qué manera influiría en su decisión el conocer al profesor que iba a enseñar esos cursos?

CAPÍTULO 12

LECTURA

El siguiente artículo de Carlos Segundo, publicado en la revista **Américas**,
*describe los esfuerzos que se han hecho para remediar el problema de los
niños sin hogar, en una de las grandes capitales hispanoamericanas.*

Un sacerdote rescata a los gamines[1] bogotanos[2]

Hace doce años, un lluvioso fin de semana bogotano, el capellán[3] de una cárcel
de menores de la capital colombiana, ideó un plan que parecería a muchos el
más descabellado[4] del mundo. El sacerdote italiano Javier de Nicoló obtuvo
permiso de las autoridades del penal[5] para sacar a 30 reclusos,[6] tomó con ellos
un tren y se fue a pasar unas vacaciones en las soleadas playas de la costa
colombiana del Atlántico.

Los 30 jovencitos eran apenas una mínima parte de los miles de "gamines"
que pululaban[7] por las calles de la capital colombiana. En su gran mayoría eran
chicos fugados[8] de sus casas que habían huido de los maltratos de sus
progenitores. Muchos habían sido abandonados por padres incapaces de
criarlos. El padre Nicoló los había visto fumando marihuana o "dopándose"
con[9] la gasolina que absorbían de los automóviles, robando los
limpiaparabrisas de los vehículos, arrebatando relojes y joyas a los

---

[1]jovencitos sin hogar que viven una vida de pícaros en la calle
[2]de Bogotá
[3]sacerdote
[4]loco, increíble

[5]cárcel
[6]presos
[7]abundaban mucho
[8]escapados
[9]*getting high on*

transeúntes, o hurtando[10] cualquier objeto de valor en los comercios para después venderlo a un precio irrisorio[11] a otros delincuentes más avezados.[12]

Contrariamente a la creencia general, el religioso regresó a Bogotá con la misma fila de 30 muchachos con que había partido 15 días antes. Ninguno había intentado escapar.

Esta experiencia era la prueba que necesitaba el padre Nicoló para convencer a las autoridades de que era posible ejecutar un plan para rescatar al gamín y volverlo útil a la sociedad. Acompañado de un grupo de educadores que seleccionó en distintos lugares del país, el padre Nicoló inició su trabajo una fría noche bogotana. Con guitarras, confites[13] y amplias sonrisas de amistad, el grupo visitó una "camada"[14] de unos 15 pequeños que se acurrucaban[15] unos con otros en una desigual lucha contra el frío y que estaban resguardados de la lluvia por los muros de un puente elevado.

La hostilidad característica de estos pequeños hacia los mayores se desvaneció[16] rápidamente aquella noche, gracias a la presencia del sacerdote. A los representantes de la iglesia en Colombia siempre se les trata con profundo respeto. Esta situación fue aprovechado por el padre Nicoló con ventajosos resultados.

La visita a las camadas se institucionalizó[17] desde entonces. El grupo de educadores, siempre con el sacerdote a la cabeza, estableció la costumbre de desfilar[18] todos los jueves por la noche, llevando un mensaje de esperanza a los gamines que encontraba a su paso.

Simultáneamente con las visitas nocturnas, se abrieron las puertas de un amplio local que se llamó el Patio de la 11, en uno de los lugares más sórdidos del centro de Bogotá. En las visitas nocturnas, que se siguen realizando todos los jueves, se invita a los miembros de las camadas a que se vayan al Patio.

En el Patio de la 11 los gamines encuentran una serie de servicios y atenciones que reemplazan el hogar que tal vez nunca tuvieron. Allí van voluntariamente, pueden entrar y salir cuando quieran, reciben desayuno y almuerzo, servicios médicos y dentales y, sobre todo, pueden darse un baño. (La principal característica de los gamines fue siempre el desaseo.) El padre Nicoló considera que si un gamín que es visitado en una camada acepta su invitación y acude uno o varios días al Patio de la 11, sus esfuerzos comienzan a dar fruto.

Según la teoría del padre Nicoló, para la rehabilitación de los pequeños, la confianza es tal vez el elemento más importante del programa. Al cabo de varias visitas al Patio de la 11, los muchachos empiezan a confiar en los responsables[19] del lugar, que son verdaderos profesores. La primera demostración de amistad se produce cuando el pequeño pide al profesor que le guarde su "cachito"[20] de marihuana o su cuchillo mientras toma un baño.

---

[10]robando
[11]muy bajo, ridículo
[12]con más experiencia
[13]dulces y pasteles

[14]grupo
[15]*were huddling*
[16]desapareció
[17]se hizo una costumbre

[18]pasar por allí
[19]que están a cargo
[20]*roach*

Nada de lo que los jóvenes entregan en custodia es decomisado[21] por los profesores, ya sean armas, dinero o estupefacientes.[22]

Como el Patio de la 11 sólo está abierto hasta las cuatro de la tarde, todos deben salir de allí a esa hora. No hay servicio de dormitorio. Pero si los gamines quieren pasar una noche menos azarosa[23] que las que pasan en la calle, Nicoló tiene una solución. A pocos metros del Patio hay una casa llamada Liberia, pero no todos los 120 ó 150 jóvenes que pasaron el día en el Patio pueden pasar la noche allí. En primer lugar, sólo hay unas 30 camas. Además, y esto es lo más importante, en Liberia se exigen algunas responsabilidades y compromisos que no existen en el Patio: entrar a las cinco de la tarde y no salir hasta el día siguiente; no ingresar bajo los efectos de la marihuana ni llevar consigo otra droga, ni armas, ni objetos robados.

La siguiente etapa[24] se llama Bosconia. Ésta es una casa de media manzana[25] situada cerca del Patio y de Liberia, es decir, también en los bajos fondos[26] de la ciudad. Ingresar allí puede resultar difícil para muchos pequeños delincuentes. Pero salir, en cambio, es fácil, porque siempre el programa hace hincapié[27] en la voluntad de los interesados.

Además de la fundación del padre Nicoló, hay otras instituciones en Colombia que ayudan a los niños sin hogar. Estos niños se encuentran en una de ellas, en la ciudad de Medellín.

---

[21]*seized*
[22]narcóticos
[23]peligrosa
[24]paso
[25]**de**...que ocupa media manzana o cuadra
[26]**los**...barrio malo

[27]**hace**...pone énfasis
[28]graduados de la escuela secundaria
[29]**en**...en este momento
[30]**pese**...a pesar de
[31]**designan**...escogen a sus jefes

Para los gamines, entrar en Bosconia es entrar en un hogar. El pequeño recibe allí atención las 24 horas del día, incluyendo comidas, dormitorios, servicios médicos y sanitarios y formación educativa y vocacional.

Un par de años en Bosconia pueden ser suficientes para cambiar radicalmente las costumbres de los pequeños. Pero si prefieren seguir dentro del programa, los espera La Florida, finca a 20 kilómetros al oeste de Bogotá. En La Florida todo está integrado: la escuela, el taller y la vivienda. En el taller se puede aprender un oficio y en la escuela se puede terminar la educación secundaria. De allí han salido alrededor de 50 bachilleres,[28] varios músicos, y en la actualidad[29] alrededor de 10 jóvenes estudian carreras universitarias. En La Florida hay unos 500 jóvenes, quienes, pese a[30] su corta edad y terrible pasado, constituyen una comunidad modelo. En efecto, La Florida es gobernada y administrada económicamente por sus propios habitantes, que periódicamente designan a sus superiores[31] en elecciones democráticas.

Si el programa creado por el padre Nicoló terminara en La Florida, cualquiera diría que era más que suficiente. Pero el sacerdote lo llevó aun más adelante con la creación de una nueva entidad. Se trata de la Fundación Servicio de Orientación Juvenil San Carlos, que en la práctica constituye una verdadera industria, cuyo activo[32] supera[33] los 3,000,000 de dólares.

La Fundación fue creada en 1976, pero no entró en operaciones hasta el año pasado. Realiza trabajos para el sector privado y sus proyecciones son las de entrar a competir como empresa privada en el mercado metalmecánico[34] colombiano.

Después de diez años de labor sistemática, un poco más de 1,000 gamines han sido rehabilitados, y la mayoría de ellos se ha incorporado a la sociedad como trabajadores productivos. Se calcula que alrededor de otros 1,000 han sido rehabilitados también por medio de otros programas de ayuda, puestos en marcha por[35] distintos grupos y entidades de carácter social. Otro buen número de gamines han abandonado las calles, a medida que las principales "galladas"[36] han ido encontrando el camino de la rehabilitación. Los transeúntes bogotanos ya no encuentran a su paso el ejército de muchachuelos que hace años les causaban temor y lástima. Parece que al fin, se ha hallado solución al problema.

COMPRENSIÓN

1. ¿Adónde llevó el sacerdote a los treinta gamines bogotanos?
2. ¿A qué actividades solían dedicarse los gamines?

---

[32]capital
[33]excede

[34]*metalworking*
[35]**puestos**...que comenzaron

[36]pandillas, grupos

En esta vista panorámica de la ciudad de Bogotá, se observan los altos edificios y la gran extensión de esta importante capital, que cuenta ya con cinco millones y medio de habitantes.

3. Cuente la primera visita que hizo el padre Nicoló a los gamines.
4. ¿Qué encuentran los gamines en el Patio de la 11?
5. Según el padre Nicoló, ¿cuál es el elemento más importante en la rehabilitación de los chicos?
6. ¿Cuál es la función de la casa llamada Liberia?
7. ¿Qué beneficios reciben los gamines en la casa llamada Bosconia?
8. ¿Cómo funciona la democracia en la finca de La Florida?
9. ¿Cuál es el propósito específico de la Fundación creada por el padre?
10. ¿Qué pruebas tenemos de que estos programas han sido exitosos?

OPINIONES

1. ¿Quiénes tienen la culpa de las actividades delictivas de los delincuentes juveniles: ellos mismos, sus padres o la sociedad? Explique su opinión.
2. Muchos de estos gamines fueron maltratados por sus padres. ¿Es grave el problema del abuso de los niños en nuestro país? ¿Cómo puede resolverse? ¿Cree Ud. que este problema es más común en determinadas clases sociales?
3. ¿Es serio en su pueblo o ciudad el problema de las personas sin hogar? ¿A qué se debe el problema? ¿Cuál es la solución?
4. Algunos opinan que la música popular de hoy ejerce una mala influencia

en la conducta de los jóvenes. ¿Qué opina Ud.? ¿Qué otras cosas influyen negativamente en la conducta de un joven?

5. ¿Está Ud. de acuerdo en que es necesario ganarse la confianza de los chicos para rehabilitarlos? ¿Es más importante imponer la disciplina o ganarse la confianza? ¿Hacen bien los responsables del Patio de la 11 en no decomisar las armas y los estupefacientes de los gamines?

6. No se les permite a los chicos entrar en Liberia bajo los efectos de la marihuana. ¿Qué piensa Ud. de esa política? ¿Es sensata o demasiado severa? Explique.

SECCIÓN GRAMATICAL

VERBS USED REFLEXIVELY

Before discussing the passive voice in detail, it will be convenient to review the principal uses of the reflexive. Remember that a very common way to express the passive voice in Spanish is with a reflexive construction.

A verb is said to be reflexive when its action is directed back on the grammatical subject. (A simpler definition states that a Spanish verb is reflexive when it is used with a reflexive pronoun: **me, te, se, nos, os, se**.) Although some may overlap, the various reflexive uses of verbs are grouped below into a number of categories. Be advised that the subtleties of the reflexive can only be learned through years of experience with the language. Additional examples of some of the categories will be found in this chapter's Ampliación.

1. Some verbs are always used reflexively in Spanish.

arrepentirse (de)	*to repent, be sorry about (regret)*
atreverse (a)	*to dare*
jactarse (de)	*to boast*
quejarse (de)	*to complain*

Miguel se jacta de que no hay nada que él no se atreva a hacer.	*Miguel boasts that there is nothing that he doesn't dare to do.*

2. Transitive verbs are often used reflexively.

a. Many of these verbs show the following pattern: If the subject performs the act on someone else, the reflexive pronoun is not used (column **A**); if the subject is the person affected, the reflexive pronoun is used in Spanish, even though it may not be used in English (column **B**). Observe that the English translation differs in columns **A** and **B**.

	A		**B**
acostar	*to put to bed*	acostarse	*to go to bed*
divertir	*to amuse*	divertirse	*to have a good time, enjoy oneself*
llamar	*to call*	llamarse	*to be named*
sentar	*to seat*	sentarse	*to sit down*

Gloria sentó al nene en la mecedora y luego se sentó en el sillón cercano.

Gloria sat the child in the rocker and then she sat down in the nearby armchair.

A veces los cómicos divierten al público pero ellos mismos no se divierten.

Sometimes comedians amuse the public but they themselves do not have a good time.

b. Often a Spanish transitive verb requires the reflexive pronoun when no other direct object is expressed. Observe that in the following cases, the English translation is the same.

derretir(se)	*to melt*	**extender(se)**	*to extend*
detener(se)	*to stop*	**secar(se)**	*to dry*

Si la ropa no se seca pronto, tendré que secarla en la secadora.

If the clothes don't dry soon I'll have to dry them in the dryer.

Cuando detuve el coche en el paso a nivel, vi que un tren se detenía para no atropellar una vaca.

When I stopped the car at the crossing, I saw that a train was stopping in order not to run over a cow.

3.   Numerous verbs—transitive and intransitive—acquire different meanings when used reflexively.

comer	*to eat*	comerse	*to eat up*
dormir	*to sleep*	dormirse	*to fall asleep*
ir	*to go*	irse	*to go away, off*
llevar	*to carry*	llevarse	*to carry off*

Antonio se comió todas las galletas.

Antonio ate up all the crackers.

A Cristina le gusta dormir pero con frecuencia le cuesta trabajo dormirse.

Cristina likes to sleep but frequently she has a hard time falling asleep.

In other cases, the shift of meaning may not be translatable and/or may vary from one Spanish-speaking area to another. Many verbs that are not reflexive in Spain are used reflexively in Spanish America.

desayunar(se)	to have breakfast	**enfermar(se)**	to get sick
despertar	to wake up, awaken (transitive)	**morir(se)**	to die
despertar(se)	to wake up, awaken (intransitive)		

(Me) desperté a las ocho y a las ocho y media desperté a mi hermanito.	I woke up at eight o'clock and at eight thirty I woke up my brother.

If we examine some of the differences between **morir** and **morirse**, the complexity of this problem becomes evident.

Morir refers to a death that occurs in an accident or under violent circumstances.

Muchos soldados murieron en la batalla.	Many soldiers died in the battle.
El niño murió en el incendio.	The child died in the fire.

Morirse expresses the idea to die (of natural causes), to be dying, to be moribund.

Hace días que el enfermo se muere.	The sick man has been dying for days.

Both **morir** and **morirse** can be used figuratively; the latter is found most often with human subjects.

A medida que mueren las costumbres viejas, nacen las nuevas.	As the old customs die, the new ones are born.
Nos morimos por ir a ese concierto.	We are dying to go to that concert.
Durante el espectáculo, Mariano se moría de (la) risa.	During the show Mariano was dying of laughter.

4.   Many verbs are used reflexively when referring to actions that involve a part of the body or an article of clothing of the grammatical subject.

Al quitarse las botas, Enrique se lastimó el tobillo izquierdo. *On removing his boots, Enrique hurt his left ankle.*

Note that the reflexive pronoun is not used when the action is purely voluntary and no external instrumentality (including another body part) is involved.

El anciano cerró los ojos pero tardó mucho en conciliar el sueño. *The elderly man closed his eyes but he didn't fall asleep for a long time.*

5. A number of verbs when used reflexively may acquire a causative meaning.

cortarse el pelo = *to have one's hair cut.*
empastarse una muela (un diente) = *to have a tooth filled.*
retratarse = *to have one's picture taken.*
sacarse una muela (un diente) = *to have a tooth extracted.*

Ayer Manuel se cortó el pelo porque iba a retratarse. *Yesterday Manuel got a haircut because he was going to have his picture taken.*

6. **Se** is frequently used with the third person singular of the verb to mean *one, they, people, you* (indefinite).*

Hoy día se habla mucho de los problemas sicológicos. *Nowadays people talk a lot about psychological problems.*

En el Mesón Gallego se come mejor que en casa. *At the Mesón Gallego you eat better than at home.*

In order to use a reflexive verb impersonally, one must add: **uno,-a** or **una persona**.

Si uno (una persona) se alaba constantemente, se aburren sus oyentes. *If a person praises himself constantly, his listeners get bored.*

---

*It should be noted that the indefinite or impersonal English *you* is sometimes expressed in Spanish by **tú**, especially in the spoken language. Occasionally **usted** is also used in this way.

A veces en la vida (tú) trabajas mucho y no tienes éxito. *Sometimes in life you work hard and you're not successful.*

APLICACIÓN

A *Conteste las siguientes preguntas basándose en los ejemplos citados en los apartados anteriores.*

1. ¿Qué no se atreve a hacer Miguel?
2. ¿Qué hizo Gloria antes de sentarse?
3. ¿Qué viste cuando detuviste el coche?
4. ¿Qué hizo Antonio con las galletas?
5. ¿Qué le cuesta trabajo hacer a Cristina?
6. ¿Qué hiciste a las ocho, y media hora después?
7. ¿Cuál fue el resultado del incendio?
8. ¿Cuánto tiempo hace que el enfermo se muere?
9. ¿Tienen Uds. ganas de ir al concierto?
10. ¿Qué hacía Mariano durante el espectáculo?
11. ¿Cuándo nacen las costumbres nuevas?
12. ¿Cómo se lastimó Enrique?
13. ¿Qué hizo el anciano para dormirse?
14. ¿Qué hizo ayer Manuel? ¿Por qué?
15. ¿De qué se habla mucho hoy día?
16. ¿En dónde se come mejor que en casa?
17. ¿Cómo reaccionan los oyentes de una persona que se alaba mucho?

B *Traduzca.*

Last night I was dying to go to bed early because I had a tooth extracted in the afternoon. However, when I was about to put on my pajamas, some friends arrived, explaining that they wanted to amuse me with several new jokes, so I didn't dare to say anything. How can one complain in a case like this? I didn't get to sleep until after midnight and my friends drank up all the beer and soda that I had in the house. They also took a gallon of ice cream, saying that they didn't want it to go to waste during by "illness."

THE PASSIVE VOICE

Speakers of Spanish and English have at their disposal two voices or ways to indicate the relation of the subject of the verb to the action expressed by the verb. In the active voice, the subject *performs* the action.

Cervantes escribió esa novela.   *Cervantes wrote that novel.*

On the other hand, in the passive voice the subject is the *recipient* of the action.

Esa novela fue escrita por   *That novel was written by Cervantes.*
Cervantes.

The passive voice may be expressed in Spanish by means of various constructions.

The True Passive (Ser + past participle)

When an agent (performer) is expressed or strongly implied, **ser** is used with the past participle in Spanish, much as the verb *to be* is used in English with the past participle.

Esa profesora es admirada por casi todos sus estudiantes.	*That professor is admired by almost all her students.*
Me consta que ese batería será muy aplaudido por el público en su primer concierto.	*I'm sure that percussionist will be much applauded by the public in his first concert.*
En aquella época fueron construidas todas las casas de la cuadra.	*At that time all the houses on the block were built.*
Aquellos árboles han sido plantados en la última semana.	*Those trees have been planted during the last week.*

Observations:

1.   This construction, which so closely parallels English usage, is a lot less frequently used in Spanish. Much preferred are the active and/or reflexive structures discussed below. The overuse of the true passive is regarded as a stylistic defect. Especially frowned upon is the use of the present progressive of **ser** + present participle (e.g., **El edificio está siendo construido por una empresa extranjera.**) It is much better Spanish to say: **Una empresa extranjera construye (está construyendo) el edificio.**

2.   You must not use the true passive in Spanish when the English subject is an indirect object. In the sentence *We were given the bad news yesterday*, it is clear that *we* is an indirect object if the sentence is converted to the active voice: *They gave the bad news to us yesterday.* One should say either **Nos dieron la mala noticia ayer** or **Se nos dio la mala noticia ayer.**

The Indefinite Third Person Plural of the Active Verb

When the agent is not expressed or strongly implied, a very common equivalent of the English passive voice is the indefinite third person plural of the active verb.*

---

*The active structure exists in English, but is not used nearly so often as in Spanish. In the following examples, observe how the active voice is preferred in Spanish, whereas the passive is used in English.

A Maruja no le gusta que la critiquen.	*Maruja doesn't like to be criticized.*
Seguramente esta tarde echarán al correo los dos paquetes.	*The two packages will definitely be mailed this afternoon.*
Y ¿piensas tú que cuando nos morimos no nos piden cuenta de nuestras acciones? (Galdós, **Miau,** cap. 27)	*And do you think that when we die we won't be asked for an account of our actions?*

The subject in Spanish is not **ellos** or **ellas** but an unexpressed indefinite *they*. The English subject becomes the direct object in Spanish.

Admiran mucho a esa profesora.	*That professor is much admired. (They admire that professor a lot.)*
Me consta que aplaudirán mucho a ese batería en su primer concierto.	*I'm sure that percussionist will be much applauded in his first concert. (I'm sure that they will applaud that percussionist a lot in his first concert.)*
En aquella época construyeron todas las casas de la cuadra.	*At that time all the houses on the block were built. (At that time they built all the houses on the block.)*
Han plantado aquellos árboles en la última semana.	*Those trees have been planted during the last week. (They have planted those trees during the last week.)*

The Apparent Passive (Estar + past participle)

In English, the isolated sentence *Mario was wounded* can be interpreted two ways: (a) it could refer to an action in which someone wounded Mario, or (b) it could refer to the state or condition that Mario was in as a result of the fact that someone wounded him.*

In Spanish, the first meaning is expressed by **ser** + past participle: **Mario fue herido**. The second meaning is not really a passive because no action is expressed and therefore **estar** + past participle is used: **Mario estaba herido**.

Cuando yo me mudé a esa cuadra, ya todas las casas estaban construidas.	*When I moved to that block all the houses were already built.*
Ya están plantados los árboles, ¿ verdad?	*The trees are already planted, aren't they?*
El delincuente estuvo encarcelado del 65 al 75.	*The criminal was locked up from '65 to '75.*

Observe carefully also the resultant states expressed in the following sentences.

El agua está compuesta de oxígeno e hidrógeno.	*Water is composed of oxygen and hydrogen.*

---

*Some grammarians of English use the term "statal passive," which corresponds to **estar** + past participle, and "actional passive," which corresponds to **ser** + past participle.

México está limitado al norte por los Estados Unidos y al sur por Guatemala.	*Mexico is bordered on the north by the United States and on the south by Guatemala.*
Las montañas estaban cubiertas de nieve.	*The mountains were covered with snow.*

In none of the above cases does the verb **estar** express an action taking place at the time indicated by the tense, which is the function of **ser** + past participle. In short, these examples only *look like* the passive voice.

APLICACIÓN

A *Vuelva a escribir los siguientes pasajes, usando la voz pasiva tantas veces como sea posible.*

1. Varios médicos examinaron al paciente y varios siquiatras evaluaron su estado mental. El hombre tenía la obsesión de que todo el mundo lo vigilaba y de que sus amigos lo traicionaban. Su estado era tal, que su familia no podía atenderlo y su esposa lo recluyó en una clínica especial.

2. La señora de Torrente ha invitado a más de mil personas a la recepción que ella organiza para celebrar el cumpleaños de su esposo. Dos orquestas amenizarán el acto y un chef de fama internacional preparará el menú. Todos admiran al señor Torrente, y sé que los periódicos van a reseñar la recepción y que los asistentes aplaudirán mucho a su organizadora.

B *Reemplace los verbos reflexivos con formas que indiquen estados resultantes.*

MODELO   Me convencí > Estoy convencido

Me convencí de que el doctor Pedrosa es un médico maravilloso. En enero mi padre *se internó* en el hospital porque *se hirió*. Tuvo un accidente en el trabajo y su pierna derecha *se fracturó* en varios lugares. Pero, gracias al doctor, ya mi padre *se curó*. Todo el mundo *se asombró* de su rápida recuperación.

The Reflexive Substitute

In this construction, there are two different structures: one for things, animals, and groups of persons; another for individualized persons. Usually the agent is not expressed nor strongly implied.

1. Things, animals, and groups of persons

In this case, the English subject becomes the subject of the Spanish active verb used with **se**. If the subject is singular, the verb is singular; if the subject is plural, the verb is also plural.*

---

*When a group of persons is the subject, some grammarians apply the term **cosificación** to this structure.

En aquella época se construyeron todas las casas de la cuadra.	*At that time all the houses on the block were built.*
Ese árbol se plantó el verano pasado.	*That tree was planted last summer.*
Se llevaron al laboratorio las ratas que se habían comprado el lunes.	*The rats that had been bought on Monday were taken to the laboratory.*
Se seleccionarán varias jóvenes para una prueba de cine.	*Several young women will be selected for a screen test.*
Los maestros recién graduados se enviaron a la nueva escuela.	*The recently graduated teachers were sent to the new school.*
No se permiten niños pequeños en el hospital.	*Small children are not allowed in the hospital.*

Observations:

In this construction, the verb most often precedes the subject. However, the subject may precede if it is modified by a definite article, a demonstrative, or possessive. Thus it is correct to say **Las casas se construían con madera**, (but not **Casas se construían con madera**); **Aquellos árboles se han plantado recientemente**, (but not **Árboles se han plantado recientemente**).

Occasionally the agent may be expressed with the reflexive passive as it is with the true passive.

Estos libros se venden por todos los libreros.	*These books are sold by all booksellers.*

2. Individualized person(s)

When the English subject is an individualized person or persons, the reflexive passive permits the use of **se** + third person singular of the verb only and the English subject becomes the Spanish direct object.

Se admira mucho a esas dos profesoras.	*Those two professors are much admired.*
Se aplaudirá a ese batería.	*That percussionist will be applauded.*

Note the use of the personal **a** in the foregoing examples.

(1) If object pronouns are required, the preferred forms of the third person are: **le, les, la, las**. However, many native speakers, especially in Spanish America, avoid the construction involving reflexive and feminine direct object pronouns.

Se la admira mucho.	*She is much admired.*

Se le aplaudirá mucho.   *He will be much applauded.*

(2) If the direct object precedes the **se**, a redundant pronoun is added between the **se** and the verb. Again the third person pronouns used are: **le, les, la, las**. (Compare with chapter 9, page 216.)

A Andrés se le castigará por haber *Andrés will be punished for having*
tomado el auto sin permiso.   *taken the car without permission.*

A Sarita se la premió por haber   *Sarita was rewarded for having saved*
salvado al niño que se ahogaba.   *the drowning boy.*

Recapitulation

1. If the subject is thing(s), animal(s), or group(s) of persons,

    a. use **ser** + past participle if the agent is expressed or strongly implied;

    Esas canciones fueron compuestas por el cantautor José Feliciano.

    b. if the agent is not expressed or strongly implied, use

        (1) the reflexive substitute with agreement of subject and verb,

    Se compusieron esas canciones el año pasado.

        (2) or, the impersonal third plural of the active verb.

    Compusieron esas canciones el año pasado.

2. If the subject is an individualized person or persons,

    a. use **ser** + past participle if the agent is expressed or strongly implied;

    Esos dos senadores no serán invitados a la Casa Blanca por el Presidente.

    b. if the agent is not expressed or strongly implied, use

        (1) the impersonal third plural of the active verb,

    No invitarán a esos dos senadores a la Casa Blanca.

        (2) or, less frequently, the reflexive substitute with **se** + the third singular of active verb.

    No se invitará a esos dos senadores a la Casa Blanca.

APLICACIÓN

Haga las siguientes transformaciones, siguiendo los modelos.

A *De la voz pasiva a la activa.*

> MODELO   La carta fue echada al correo por Gustavito.
> Gustavito **echó** la carta al correo.

1. La moción había sido adoptada por los congresistas en la sesión anterior.
2. La reo ha sido condenada a tres años de cárcel por un tribunal de Madrid.
3. La operación fue hecha con mucha destreza por el cirujano.
4. El premio es concedido por un jurado muy distinguido.
5. El problema fue resuelto en 1950 por un profesor español.
6. Es probable que las leyes sean aprobadas por el Presidente el próximo lunes.
7. La victoria del aspirante fue bien acogida por la mayoría de los espectadores.
8. El conferenciante fue interrumpido dos veces por los aplausos de los asistentes.
9. Más refugios han sido fundados recientemente por ese sacerdote.
10. La novela será publicada por nuestra editorial con un título diferente.
11. La playa de Acapulco es visitada todos los años por millares de turistas.
12. Las fincas expropiadas serán ocupadas por determinadas cooperativas.

B *De la voz pasiva con **ser** a la pasiva refleja.*

> MODELO   **Cosa(s)**   Los paquetes serán enviados mañana.
> **Se enviarán** los paquetes mañana.
> El libro fue vendido ayer.
> **Se vendió** el libro ayer.
> **Persona(s)**   El soldado fue herido en la batalla.
> **Se hirió** al soldado en la batalla.

Cosas

1. El coche fue robado hace dos años a su propietario.
2. El proceso puede ser utilizado en otros casos similares.
3. Estas técnicas han sido estudiadas en laboratorios del mundo entero.
4. La cubierta del álbum será impresa en rojo y negro.
5. La postura del Presidente fue reforzada en la reunión.
6. La sala debe ser empapelada con un papel de calidad.
7. Si las propuestas del decano fueran aceptadas, la Universidad correría un gran riesgo.
8. El autor no estaba seguro de que su novela fuera seleccionada entre las finalistas.

Personas

1. Los prisioneros fueron juzgados por el delito de robo.

2. El gobernador fue elegido por primera vez en las elecciones de 1980.
3. Su hija fue contratada hace dos semanas.
4. Un policía fue apuñalado y varios otros fueron golpeados durante los disturbios.
5. El nuevo cajero es entrenado.
6. El inspector será enviado a la urbanización.

C *Cambie las construcciones de pasiva refleja a construcciones de tercera persona del plural impersonal en el siguiente pasaje.*

TERRORISMO EN EL AEROPUERTO

En la noche del viernes se colocó una bomba en una de las salas de espera del aeropuerto internacional. Se sospecha que los culpables pertenecen a un grupo terrorista al que se persigue en varios países. No hubo muertos, pero sí heridos, que se transportaron inmediatamente al hospital. Se dice que se vio a una mujer sospechosa, vestida de negro, pero los testigos que se entrevistaron no pudieron dar muchos informes.

D *Cambie las construcciones que tienen sujetos* **yo** *y* **Ud**. *por construcciones de pasiva refleja.*

1. Vendo auto Ford, modelo LTD, de 1983 y garantizo que está en buenas condiciones. Puede Ud. verlo en Santa Rosa 315. Pido una cantidad muy moderada y doy facilidades de pago.

2. Necesito operarias para taller de costura. Pago buen salario y además ofrezco vacaciones y seguros de salud. Favor de no llamar si Ud. no tiene experiencia. Exijo también buenas referencias.

ANÁLISIS DE LA LECTURA
A *A continuación se enumeran verbos usados con el pronombre reflexivo, y también diferentes construcciones pasivas o aparentemente pasivas, que se han explicado en este capítulo. Estudie cada caso detenidamente.*

1. El sacerdote...se fue a pasar unas vacaciones...
2. Muchos habían sido abandonados por padres...
3. ..."dopándose" con la gasolina...
4. ...se acurrucaban unos con otros...
5. ...unos 15 pequeños...estaban resguardados de la lluvia por los muros...
6. La hostilidad...se desvaneció...
7. A los representantes de la iglesia...se les trata con profundo respeto.
8. Esta situación fue aprovechada por el padre Nicoló.
9. La visita...se institucionalizó...
10. ...se abrieron las puertas de un amplio local...
11. ...un amplio local que se llamó el Patio de la 11...
12. ...los gamines se confundían con prostitutas y ladrones...

13. El recinto...está abierto todos los días...
14. ...las visitas nocturnas...se siguen realizando todos los jueves...
15. ...se invita a los miembros de las "camadas" a que se vayan al Patio.
16. ...pueden darse un baño.
17. ...si un gamín que es visitado...
18. La primera demostración de amistad se produce...
19. Nada...es decomisado por los profesores...
20. ...el Patio de la 11 sólo está abierto hasta las cuatro...
21. ...se exigen algunas responsabilidades...
22. ...están en condiciones de reincorporarse...
23. ...todo está integrado...
24. En el taller se puede aprender un oficio y en la escuela se puede terminar la educación secundaria.
25. ...La Florida es gobernada y administrada económicamente por sus propios habitantes...
26. Se trata de la Fundación...San Carlos...
27. La Fundación fue creada en 1976...
28. ...un poco más de 1,000 gamines han sido rehabilitados...
29. ...la mayoría de ellos se ha incorporado a la sociedad...
30. Se calcula que...
31. ...se ha hallado solución al problema.

B *Conteste las siguientes preguntas.*

1. Hay 7 ejemplos de ser + participio pasivo o sea la construcción llamada *true passive*. ¿Cuáles son? ¿De qué otra manera se podría expresar cada oración?
2. Hay 4 casos en que se describe el resultado de una acción y no la acción misma (la construcción llamada *apparent passive*). ¿Cuáles son?
3. En 7, por qué se usa el pronombre **les**?
4. En 10, 14, 21, se usa la pasiva refleja en vez de **ser** + participio pasivo ¿Por qué?
5. ¿De qué maneras se pueden traducir los pronombres **se** en el número 24?
6. Hay un verbo que siempre se usa con el pronombre reflexivo. ¿Cuál es?
7. Los números 30 y 31 se prestan a una traducción pasiva o una activa en inglés. ¿Cuáles son esas traducciones?

C. *Los números 3, 6, 9, 11, 12, 18, 22, 29 ejemplifican el fenómeno de muchos verbos transitivos en español, los cuales requieren el pronombre reflexivo si no hay otro complemento expresado. A veces hay una diferencia entre la traducción inglesa del verbo con el pronombre reflexivo y la del verbo sin él, pero otras veces, no:* **producir** *to cause;* **producirse** *to take place;* **confundir(se)** *to mix. Dé ejemplos originales que muestren la diferencia entre (a)* **llamar** *y* **llamarse**, *(b)* **incorporar** *e* **incorporarse**.

D. *En el número 26,* **se trata de** *es un modismo impersonal e intransitivo, que equivale a* to be a matter of *o simplemente* to be *cuando es cuestión de identificar.*

—¿Era difícil el trabajo que te ofrecieron?	*"Was the job they offered you difficult?"*
—No. Se trataba de archivar expedientes estudiantiles.	*"No. It was a matter of filing student records."*
—¿Quiénes son esas personas que acaban de llegar?	*"Who are those persons who have just arrived?"*
—Se trata de unos amigos míos.	*"They are friends of mine."*

SECCIÓN LÉXICA

REPASO
Exprese de otra manera las palabras en cursiva.

1.   Mi prima es una compradora *de mucha experiencia.* A ella le gusta andar por las calles donde *hay gran abundancia de* vendedores, y a veces compra cosas muy buenas por un precio *insignificante.* Hace poco, compró un reloj de mesa cuyo precio *excedía* en mucho lo que ella pagó. El problema fue que el vendedor del reloj era un *preso escapado* de *la cárcel,* ex-traficante de *narcóticos.* Por supuesto, el hombre *había robado* el reloj y, *a pesar de* que mi prima *insistía en* que lo había comprado y era suyo, los detectives que *estaban a cargo* del caso *se lo quitaron.*

2.   El periodista explicó que, aunque la historia parece *increíble,* muchos de *los jovencitos sin hogar* que comenzaron aceptando *los dulces y pasteles* del Padre Nicoló en las calles *de Bogotá,* son *en este momento graduados de la escuela secundaria.*

AMPLIACIÓN
A continuación se enumeran ejemplos adicionales de verbos reflexivos según las categorías establecidas en la parte gramatical del capítulo.

1.   Verbos que siempre se usan con el pronombre reflexivo.

abstenerse de	*to abstain from*
darse cuenta de	*to realize*
desentenderse de	*to pretend not to know about; to wash one's hands of*

rebelarse		*to rebel*	
suicidarse		*to commit suicide*	

2. **a.** Verbos que usan el pronombre reflexivo sólo si el sujeto y el objeto se refieren a la misma persona.

afeitar	*to shave*	**afeitarse**	*to shave (oneself)*
bañar	*to bathe*	**bañarse**	*to bathe, take a bath*
enojar	*to anger*	**enojarse**	*to get angry*
lastimar	*to hurt*	**lastimarse**	*to hurt oneself*
levantar	*to lift*	**levantarse**	*to get up, lift oneself*
peinar	*to comb*	**peinarse**	*to comb one's hair*
vestir	*to dress*	**vestirse**	*to dress (oneself)*

Estudie los siguientes ejemplos.

Yo me afeito muy mal; el barbero me afeita muy bien.

La abuela se baña y más tarde baña a su nieta.

Mi tío me enojó cuando me dijo que no me enojara.

A veces nos lastimamos cuando queremos lastimar a otra persona.

Yo iba a levantar al herido pero él se levantó en seguida.

El padre se peinó y luego peinó a su hija.

La madre se vistió y luego vistió a su hijo.

b. En muchos casos, la traducción del verbo con el pronombre reflexivo no difiere de la del verbo sin el pronombre.

hundir(se)	*to sink*	**ocultar(se)** **o esconder(se)**	*to hide*
llenar(se)	*to fill*	**romper(se)**	*to break*
mover(se)	*to move*	**tranquilizar(se)**	*to calm (down)*

Traduzca mentalmente las siguientes oraciones y verá que en inglés no hay complemento directo en las oraciones identificadas con la letra **b**. En español, estos verbos, como son transitivos, requieren el **se** reflexivo.

El torpedo hundió el barco. (*a*)
El avión averiado se hundió en el mar. (*b*)
Voy a llenar estos vasos. (*a*)
La sala se llenó rápidamente de gente. (*b*)

La corriente de aire movía las cortinas. (*a*)
El asaltante gritó: ¡No te muevas! (*b*)
Juanito ocultó (escondió) sus juguetes. (*a*)
Carlos se ocultó (se escondió) detrás de la puerta. (*b*)
¿Rompiste la estatua que te regalaron? (*a*)
¡Ojalá que no se rompa ese espejo que se te cayó! (*b*)
Esa música siempre me tranquiliza. (*a*)
¡Tranquilízate; estás muy nervioso! (*b*)

3. **a.**   Observe la diferencia semántica entre el verbo con el pronombre y sin él.

decidir	*to decide*	**decidirse**	*to make up one's mind*
estar	*to be*	**estarse**	*to stay, remain*
marchar	*to march*	**marcharse**	*to go away, leave*
referir	*to recount; tell of*	**referirse**	*to refer to*
salir	*to go out*	**salirse**	*to slip out, get out, leak (out)*
volver	*to return*	**volverse**	*to turn around*

b.   Ciertos verbos se pueden usar con el pronombre o sin él, con el mismo significado.

acabar(se)	*to end (come to an end)*	**sonreír(se)**	*to smile*
desembarcar(se)	*to disembark*	**tardar(se)**	*to delay*
embarcar(se)	*to embark*	**terminar(se)**	*to end (come to an end)*
pasar(se)	*to spend (time)*		

4.   Se usa el pronombre reflexivo con los siguientes verbos para referirse a una parte del cuerpo del sujeto.

afeitarse (rasurarse) la barba	*to shave one's beard*
alisarse los cabellos	*to smooth one's hair*
cepillarse (limpiarse) los dientes	*to brush (clean) one's teeth*
cortarse las uñas	*to cut one's nails*
enjuagarse la boca	*to rinse one's mouth*
frotarse las manos	*to rub one's hands*
morderse la lengua	*to bite one's tongue*
pintarse las uñas	*to paint one's nails*
rascarse la mejilla	*to scratch one's cheek*
restregarse los párpados	*to rub one's eyes*
romperse el pescuezo	*to break one's neck*

No se usa el pronombre reflexivo con los siguientes verbos para referirse a una parte del cuerpo del sujeto.

abrir (cerrar) los ojos, la boca	*to open (close) one's eyes, mouth*
arrastrar los pies	*to drag one's feet*
bajar la cabeza	*to lower (bow) one's head*
bajar los ojos	*to lower one's eyes*
doblar la rodilla	*to bend one's knee*
estirar las piernas	*to stretch one's legs*
extender la mano	*to extend one's hand*
fruncir el entrecejo (el ceño)	*to frown*
guiñar el (un) ojo	*to wink*
inclinar la cabeza, el cuerpo	*to bend one's head, one's body*
levantar la voz	*to raise one's voice*
sacar la lengua	*to stick out one's tongue*

5. El reflexivo en sentido causativo. Fíjese en que, sin contexto, estas expresiones son ambiguas.

construirse algo (e.g., una casa)	*to have something (e.g., a house) built*
hacerse algo (e.g., un vestido, un traje)	*to have something (e.g., a dress, a suit) made*
limpiarse los zapatos	*to have one's shoes shined*
operarse de	*to have an operation for, on*
peinarse	*to have one's hair done*

APLICACIÓN

A *Traduzca.*

1. The man hadn't committed suicide and the policeman realized this when he saw something was moving behind the curtains. It was the murderer, who was trying to hide there.

2. It was cold, and I rubbed my hands to get warm. "Be careful with that bottle," said Cleto. "If it breaks, the wine will leak out."

3. The new girl had had her hair done that afternoon. She was looking so pretty that Samuel winked at her. The professor frowned when he saw this.

4. I only calm down if I am able to calm down my little brother. I'll explain what I am referring to. For instance, he woke me up early this morning so that I would dress him and comb his hair. I got so angry that later I cut myself while shaving. I have made up my mind to be more patient next time.

B *Haga una pregunta y una respuesta originales con cada uno de los siguientes verbos.*

1. rebelarse
2. bañar

3. romperse
4. volverse
5. morderse la lengua
6. arrastrar los pies
7. sacar la lengua
8. hacerse algo
9. levantarse
10. llenar

PROBLEMA LÉXICO

To Get

Few English verbs, if any, have as wide a range of meanings as the verb *to get* (past tense: *got*; past participle: *got or gotten*). Below is a sample of this verb's many uses with their Spanish equivalents.

1. The Spanish equivalents of *to get* in the sense of *to become* have been treated in chapter 5 (see Problemas Léxicos and Ampliación).

2. In informal English especially, the verb *to get* often replaces *to be* in the passive voice in order to emphasize the outcome more than the action. The usual Spanish equivalent is the reflexive passive.

No sabemos cómo se rompió la ventana.	*We don't know how the window got broken.*
A veces el portero no puede abrir las puertas porque se pierden las llaves.	*Sometimes the janitor can't open the doors because the keys get lost.*

3. Some basic meanings of *to get*

When *to get* means

a. *to obtain* = **obtener, conseguir, lograr.**

Si Alfonso se gradúa, conseguirá un empleo mejor.	*If Alfonso graduates, he will get a better job.*
Luis siempre logra lo que quiere.	*Luis always gets what he wants.*

b. *to catch (e.g., an illness)* = **coger, pescar, agarrar.**

Dolores ha cogido (agarrado) un resfriado.	*Dolores has got a cold.*

c. *to understand* = **comprender, entender.**

Verónica contó un chiste pero yo no lo entendí.	*Veronica told a joke but I didn't get it.*

d. *to fetch, go and bring, bring* = **buscar, ir a buscar, traer;** (*of a person*) **llamar, ir por**

Traigan (busquen, vayan a buscar) sus libros y podremos estudiar juntos.	*Get (go and get) your books and we'll be able to study together.*
Hay que ir por el médico inmediatamente.	*It's necessary to get the doctor at once.*

e. *to buy* = **comprar.**

Los Sánchez compraron un coche nuevo la semana pasada.	*The Sánchez family got a new car last week.*

f. *to arrive (at), reach* = **llegar.**

Acabamos de llegar.	*We just got here.*
¿A qué hora llegarán a Toledo?	*What time will they get to Toledo?*

g. *to receive* = **recibir.**

Ayer los señores Alvarado recibieron dos cartas de su hija.	*Yesterday Mr. and Mrs. Alvarado got two letters from their daughter.*

4. *To get* is also used in numerous idiomatic expressions whose Spanish equivalents must be learned one by one. Some of the most frequently found are listed below.

    a. *to get along with* = *to be compatible* = **congeniar con, llevarse (bien).**

Algunos jóvenes no se llevan bien con sus padres.	*Some young people don't get along with their parents.*

    b. *to get back (to return)* = **volver,** *to recover* = **recobrar.**

¿A qué hora volverán?	*What time will they get back?*
¿Recobraste el dinero que prestaste?	*Did you get back the money that you lent?*

    c. *to get back at (even with)...for* = **desquitarse con...de (por).**

Emilio se desquitará con sus enemigos de esa mala jugada.	*Emilio will get back at his enemies for that dirty trick.*

d. *to get going* = **poner(se) en marcha.**

No puedo poner en marcha el motor de este auto.	*I can't get this car's motor going.*

e. *to get in* = *to enter* = **conseguir entrar en.**
to get in = *to arrive (as an airplane)* = **llegar.**
to get in = *to get home* = **volver a casa.**
to get in = *to get elected* = **ser elegido.**

A Jorge se le olvidó la llave pero consiguió entrar en su apartamento por una ventana.	*Jorge forgot his key but he got in his apartment through a window.*
¿A qué hora llega su avión?	*What time does their plane get in?*
No volvieron a casa hasta después de la medianoche.	*They didn't get in until after midnight.*
Mario se postuló para la presidencia del club pero no fue elegido.	*Mario ran for the presidency of the club but he didn't get in.*

f. *to get it (to be punished)* = **ser castigado, recibir su merecido.**

Si sigues hablando así del jefe, vas a recibir tu merecido.	*If you keep talking that way about the boss, you're going to get it.*

g. *to get it into one's head* = **metérsele a uno en la cabeza.**

No sé por qué se le metió en la cabeza a nuestro hijo ser profesor de español.	*I don't know why our son got it into his head to be a Spanish professor.*

h. *to get off (vehicle) (to descend from)* = **apearse (de), bajar(se) (de).**
to get off (clothes; etc.) = *to take off* = **quitar(se).**

(Nos) bajaremos del tren en la próxima parada.	*We'll get off the train at the next stop.*
Me cuesta trabajo quitarme estas botas.	*It's hard for me to get these boots off.*

i. *to get on (vehicle)* = **subir a, montar (en) (a).**
to get on (clothes; etc.) = *to put on* = **poner(se).**

Subamos a este tren.	*Let's get on this train.*
No puedo ponerle este vestido a Mercedes; le queda chico.	*I can't get this dress on Mercedes; it's too small for her.*

j. *to get out* = *to go out, to go away* = **salir.**

La mujer les dijo a los chicos que saliesen de su jardín.	*The woman told the kids to get out of her garden.*

k. *to get paid* = **cobrar.**

Mañana cobramos.	*Tomorrow we get paid.*

l. *to get rid of* = **deshacerse de, salir de.**

Tenemos que salir (deshacernos) de este auto; no sirve para nada.	*We have to get rid of this car; it's no good at all.*

APLICACIÓN

A *Traduzca.*

1. He doesn't know what time it is because his watch got lost.
2. I hope they don't get it into their heads to get drunk.
3. I always get nervous before getting on a plane.
4. They don't want to play another game of tennis because they don't want us to get even with them.
5. I think he was making an innuendo about his wife but I didn't get it.
6. They tell me she got pneumonia in the hospital; I hope she gets better soon.
7. His cousin told me that Federico doesn't get along with his neighbors.
8. We got a letter from Sofía a week ago.
9. Where did you get your new coat?
10. I can't get these shoes on; they're too tight.
11. If I don't get paid next week, I'm going to get angry.
12. Her mother always gets worried when Anita gets in late.

TRADUCCIÓN

I have been asked by a friend to find out if most of a composition can be written in the passive voice. It is thought by some persons that such a task cannot be performed. On the other hand, I think it can be done, at least, in English. Let's try it. (In fact, you have already been obliged to translate five examples.)

In my opinion, it will be shown in this experiment that such a composition can be written in English without too much difficulty since the construction is very extensively used in that language and it is regarded as normal, although not stylistically "forceful." It will be seen, however, that in the Spanish version the results will be quite different. If the passive voice has been carefully studied by the readers of this chapter, they will realize two very important truths. First, if the so-called true passive were to be used constantly, the sentences would sound very artificial and would be considered deficient by the reader. Secondly, in a composition of this type in Spanish many reflexive constructions would have to be used and the active voice would often be substituted for the passive.*

Should a student be asked to translate such a complicated passage as this? The decision will be left to those by whom the present essay has been read.

Well, there it is! The task has been performed: the composition is now finished. I hope it has been proved that style must be taken into account if one desires to write a good composition.

TEMAS PARA COMPOSICIÓN

Use por lo menos cinco verbos reflexivos y cinco construcciones pasivas en su composición.

1. La traducción anterior se inspiró en un célebre soneto de Lope de Vega. Para el texto, véase la página 377. Escriba una composición sobre Lope de Vega y ese soneto suyo.

2. La Lectura de este capítulo parece indicar que las personas mayores saben lo que les conviene a los jóenes. ¿Está Ud. de acuerdo? Justifique su opinión.

3. A Bogotá se le ha llamado "La Atenas de América". Busque información sobre esta cuidad (por ejemplo, en una enciclopedia o en folletos de viaje), y describa los resultados de su investigación.

4. Las actividades delictivas de los delincuentes juveniles donde vive Ud.

5. La relación droga-delito. ¿Debe legalizarse o despenalizarse el uso de ciertas drogas?

6. Escriba un resumen del artículo sobre los gamines.

---

*See page 184 on the use of **sustituir**.

CAPÍTULO 13

LECTURA

En este relato de Horacio Quiroga, un escritor uruguayo del siglo XX, están representados algunos de los temas predilectos de su cuentística: (a) la selva tropical con su naturaleza impresionante, sus peligros y su fauna, y (b) asuntos crueles (alucinaciones, enfermedades, muerte y fracasos del hombre en lucha con la naturaleza).

A la deriva[1]

El hombre pisó algo blanduzco,[2] y en seguida sintió la mordedura en el pie. Saltó adelante, y al volverse, con un juramento, vio a una yararacusú[3] que, arrollada sobre sí misma, esperaba otro ataque.

El hombre echó una veloz ojeada a su pie, donde dos gotitas de sangre estaban engrosando dificultosamente, y sacó el machete de la cintura. La víbora vio la amenaza y hundió más la cabeza en el centro mismo de su espiral; pero el machete cayó de plano[4] dislocándole las vértebras.

El hombre se bajó hasta la mordedura, quitó las gotitas de sangre y durante un instante la contempló. Un dolor agudo nacía de los dos puntitos violeta y comenzaba a invadir todo el pie. Apresuradamente se ligó el tobillo con su pañuelo y siguió por la picada[5] hacia su rancho.

El dolor en el pie iba aumentando con sensación de tirante[6] abultamiento[7] y de pronto el hombre sintió dos o tres fulgurantes[8]

---

[1]*adrift*
[2]blando
[3]serpiente venenosa
[4]**cayó...** golpeó, no con el filo, sino con la parte plana

[5]camino
[6]*taut, tense*
[7]*swelling*
[8]*burning*

puntadas[9] que, como relámpagos, habían irradiado[10] desde la herida hasta la mitad de la pantorrilla.[11] Movía la pierna con dificultad: una metálica sequedad de garganta, seguida de sed quemante, le arrancó[12] un nuevo juramento.

Llegó por fin al rancho. Los dos puntitos violeta desaparecían ahora en una monstruosa hinchazón del pie entero. La piel parecía adelgazada[13] y a punto de ceder[14] de tensa.[15] Quiso llamar a su mujer, y la voz se quebró en un ronco arrastre[16] de garganta reseca. La sed lo devoraba.

—¡Dorotea! —alcanzó a lanzar en un estertor— ¡Dame caña![17] Su mujer corrió con un vaso lleno, que el hombre sorbió en tres tragos. Pero no había sentido gusto alguno.

—¡Te pedí caña, no agua! —rugió de nuevo—. ¡Dame caña!

—¡Pero es caña, Paulino! —protestó la mujer, espantada.

—¡No, me diste agua! ¡Quiero caña, te digo!

La mujer corrió otra vez, volviendo con la damajuana. El hombre tragó uno tras otro dos vasos, pero no sintió nada en la garganta. —Bueno; esto se pone feo ... —murmuró entonces, mirando su pie, lívido y ya con lustre gangrenoso. Sobre la honda ligadura del pañuelo la carne desbordaba[18] como una monstruosa morcilla.

Los dolores fulgurantes se sucedían en continuos relampagueos y llegaban ahora hasta la ingle. La atroz sequedad de garganta, que el aliento parecía caldear[19] más, aumentaba a la par.[20]

Pero el hombre no quería morir, y descendiendo hasta la costa subió a su canoa. Sentóse en la popa y comenzó a palear hasta el centro del Paraná.[21] Allí la corriente del río, que en las inmediaciones del Iguazú[22] corre seis millas,[23] lo llevaría antes de cinco horas a Tacurú-Pucú.[24]

El hombre, con sombría energía, pudo efectivamente llegar hasta el medio del río; pero allí sus manos dormidas dejaron caer la pala en la canoa, y tras un vómito de sangre dirigió una mirada al sol, que ya trasponía[25] el monte.

La pierna entera, hasta medio muslo, era ya un bloque deforme y durísimo que reventaba la ropa. El hombre cortó la ligadura y abrió el pantalón con su cuchillo: el bajo vientre desbordó hinchado, con grandes manchas lívidas y terriblemente doloroso. El hombre pensó que no podría llegar jamás él solo a Tacurú-Pucú y se decidió a pedir ayuda a su compadre Alves, aunque hacía mucho tiempo que estaban disgustados.[26]

---

[9]*sharp pain*
[10]se habían extendido
[11]parte media de la pierna
[12]le hizo decir
[13]estirada
[14]reventar, romperse
[15]**de**... por estar tan estirada
[16]*rasping*
[17]bebida alcohólica hecha de caña de azúcar

[18]se salía de los bordes
[19]aumentar
[20]**a**... al mismo tiempo
[21]río importante de la América del Sur
[22]río del Brasil que es tributario del Paraná
[23]**corre**... va a seis millas por hora
[24]ciudad paraguaya junto al río Paraná
[25]pasaba
[26]peleados

Las famosas cataratas del Iguazú, en cuyas cercanías tiene lugar la acción de *A la deriva*. Estas cataratas se encuentran a unas 14 millas de la unión del río Iguazú con el Paraná, y tienen 237 pies de alto y más de dos millas de ancho.

La corriente del río se precipitaba hacia la costa brasileña, y el hombre pudo fácilmente atracar.[27] Se arrastró por la picada en cuesta arriba;[28] pero a los veinte metros, exhausto, quedó tendido de pecho.[29]

—¡Alves!— gritó con cuanta fuerza pudo; y prestó oído[30] en vano. —¡Compadre Alves! ¡No me niegues este favor! —clamó de nuevo, alzando la cabeza del suelo. En el silencio de la selva no se oyó un solo rumor. El hombre tuvo aún valor para llegar hasta su canoa, y la corriente, cogiéndola de nuevo, la llevó velozmente a la deriva.

El Paraná corre allí en el fondo de una inmensa hoya,[31] cuyas paredes, altas de cien metros, encajonan[32] fúnebremente el río. Adelante, a los costados, detrás, la eterna muralla lúgubre, en cuyo fondo el río arremolinado[33] se precipita en incesantes borbollones[34] de agua fangosa. El paisaje es agresivo y reina en él un silencio de muerte. Al atardecer, sin embargo, su belleza sombría y calma cobra[35] una majestad única.

El sol había caído ya cuando el hombre, semitendido en el fondo de la canoa, tuvo un violento escalofrío. Y de pronto, con asombro, enderezó pesadamente la cabeza: se sentía mejor.

La pierna le dolía apenas, la sed disminuía, y su pecho, libre ya, se abría en lenta inspiración.[36]

---

[27]llegar a la orilla
[28]**cuesta**... subiendo
[29]**tendido**... acostado boca abajo
[30]**prestó**... escuchó
[31]cañón

[32]cierran
[33]turbulento
[34]*bubbling*
[35]adquiere, toma
[36]respiración

El veneno comenzaba a irse, no había duda. Se hallaba casi bien, y aunque no tenía fuerzas para mover la mano, contaba con la caída del rocío para reponerse[37] del todo. Calculó que antes de tres horas estaría en Tacurú-Pucú.

El bienestar avanzaba, y con él una somnolencia llena de recuerdos. No sentía ya nada ni en la pierna ni en el vientre.

¿Viviría aún su compadre Gaona en Tacurú-Pucú? Acaso viera también a su ex patrón míster Dougald.

¿Llegaría pronto? El cielo, al poniente,[38] se abría ahora en pantalla de oro, y el río se había coloreado también. Desde la costa paraguaya, ya entenebrecida,[39] el monte[40] dejaba caer sobre el río su frescura crepuscular en penetrantes efluvios[41] de azahar y miel silvestre. Una pareja de guacamayos[42] cruzó muy alto y en silencio hacia el Paraguay.

Allá abajo, sobre el río de oro, la canoa derivaba velozmente, girando a ratos sobre sí misma ante el borbollón de un remolino. El hombre que iba en ella se sentía cada vez mejor y pensaba entretanto en el tiempo justo que había pasado sin ver a su ex patrón Dougald. ¿Tres años? Tal vez no, no tanto. ¿Dos años y nueve meses? Acaso. ¿Ocho meses y medio? Eso sí, seguramente.

De pronto sintió que estaba helado hasta el pecho. ¿Qué sería? Y la respiración también ...

Al recibidor de maderas de míster Dougald, Lorenzo Cubilla, lo había conocido en Puerto Esperanza[43] un Viernes Santo ... ¿Viernes? Sí, o jueves ... El hombre estiró lentamente los dedos de la mano.

—Un jueves ...

Y cesó de respirar.

COMPRENSIÓN

1. ¿Dónde tiene lugar la acción de este cuento?
2. En esa región se habla un idioma indígena llamado guaraní. ¿Qué evidencia de la influencia indígena hay en el relato?
3. ¿Por qué mordió la víbora a Paulino? ¿Qué hizo Paulino con ella?
4. ¿Qué síntomas del envenenamiento describe el autor?
5. ¿Por qué se enojó Paulino con su mujer?
6. ¿Adónde iba Paulino en su canoa? ¿Por qué?
7. ¿Por qué quería Paulino pedirle ayuda a su compadre Alves?
8. ¿Por qué "se sentía cada vez mejor" Paulino antes de morir?

---

[37]ponerse bien
[38]oeste
[39]oscura
[40]bosque

[41]exhalaciones, olores
[42]clase de loro
[43]pequeño puerto argentino en el río Paraná, al sur de Tacurú-Pucú

OPINIONES

1. ¿Qué significa el título de este cuento? ¿Es apropiado? ¿Es simbólico? Explique.

2. ¿Cuántos personajes aparecen en el relato? ¿Qué efecto produce este hecho en el lector?

3. ¿Qué clase de relación tiene el protagonista con su esposa? ¿En qué se basa Ud. para pensar así?

4. Paulino mató la serpiente. ¿Hubiera hecho Ud. lo mismo en esas circunstancias? Explique.

5. Han existido y existen diferentes actitudes con respecto a las serpientes. ¿Cómo explica Ud. estas actitudes? ¿Cuál es la suya?

6. ¿Qué fobias relacionadas con los animales son comunes? ¿Existen explicaciones para estas fobias? ¿Cuáles tiene Ud.? ¿Conoce a alguien que tenga una fobia relacionada con un animal?

7. Los animales son uno de los temas predilectos del autor de este cuento. ¿Por qué los animales fascinan tanto a los humanos?

El mapa muestra los ríos Paraná e Iguazú y los pueblos Tacurú-Pucú en el Paraguay y Puerto Esperanza en la Argentina. El cuento menciona éstos. Quiroga conocía bien esta área porque vivió por muchos años en la provincia argentina de Misiones.

Sección argentina del río Paraná.

SECCIÓN
GRAMATICAL

SPANISH EQUIVALENTS OF THE ENGLISH -*ing* FORM

The -*ing* suffix is one of the most frequently used endings in the English language. To understand the Spanish equivalents it is necessary to know how the terminologies and usages of English and Spanish differ in the matter of infinitives, participles, and gerunds.

Spanish terminology, with examples from the intransitive verb **arder**, is as follows:

1. infinitivo — **arder**
2. infinitivo compuesto — **haber ardido**
3. participio activo (*or* de presente) — **ardiente**
4. participio pasivo (*or* de pretérito) — **ardido**
5. gerundio (simple) — **ardiendo**
6. gerundio compuesto — **habiendo ardido**

The following sentences illustrate the uses of these forms:

1. a. Vimos *arder* el bosque a
    lo lejos.
    b. Al *arder*, el bosque
    producía llamas altísimas.

    *We saw the forest burn in the
    distance.*
    *On burning, the forest produced very
    high flames.*

2. ¿Cómo pudo el bosque *haber
    ardido* tan rápido?

    *How could the forest have burned so
    fast?*

3. Era difícil andar por el
    bosque destruido a causa de
    las *ardientes* cenizas.

    *It was difficult to walk through the
    ruined forest on account of the
    burning ashes.*

4. Todo el bosque ha *ardido* en
    unas horas.

    *The whole forest has burned in a few
    hours.*

5. a. *Ardiendo* rápidamente, los
    árboles comenzaron a caer.
    b. ¿Está *ardiendo* todavía el
    bosque?
    c. Los animales huían del
    bosque *ardiendo*.

    *Burning rapidly, the trees began to
    fall.*
    Is the forest still burning?

    *The animals were fleeing from the
    burning forest.*

6. *Habiendo ardido* el bosque, no
    quedaban ciervos en la
    región.

    *The forest having burned, no deer
    were left in the area.*

Observe the basic differences in usage and terminology. In English,
the verbal *-ing* may function

1. as a noun (called a gerund), or
2. as an adjective (called a present participle), or
3. as an adverb (called a present participle).

The Spanish equivalents of the above functions are:

1. The infinitive acts as a verbal noun (example 1b).
2. The adjective role is played by the **participio de presente**, (example 3),
    or by the **gerundio** (example 5c), or by some other mechanism, as will
    be explained.
3. The adverbial function is expressed by the **gerundio** (examples 5a and
    5b).

It should be noted that the **participio de presente*** is composed as
follows:

---

*This **participio**, despite its name, has lost its verbal character, becoming either (1) purely
adjectival (**obediente, permanente**), or (2) purely nominal, i.e., a noun (**estudiante,
presidente**).

1. First conjugation: stem + **ante**.
2. Second and third conjugations: stem + **-ente** or **-iente**.

It must also be noted that not all Spanish verbs possess this form.

Adjectival function

The English **-ing*** form is frequently used as a predominantly adjectival form: an *embarrassing* situation, a *flourishing* culture.

Only the following three **-ndo** forms are normally so used: **ardiendo**, **hirviendo**, and **colgando**. To express the equivalent of most adjectival *-ing* forms, in Spanish a number of devices are used.

1. Participio de presente: (**-nte**)

Este libro es muy deprimente.	*This book is very depressing.*
Esa novela es muy emocionante.	*That novel is very touching.*

2. Participio pasivo: (**-ado, -ido**).

Joaquín está sentado en la cama.	*Joaquín is sitting on the bed.*
Virginia y sus amigas están paradas frente al escaparate.	*Virginia and her friends are standing in front of the store window.*

3. Prepositions (e.g., **de** or **para**) + infinitive or noun.

una máquina de coser	*a sewing machine*
un aparato para oír, un aparato para sordos	*a hearing aid*
un líquido para fregar platos	*dishwashing liquid*
lecciones de canto	*singing lessons*

4. **Que** clause.

La policía está buscando una caja que contiene una bomba.	*The police are looking for a box containing a bomb.*
El profesor puso una tarea que requería mucho tiempo.	*The professor gave a time-consuming assignment.*

---

*For simplicity's sake, the terms "English *-ing* form" and "Spanish **-ndo** form" will be used throughout the following discussion.

5. Certain suffixes: **-dor,-a**, **-oso,-a**; **-able**, **-ivo**, **-a**, etc.

Su prima es muy encantadora y su tío es muy emprendedor.	*His cousin is very charming and his uncle is very enterprising.*
¡Qué situación más embarazosa!	*What an embarrassing situation!*
En la sala había dos sillas reclinables.	*In the living room there were two reclining chairs.*
Esos profesores son muy comprensivos.	*Those professors are very understanding.*

APLICACIÓN
A *Traduzca al español.*

LAST NIGHT'S MOVIE

My friend thinks that the movie we saw last night was boring but I found it amusing although rather ridiculous. The main character is a pill-popping girl who listens to deafening music day and night. Her parents aren't very understanding and her mother nags at her constantly in an irritating manner. The girl's boyfriend is a beer-drinking guy and he has stolen some jewels belonging to her mother. One day, the gun-toting boyfriend goes to her house and talks to her parents with threatening words. I didn't see the end because at this point I decided to wake up my sleeping friend and go home.

B *Traduzca ahora el siguiente párrafo al inglés, usando tantos adjetivos terminados en* -ing *como sea posible.*

MIS PROBLEMAS EN LA OFICINA

En mi oficina ha habido problemas crecientes en los últimos días. Tres de las máquinas sumadoras y la copiadora se rompieron al mismo tiempo, y nuestro jefe adquirió una enfermedad contagiosa y tuvo que renunciar de repente. Siempre he tenido dificultades para adaptarme a una situación cambiante. Mi nuevo jefe es una persona exigente y ahora no puedo fumar porque a él no le gustan los empleados que fuman en pipa.

Uses of the *-ing* form as a pure noun or as a verbal noun
1. Frequently, in English, an *-ing* form is used as a pure noun, (i.e., it loses its verbal character). In these cases, the Spanish equivalent will be a specific noun.

el edificio alto	*the tall building*
Me gusta la cocina mexicana.	*I like Mexican cooking (cuisine).*

una advertencia obvia	*an obvious warning*

2.   More frequently, in English, the *-ing* form functions as a verbal noun (gerund) and may be used as subject, object, or predicate noun. It may also be used after a preposition. The Spanish equivalent of this usage is the infinitive. Remember the fundamental rule that the **-ndo** form is not used after **al** nor after a preposition.* **

Yo ya sabía cómo era Madrid aun antes de haber estado ahí.	*I already knew what Madrid was like even before having been there.*
(El) fumar es un hábito que detesto.	*Smoking is a habit that I hate.*
Mi pasatiempo predilecto es dormir.	*My favorite pastime is sleeping.*
Después de graduarme, tendré que pasar mucho tiempo buscando empleo.	*After graduating, I'll have to spend a long time looking for a job.*

Note that the infinitive, especially when used as the subject of the sentence, may take the article **el.**

Me molesta el constante gotear de ese grifo.	*The constant dripping of that faucet is bothering me.*

APLICACIÓN
Traduzca las palabras entre paréntesis.

1.   Algunos estudiantes están cansados (*of answering*) tantas preguntas.
2.   (*Doing exercises*) no es mi pasatiempo favorito.
3.   Si ellos aborrecen (*drinking*), ¿por qué van a ese club nocturno?
4.   (*Banking*) en una actividad de mucha importancia en esta ciudad.
5.   La razón por la cual todos lo evitan es su constante (*complaining*) de todo.
6.   (*Smuggling*) ha aumentado mucho entre los Estados Unidos y Sudamérica.

---

*There is one exception: In certain areas, **en** is sometimes followed by the **-ndo** form to describe an action (or state) that immediately precedes the action (or state) of the principal verb.

En acabando de estudiar, iremos al cine.	*As soon as we finish studying, we'll go to the movies.*

The English combination of the preposition *by* + *-ing* form is usually expressed in Spanish by the **-ndo form alone; see page 322 for examples.

7. El jefe de los rebeldes declaró que (*surrendering, to surrender*) ahora sería un acto de cobardía.
8. Yo vacilaba entre (*leaving*) o (*staying*).
9. (*The crying*) del niño no me dejó dormir.
10. No vengan de visita (*without letting me know*).

Adverbial functions*

1. Absolute construction

   The **-ndo** form has its own subject and is used in a clause that is grammatically independent of the main clause.

Permitiéndolo Dios, mañana terminaremos ese trabajo.	*God willing, tomorrow we will finish that job.*
Habiéndose enterado ella de lo que pasaba, no dijimos nada más.	*Since she had found out what was going on, we didn't say any more to her.*

Note that **-ndo** constructions are often equivalent to adverbial clauses introduced by **si, cuando, mientras que, puesto que**, etc.

permitiéndolo Dios = **si Dios lo permite**

habiéndose enterado ella de lo que pasaba = **como ella se había enterado de lo que pasaba**

   Certain set phrases are also used in independent absolute constructions.

Resumiendo el asunto, ellos no tienen suficiente dinero.	*Summarizing the matter, they don't have enough money.*
Pensándolo bien, déme la corbata roja y no la verde.	*Thinking it over, give me the red tie, not the green one.*
Volviendo al cuento, ¿qué piensas de mi plan?	*Returning to the subject, what do you think of my plan?*
Hablando del ruin [rey] de Roma, ahí viene el tipo de quien comentábamos.	*Speaking of the devil, there comes the guy that we were talking about.*

---

*Spanish grammarians emphasize the adverbial nature of the **-ndo** form whereas English grammarians insist on the adjectival functions of the *-ing* form. In both cases, however, there are those who recognize that the distinction between adverbial and adjectival is not always clear.

2. Reference to the subject

When referring to the subject, the **-ndo** form is explanatory, nonrestrictive, parenthetical.

No queriendo ofender a ninguna de las dos, Alina no intervino en la discusión entre Fortunata y Jacinta.	*Not wishing to offend either of them, Alina didn't intervene in the argument between Fortunata y Jacinta.*
¿Haría Ud. eso, sabiendo lo peligroso que es?	*Would you do that, knowing how dangerous it is?*

In English, the *-ing* form is often preceded by a word such as *while, by,* or *when.*

Caminando ayer por la calle, me encontré con Julio.	*While walking along the street yesterday, I ran into Julio.*
Practicando todos los días, aprenderemos a hablar mejor.	*By practicing every day, we will learn to speak better.*
Dirigiéndose a sus profesores, deben ustedes tratarlos de usted.	*When addressing your professors, you should use the* **usted** *form with them.*
Hablando se entiende la gente.	*By talking, people understand one another.*
Será comiendo menos como rebajarás de peso.	*It will be by eating less that you will lose weight.*

Note the verbal nature of the Spanish **gerundio**.

3. Reference to object

The **-ndo** form is used after (a) verbs of perception (**ver, mirar, oír, sentir, notar, observar, contemplar, distinguir, recordar, hallar,** etc.), or (b) after verbs of representation (**dibujar, pintar, grabar, describir,** etc.).

a. La vi saliendo del museo.	*I saw her leaving the museum.*

Note that the **-ndo** form refers to an action represented as being in progress and as having a certain duration. Such an emphasis is lacking in the alternate construction: **La vi salir del museo.** (*I saw her leave the museum.*)

b. El artista pintó a su hermana recogiendo rosas en el jardín.	*The artist painted his sister picking roses in the garden.*

APLICACIÓN

A *Primero complete traduciendo las palabras entre paréntesis. Después reemplácelas con otras expresiones apropiadas, usando también la forma* **-ndo**.

MODELO   Parece que Ana está contenta hoy; ¿la oíste (*singing in the shower*)?
Cantando en la ducha. ¿La oíste **riéndose**?

1. Me sorprendió ver a una persona tan seria (*dancing at a disco*).
2. (*Running quickly*), Arturo llegó a tiempo.
3. Nos gusta observar los barcos (*entering the harbor*).
4. (*Speaking of something else*), ¿qué día llegarán tus amigos?
5. Margarita salió de la casa (*slamming the door*).
6. El cuento es muy gráfico; por ejemplo, describe a un cirujano (*amputating a leg*).
7. (*Hitting his opponent repeatedly*), el boxeador consiguió noquearlo.
8. Encontré a Pepito (*changing the oil*) de su auto.

B *Usando en español un gerundio equivalente a* by + -ing, *explique cómo se puede conseguir lo siguiente.*

1. tener suficiente dinero para comprar un auto nuevo
2. hablar mejor el español
3. perder unas cuantas libras
4. gozar de buena salud
5. ser feliz
6. tener muchos amigos
7. sacar una "A" en este curso
8. no sentir frío en el invierno
9. no sentir mucho calor en el verano
10. pasar un buen rato

C *Sustituya cada frase en cursiva por una construcción en* **-ndo**, *como en el modelo.*

MODELO   *Si el tiempo lo permite*, llegaremos mañana.
Permitiéndolo el tiempo, llegaremos mañana.

MI VIAJE A MÉXICO

1. Mi amigo Germán y yo discutíamos con frecuencia *mientras planeábamos* el viaje. Los dos trabajábamos horas adicionales, *ya que no teníamos* suficiente dinero. Pero, *como se acercaban* las vacaciones, sabíamos que, *si no nos daban* algún dinero nuestras familias, no conseguiríamos reunir a tiempo la cantidad suficiente. Por fin, *cuando sólo faltaban* dos semanas, mi padre y la madre de Germán decidieron ayudarnos.

2. *Cuando íbamos* en el avión nos mareamos, porque el tiempo estaba muy malo. *Al llegar* a la Ciudad de México, descubrimos que hacía frío allí por las noches. Pero *como habíamos llevado* alguna ropa de abrigo, el frío no nos importó.

3. *Como éste era* nuestro primer viaje a México, todo nos pareció asombroso. Germán, *puesto que tiene* una cámara excelente, era el fotógrafo oficial. *Mientras estuvimos* en México no usamos el inglés. *Si hiciéramos* esto siempre, hablaríamos con más soltura el español.

Additional observations on the use of the -ndo form
1. The "pictorial" use of the **-ndo** form
   Like the *-ing* form in English, the Spanish **-ndo** form is used in captions.

"Washington atravesando el Delaware", de Emanuel Leutze (1851)	*"Washington Crossing the Delaware" by Emanuel Leutze (1851)*
El rey inaugurando la exposición en el Palacio	*The King opening the exhibit at the Palace*

2. **como** + **ndo** = *as if* + *-ing*.

Me respondió con pocas palabras como criticando mi verbosidad.	*He replied with few words as if criticizing my verbosity.*
Sonreía como queriendo ocultar su dolor.	*He was smiling as if trying to hide his sorrow.*

3. Incorrect uses of the **-ndo** form.
   The **gerundio** is sometimes used in cases that are considered incorrect by grammarians.

Ayer recibí un periódico que describía (*not* describiendo) la boda.	*Yesterday I received a newspaper describing the wedding.*

Describing does not refer to the subject of the sentence but only to the word newspaper. Its use is purely adjectival here; therefore, the **-ndo** form is not acceptable.
   Compare:

Escribió una novela criticando las condiciones sociales.	*He wrote a novel criticizing the social conditions.*

In this case, the **gerundio** refers to an activity of the subject of the sentence. The writer criticizes social conditions by writing a novel. If one wishes to emphasize the novel, however, only **que critica** is correct.

English-speaking persons must distinguish carefully between restrictive and nonrestrictive clauses. Only in the latter can the **-ndo** form be used. Note the difference between:

La muchacha, moviendo la cabeza, dijo que no.	*The girl, shaking her head, said no. (The clause is nonrestrictive, parenthetical, explanatory.)*
La muchacha que movía la cabeza, y no la otra, dijo que no.	*The girl shaking her head, and not the other one, said no. (The clause is restrictive.)*
Los estudiantes que se gradúan en junio no pueden votar ahora.	*Students graduating in June can't vote now. (One cannot say **graduándose en junio** because "graduating in June" is restrictive [in Spanish: **especificativo**] not merely explanatory or parenthetical.)*

APLICACIÓN

A *Conteste basándose en los ejemplos que ilustran las reglas anteriores.*

1. ¿Cuál es el título de la pintura más famosa de Emanuel Leutze?
2. ¿Por qué te respondió él con pocas palabras?
3. ¿Cómo sonreía él?
4. ¿Qué periódico recibiste ayer?
5. ¿Qué novela escribió él?
6. ¿Quiénes no pueden votar?
7. ¿De qué manera dijo la muchacha que no?
8. ¿Cuál de las muchachas dijo que no?

B *Traduzca al español usando una cláusula especificativa; después cambie la puntuación y use la forma apropiada en* **-ndo**.

MODELO   The children playing in the street were in danger.
Los niños que jugaban en la calle estaban en peligro.
Los niños, jugando en la calle, estaban en peligro.

1. The students wishing to study went to the library.
2. Several workers looking for a job had arrived early.
3. The actors working in this film will visit Buenos Aires.
4. The athlete lifting the weights says he is tired.

5. The musician playing the guitar began to sing.

6. The travelers not having a valid passport cannot cross the border.

Use of estar, and other verbs + -ndo to form the progressive

1. Although the most commonly found tenses are the present and the imperfect, any tense can be used progressively.

— ¿Qué **estás (estabas) haciendo?**	*"What are (were) you doing?" "I am*
— **Estoy (Estaba) lavando mi coche.**	*(was) washing my car."*

Anoche estuve mirando la televisión hasta la medianoche.	*Last night I was watching TV until midnight.*

Es posible que Andrés esté trabajando hoy en la cafetería.	*It is possible that Andrés is working today in the cafeteria.*

Siento que Ud. haya estado esperando tanto rato.	*I am sorry you have been waiting so long.*

2. The forms **yendo** and **viniendo** are rarely used with **estar** to form progressive tenses.

— **Jorgito, ven acá.** — **Voy.***	*"Jorgito, come here." "I'm coming."*

3. The Spanish present progressive differs from the English in that the Spanish tense does not express future time.

Mañana saldremos (salimos) para Panamá.	*Tomorrow we are leaving for Panama.*

4. Progressive tenses can also be formed by combining the **-ndo** form with **seguir, continuar, andar, ir,** and **venir**. In these cases, the progressive can have special meanings.

   a. **seguir, continuar** + **-ndo** = *to continue* + *-ing*.

Jacinto no quiere seguir (continuar) trabajando.	*Jacinto doesn't wish to continue working.*

   b. **andar** + **-ndo** = *to go around* + *-ing*.

---

*Remember that **ir** implies motion away from the speaker, whereas **venir** implies motion toward the speaker.

Isabel anda diciendo que ella sabe más que su profesor.	*Isabel goes around saying that she knows more than her professor.*

c. ir + -ndo = gradual occurrence; beginning of action or state.

Los estudiantes van entendiendo más acerca del subjuntivo.	*The students are getting to understand more about the subjunctive.*
Poco a poco me iba acostumbrando a la vida del campo.	*I was gradually getting accustomed to country living.*
Ve calentando el horno mientras yo mezclo la masa.	*Start heating the oven while I mix the dough.*

d. venir + -ndo = continuity over a period of time.

Inés viene gastando mucho dinero en ropa últimamente.	*Inés has been spending a lot of money on clothes lately.*
Hace varios meses que vengo sintiéndome mal.	*I have been feeling ill for some months now.*

APLICACIÓN
Conteste usando una forma en **-ndo**, *si es posible.*

1. ¿Adónde ibas anoche cuando te vi?
2. ¿Cuánto tiempo hablaste con Pedro ayer?
3. ¿Vuestro abuelo llega mañana o pasado mañana?
4. ¿Siguieron Uds. estudiando después que me fui?
5. ¿Qué decía el profesor cuando llegaste a clase?
6. ¿Qué hacen generalmente los chismosos?
7. ¿Se divorciaron sólo por ese problema, o habían tenido otros problemas antes? (Use **venir**.)
8. ¿Comienzas ahora a comprender el gerundio? (Use **ir**.)

ANÁLISIS DE LA LECTURA
A *El cuento de Quiroga incluye bastantes palabras y estructuras relacionadas con los problemas gramaticales de este capítulo. Lea estos ejemplos.*

1. ... al volverse ...
2. ... estaban engrosando ...
3. ... dislocándole las vértebras.
4. El dolor en el pie iba aumentando...
5. ... con sensación de tirante abultamiento ...
6. ... fulgurantes puntadas ...

7. ... como relámpagos ...
8. ... de sed quemante ...
9. ... una monstruosa hinchazón ...
10. ... a punto de ceder ...
11. ... un ronco arrastre ...
12. ... volviendo con la damajuana.
13. ... mirando su pie ...
14. ... la honda ligadura ...
15. ... descendiendo hasta la costa ...
16. ... quedó tendido de pecho.
17. ... alzando la cabeza del suelo.
18. ... la corriente, cogiéndola de nuevo ...
19. ... el río arremolinado se precipita en incesantes borbollones ...
20. ... semitendido en el fondo de la canoa ...
21. ... lenta inspiración.
22. ... contaba con la caída del rocío ...
23. ... en penetrantes efluvios ...
24. ... girando a ratos sobre sí misma ...
25. ... sin ver a su ex patrón ...
26. Y la respiración ...

B *Conteste las siguientes preguntas.*

1. En los números 1, 10 y 25, ¿por qué se usa el infinitivo en vez del gerundio?
2. En los números 2 y 4, ¿qué matices se expresan por medio de estas estructuras en lugar de **engrosaban** y **aumentaba**?
3. En el número 6, la forma "fulgurantes" es ejemplo del participio de presente. ¿Qué otros ejemplos de esta forma encuentra Ud. en la lista anterior? ¿Hay alguna diferencia entre ellas en cuanto a su equivalencia en inglés?
4. En inglés hay bastantes sustantivos que terminan en *-ing* y cuyo equivalente en español no termina en **-nte,-a**. En el número 5 "abultamiento" ejemplifica este fenómeno. ¿Qué otros ejemplos encuentra Ud. en la lista?
5. El número 3 demuestra como la forma **-ndo** funciona adverbialmente. ¿Qué otros ejemplos hay de esta función en la lista?
6. A veces en español se usa el participio pasivo como equivalente de la forma *-ing* adjetival en inglés. ¿Cuáles son los tres ejemplos en la lista anterior?

SECCIÓN LÉXICA

REPASO

Encuentre las palabras de la Lectura que están relacionadas con las siguientes y explique esa relación. Haga después una oración con cada una de las palabras que encontró.

1.	tinieblas	**5.**	oír	**9.**	punto
2.	ponerse (el sol)	**6.**	borde	**10.**	tirar
	(*2 palabras*)	**7.**	delgado	**11.**	bulto
3.	remolino	**8.**	radio	**12.**	blando
4.	caja				

AMPLIACIÓN

Ud. ya conoce la mayoría de los adjetivos que siguen, aunque tal vez sin darse cuenta de que son equivalentes de adjetivos que terminan en *-ing* en inglés. ¿Cuántos puede traducir Ud. sin consultar el glosario?

1. Terminaciones frecuentes.

    -ante; -ente, -iente

asfixiante, brillante, chocante, determinante, estimulante, flotante, gobernante, hispanohablante, humillante, insultante, restante, sofocante; corriente, durmiente, existente, hiriente, naciente, pendiente, resplandeciente, siguiente, sobresaliente, sonriente

-dor,-a

abrumador, acusador, adulador, agotador, alentador, cegador, conmovedor, desalentador, enloquecedor, enredador, ganador, innovador, inspirador, murmurador, revelador, tranquilizador, volador

-ivo,-a; -oso,-a

auditivo, decisivo, depresivo, efusivo, persuasivo, provocativo, rotativo; achacoso, amoroso, chismoso, enojoso, espumoso, furioso, indecoroso, jocoso, mentiroso, sudoroso, tembloroso

2. Otras terminaciones.

    -able, -ero, -ado, -ido, -tor,-a

agradable, incansable, incomparable, interminable, potable; duradero; cansado, confiado; afligido, dolorido, perdido; productor, protector, reductor, reproductor, seductor

3. Una categoría muy corriente y expresiva de adjetivos terminados en -*ing* es la que combina un sustantivo con el participio. A continuación se dan algunos ejemplos. Como se verá, la traducción al español varía según el caso, y frecuentemente exige el uso de una cláusula adjetival con **que**.

breathtaking	**que lo deja a uno sin respiración**
ear-splitting	**ensordecedor**
eye-catching	**llamativo, que llama la atención, vistoso**
hair-raising	**que eriza,**
	que pone los pelos de punta,
	que pone la carne de gallina,
	espeluznante
heart-breaking	**que parte el alma, desgarrador**
heart-warming	**conmovedor**
mind-blowing	**sicodélico; alucinante**
mouth-watering	**que hace la boca agua**
nerve-shattering	**que destroza los nervios**
toe-tapping	**que invita a bailar**

APLICACIÓN

A *Complete con adjetivos de las listas anteriores.*

1. Alejandro no es de un país _____, pero habla muy bien el castellano.
2. Algunas personas creen haber visto platillos _____.
3. Los faros del coche producían un brillo _____.
4. Tendremos un nuevo presidente, porque el partido _____ ha perdido las elecciones.
5. Nuestra casa de campo cuenta con agua _____, pero no podemos beberla porque no es _____.
6. Hace años que no leo la historia de la Bella _____.
7. Me gustan los vinos _____ de España.
8. Esa novela es tan larga que parece _____.
9. Sin ideas _____, no habrá progreso en el campo de la tecnología.
10. Estoy muy cansado después de varios días de trabajo _____.

B *Busque en las listas los equivalentes en español de los siguientes adjetivos, y úselos después en oraciones originales.*

outstanding, humiliating, overwhelming, pending, smiling, loving, flattering, ailing, encouraging, winning.

C *Forme participios de presente con los siguientes infinitivos, y úselos como adjetivos en oraciones.*

MODELO entrar entrante
No volverán hasta el mes entrante.

1.	fascinar	**3.**	alarmar	**5.**	balbucir	**7.**	sobrar
2.	sorprender	**4.**	salir	**6.**	intrigar	**8.**	corresponder

D *Haga un comentario subjetivo usando uno de los adjetivos de la lista que se da en el No. 3 y refiriéndose a las siguientes cosas o circunstancias.*

1. una música muy alegre
2. un perrito atropellado por un coche
3. una comida deliciosa
4. una película de fantasmas
5. un concierto de rock
6. los rascacielos de Chicago por la noche
7. un auto deportivo rojo
8. el último videocasete de Madonna
9. el encuentro de un niño desaparecido con sus padres
10. el interrogatorio de la policía a una persona culpable

PROBLEMA LÉXICO

To miss
In order to express the different shades of meaning of the verb *to miss*, Spanish uses a variety of verbs and idioms. Listed below are some examples.

Uses of *to miss* when it is transitive in English
1. *to miss = to fail to hit =* **no acertar(le), no darle (a uno).**

El ladrón le disparó al hombre pero no (le) acertó.

The thief fired at the man but he missed him.

El chico le tiró una piedra a la gata pero no le dio.

The boy threw a rock at the cat but missed her.

2. *to miss = to long for, to feel the lack of, to mourn the absence of =* **echar de menos, extrañar** (in Spanish America).

La pobre viuda echaba de menos (extrañaba) a su marido.

The poor widow missed her husband.

3. *to miss = to fail to enjoy =* **perderse.**

No quisiera perderme ese programa.

I wouldn't want to miss that program.

—**No vi esa película. —No te perdiste gran cosa.**

"I didn't see that movie." "You didn't miss much."

4. *to miss = to fail to attend, to be absent from =* **faltar a**: faltar al trabajo, faltar a clase, faltar a una reunión o cita, etc.

Los estudiantes que faltan mucho a clase no salen bien.

Students who miss class a lot do not do well.

5. *to miss = to fail to catch some form of transportation =* **perder, irse(le) (a uno)**.

Date prisa o perderemos (se nos irá) el avión.

Hurry up or we'll miss the plane.

6. *to miss = to notice the absence of; to lack =* **faltarle a uno**. (This construction is also discussed in chapter 9.)

Creo que me han robado; me falta una sortija.

I think I've been robbed; I'm missing a ring.

Después de la pelea, al pugilista le faltaban dos dientes.

After the fight, the fighter was missing two teeth.

7. *to miss = to make a mistake =* **errar (en), equivocarse en**.

Inés había errado en las respuestas a las preguntas 6 y 8 del examen.

Inés had missed the answers to questions 6 and 8 in the exam.

Uses of *to miss* when it is intransitive in English
to miss = to fail = **fallar, fracasar**.

¡Anda! Pídele que salga contigo. No puedes fallar.

Go on! Ask her to go out with you. You can't miss.

Other expressions involving *to miss*
1. *to be missing, to be lacking =* **faltar**.

En esta fiesta no falta nada. Tampoco falta nadie de importancia.

At this party nothing is missing. No one of importance is missing either.

2. *to just miss + -ing = to escape or avoid =* **faltar poco para que** + subjunctive; **por poco** + indicative.

Poco faltó para que me atropellara ese coche. Por poco me atropella ese coche.*	*That car just missed running over me.*

3. *to miss the boat* (figurative) = *to fail to take advantage of an opportunity* = **desaprovechar una oportunidad, perder el tren.**

Alfonso perdió el tren (desaprovechó una oportunidad) al no solicitar ese empleo.	*Alfonso missed the boat when he didn't apply for that job.*

4. *to miss a chance (the opportunity) to* = **perder (una) ocasión (la oportunidad) de (para).**

Él nunca pierde ocasión de humillarme.	*He never misses a chance to humiliate me.*
Si no nos acompañas al concierto, perderás la oportunidad de oír a ese gran artista.	*If you don't accompany us to the concert, you will miss the opportunity to hear that great artist.*

APLICACIÓN

A *Complete con la expresión apropiada de las listas anteriores.*

1. Después de haber pasado un año en Europa, Pedro se dio cuenta de cuánto _____ a los Estados Unidos.
2. Tendremos que tomar un taxi si no queremos _____ el tren de las siete.
3. Agustín insistía en que sus hijos no _____ a la escuela.
4. Cuando volvió a casa después de sus vacaciones, Andrea vio que _____ su televisor y su estéreo.
5. Virginia sacó una nota muy buena en el examen; sólo _____ en la última respuesta.
6. Muchas damas no quieren _____ el programa musical de José Luis Rodríguez.
7. La secretaria tiró el papel al cesto pero no _____ .
8. Si sigues _____ tanto al trabajo, te despedirán.

B *Invente cinco oraciones originales usando el equivalente español de cada una de las siguientes expresiones.*

1. to miss (in the sense of *to fail*)
2. to miss the boat (figurative)
3. to just miss + **-ing**

---

*On the use of **por poco** + present tense, see page 42.

4. to miss (in the sense of *to make a mistake*)
5. to miss a chance to

TRADUCCIÓN

Do you find yourself adrift and alone in a sea of ever-increasing academic problems? Does the thought of upcoming tests poison your existence and draw curses from you? If so, the following observations, culminating in some advice on taking (how to take) exams will be fitting.

Taking final exams means different things to different persons. It can be an experience that is depressing and frightening for the student who has spent the semester having a good time and studying only now and again. On the other hand, it may be pleasing and satisfying for the student who, having studied regularly, has the joy of showing how much he/she has been (use **venir**) learning. It surely is a stimulating experience and a learning opportunity for all, although it may not be amusing to them.

In addition to acquiring specific skills and knowledge, the student must discover ways of studying under varying conditions and in differing surroundings. Students living at home have certain irritating distractions while those living in student residences have the problem of dealing with other disturbing elements. In both cases, establishing priorities and organizing one's time are the two outstanding requirements.

TEMAS PARA COMPOSICIÓN

Use por lo menos 10 formas en -**ndo**.

1. La soledad en que muere el protagonista de *A la deriva* hace más impresionante su muerte. Imite esta historia y escriba un cuento breve en el cual el protagonista vea acercarse la muerte con angustia en medio de la soledad.

2. Escriba una descripción que demuestre los contrastes de la naturaleza. Por ejemplo, una tormenta en la cual sentimos miedo pero a la vez admiramos la belleza imponente de la naturaleza, o un desierto que parece muy apacible a la luz de la luna y puede parecer terrible cuando se está perdido en él sin agua.

3. Su actitud con respecto a los exámenes. ¿Se pone Ud. nervioso,-a o es Ud. de esas personas a quienes la presión las estimula favorablemente? ¿Le importaría examinarse oralmente? ¿Prefiere exámenes frecuentes y breves o un examen largo al final del curso? ¿Cree Ud. que los exámenes en los que hay que desarrollar temas son preferibles a los exámenes de tipo objetivo (con respuestas a escoger, identificaciones, etc.)?

4. El valor pedagógico de los exámenes: los pros y los contras. ¿Reflejan los exámenes con bastante exactitud los conocimientos del alumno? ¿Qué causas pueden influir en los resultados de un examen (causas de origen físico: el

ambiente, el ruido, el fumar, la temperatura, etc.; causas personales: problemas del individuo, etc.)? ¿Cree Ud. que sería práctico el abolir los exámenes? ¿Sería justo?

correos
ESPAÑA
100
PTA
Centenario
de Picasso
1881 - 1973
F.N.M.T.

AMADO NERVO
1870   1919

CORREOS
MEXICO 40¢
ANONIMO   1971   T.I.E.V.

CORREOS CHILE
CIRCO
1884
1984

CENTENARIO ACTIVIDAD CIRCENSE EN CHILE

CASA DE MONEDA DE CHILE 1984
$45

Bs.1,05
PANTEON NACIONAL 1875-1975
VENEZUELA

28.00
aéreo

1978

PERU

13
AÑO
INTERNACIONAL
DEL NIÑO

CUBA   aéreo   1979

CAPÍTULO 14

LECTURA

*Las narraciones de tipo epistolar son comunes en la literatura hispánica.
Eduardo Barrios, un novelista chileno contemporáneo que se interesa mucho
en lo sicológico, escribió su cuento ¡Pobre feo! en forma epistolar. Isabel y
su hermana Luisita, que es una niña, viven con su madre en una pensión o
casa de huéspedes en Valparaíso y escriben cartas a su primo. El siguiente
pasaje es una de las cartas escritas por Isabel.*

Carta de Isabel

. . . Había dejado de escribirte por no considerar de importancia los
acontecimientos. Pero se han ido sucediendo unos tras otros y han formado,
por su cantidad, un conjunto considerable, alarmante, digno de que te lo
cuente.

Te he dicho alarmante y es verdad. Créeme, por momentos tengo miedo.
Ese hombre me va pareciendo capaz de todo.[1] Lo soporta todo por mí. ¡Qué
tenacidad! ¿Cómo es posible sufrir tanta insolencia de Luisita, tanta indirecta[2]
de los pensionistas[3] y perseverar en un propósito que yo de mil maneras le
manifiesto ser descabellado?[4] Sí, primo, te lo juro, estoy alarmada. Me
obsequia cuanto considera de mi gusto. Ayer me trajo castaña en almíbar;[5] el
sábado, una mata de crisantemos. Y he tenido que recibirle los regalos: ante las
sátiras de los demás, se me hizo duro desairarlo.[6] El caso es que me tiene[7] loca.

---

[1] Isabel se refiere a un joven que está enamorado de ella.

[2] comentarios sarcásticos o con doble intención

[3] personas que viven en la pensión

[4] le . . . le digo que es ridículo

[5] *chestnuts in syrup*

[6] se . . . era duro para mí ofenderlo no aceptando sus regalos (Recuerde que esta construcción se estudió en el capítulo 9.)

[7] me está volviendo

Ya te he contado que toca el piano y que lo toca muy a menudo ahora, por saber que a mí me gusta la música. Pues hasta en esto, por agradarme, me produce más alejamiento.[8] Imagínate: al preguntarme qué deseo escuchar, me entona las melodías... ¡y con esa voz de fuelle,[9] insonora,[10] que sale de su boca lívida con expresión de fatiga! Es terrible, me causa malestar.[11]

Otra cosa: lo encuentro en todos los paseos, muy enflorado,[12] muy elegante. (Eso sí, nunca se ha vestido mal, aunque nada le sienta,[13] al pobre[14]). Y siempre asediándome y cargándome[15]... o haciéndome sufrir con la compasión que me causa. Ahora se empolva,[16] se afeita diariamente, se hace "toilette".[17] ¡Infeliz![18] ¿Puede una imaginar un espíritu simpático, un espíritu de coquetería en la vaina[19] de un sable? Ya no se muestra con aquel continente[20] lánguido y melancólico; se ha hecho locuaz,[21] alegre. Y no sé de dónde ha sacado un inmenso repertorio de refranes y proverbios.

—¿Por qué siente usted tan poca simpatía[22] por mí, Chabelita?—[23] Cuando me preguntó esto último, estaba Luisita presente y, con su inconsciente crueldad de niña, le respondió por mí: —Por su nariz, José. —Por mi nariz. ¿Y qué tiene mi nariz? —¿Su nariz? Nada. Usted tiene la misma nariz de su madre—. ¡Figúrate![24] Creí que Luisita se había ganado una chachetada[25]... Lo merecía. Es terrible, diabólica, la criatura. Sin embargo, él calló, limitándose a mirarme, como para decirme: por usted lo tolero todo. Pero poco después se fue, para no salir en todo el día de su habitación.

Y las crueldades de la muy pícara de[26] Luisita no tienen fin. Cada día son mayores. Ahora, por lo visto, no nacen de un mero deseo de reír, sino de un odio a muerte[27] por el infeliz Bambú,[28] quien la ofende con el solo delito de quererme. En otra ocasión le dijo: —Cállese, horroroso. A usted le debían haber torcido el pescuezo[29] cuando nació, porque no hay derecho de ser tan feo—. ¿Y qué te figuras que hizo él ante semejante grosería? Se quedó pensativo un momento, como apreciando el fondo de verdad dolorosa que pudieran tener estas palabras, y al fin murmuró, con una sinceridad de partir el alma:[30] —¡Cierto!

¿Ves? Todo esto será cómico, pero muy desagradable.

Y de los pensionistas, ¡para qué hablar! Valiéndose de Luisita, lo agobian a burlas.[31] Aurelio le ha compuesto unos versos. Luisita suele declamarlos por

---

[8]**por**... en su deseo de agradarme me hace alejarme más
[9]**de**... *like bellows*
[10]que suena mal
[11]**me**... me hace sentirme enferma
[12]**muy**... con una flor en la solapa de la chaqueta
[13]le queda bien
[14]**al**... *poor devil*
[15]**asediándome**... persiguiéndome y molestándome
[16]se pone polvo o talco
[17]**se**... trata de lucir lo mejor posible
[18]*Poor devil*

[19]estuche o funda
[20]aire, aspecto
[21]hablador
[22]afecto, atracción
[23]forma familiar o cariñosa de Isabel
[24]¡Imagínate!
[25]**se**... iba a recibir una bofetada
[26]**la**... la pícara, la traviesa
[27]**a**... mortal
[28]el pobre Bambú. (Los pensionistas lo llamaban así porque era muy alto y delgado.)
[29]**torcido**... retorcido el cuello
[30]**de**... muy conmovedora
[31]**lo**... se burlan constantemente de él

Vista de la ciudad y puerto de Valparaíso, donde vivían Isabel y su hermana Luisita.

las noches en el salón. Cuentan estos versos que Bambú "en cuclillas[32] parece una langosta y de pie puede dar besos al sol". Como ves, ya esto pasa de castaño oscuro.[33] ¡Y no se va de la casa! ¿Tendré razón para estar alarmada?

Pero, antes de terminar, voy a contarte lo que ocurrió anoche. Ya esto es triste de veras. Estábamos en el "skating rink" y nos preparábamos para patinar, cuando en esto[34] se me acerca Luisita y me dice:

—Míralo agachado y dime si no es verdad que parece una langosta, como dicen los versos—. Miro, riéndome, y veo a José probándose unos patines en un rincón, y tan grotesco, tan ridículo, que aparté la vista de él. Presentí otra escena de burlas y me dolió ya formar[35] entre los que le humillan y le hieren y le envenenan la existencia. Sentí una gran piedad por él y ¿creerás? tuve una secreta alegría: entre tanta gente, dije, pasará inadvertido y patinará, y se olvidarán estos demonios de él, y se divertirá un buen rato y . . . yo patinaré con él. ¿Por qué no? ¡Pobre! Pero cuando ya todos estábamos listos, lo veo frente a mí embobado,[36] contemplándome... y sin patines. —¿No va usted a patinar? —le pregunté. —No, no me gusta; la veré patinar a usted, Chabelita—. No sé si me equivoqué; pero creí hallar en su expresión una tristeza profunda, algo así como el reconocimiento de que no eran para él los goces de nosotros, de que viéndose incapacitado por sus defectos físicos para

---

[32]*squatting*
[33]**pasa. . .** es demasiado, es intolerable (Una expresión común en español.)

[34]en este momento
[35]ser parte
[36]fascinado

asociarse a nuestras diversiones, prefería colocarse al margen[37] para no desentonar[38] en nuestra comparsa,[39] para no arrancar una vez más "las risas de las galerías". Mientras tanto, Luisita se había acercado a nosotros y, con su odio exagerado al pobre Bambú, se entregaba a su diabólico placer de hacer sufrir al infeliz. —Bah—dijo—no quiere porque no puede. Se ha probado los patines más grandes y le han quedado chicos—. Una sonrisa, como siempre, una sonrisa fue la respuesta del buen José. Y qué amarga, qué humillada, qué triste. Luego se apartó, en silencio, como si temiese que siguiendo en nuestro grupo sobreviniese[40] el atroz regocijo[41] de los demás, las risas envenenadoras, el cambio de miradas,[42] y él prefiriese guardar su papel pasivo ante aquella multitud hostilmente alegre, agresivamente hermosa que, con sólo ponerse frente a él, le pisoteaba.[43]

Toda la noche sufrí por él. Lo sentía deprimido, perseguido en sus expansiones, emponzoñado[44] en sus sueños de felicidad... Y no pude divertirme. ¿Por qué no se irá de nuestra pensión? Le sería fácil olvidarme. ¡Hay tantas de mal gusto![45] Pero, también, estos demonios de la pensión no pueden reunirse jamás sin elegir una persona para blanco[46] de sus burlas u objeto de su diversión. ¡Qué brutos! Me da una rabia...[47]

Me han dado las doce de la noche[48] escribiéndote. Como esta carta, por lo difícil, me obligó a hacer borrador...[49] Y lo peor es que me ha hecho llorar. En fin, hasta mañana o pasado, si es que ocurre algo digno de mención. No te olvides de reprender a Luisita; ya ves que lo merece.

COMPRENSIÓN
Explique, basándose en la Lectura y dando ejemplos cuando sea conveniente.

1. Los regalos que recibió Isabel de José.
2. La reacción de Isabel cuando José toca el piano.
3. El incidente de la nariz de José.
4. El apodo de Bambú.
5. La actitud de los pensionistas con respecto a José.
6. Lo apropiado de la expresión de Isabel: "Ya esto pasa de castaño oscuro".
7. Lo que sucedió en el "skating rink".
8. Lo que quiere decir Isabel cuando escribe: "Hay tantas de mal gusto".

OPINIONES
1. ¿Cuáles son las ventajas y las desventajas de escribir una narración en

---

[37]a un lado
[38]estar fuera de lugar
[39]grupo
[40]ocurriese
[41]alegría
[42]*exchange of glances*
[43]humillaba

[44]envenenado
[45]tantas mujeres de mal gusto (que se enamorarían de un feo)
[46]víctima
[47]Me... me pongo tan furiosa
[48]Me... la media noche me ha encontrado
[49]*rough draft*

forma epistolar? ¿Cree Ud. que en este caso el autor ha conseguido que esta carta parezca auténtica? ¿Por qué o por qué no?

2. ¿Qué clase de persona es Bambú? ¿Cree Ud. que esa actitud suya de adoración humilde es una buena táctica? ¿Merece él la compasión de Isabel? ¿Qué sentimientos cree Ud. que siente Isabel hacia Bambú?

3. ¿Cómo es Luisita? ¿Qué piensa Ud. de ella? ¿Cuál es, en su opinión, el motivo de que Luisita sea tan cruel con Bambú?

4. Los problemas de ser feo o fea. ¿Discrimina nuestra sociedad contra los que son feos, deformes, o de alguna manera diferentes?

5. Si Ud. tuviera una columna en un periódico como consejero,-a a sentimental, ¿qué consejos le daría a Isabel como respuesta a su carta? ¿Por qué?

ANÁLISIS DE LA LECTURA

En este cuento se encuentran ejemplos de varios problemas gramaticales resueltos en capítulos anteriores.

A *Lea los siguientes casos en que aparecen* **por** *y* **para**. *Traduzca las expresiones al inglés y explique por qué se usa* **por** *o* **para**.

1. ... lo soporta todo por mí ...
2. ... le respondió por mí ...
3. ... por su nariz, José...
4. ¿Por qué siente Ud. tan poca simpatía por mí, Chabelita?
5. ... viéndose incapacitado por sus defectos físicos para asociarse a nuestras diversiones, prefería colocarse al margen para no desentonar en nuestra comparsa.
6. ... toda la noche sufrí por él ...
7. ... esta carta, por lo difícil, me obligó a hacer borrador.
8. ... limitándose a mirarme, como para decirme ...
9. ¿Tendré razón para estar alarmada?
10. ... nos preparábamos para patinar...
11. ... no eran para él los goces de nosotros ...
12. ... una persona para blanco de sus burlas ...

B *Basándose en las reglas que se dieron en el capítulo 7, explique por qué se usa* **parecer** *y no* **parecerse a** *en el siguiente caso.*

Bambú en cuclillas parece una langosta.

C *¿Qué indica el uso de* **le** *en cada una de las oraciones siguientes?*

1. ... le sería difícil olvidarme ...
2. ... Aurelio le ha compuesto unos versos ...
3. ... A Ud. le debían haber torcido el pescuezo ...

D *¿Qué indica el uso de* **me** *en la oración siguiente?*

Me han dado las doce de la noche escribiéndote.

E   *Estas oraciones usan la construcción de* **gustar**. *Señale el sujeto de cada una de ellas.*

1.   Se me hizo duro desairarlo.
2.   A mí me gusta la música.
3.   Nada le sienta, al pobre.
4.   Me dolió ya formar entre los que le humillan.
5.   [Los patines] le han quedado chicos.

En muchas ciudades hispánicas se ven buzones poco comunes, como el que aparece en esta foto.

HOW TO WRITE A LETTER IN SPANISH

BUSINESS LETTERS

The Format of a Business Letter

Most business letters are typed on paper that has a printed letterhead. If the paper does not have a letterhead, it is advisable to type one.

As happens in English, Spanish business letters have several possible formats, depending on the beginning of the lines and paragraphs: *full-block* (**estilo bloque**), *semiblock* (**estilo semibloque**), and *indented* (**estilo sangrado**). The extreme full-block format, where every single line begins on the left-hand margin, is seldom seen in Spanish letters.

Estilo bloque

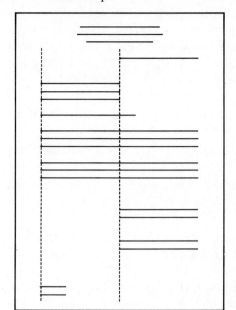

Estilo semibloque

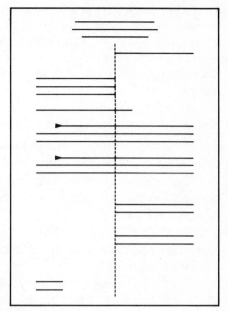

Estilo sangrado

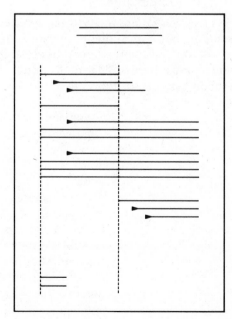

The following guidelines will help you set up a letter.

1.   In Spanish letters, it is general practice to have the left-hand margin wider than the right-hand margin, although some people prefer to have them of the same width. Also, the right-hand margin is kept as even as possible, which requires a lot of hyphenation. So, if dividing Spanish words into syllables is not your strong point, you should review the rules before attempting to type letters.

2.   In a long letter, the date is placed four lines below the letterhead; in a short one, eight lines is the customary distance.

3.   The inside address should be placed four to eight lines below the date line, depending on the length of the letter.

4.   Begin the salutation two lines below the address. In English, the salutation ends with a comma in the case of informal letters; in Spanish, a colon is used for all types of letters.

Some Specifics about the Parts of a Letter

1.   *Date* **(Fecha)**
     This includes place, day, month, and year. If the place is already indicated in the letterhead, it is not necessary to include it here. Remember that the traditional way to express dates in Spanish is with the day first: **4 de junio** (not **junio 4**). Recall that ordinal numbers are not used for the days, except in the case of the first one: **1° (1ero.) de junio.**

2.   *Name and address of addressee* **(Nombre y dirección del destinatario)**
     These are the same as they appear on the envelope. In Spain it is common to use **D.**, **Da.** (*don, doña*) in addition to any other title: **Sr. D. José Guzmán Landívar, Sra. Da. Esperanza Barnet Vda. de Rondón.**
     Some common abbreviations for titles are:

Admor.	administrador
Arq.	arquitecto
Cía	Compañía
D.	don
Da.	doña
Dr., Dra.	doctor, doctora
Ema.	Eminencia
Excmo.	Excelentísimo
Genl.	general
Hno., Hna.	hermano, hermana
Hon. Sr. Pdte.	Honorable Señor Presidente
Ilmo. (Ilo.)	Ilustrísimo
Ing.	ingeniero
Ldo., Lda., (Lcdo.), (Lcda.)	licenciado, licenciada

Mons.	monseñor
Pbro.	presbítero
Rdo. P., (R.P.)	Reverendo Padre
Rda. M., (R. M.)	Reverenda Madre
S. E.	Su Excelencia
Sr., Sres.	señor, señores
Sra., Sras.	señora, señoras
Srta., Srtas.	señorita, señoritas
S. Sa.	Su Señoría (*for some dignitaries, like judges*)
Supertte.	superintendente
S. A.	Sociedad Anónima (*Inc., in English*)
S. de R. L*	Sociedad de Responsabilidad Limitada (*Limited Liability Co.*)
Vda.	viuda

Some abbreviations used in addresses are:

Avda., Av.	avenida	**E.P.M.**	en propia mano
Apdo.	apartado (de correos)**	**izqo., izqa.**	izquierdo, -a
dcho., dcha	derecho, -a	**No.**	número
Dpto.	departamento	**Prova.**	provincia

3. *Line of attention* **(Línea de atención)**
It is generally placed below the address and it is used when the letter is addressed to a company but its contents concern a special person. The abbreviation used is **Atn.**

4. *Reference* **(Línea de referencia)**
It is placed on the right-hand side between the address and the salutation. Its abbreviation is **Ref.**

5. *Salutation* **(Saludo)**
Some common formulas of salutation are

Estimado,-a, -os, -as + title
Apreciado,-a, -os, -as + title
Distinguido,-a, -os, -as + title
Honorable + title (for a president or other dignitary)

---

*In México and some other countries.
In some countries the word is **casilla.

The traditional salutation **Muy Sr. (Sres.) mío(s) (nuestros)** is still used but the modern tendency is to replace it with one of the above.

6. *Body of the letter* **(Cuerpo de la carta)**

A traditional letter that answers another one begins with an acknowledgment. Some of the common formulas of acknowledgment that have been used traditionally in the Spanish-speaking world are

Acuso recibo de su atta. del 28 del pasado mes. ...(atta. = atenta carta)
Recibí su atta. de fecha 15 del cte. ... (cte. = corriente, referring to this month**).**
Obra en mi (nuestro) poder su muy atta. del pdo. (pdo. = pasado) mes ...
Acabo (Acabamos) de recibir su grata del 14 de octubre.
En contestación a su estimada del mes de enero p. pdo. (p. pdo. = próximo pasado).
Me apresuro a contestar su carta de ayer 3 de febrero...

You should familiarize yourself with the traditional commercial formulas, not only because they are still in use, but also because they provide you with a safe, though uninteresting, style. The modern tendency, however, is to write in a more natural way, since a letter is, after all, a written conversation with an absent person.

Once you feel more confident, try to acquire a more personal style. A good way to make your letter sound natural is to imagine that you are facing the person and explaining the matter verbally.

Instead of the traditional formulas, modern usage prefers that one start right away stating one's reasons for writing. If there is an acknowledgment, it can be built casually into the first lines.

Siento mucho no poder enviarle los informes que solicita en su carta del 6 de septiembre...
Los libros que les pedí por correo el pasado mes de julio, han llegado a mi poder en malas condiciones...
Estoy interesado en el empleo que Uds. anuncian en *El Sol* **del pasado domingo...**
Tenemos el gusto de informarle que el crédito que solicitó en su carta del 10 de mayo...

7. *Ending* **(Despedida o cierre)**

Some traditional expressions used in the ending are

Muy agradecido,-a por su atención, quedo de Ud.(s) atte., (atentamente) S. S. (Su servidor,-ra)
En espera de sus gratas noticias, quedo de Ud.(s) atentamente, De Ud. atto.,-a (atento,-a) y S. S.,

Quedamos de Ud.(s) atte.,
En espera de su contestación, me reitero su atto.,-a S. S.,
Sin más por ahora,
Sin otro particular por el momento, quedo de Ud.(s) S. S.,
Respetuosamente, S.S.S., (Su seguro -a servidor, -ra)
Con toda consideración, S.S.,
Queda suyo,-a afmo.-a (afectísimo-a)

8. *Initials, enclosures, and copies* **(Iniciales, anexos o adjuntos y copias)**
Sometimes the initials of the typist, or those of the sender and the typist separated by a slash, are added in the lower left section of the paper. Two spaces below them go the **Anexo(s)** if there are any. When copies of the letter are sent to another person, his/her name is written last preceded by **c.c.** *(con copia)*.

The initials **P.S.** *(post-scriptum)* used in English can also be used in Spanish. Most people, however, prefer to use the initials **P.D.** *(posdata)*.

General Recommendations

Be concise and clear. Try to be pleasant and polite, even when writing a letter of complaint. There are sample letters in this chapter. It is impossible, however, to provide a model for every circumstance encountered in real life. So, practice writing as many letters as possible. The only way to learn to write good letters is by writing a lot of them.

PERSONAL LETTERS

The format and style of personal letters are obviously much more flexible than those of business letters. However, the following lists of greetings and endings will be useful.

Greetings:

(Muy) Querido Aniceto:	*Dear Aniceto,*
Queridísima (Adorada) mamá:	*Dearest Mother,*
Amor mío:	*My love,*
Mi vida:	
Mi cielo:	

The expressions **Mi vida** and **Mi cielo**, quite common between lovers, are untranslatable into English. On the other hand, there are no equivalents in Spanish for words like *Honey, Sweetheart, Darling*, etc.

In some countries, the words **Negro,-a, Negrito,-a, Chino,-a,** and **Chinito,-a** are used as forms of address to show affection. These words are completely unrelated to the race of the person.

Endings:

Afectuosamente,	*Affectionately,*
Cariñosamente, Con cariño,	*Fondly,*
Recibe el cariño de,	*With love,*
Te besa y abraza,	*A kiss and a hug,*
Muchos abrazos de,	*Hugs from,*
Siempre tuyo,-a,	*Yours forever,*
Se despide de ti,	*Good-bye now,*
Tu novio,-a que te adora,	*Your sweetheart who adores you,*
Recibe el eterno amor de,	*With the eternal love of,*
Con mucho amor de,	*Much love,*

APLICACIÓN

A *Decida qué afirmaciones son ciertas y cuáles son falsas y corrija las falsas.*

1. En español se usa una coma después del saludo en las cartas de tipo más familiar.
2. El margen de la derecha no debe ser más ancho que el margen de la izquierda.
3. Si la ciudad se indica en el membrete no es necesario repetirla en la línea de la fecha.
4. Lo mismo que en inglés, *atención* se abrevia en español *Att.*
5. El saludo más usado hoy es *Muy Sr. mío.*
6. Una carta debe imitar la manera en que se hablaría a la persona.
7. La abreviatura *p. pdo.* significa *por pedido.*
8. En español nunca se escriben dos títulos seguidos antes del nombre.
9. Cuando se incluye algún otro papel adicional en una carta, se escribe la palabra *Anexo* en la esquina inferior izquierda.
10. No es recomendable explicar inmediatamente el motivo de la carta.

B *Identifique las abreviaturas.*

1. R. P. Mendía
2. Valdés y Cía, S. A.
3. Estimado Sr. Admor.
4. P. D.
5. Hon. Sr. Pdte.
6. Recibí su atta. del 3 del cte.
7. Quedo afmo. S.S.S.
8. Hno.
9. Avda.
10. E.P.M.
11. Me reitero su atto. S. S.
12. Quedamos de Uds. atte.
13. Distinguida Lcda. Castillo
14. Apreciado Ing. Gutiérrez
15. S. E.
16. R. M. Mónica Pérez Gil
17. c.c.
18. No.
19. Prova.
20. Apdo.

C *Practique los saludos y despedidas de las cartas personales, escribiendo una breve carta a un amigo o familiar querido, a su novio, -a, etc.*

MODELOS DE CARTAS

Lea con cuidado los siguientes modelos de cartas y la solicitud de empleo que les sigue. Los ejercicios de la página 355 y algunos de los temas para composición, se basan en ellas.

1. Modelo de carta comercial (de negocio a negocio).

LOPEZ COUTO E HIJO, INC.

TELS.
726-6255
726-6355

PUCO SUPERMARKET NO. 1
CALLE TAPIA NO. 300, SANTURCE, PUERTO RICO

3 de febrero de 1988

Ventura Pérez y Hnos.
Calle Comercio No. 52
San Juan, P.R. 00932
<u>Atn.</u>: Herminio Pérez

Apreciados señores:

La presente tiene por objeto informarles del error cometido por Uds. al servir nuestro pedido del 14 p.pdo., el cual acaba de llegar a nuestro poder.

En primer lugar, nos extraña que nos hayan enviado 9 cajas de alimento para gatos <u>Minino</u> que no hemos solicitado.

El resto de la mercancía sí corresponde a los productos pedidos, pero las cantidades están totalmente equivocadas. Como verán en la copia adjunta, les pedimos 8 cajas de detergente <u>Cheer</u> tamaño mediano, 10 cajas de mayonesa <u>Delicias</u> y 3 cajas de mostaza <u>Imperial</u>, y con verdadera sorpresa nos encontramos que nos sirvieron 3 cajas de detergente, 8 cajas de mayonesa y 10 cajas de mostaza.

Confiamos en que subsanarán lo más pronto posible el error cometido, y quedamos esperando sus instrucciones para proceder con el alimento para gatos y las cantidades no solicitadas de los otros productos.

Somos de Uds. s.s. s.s.,

López Couto e Hijo, Inc.

Alfredo López Couto
Gerente

ALC /mcl

Anexo: Copia del pedido

2. Modelo de carta comercial (de negocio a cliente).

L. C. Real Estate, Inc.

Suite 234 Housing Investment Bldg. 416 Ponce de León Ave., Hato Rey, P. R. 00918 • Tel. (809) 759-8172

                                        3 de septiembre de 1987

Dr. Armando J. Huerta,
Topacio 36,
Parque San Patricio,
Caparra
                            Ref: Residencial Buenavista,
                            ‾‾‾ Casa No. 15

Estimado Dr. Huerta:

Deseamos informarle que el préstamo hipotecario solicitado
por Ud. para la compra de la casa No. 15, Residencial Bue-
navista, ha sido aprobado por el banco. A tal efecto, tenemos el gusto de citarlo para que acuda con su esposa al
bufete del Lcdo. Castillo el día 10 del corriente, a las
tres de la tarde, con el objeto de firmar la escritura de
compraventa de dicha propiedad.

Nos permitimos recordarle además, que en el momento de la
firma deberá entregarnos un cheque certificado por la cantidad de $15,000 que, como Ud. sabe, es el pronto requerido.

Con nuestros mejores deseos para el disfrute de su nueva
residencia, quedamos de Ud.

                        Muy atentamente,

                        L.C. Real Estate, Inc.

                        Lupe Canteli Fernández

                        Lupe Canteli Fernández,
                        Presidenta

LCF/md

c.c. Lcdo. Castillo

3.   Modelo de carta solicitando empleo.

                    Robert T. Williams
                    7507 Bender Dr.
                    Austin
                    Texas, 78749

                              5 de julio de 1987

Sr. Emilio García de Soto,
Joyería Miraflor,
Avenida Morelos 25,
México, D.F.

Distinguido señor:

Por medio de su sobrino Pablito Guzmán, que es viejo amigo
mío, he sabido que, a partir del próximo mes de septiembre,
va a necesitar Ud. un tenedor de libros que trabaje por las
tardes en su establecimiento, y deseo ofrecerle mis servicios.

Seguramente le sorprenderá que le escriba desde Texas. Per-
mítame explicarle que pienso instalarme en México a mediados
de agosto. Voy a matricularme en dos cursos universitarios
para extranjeros, pero como las clases son por la mañana, estaré libre para trabajar a partir del mediodía.

Como puede Ud. ver por esta carta, escribo bien el español.
Lo hablo también bastante bien, y como pienso permanecer en
México por lo menos un año, lo hablaré todavía mejor en el
futuro.

Le incluyo mi hoja de vida. Como verá en ella, acabo de graduarme de Bachiller en Administración de Negocios, con especialidad en Contabilidad. Si Ud. lo desea, puedo hacer además
que una compañía donde he trabajado le envíe una carta de recomendación.

Quedo en espera de su apreciable respuesta.

                    Afmo. y S.S.

                    Robert T. Williams
                    Robert T. Williams

Anexo:Hoja de vida

---

4.   Modelo de carta personal

Boston, 13 de abril de 1988

Sra. Amalia de[1] Gástiz,
(Personal)
Av. Urdaneta a Baralt,
Caracas,
Venezuela

Queridísima[2] mamá:

Siento mucho no haber escrito en tres semanas, pero he tenido algunos problemas. Sé que te extrañará que te escriba a
la dirección de la oficina y no a casa, pero no quiero que papá vea esta carta hasta que tú hables con él de lo que voy a
contarte.

Como sabes, papá se oponía a que yo comprara carro cuando
vine a estudiar a los Estados Unidos, por considerar que era
peligroso. Bueno, papá tenía razón.

He tenido un accidente. No te asustes, no fue grave, aunque el carro quedó en bastante mal estado. Yo, gracias a Dios,
no necesité ir al hospital. Fue un milagro. Sólo me rompí los
dos dientes delanteros con el golpe, pero ya me los están arre-
glando. Por cierto, necesito $550 para el dentista. ¡Cómo se
va a poner papá!

El otro problema que tengo se refiere al chofer del otro
carro, que quedó destrozado, aunque el hombre sólo se partió un
brazo. Ahora va a ponerme pleito, porque afirma que fue mi culpa, que la luz estaba en verde de su lado, y que tengo que pagarle una indemnización grande, más el costo de su automóvil.
Estarás pensando que el seguro cubre todo esto. ¡Aquí es donde
está verdaderamente el problema, porque me olvidé de pagarlo!
Esto me tiene desesperado. No sé qué hacer. Por favor, mamita,
explícale todo a mi padre con dulzura, porque se va a poner como un energúmeno.

Por lo demás, todo anda bien, incluyendo mis estudios. Te
volveré a escribir pronto, informándote sobre la situación con
el otro chofer. No trabajes mucho y cuídate.

Te quiere mucho y te pide tu bendición,[3] tu hijo,

José Luis

P.D. No es verdad lo de la luz, pero no puedo probarlo.

---

[1] En Venezuela una mujer usa, en vez de su apellido de soltera, el apellido de su esposo precedido de *de*.

[2] En algunos países hispánicos, el posesivo se usa con parentescos en casos en los cuales no usaría en inglés.

[3] Es muy común en Venezuela que los hijos les pidan la bendición a sus padres.

SOLICITUD DE EMPLEO

EMPRESA
LÍNEAS MARITIMAS ARGENTINAS
Sociedad Anónima

Código Interno

Toda información que nos suministre será mantenida en absoluta reserva. Esta solicitud quedará registrada en la Empresa por el **término de un año**.

Fecha	Puesto Solicitado	Otro puesto que pueda desempeñar

1. DATOS PERSONALES

Apellido y Nombre	Domicilio (Calle N°-Piso- Dpto. Localidad)	Teléfono

Fecha Nac.	Lugar	Nacionalidad	C.I.N°............. DNI.N°.............	Estado Civil	Familiares a cargo:

Servicio Militar - Fuerza Armada	Año	Exceptuado Por	Registro Conductor SÍ ☐ No ☐
			Categoría:

2. ESTUDIOS

NIVEL	INSTITUTO	Período Desde / Hasta	Finalizó SÍ / No	Está cursando	Título/Ultimo año aprob.
PRIMARIOS					
SECUNDARIOS					
UNIVERSITARIOS					
CURSOS REALIZADOS					

3. CONOCIMIENTOS

	MB	B	R	No poseo
IDIOMAS (Indicar):				
DACTILOGRAFIA				
MANEJO MAQUINAS DE CALCULAR				
TAQUIGRAFIA (Sistema)				
MANEJO TERMINALES COMPUTACION				
MAQUINAS, Herramientas y/o equipos (Indicar tipo)				
OTROS				

SE DESEMPEÑO ANTERIORMENTE EN E.L.M.A. s.a.	SI ☐	NO ☐

Form. R-1120

4. ACTUACION LABORAL (Comience por el último)

Nombre de la Empresa: .... Dirección: ....

Ramo: .... Cantidad Personal que ocupa: ....

Puesto ocupado al ingreso: .... Puesto ocupado al egreso: ....

Fecha de Ingreso: .... Fecha de egreso: ....

Ultima remuneración: .... Razón por la cual se retiró o desea retirar: ....

.... Nombre, Apellido y cargo de Supervisor Directo: ....

....

Indique las tareas realizadas: ....

....

Nombre de la Empresa: .... Dirección: ....

Ramo: .... Cantidad Personal que ocupa: ....

Puesto ocupado al ingreso: .... Puesto ocupado al egreso: ....

Fecha de Ingreso: .... Fecha de Egreso: ....

Razón por la cual se retiró: ....

Nombre, Apellido y cargo de Supervisor Directo: ....

.... Indique las tareas realizadas: ....

....

Nombre de la Empresa: .... Dirección: ....

Ramo: .... Cantidad Personal que ocupa: ....

Puesto ocupado al ingreso: .... Puesto ocupado al egreso: ....

Fecha de Ingreso: .... Fecha de Egreso: ....

Razón por la cual se retiró: ....

Nombre, Apellido y cargo de Supervisor Directo: ....

.... Indique las tareas realizadas: ....

....

---

5. INFORMACION COMPLEMENTARIA

Remuneración Pretendida: .... ¿Tiene problemas de horario?   SI ☐   NO ☐

Horario disponible: .... ¿Cuándo puede comenzar a trabajar? ....

.... ¿Cómo se contactó con la Empresa? Por aviso ☐   Por conocidos ☐   Otros ☐

¿Quienes? .... Especificar: ....

Si desea agregar información que este formulario no contempla y usted crea pueda ser de interés,
descríbala a continuación:

....

....

....

....
FIRMA.

APLICACIÓN

A   *Llene la solicitud de empleo anterior con datos personales o imaginarios, y escriba una carta para acompañarla.*

B   *Escriba una carta similar a la número 3, dirigida a un negocio o compañía en un país hispánico, donde Ud. ofrece sus servicios para trabajar por unos meses.*

C   *Conteste una de las cartas modelo como si Ud. fuera el destinatario (la destinataria).*

D   *Escriba una carta basándose en la siguiente situación.*

Ud. acostumbra comprar por catálogo. Recibió su pedido equivocado y lo devolvió, pero la segunda vez volvieron a enviarle la mercancía que no era. Ud. escribe una carta de queja a la compañía.

E   *Un amigo o una amiga suya va a casarse y Ud. está invitado a la boda, pero no puede asistir. Escriba una carta personal breve, excusándose y acompañando un regalo.*

SECCIÓN LÉXICA

REPASO

Dé la palabra correspondiente a cada definición.

1. Alegría grande.
2. La funda de una espada o sable.
3. Persona que vive en una pensión.
4. No armonizar algo o alguien en un grupo o lugar.
5. La víctima de una burla o ataque.
6. Envenenar.
7. Primera versión de un escrito que después se piensa corregir.
8. Palabras que se dicen con doble intención o ironía.
9. Un golpe dado en la cara con la palma de la mano.
10. Cualidad de una persona que habla mucho.
11. Expresión, sinónimo de *¡Es el colmo!*, que se usa cuando algo es intolerable.
12. Posición en que uno dobla las rodillas y se sienta sobre los talones.

AMPLIACIÓN

Las listas que se dan a continuación, contienen palabras de uso muy común en los bancos y en el mundo comercial en general. Aprenda las que no sepa, y luego aplíquelas en los ejercicios que siguen.

El banco

el aval   *guarantor*

el balance	*balance*
la banca	*banking (as an institution)*
el billete	*bill (bank note)*
el capital	*principal; capital*
la cifra	*figure, number*
el crédito	*credit*
la fianza	*guarantee*
cotizarse	*to be quoted*
la cuenta corriente (de cheques)	*checking account*
la cuenta de ahorros	*savings account*
el cheque	*check*
la chequera	*checkbook*
el efectivo; en efectivo	*cash; in cash*
el endoso	*endorsement*
el, la cajero,-a	*teller*
el cheque sin fondos (sobregirado)	*overdrawn check*
el giro	*draft*
la hipoteca	*mortgage*
el interés	*interest*
la inversión	*investment*
la letra	*draft*
la mensualidad	*monthly payment*
la moneda	*currency; coin*
la operación	*transaction*
la planilla	*application (form)*
el pagaré	*I.O.U.*
el préstamo	*loan*
la quiebra; declararse en quiebra	*bankruptcy; to declare bankruptcy*
el saldo	*balance*
el sobregiro	*overdraft*
la sucursal	*branch (commercial)*
el tipo de cambio	*exchange rate*

El comercio en general

la acción	*stock*
el, la accionista	*stockholder*
al contado	*cash* (as opposed to *in installments*)
a plazos	*in installments, on time*
el, la apoderado,-a	*manager; person with power of attorney*
la bolsa	*stock exchange*
la caja chica (de menores)	*petty cash*
el, la comerciante,-a	*tradesman, merchant*
el, la consumidor,-ra	*consumer*

el, la contador,-ra público,-a	*public accountant*
la contribución, el impuesto	*tax*
el contrato de arrendamiento	*lease*
el, la corredor,-ra de bienes raíces	*real estate broker*
la firma	*signature; commercial firm*
la ganancia	*gain, profit*
el inventario	*inventory*
el mercado; comercializar	*market; to market*
la mercancía	*merchandise*
el, la notario-a público,-a	*notary public*
el pago adelantado	*advance (payment)*
la pérdida	*loss*
el plazo	*deadline*
el seguro	*insurance*
la sociedad anónima	*stock company (Inc.)*
el, la socio,-a	*partner, associate*
el sueldo	*salary*
el, la tenedor,-a de libros	*bookkeeper*
vencer	*to expire; to fall due*
el, la vendedor-ra	*salesperson*

APLICACIÓN

A *Complete con las palabras apropiadas para que los diálogos tengan sentido.*

CONVERSACIONES QUE SE OYEN EN UN BANCO

1.

JUANITO   Quiero solicitar un _____ para comprar un automóvil.

EMPLEADO   ¿Tiene trabajo fijo y crédito establecido? Si no, necesitará darnos una _____ o conseguir una persona que lo garantice como _____ .

JUANITO   Tengo trabajo y crédito. Además, mi padre puede firmar si es necesario. Él ha hecho varias _____ de negocios con este banco, pero no aquí, sino en la _____ de la calle de Atocha.

EMPLEADO   Muy bien. Puede llenar esta _____ .

JUANITO   Si pido cincuenta mil pesos, ¿de qué cantidad será la _____ que tendré que pagar?

EMPLEADO   De unos $1,700. Parte de esa cantidad es para los intereses, y la otra parte cubre el _____ .

2.

SR. SMITH   Para enviar dinero a España necesito hacer un _____ , ¿verdad?

CAJERO   Sí, es la mejor manera.

SR. SMITH   ¿Podría decirme cuál es la _____ de España, y a cómo se _____ en dólares?

CAJERO   La peseta. La cotización ahora es de 134 por dólar.

3.

SRTA. CORTÉS   Quisiera abrir dos cuentas: una _____ y otra de _____ .

EMPLEADA   En seguida, señorita. Llene Ud. esta _____ con sus datos.

SRTA. CORTÉS   ¿Qué _____ pagan Uds. por los ahorros?

EMPLEADA   El seis por ciento si la _____ del _____ es menor de $5,000.

SRTA. CORTÉS   Voy a depositar este cheque de $200 en la cuenta de ahorros. El depósito de la cuenta corriente será en _____ . Aquí tiene Ud. $500 en cinco _____ de a cien.

EMPLEADA   El cheque no tiene _____ detrás. Fírmelo, por favor. Después vaya al _____ de la izquierda. Él se ocupará de sus depósitos.

SRTA. CORTÉS   Tengo una pregunta. Mis cheques. . . ¿podrían ser rosados? Me gustaría una _____ rosada también.

EMPLEADA   Lo siento, señorita, sólo puede Ud. escoger entre el azul y el gris.

4.

JACINTO   ¡Pobre Martínez! Ha perdido mucho dinero, porque ha hecho varias _____ malas últimamente.

MAURICIO   Sí, oí decir que tiene varios _____ vencidos y no ha podido pagarlos. Ha dado además varios cheques sin _____ .

JACINTO   Me dijeron también que piensa hacer una segunda _____ sobre su casa.

MAURICIO   Ésa sería una solución para no tener que declararse en _____ .

B   *Identifique la palabra a que se refiere cada una de las siguientes definiciones.*

1. Persona que garantiza que la firma de un documento es auténtica.
2. Antónimo de *pérdida*.
3. Manera de pagar poco a poco una deuda.
4. Documento que firmo cuando alquilo un apartamento.
5. Inversión con la que varios individuos participan en una compañía.
6. Persona que representa a otra legalmente.
7. Dinero que recibe periódicamente un empleado por sus servicios.
8. Compañía formada por accionistas.
9. Lista de la mercancía que hay en un negocio o tienda.
10. Persona que vende casas y edificios.

C *Escoja diez palabras de la lista de* El comercio en general *y defínalas en español. Puede usar un diccionario como ayuda, pero trate de usar sus propias palabras.*

PROBLEMA LÉXICO

Some Spanish equivalents of *to run*

1. When *to run* is intransitive and it means

   a. *to go faster than walking* = **correr**.

Ningún hombre puede correr tan rápido como un caballo.	*No man can run as fast as a horse.*

   b. *to go (as a train)* = **ir**.

Ese tren va desde Madrid a Gijón.	*That train runs from Madrid to Gijón.*

   c. *to flow* = **correr**.

Violeta olvidó cerrar el grifo, y cuando regresó, el agua corría por el pasillo.	*Violeta forgot to turn off the faucet and, when she came back, water was running down the hall.*

   d. *to work, keep operating (as a motor or clock)* = **andar, funcionar**.

Mi nuevo reloj anda (funciona) muy bien.	*My new watch runs very well.*
No debes dejar el motor andando si no estás dentro del carro.	*You shouldn't leave the motor running if you are not inside the car.*

   e. *to spread* = **correrse**.

Lavé el vestido con agua fría para evitar que el color se corriera.	*I washed the dress in cold water to prevent the color from running.*

   f. *to continue; last* = **durar**.

El contrato de mi apartamento dura tres años.	*My apartment lease runs for three years.*
¡Qué película más larga! Dura tres horas.	*What a long movie! It runs for three hours.*

g. *to be a candidate for election* = **postularse (para), aspirar (a).**

Cristóbal se postula para (aspira a) alcalde de mi pueblo.	*Cristóbal is running for mayor in my hometown.*

h. *to cost* = **costar.**

¿Cuánto (me) van a costar esos armarios?	*How much will those cabinets run (me)?*

i. *to have a specified size (garments)* = **venir.**

Mejor pruébese un número más pequeño; estos zapatos vienen muy grandes.	*You'd better try on a smaller size; these shoes run very large.*

k. *to stretch, extend* = **extenderse.**
to run along = **extenderse (por).**
to run around = **rodear.**
to run up = **trepar (por).**

El sendero se extendía desde el pueblo hasta la costa.	*The path ran from the village to the coast.*
Una hermosa moldura tallada se extendía por la pared.	*A beautiful carved molding ran along the wall.*
Las enredaderas trepaban por la cerca que rodeaba el jardín.	*Vines ran up the fence that ran around the garden.*

2. When *to run* is transitive and it means

a. *to perform (as in running an errand)* = **hacer.**

Es tarde y necesito hacer varios mandados (varias diligencias).	*It is late and I need to run several errands.*

b. *to pass (something) quickly* = **pasar(se) por.**

La mujer se pasó nerviosamente la mano por el pelo.	*The woman ran her hand over her hair nervously.*

c. *to expose oneself to* = **correr.**

Ud. corre el riesgo de perder su dinero en esa operación.	*You run the risk of losing your money in that transaction.*

d. *to conduct; manage* = **dirigir; administrar**.

Hace diez años que Tomás Duarte administra el negocio de su familia.	*Tomás Duarte has been running the family business for ten years.*

e. *to publish (in a periodical, e.g., an ad)* = **poner**.

Pondremos un anuncio en el periódico de la mañana.	*We will run an ad in the morning paper.*

3.   Other expressions that use *to run* are

to run a fever	**tener fiebre**
to run across, into	**tropezarse con**
to run away	**escaparse, huir**
to run into (crash, collide)	**chocar con**
to run out of	**quedarse sin, acabársele (a uno)**
to run over (riding or driving)	**pasar por encima de, arrollar, atropellar**
to run over (overflow)	**desbordarse**
to run (speaking of the nose)	**gotearle (a uno) la nariz**
in the long run	**a la larga**
on the run (adjective)	**fugitivo**
to be on the run	**estar huyendo, estar fugitivo**

Siento no poder ofrecerte una tostada. Nos hemos quedado sin pan (se nos acabó el pan).	*I am sorry I can't offer you a piece of toast. We ran out of bread.*
Los rebeldes estuvieron huyendo (fugitivos) varios meses.	*The rebels were on the run for several months.*
La anciana fue atropellada por un criminal fugitivo.	*The old woman was run over by a criminal on the run.*
Al niño le goteaba la nariz porque tenía catarro.	*The child's nose was running because he had a cold.*
A la larga, nos tropezaremos.	*In the long run, we'll run into each other.*

APLICACIÓN

Traduzca.

1.   What a day! While walking to my car, I ran into Mrs. Castillo, whom I detest. On my way to work, my car ran over some nails and I got a flat tire. Back home, I found that the faucet in the sink was dripping and the water had run over onto the floor. I washed my best dress and the colors ran. I also broke a mirror which means that my bad luck will run for seven years.

2.   We had learned about that house from an ad that its owners had run in the paper. It was beautiful! I loved the ivy running up the walls. A small brook ran at the back of the property and a stone wall ran around the garden. "I wonder how much this house will run," said my husband.

3.   The man was drunk. He ran over a little girl. Then his car ran into a tree. He was hurt, the blood was running all over his face, but he ran away and now he is on the run. In the long run they'll catch him. I hope so!

4.   My best friend, who runs a small flower shop, was running for president of the association of florists and I wanted to help him in his campaign but my car wasn't running. My mother couldn't lend me hers because she had to run several errands. Luckily, there is a train that runs between my town and the city.

5.   William ran his hand over his forehead. "I am running a fever," he thought. His nose was running and he had a headache. He didn't want to run the risk of missing his job interview that afternoon. He went to get some aspirin but, unfortunately, he had run out of them.

TRADUCCIÓN

ACME PRODUCTS, INC.
Guadalupe 3114
Austin, Texas 78749

August 1, 1987

Mr. Emilio García de Soto,
Joyería Miraflor,
Morelos 25,
México, D.F.

Re: Mr. Robert T. Williams

Dear Mr. Soto:[1]

This is in answer to your letter of July 15th inquiring about Mr. Robert T. Williams.

Mr. Williams came to our company as a result of an ad we ran in the paper and worked for us as a bookkeeper for two months in 1985. He was employed only part-time since he was still going to school at the time. Although my contact with him was rather brief, I can say that he is a personable young man who is very intelligent and good at figures.

I must, however, inform you about the reasons for his dismissal from our company: After Mr. Williams had been with us for a month, he became quite slow in completing the tasks assigned to him. Since I run the department of accounting, I decided to watch him closely. I was able to ascertain that the reason for his slow pace was that, every time he thought nobody was watching, he put his work aside and read a copy of Don Quijote he had in his desk drawer.

I later found out from another employee that Mr. Williams was most interested in learning the Spanish language and he read Spanish books all the time. This interest, although very commendable per se, was damaging when pursued on company time and I so explained to Mr. Williams. He seemed to heed my warning for a couple of weeks, but one day I caught him again. He was reading Don Juan Tenorio this time. Of course, I had no choice but to let him go.

If I can be of further assistance, please feel free to contact me.

Sincerely yours,

Acme Products, Inc.,

John D. Manding,
Supervisor,
Department of Accounting

---

[1]Como el remitente de esta carta es norteamericano, no sabe que el apellido de don Emilio no es Soto. Use el apellido correcto en su versión española.

TEMAS PARA COMPOSICIÓN

1.   La carta del Sr. Manding. ¿Cree Ud. que hizo bien él en escribir esta carta? ¿Hizo bien Robert Williams en pedirle a Manding una recomendación? ¿Deben ser completamente sinceros los que escriben una carta de recomendación? ¿Empleará el propietario de la Joyería Miraflor a Williams? ¿Lo emplearía Ud.?

2.   Lo que Ud. considera un buen jefe o una buena jefa. ¿Preferiría Ud. que su jefe fuera hombre o mujer? Lo que debe y no debe hacer un buen empleado.

3.   El diálogo entre la Sra. Gústiz y su esposo. Imagine el momento en que la madre de José Luis le explica al padre el contenido de la carta, y lo que dirá y hará el padre al enterarse.

4.   El final de ¡*Pobre feo*! ¿Cómo terminaría Ud. esta narración si fuese el autor? Después que decida el final que daría al cuento, busque la versión completa y compare ambos finales.

5.   Por qué podría o no podría enamorarse de una persona fea. ¿Es muy importante para Ud. el aspecto físico de una persona? ¿Por qué o por qué no? Explique las cualidades que desea Ud. encontrar en la persona amada y por qué las considera importantes.

APPENDIX

RECOMMENDED DICTIONARIES

García Pelayo y Gross, Ramón, et al. *Gran diccionario moderno español/inglés, English/Spanish Larousse*. México: Ediciones Larousse, 1983.

Moliner, María. *Diccionario de uso del español*. 2 vols. Madrid: Gredos, 1966–1967.*

The Oxford-Duden Pictorial Spanish-English Dictionary. Oxford: Clarendon Press, 1985.

Real Academia Española. *Diccionario de la lengua española*. 20a edición. 2 tomos. Madrid: Espasa-Calpe, 1984.

Sánchez, Aquilino, et al. *Diccionario de uso. Gran diccionario de la lengua española*. Madrid: S.G.E.L., 1985.

Seco, Manuel. *Diccionario de dudas y dificultades de la lengua española*. 5a edición. Madrid: Aguilar, 1967.*

Smith, Colin, et al. *Collins Diccionario Español-Inglés, Inglés-Español*. Londres-Glasgow: Collins/Barcelona-Madrid: Noguer, 1971.*

ENGLISH-SPANISH GRAMMATICAL TERMINOLOGY[†]

adjective   **el adjetivo**

demonstrative adjective	**adjetivo demostrativo**	*este* libro
descriptive adjective	**adjetivo calificativo**	la casa *blanca*
numerical adjective	**adjetivo numeral**	*tres* pesos
possessive adjective	**adjetivo posesivo**	*mi* lápiz
stressed possessive adjective	**adjetivo posesivo enfático**	el pleito *mío*
word used as an adjective	**palabra adjetivada**	una pierna *rota*

adverb   **el adverbio**   lentamente

agree	**concordar (ue)**	El adjetivo concuerda con el sustantivo.
agreement	**la concordancia**	"La casa amarilla" es un ejemplo de la concordancia.

---

*There are many later reprints.
[†]This list complements those included in Chapter 1 (page 17) and Chapter 13 (page 316).

antecedent	**el antecedente**	En la oración "El gato que veo es de ella," "el gato" es el antecedente de "que."
clause	**la cláusula**	
adjective clause	**cláusula adjetival**	Busco una casa *que tenga tres dormitorios.*
adverbial clause	**cláusula adverbial**	Comeremos *cuando lleguen nuestros invitados.*
contrary to fact clause	**cláusula de negación implícita**	*Si fuera rico,* lo compraría.
noun clause	**cláusula sustantiva**	Queremos *que se diviertan en la fiesta.*
conjunction	**la conjunción**	Llegué *tan pronto como pude.*
dative (of interest)	**el dativo (de interés)**	Se *me* murió el perrito.
function as	**actuar como, funcionar como, hacer de**	En esta oración "el árbol" funciona como sujeto.
idiom	**el modismo**	"Tener hambre" es un modismo para el angloparlante.
intransitive	**intransitivo**	En la oración "Los árboles crecían rápidamente," "crecían" es intransitivo porque se usa sin complemento directo.
modify	**modificar, calificar**	En la frase "un examen fácil" la palabra "fácil" modifica "examen."
noun	**el nombre, el sustantivo**	"Vaso" es un nombre o sustantivo.
direct object noun	**nombre complemento directo o de objeto directo**	¿Compraste *pan?*
indirect object noun	**nombre complemento indirecto o de objeto indirecto**	Le presté el dinero a *Teresa.*
word used as a noun	**palabra sustantivada**	"El viejo" es un adjetivo sustantivado.
part of speech	**la parte de la oración**	Los adverbios son partes de la oración.

pronoun   **el pronombre**

demonstrative pronoun	**pronombre demostrativo**	*ése*
direct object pronoun	**pronombre complemento directo o de objeto directo**	*Lo* vi ayer.
indefinite pronoun	**pronombre indefinido**	algunos
indirect object pronoun	**pronombre complemento indirecto o de objeto indirecto**	*Le* vendí el carro.
interrogative pronoun	**pronombre interrogativo**	¿Quién?
personal pronoun	**pronombre personal**	yo
possessive pronoun	**pronombre posesivo**	el mío
reciprocal pronoun	**pronombre recíproco**	*Nos* vemos todos los días.
reflexive pronoun	**pronombre reflexivo**	Ellos *se* acostaron muy tarde.
relative pronoun	**pronombre relativo**	La película *que* vimos era muy buena.
subject pronoun	**pronombre (de) sujeto**	*Ellas* no lo hicieron.
required	**obligatorio**	La *a* es obligatoria en la oración "Vimos a Miguel."
take (e.g., the subjunctive)	**requerir (ie), tomar, llevar, regir (i)**	La conjunción "antes que" siempre requiere el subjuntivo.
transitive	**transitivo**	En la oración "Están cortando el césped" el verbo es transitivo porque se usa con complemento directo.

voice   **la voz**

active voice	**voz activa**	Abel tiró la pelota.
passive voice	**voz pasiva**	La pelota fue tirada por Abel.

DEMONSTRATIVES

	Masculine	Feminine
this	**este**	**esta**
these	**estos**	**estas**
that	**ese**	**esa**
those	**esos**	**esas**
that	**aquel**	**aquella**
those	**aquellos**	**aquellas**

The demonstrative pronouns have the same form as the above adjectives but bear an accent on the stressed syllable. In addition, there are neuter pronoun forms (**esto, eso, aquello**) that do not take a written accent.

It is helpful to remember that the demonstratives generally correspond to the adverbs listed below:

este, etc.	⟶	**aquí**
ese, etc.	⟶	**ahí**
aquel, etc.	⟶	**allí, allá**

Note that the demonstrative adjectives when placed after the noun convey a pejorative meaning. Also, the pronouns, when referring to persons, may be pejorative.

¿Qué le pasa al tipo ese?	*What's wrong with that guy?*
Ésa no se calla nunca.	*That one never shuts up.*

POSSESSIVES (with corresponding subject pronouns)

Subject Pronouns	Unstressed Forms of Adjective	Stressed Forms of Adjective	Pronouns
yo	mi, mis	mío (-os, -a, -as)	el (los, la, las) mío (-os, -a, -as)
tú	tu, tus	tuyo (-os, -a, -as)	el (los, la, las) tuyo (-os, -a, -as)
él, ella, Ud.	su, sus	suyo (-os, -a, -as)	el (los, la, las) suyo (-os, -a, -as)
nosotros, -as	nuestro (-os, -a, -as)	nuestro (-os, -a, -as)	el (los, la, las) nuestro (-os, -a, -as)
vosotros, -as	vuestro (-os, -a, -as)	vuestro (-os, -a, -as)	el (los, la, las) vuestro (-os, -a, -as)
ellos, ellas, Uds.	su, sus	suyo (-os, -a, -as)	el (los, la, las) suyo (-os, -a, -as)

There are also invariable neuter pronouns: **lo mío** (**tuyo, suyo, nuestro, vuestro, suyo**).

Después de la boda, lo mío será tuyo y lo tuyo será mío.

After the wedding, what is mine will be yours and what is yours will be mine.

PERSONAL PRONOUNS

Person	Direct Object of Verb		Indirect Object of Verb		
Singular					
1 **yo**	I	**me**	me	**me**	to me
2 **tú**	you	**te**	you	**te**	to you
3 **él**	he	**le, lo*; lo**	him; it		
ella	she	**la**	her, it	**le (se)**	to him, to her, to you, to it
usted (Ud.)	you	**le, lo*; la**	you (*m*); you (*f*)		
Plural					
1 **nosotros, -as**	we	**nos**	us	**nos**	to us
2 **vosotros, -as**	you	**os**	you	**os**	to you
3 **ellos**	they	**los**	them		
ellas	they	**las**	them	**les (se)**	to them, to you
ustedes (Uds.)	you	**los; las**	you (*m*) you (*f*)		

Object of Preposition		Reflexive (Direct/Indirect Object of Verb)		Reflexive Object of Preposition	
(para) mí**	(for) me	**me**	(to) myself	**(para) mí****	(for) myself
(para) ti**	(for) you	**te**	(to) yourself	**(para) ti****	(for) yourself
(para) él	(for) him				
(para) ella	(for) her	**se**	(to) himself, herself, yourself, itself	**(para) sí****	(for) himself, herself, yourself, itself
(para) usted	(for) you				

---

*The majority of modern writers in Spain prefer **le** in this case (**leísmo**). The Spanish Academy and the majority of Spanish-American writers prefer **lo** in this case (**loísmo**).

After the preposition **con, the pronouns **mí, ti,** and **sí** become **-migo, -tigo,** and **-sigo**.

(para) nosotros, -as	(for) us	**nos**	(to) ourselves	(para) nosotros, -as	(for) ourselves
(para) vosotros, -as	(for) you	**os**	(to) yourselves	(para) vosotros, -as	(for) yourselves
(para) ellos	(for) them				
(para) ellas	(for) them	**se**	(to) themselves, yourselves	(para) sí	(for) themselves yourselves
(para) ustedes	(for) you				

Position of object pronouns (direct, indirect, reflexive):

1. They precede conjugated verb forms.
2. They follow and are attached to (a) the affirmative command, (b) the infinitive, and (c) the **-ndo** form
3. If a conjugated verb form is combined with an infinitive or **-ndo** form, the pronoun may either precede the conjugated verb form or be attached to the infinitive or **-ndo** form.

SPECIAL TIME CONSTRUCTIONS

An action or state that began in the past may continue in the present and be still going on. To emphasize this type of continuity, Spanish often uses one of the following three constructions:*

Hace + period of time + **que** + present or present progressive tense:

Hace tres años que trabajo (estoy trabajando) en Los Ángeles.   *I have been working in Los Angeles for three years.*

Present or present progressive tense + (**desde**) **hace** + period of time:

Trabajo (Estoy trabajando) en Los Ángeles (desde) hace tres años.

Present tense of **llevar** + period of time + **gerundio** of main verb:

Llevo tres años trabajando en Los Ángeles.

---

*Also correct but much less frequent: **He estado trabajando tres (por tres,** or **durante tres) años en Los Ángeles.**

Likewise, an action or state that began in the remote past may continue over a period of time to a point in the less distant past when another occurrence took place. To emphasize this type of continuity, Spanish often uses one of the following constructions:**

Hacía + period of time + **que** + imperfect tense (simple or progressive):

Hacía tres años que trabajaba (estaba trabajando) en Los Ángeles, cuando me ofrecieron un empleo mejor en San Diego.	*I had been working in Los Angeles for three years when I was offered a better job in San Diego.*

Imperfect tense of **llevar** + period of time + **gerundio** of main verb:

Llevaba tres años trabajando en Los Ángeles, cuando me ofrecieron un empleo mejor en San Diego.

I. REGULAR VERBS

Principal Parts:	INFINITIVE	PRESENT PARTICIPLE*	PAST PARTICIPLE
1st conjugation:	LLAMAR	LLAMANDO	LLAMADO
2nd conjugation:	CORRER	CORRIENDO	CORRIDO
3rd conjugation:	SUBIR	SUBIENDO	SUBIDO

PRESENT INDICATIVE
(Infinitive stem + endings)

llamo -as, -a, -amos, -áis, -an
corro -es, -e, -emos, -éis, -en
subo -es, -e, -imos, -ís, -en

PRESENT SUBJUNCTIVE
(Infinitive stem + endings)

llame -es, -e, -emos, -éis, -en
corra -as, -a, -amos, -áis, -an
suba -as, -a, -amos, -áis, -an

IMPERFECT INDICATIVE
(Infinitive stem + endings)

llamaba, -abas, -aba, -ábamos, -abais, -aban
corr ⎫
sub ⎬ -ía, -ías, -ía, íamos, -íais, -ían

IMPERFECT SUBJUNCTIVE
(Preterite 3 plural. *Drop* **-ron**, *add endings.*)

llama ⎫
corrie ⎬ -ra, -ras, -ra, ́ramos, -rais, -ran
subie ⎭ -se, -ses, -se, ́semos, -seis, -sen

PRETERITE
(Infinitive stem + endings)

llamé, -aste, -ó, -amos, -asteis, -aron
corr ⎫
sub ⎬ -í, -iste, -ió, -imos, -isteis, -ieron

FUTURE
(Infinitive + endings)

llamar ⎫
correr ⎬ -é, -ás, -á, -emos, -éis, -án
subir ⎭

---

*In the following tables the conventional term *present participle* is used to refer to the Spanish **gerundio**.

Also correct but much less frequent: **Había estado trabajando tres (por tres or **durante tres) años en Los Ángeles, cuando me ofrecieron un empleo mejor en San Diego.**

IMPERATIVE
(Applies also to radical-changing verbs.)

Singular: llama, corre, sube (*This is usually the same as 3 singular indicative.*)
Plural: llamad, corred, subid (*Change r of infinitive to* **d**.)

CONDITIONAL
(Infinitive + endings)

llamar
correr } -ía, -ías, -ía, -íamos, -íais, -ían
subir

Present perfect
(*I have called*) he, has, ha, hemos, habéis, han
Past Perfect
(*I had called*) había, habías, había, habíamos, habías, habían
Preterite perfect
(*I had called*) hube, hubiste, hubo, hubimos, hubisteis, hubieron
Future perfect
(*I shall have called*) habré, habrás, habrá, habremos, habréis, habrán
Conditional perfect
(*I should have called*) habría, habrías, habría, habríamos, habríais, habrían
Present perf. subj. haya, hayas, haya, hayamos, hayáis, hayan
Past perfect subj. hubiera, hubieras, hubiera, hubiéramos, hubierais, hubieran
hubiese, hubieses, hubiese, hubiésemos, hubieseis, hubiesen

Past participle: **llamado,** etc.

II. RADICAL CHANGING VERBS
(Verbs which change the last vowel of stem)

A. FIRST CLASS. All belong to 1st and 2nd conjugations.
Rule: Stem vowel changes **e** > **ie**, **o** > **ue** in 1, 2, 3, singular and 3 plural in:

Present indicative

1st conj. { cerrar: cierro, cierras, cierra, cerramos, cerráis, cierran
encontrar: encuentro, encuentras, encuentra, encontramos, encontráis, encuentran

2nd conj. { querer: quiero, quieres, quiere, queremos, queréis, quieren
resolver: resuelvo, resuelves, resuelve, resolvemos, resolvéis, resuelven

Present subjunctive

1st conj. { cerrar: cierre, cierres, cierre, cerremos, cerréis, cierren
encontrar: encuentre, encuentres, encuentre, encontremos, encontréis, encuentren

2nd conj. { querer: quiera, quieras, quiera, queramos, queráis, quieran
resolver: resuelva, resuelvas, resuelva, resolvamos, resolváis, resuelvan

B. SECOND CLASS. All belong to 3d conjugation.
Rule: Same changes as 1st class, plus **e** > **i**, **o** > **u** in:

1, 2, plural present subjunctive
mentir: mienta, mientas, mienta, mintamos, mintáis, mientan
morir: muera, mueras, muera, muramos, muráis, mueran

3 singular and plural preterite
mentir: mentí, mentiste, mintió, mentimos, mentisteis, mintieron
morir: morí, moriste, murió, morimos, moristeis, murieron

All persons imperfect subjunctive

mentir: { mintiera, mintieras, mintiera, mintiéramos, mintierais, mintieran
mintiese, mintieses, mintiese, mintiésemos, mintieseis, mintiesen

morir: { muriera, murieras, muriera, muriéramos, murierais, murieran
muriese, murieses, muriese, muriésemos, murieseis, muriesen

Present participle
mentir: mintiendo   morir: muriendo

C. THIRD CLASS. All belong to 3rd conjugation.
Rule: Change **e** > **i** in each place where ANY change occurs in 2nd class:

Example: **servir**
Present indicative: sirvo, sirves, sirve, servimos, servís, sirven
Present subjunctive: sirva, sirvas, sirva, sirvamos, sirváis, sirvan
Preterite: serví, serviste, sirvió, servimos, servisteis, sirvieron
Imperf. subjunctive: { sirviera, sirvieras, sirviera, sirviéramos, sirvierais, sirvieran
sirviese, sirvieses, sirviese, sirviésemos, sirvieseis, sirviesen
Present participle: sirviendo

Other Irregular Verbs*
Andar (*to walk, go, stroll*)

Preterite	anduve, anduviste, anduvo, anduvimos, anduvisteis, anduvieron
Imp. subj.	anduviera, anduvieras, anduviera, anduviéramos, anduvierais, anduvieran
	anduviese, anduvieses, anduviese, anduviésemos, anduvieseis, anduviesen

Caber (*to fit into, to be contained in*)

Pres. ind.	quepo, cabes, cabe, cabemos, cabéis, caben
Pres. subj.	quepa, quepas, quepa, quepamos, quepáis, quepan
Future	cabré, cabrás, cabrá, cabremos, cabréis, cabrán

*Only tenses which have irregular forms are given here.

Conditional   cabría, cabrías, cabría, cabríamos, cabríais, cabrían
Preterite   cupe, cupiste, cupo, cupimos, cupisteis, cupieron
Imp. subj.   cupiera, cupieras, cupiera, cupiéramos, cupierais, cupieran
                   cupiese, cupieses, cupiese, cupiésemos, cupieseis, cupiesen

Caer (*to fall*)

Pres. ind.   caigo, caes, cae, caemos, caéis, caen
Pres. subj.   caiga, caigas, caiga, caigamos, caigáis, caigan
Preterite   caí, caíste, cayó, caímos, caísteis, cayeron
Imp. subj.   cayera, cayeras, cayera, cayéramos, cayerais, cayeran
                   cayese, cayeses, cayese, cayésemos, cayeseis, cayesen
Pres. part.   cayendo
Past part.   caído

Dar (*to give*)

Pres. ind.   doy, das, da, damos, dais, dan
Pres. subj.   dé, des, dé, demos, deis, den
Preterite   di, diste, dio, dimos, disteis, dieron
Imp. subj.   diera, dieras, diera, diéramos, dierais, dieran
                   diese, dieses, diese, diésemos, dieseis, diesen

Decir (*to say, tell*)

Pres. ind.   digo, dices, dice, decimos, decís, dicen
Pres. subj.   diga, digas, diga, digamos, digáis, digan
Future   diré, dirás, dirá, diremos, diréis, dirán
Conditional   diría, dirías, diría, diríamos, diríais, dirían
Preterite   dije, dijiste, dijo, dijimos, dijisteis, dijeron
Imp. subj.   dijera, dijeras, dijera, dijéramos, dijerais, dijeran
                   dijese, dijeses, dijese, dijésemos, dijeseis, dijesen
Imperative   di
Pres. part.   diciendo
Past part.   dicho

Estar (*to be*)

Pres. ind.   estoy, estás, está, estamos, estáis, están
Pres. subj.   esté, estés, esté, estemos, estéis, estén
Preterite   estuve, estuviste, estuvo, estuvimos, estuvisteis, estuvieron
Imp. subj.   estuviera, estuvieras, estuviera, estuviéramos, estuvierais, estuvieran
                   estuviese, estuvieses, estuviese, estuviésemos, estuvieseis, estuviesen

Haber (*to have*)

Pres. ind.   he, has, ha, hemos, habéis, han
Pres. subj.   haya, hayas, haya, hayamos, hayáis, hayan
Future   habré, habrás, habrá, habremos, habréis, habrán
Conditional   habría, habrías, habría, habríamos, habríais, habrían
Preterite   hube, hubiste, hubo, hubimos, hubisteis, hubieron
Imp. subj.   hubiera, hubieras, hubiera, hubiéramos, hubierais, hubieran
                   hubiese, hubieses, hubiese, hubiésemos, hubieseis, hubiesen

Hacer (*to make, do*)

Pres. ind.	hago, haces, hace, hacemos, hacéis, hacen
Pres. subj.	haga, hagas, haga, hagamos, hagáis, hagan
Future	haré, harás, hará, haremos, haréis, harán
Conditional	haría, harías, haría, haríamos, haríais, harían
Preterite	hice, hiciste, hizo, hicimos, hicisteis, hicieron
Imp. subj.	hiciera, hicieras, hiciera, hiciéramos, hicierais, hicieran
	hiciese, hicieses, hiciese, hiciésemos, hicieseis, hiciesen
Imperative	haz
Past part.	hecho

Ir (*to go*)

Pres. ind.	voy, vas, va, vamos, vais, van
Pres. subj.	vaya, vayas, vaya, vayamos, vayáis, vayan
Preterite	fui, fuiste, fue, fuimos, fuisteis, fueron
Imp. subj.	fuera, fueras, fuera, fuéramos, fuerais, fueran
	fuese, fueses, fuese, fuésemos, fueseis, fuesen
Imp. indic.	iba, ibas, iba, íbamos, ibais, iban
Imperative	ve
Pres. part.	yendo

Oír (*to hear*)

Pres. ind.	oigo, oyes, oye, oímos, oís, oyen
Pres. subj.	oiga, oigas, oiga, oigamos, oigáis, oigan
Preterite	oí, oíste, oyó, oímos, oísteis, oyeron
Imp. subj.	oyera, oyeras, oyera, oyéramos, oyerais, oyeran
	oyese, oyeses, oyese, oyésemos, oyeseis, oyesen
Pres. part.	oyendo
Past part.	oído

Poder (*to be able, can*)

Pres. ind.	puedo, puedes, puede, podemos, podéis, pueden
Pres. subj.	pueda, puedas, pueda, podamos, podáis, puedan
Future	podré, podrás, podrá, podremos, podréis, podrán
Conditional	podría, podrías, podría, podríamos, podríais, podrían
Preterite	pude, pudiste, pudo, pudimos, pudisteis, pudieron
Imp. subj.	pudiera, pudieras, pudiera, pudiéramos, pudierais, pudieran
	pudiese, pudieses, pudiese, pudiésemos, pudieseis, pudiesen
Pres. part.	pudiendo

Poner (*to put*)

Pres. ind.	pongo, pones, pone, ponemos, ponéis, ponen
Pres. subj.	ponga, pongas, ponga, pongamos, pongáis, pongan
Future	pondré, pondrás, pondrá, pondremos, pondréis, pondrán
Conditional	pondría, pondrías, pondría, pondríamos, pondríais, pondrían
Preterite	puse, pusiste, puso, pusimos, pusisteis, pusieron
Imp. subj.	pusiera, pusieras, pusiera, pusiéramos, pusierais, pusieran
	pusiese, pusieses, pusiese, pusiésemos, pusieseis, pusiesen
Imperative	pon
Past part.	puesto

Querer (*to want, love*)

Pres. ind.	quiero, quieres, quiere, queremos, queréis, quieren
Pres. subj.	quiera, quieras, quiera, queramos, queráis, quieran
Future	querré, querrás, querrá, querremos, querréis, querrán
Conditional	querría, querrías, querría, querríamos, querríais, querrían
Preterite	quise, quisiste, quiso, quisimos, quisisteis, quisieron
Imp. subj.	quisiera, quisieras, quisiera, quisiéramos, quisierais, quisieran
	quisiese, quisieses, quisiese, quisiésemos, quisieseis, quisiesen
Imperative	quiere

Saber (*to know*)

Pres. ind.	sé, sabes, sabe, sabemos, sabéis, saben
Pres. subj.	sepa, sepas, sepa, sepamos, sepáis, sepan
Future	sabré, sabrás, sabrá, sabremos, sabréis, sabrán
Conditional	sabría, sabrías, sabría, sabríamos, sabríais, sabrían
Preterite	supe, supiste, supo, supimos, supisteis, supieron
Imp. subj.	supiera, supieras, supiera, supiéramos, supierais, supieran
	supiese, supieses, supiese, supiésemos, supieseis, supiesen

Salir (*to leave, go out*)

Pres. ind.	salgo, sales, sale, salimos, salís, salen
Pres. subj.	salga, salgas, salga, salgamos, salgáis, salgan
Future	saldré, saldrás, saldrá, saldremos, saldréis, saldrán
Conditional	saldría, sadrías, saldría, saldríamos, saldríais, saldrían
Imperative	sal

Ser (*to be*)

Pres. ind.	soy, eres, es, somos, sois, son
Pres. subj.	sea, seas, sea, seamos, seáis, sean
Preterite	fui, fuiste, fue, fuimos, fuisteis, fueron
Imp. subj.	fuera, fueras, fuera, fuéramos, fuerais, fueran
	fuese, fueses, fuese, fuésemos, fueseis, fuesen
Imperative	sé

Tener (*to have, possess*)

Pres. ind.	tengo, tienes, tiene, tenemos, tenéis, tienen
Pres. subj.	tenga, tengas, tenga, tengamos, tengáis, tengan
Future	tendré, tendrás, tendrá, tendremos, tendréis, tendrán
Conditional	tendría, tendrías, tendría, tendríamos, tendríais, tendrían
Preterite	tuve, tuviste, tuvo, tuvimos, tuvisteis, tuvieron
Imp. subj.	tuviera, tuvieras, tuviera, tuviéramos, tuvierais, tuvieran
	tuviese, tuvieses, tuviese, tuviésemos, tuvieseis, tuviesen
Imperative	ten

Traer (*to bring*)

Pres. ind.	traigo, traes, trae, traemos, traéis, traen
Pres. subj.	traiga, traigas, traiga, traigamos, traigáis, traigan
Preterite	traje, trajiste, trajo, trajimos, trajisteis, trajeron
Imp. subj.	trajera, trajeras, trajera, trajéramos, trajerais, trajeran
	trajese, trajeses, trajese, trajésemos, trajeseis, trajesen

| Pres. part. | trayendo |
| Past part. | traído |

Valer (*to be worth*)

Pres. ind.	valgo, vales, vale, valemos, valéis, valen
Pres. subj.	valga, valgas, valga, valgamos, valgáis, valgan
Future	valdré, valdrás, valdrá, valdremos, valdréis, valdrán
Conditional	valdría, valdrías, valdría, valdríamos, valdríais, valdrían

Venir (*to come*)

Pres. ind.	vengo, vienes, viene, venimos, venís, vienen
Pres. subj.	venga, vengas, venga, vengamos, vengáis, vengan
Future	vendré, vendrás, vendrá, vendremos, vendréis, vendrán
Conditional	vendría, vendrías, vendría, vendríamos, vendríais, vendrían
Preterite	vine, viniste, vino, vinimos, vinisteis, vinieron
Imp. subj.	viniera, vinieras, viniera, viniéramos, vinierais, vinieran
	viniese, vinieses, viniese, viniésemos, vinieseis, viniesen
Imperative	ven
Pres. part.	viniendo

Ver (*to see*)

Pres. ind.	veo, ves, ve, vemos, veis, ven
Pres. subj.	vea, veas, vea, veamos, veáis, vean
Preterite	vi, viste, vio, vimos, visteis, vieron.
Imp. ind.	veía, veías, veía, veíamos, veíais, veían
Past part.	visto

Soneto a Violante

Un soneto me manda hacer Violante,
y en mi vida me he visto en tanto aprieto;
catorce versos dicen que es soneto,
burla burlando van los tres delante.

Yo pensé que no hallara consonante
y estoy a la mitad de otro cuarteto,
mas si me veo en el primer terceto,
no hay cosa en los cuartetos que me espante.

Por el primer terceto voy entrando,
y parece que entré con pie derecho,
pues fin con este verso le voy dando.

Ya estoy en el segundo y aun sospecho
que voy los trece versos acabando;
contad si son catorce y ya está hecho.

De la comedia *La niña de plata*, de Lope de Vega (1562–1635).

v. 2 **en mi vida**, never
v. 4 **burla burlando**, with tongue in cheek; without noticing
v. 5 **(el) consonante**, rhyme word

ENGLISH-SPANISH GLOSSARY

This glossary contains the vocabulary necessary to do all the English-Spanish exercises and it is geared specifically to them.

A

able: to **be able to**   poder
about: to **be about to + inf.**   estar por (para) (al) + *inf.*
academic   académico
to **accept**   aceptar
acceptable   aceptable
accident   accidente (*m*)
to **accompany**   acompañar
to **accomplish**   lograr
according to   según
account: short-term account   cuenta a corto plazo
account: to take into account   tener en cuenta
accounting   contabilidad (*f*)
accustomed: to **be accustomed to**   acostumbrar (estar acostumbrado, -a)
to **ache**   doler (ue)
to **acknowledge**   reconocer (zc), admitir; to **acknowledge receipt (of a letter)**   acusar recibo
to **acquire**   adquirir (ie)
to **act**   comportarse, actuar
active voice   voz activa
activity   actividad (*f*)
actor   actor (*m*); artista (*mf*)
actual   real, exacto, verdadero
actually   en realidad
ad   anuncio, aviso
to **adapt**   adaptar(se)
to **add**   añadir
addition: in addition to   además de
to **adjust**   ajustar(se)
admirer   admirador, -a
admiration   admiración (*f*)
adrift   a la deriva
advice   consejo
to **advise**   aconsejar
affectionate   cariñoso
Afghan (dog)   (perro) afgano

afraid: to **be afraid (of)**   tener miedo (de)
after   después; después de; después (de) que
afterlife   vida ultraterrena
afterwards   después, más tarde
again   de nuevo, otra vez
against   contra
ago: not long ago   no hace mucho tiempo; **period of time + ago**   hace + período de tiempo
to **agree (to)**   estar de acuerdo (con); **(give consent)**   acceder (a)
agriculture   agricultura
all   todo; **That's all there is to it!**   ¡Y sanseacabó!
all over + place   por todo, -a + lugar
All Souls' Day   Día de los Difuntos
allowed: to **be allowed to**   permitírsele (a uno)
almond-shaped   almendrado
almost   casi
alone   solo
along: (not) to get along   llevarse bien (mal)
alphabet   alfabeto
also   también
although   aunque
always   siempre
amidst   por entre, en medio de
among   entre
to **amputate**   amputar
to **amuse**   entretener, divertir
amusing   divertido
ancient   antiguo
angle: right angle   ángulo recto
angry: to **get angry**   ponerse enojado, -a, enojarse, enfadarse
annoyed: to **be annoyed with**   estar disgustado, -a con
another   otro
any (in a question)   algún, alguno

anyone alguien, nadie; **anyone (at all)** cualquiera; **there was hardly anyone** había cuatro gatos
anything algo; (*in a negative sentence*) nada
apartment apartamento, departamento, piso (*Spain*)
apology excusa
application solicitud (*f*); (*form*) planilla
appointment (medical) turno
appropriate: to be appropriate (for one) convenir(le) (a uno)
to **approve of** aprobar (ue)
area zona
argument discusión (*f*), disputa, pelea
Argus Argos
armchair sillón (*m*)
arms: with open arms con los brazos abiertos
around: around here por aquí
to **arrive** llegar
art arte (*m, used as f in pl*)
artisan artesano, -a; artífice (*mf*)
as if como si
to **ascertain** averiguar
ashy ceniciento
aside: to put (something) aside dejar a un lado
to **ask (request)** pedir; (**question**) preguntar (*See also page 95.*)
asked: to be asked (to do something) pedir(le) (a uno)
asleep: to fall asleep quedarse dormido
to **aspire (to)** aspirar (a)
aspirin aspirinas (*f pl*)
assistance: to be of further assistance servirlo en algo más
to **assign** asignar
to **assume** suponer
astronaut astronauta (*mf*)
athlete atleta (*mf*)
to **attend** asistir (a)
attention: to pay attention prestar atención
attired: to be attired ir vestido, -a; estar vestido, -a

attitude actitud (*f*)
to **attract (someone)** llamar(le) la atención (a uno)
attraction atracción (*f*)
attractive: what is attractive to me lo que a mí me atrae
audience público, auditorio
autograph autógrafo
to **avoid** evitar
aware: to be aware of darse cuenta de, estar consciente de

B

back (of person) espalda; (**of animal**) lomo; (**of hand**) dorso (*See also page 142-43.*)
back: at the back por la parte de atrás
back: to be back estar de regreso
balcony balcón (*m*)
banking (*n*) banca
bar (iron) barra, barrote
barefoot descalzo
Basque vasco, -a; **Basque Country** el País Vasco
bath: to take a bath bañarse
battle batalla
to **be too small (large) (for one)** quedarle pequeño (grande) (a uno)
beautiful hermoso
because porque; **because of** a causa de
become convertirse en; ponerse; hacerse (*See also page 113.*)
become: what will become of? ¿qué será de?
bed: to go to bed acostarse (ue), irse a la cama
bedroom dormitorio, alcoba, recámara (*Méx.*)
beer-drinking bebedor, -a de cerveza
before antes; antes de; antes (de) que; **the night before** la noche anterior
before (in front of, facing) ante
to **beg** rogar (ue); (**humbly**) suplicar
to **begin to** comenzar (ie) a, empezar (ie) a; **to begin to cry** echarse a llorar
to **behave** comportarse
behind detrás, detrás de

belief creencia
to **believe** creer
to **belong** pertenecer (zc)
belonging perteneciente
beloved amado
bench (piano) banqueta
benign benigno
beret boina
best mejor; **the best** (el, la, lo) mejor
better mejor; to **get better** mejorar(se)
bitter (said of person) amargado
to **blame** echar(le) la culpa (a uno)
blanket manta, frazada
blind: to go blind quedarse ciego
block cuadra, manzana
blood sangre (f)
bloodhound sabueso
boat (row) bote (de remos) (m);
  (large) barco
bookkeeper tenedor de libros
boring aburrido
born: to be born nacer
to **borrow** pedir (i, i) prestado, -a
both ambos, -as
both: we both los dos
to **bother** molestar(se); to **bother
  (one)** molestar(le) (a uno)
boyfriend novio
branch rama
to **break down** romperse
to **break in** entrar ilegalmente, entrar
  forzando la entrada
breed raza
brief breve
bright: to be bright brillar
brilliant brillante
broker corredor
brook arroyo; (small) arroyuelo
to **brush one's teeth** limpiarse los
  dientes
bull toro
burial entierro
to **bury** enterrar (ie)
bus autobús (m), ómnibus (m), camión
  (m), colectivo, guagua
busy: a busy street una calle transitada
  (de mucho tránsito)
buy comprar
by por; **(next to)** junto a

C

to **call** llamar
to **calm down** calmar(se)
campaign campaña
can poder (ue)
canine perro
card tarjeta; **postcard** tarjeta, postal
  (f)
to **care for** preocuparse por; **(to take
  good care of)** cuidar
Caribbean Caribe; **Caribbean area** la
  zona del Caribe
carriage carruaje (m)
cartoons muñequitos, dibujos
  animados
to **carry (something rather
  heavy)** cargar
case caso; **in case (of) (that)** en caso
  de (que)
Castilian castellano
Catalonia Cataluña
to **catch** capturar, atrapar
to **catch (someone doing
  something)** pescar
cathedral catedral (f)
celebration celebración (f)
century siglo
Cerberus Cerbero
chair: high-backed chair silla de
  respaldo alto
to **challenge (to)** desafiar a
to **change** cambiar
to **change (clothes)** cambiarse (de),
  mudarse (de)
chapter capítulo
character personaje; **main
  character** protagonista (mf)
characteristic característica
charge: to be in charge of estar a cargo
  de
to **charm** encantar(le) (a uno),
  fascinar(le) (a uno)
to **cheat** hacer trampa(s); **(in an
  exam)** also copiar
to **cherish** apreciar, estimar
chief jefe (m); **(Indian)** cacique
childbirth: to die in childbirth morir
  de parto
children (someone's) hijos (m pl)

choice: to **have no choice but** no tener
más remedio que
to **choose** elegir (i, i)
Cinderella Cenicienta
clean limpio
climate clima (*m*)
climb trepar, subir(se) a
closely cuidadosamente
clothes ropa (*usually s*)
cloudy nublado
coat abrigo
cobweb tela de araña, telaraña
cold (illness) catarro, resfriado
cold weather frío
to **collaborate** colaborar
collector coleccionista (*mf*)
to **comb one's hair** peinarse; **(someone
else's hair)** peinar
to **come** ir; **(toward the place where
the speaker is)** venir
to **come (*arrive*)** llegar; to **come
back** regresar; to **come before
(someone)** presentarse ante; to **come
up (to)** subir (a)
comes: when it comes to cuando se
trata de
comfortable cómodo
commendable loable, digno de elogio
company: on company time en horas
de trabajo
competition competencia
to **complain** quejarse
to **complete** completar
compromise acuerdo, arreglo
computer computadora, ordenador
condition condición (*f*)
to **confess** confesar (ie)
confidence confianza
to **consist of (in)** consistir en,
componerse de, constar de (*See page
170.*)
constantly constantemente
construction construcción (*f*)
to **consult** consultar
to **contact** ponerse en contacto con,
comunicarse con
contract contrato
control: to lose control perder el
control

to **convince** convencer
cookies galleticas, galletas
to **cool off** enfriarse
copy (of book) ejemplar (*m*)
corn maíz (*m*)
corner esquina
corridor corredor
cottage choza
count (title) conde
country (homeland) país, tierra, patria
couple: a couple of un par de
courage valor (*m*)
course: of course por supuesto, claro
covered: to be covered with estar
cubierto de
coward cobarde
to **crack** rajarse
crazy: to go crazy (with) volverse loco
(de)
crop cosecha
crying (*n*) llanto, el llorar
to **culminate** culminar
to **cultivate** cultivar
curtain cortina
to **cut** cortar; **(oneself)** cortarse

D

damaging: to be damaging ser
perjudicial
to **dance** bailar
Dane: Great Dane gran danés (danesa)
to **dare (to)** atreverse (a)
daring atrevido
dark oscuro; **(person)** moreno,
trigueño
darkness oscuridad (*f*)
dawn amanecer (*m*)
day: all day long todo el (santo) día
dead: the dead los muertos
deaf sordo
deafening ensordecedor
to **deal with** habérselas con
death muerte (*f*)
to **decide** decidir
deep down en el fondo
to **defend** defender (ie)
deficient deficiente
delicate delicado
to **delight; be delighted** encantar(le) (a
uno)

delivered: to **be delivered from** ser librado de, librarse de
to **demand** exigir
demanding exigente (*mf*)
dense denso
to **depend (on)** depender (de)
dependent persona que (uno) mantiene
to **depict** representar, pintar; **(in writing)** describir
depressing deprimente
to **desire** desear
destination destino
determined: to **be determined to** estar decidido
to **detest** detestar
device recurso
differing diferente
difficult: to **be difficult to + infinitive** ser difícil de + infinitivo
diligent diligente, trabajador
dinner cena, comida
director director, -a
dirty sucio
disco (place) discoteca
discourage: to **get discouraged** desalentarse (ie), descorazonarse
to **discover** descubrir
to **discuss** discutir, comentar
dish plato
disheartened descorazonado, desilusionado
to **dislike** no gustar(le) (a uno)
dismissal ser despedido
dispute disputa
distance: in the distance a lo lejos
distraction distracción (*f*)
disturbing perturbador
to do without prescindir de
door: back door la puerta de atrás
down: to **get down** bajar(se)
to **doubt** dudar
dramatist dramaturgo
to **draw curses (from)** arrancar(le) maldiciones
drawer gaveta, cajón (*m*)
to **dream (of)** soñar (ue) (con)
dress vestido, traje; to **dress (as)** vestir(se) (de)

dressed: to **be dressed in** estar (ir) vestido, -a de
drinking (*n*) bebida, trago
to **drink up** beberse
to **drip** gotear
to **drive** manejar, guiar, conducir (zc)
driver chofer *also* chófer (*mf*), conductor, -a
to **drown** ahogar(se)
drunk borracho
drunk: to **get drunk** emborracharse
dumb: to **play dumb** hacerse el tonto (la tonta)
dying: to **be dying to + inf.** morirse por + infinitivo

E

ear (inner) oído
early temprano; **early in the month (week, year)** a principios de mes (semana, año)
to **earn** ganar
earth tierra
economy economía
educated culto
effective eficaz (*mf*)
elegance elegancia
element elemento
embarrassed abochornado, avergonzado
to **embrace** abrazar
to **emerge** salir
emperor emperador
employed: to **be employed** trabajar
encounter encuentro
end fin (*m*); **at the end of the year (month)** a fines de año (mes)
enemy enemigo
engineer (train) maquinista; **(college degree)** ingeniero, -a
to **enjoy** disfrutar (de)
enough suficiente, bastante; to **have more than enough** sobrar(le) (a uno)
to **enter** entrar (en) (a)
envelope sobre (*m*)
episode episodio
equally igualmente
to **run errands** hacer diligencias
essay ensayo

essential esencial
to **establish** establecer (zc)
even aun; to **get even** desquitarse;
 even though aunque
ever (in a question) alguna vez; **(after than)** nunca
ever-increasing siempre creciente
every cada; **every week (day, etc.)** todos, -as las semanas (días, etc.)
everybody todo el mundo
everything todo
evil mal (*m*); **evil people** los malos
except that sólo que, con la diferencia de que
exception excepción (*f*)
exhausting agotador
to **exist** existir
existence existencia
to **expel** expulsar
expert perito, -a, experto, -a
expressive expresivo
exquisite exquisito
extensive extenso
extensively: to be extensively used usarse mucho
to **extract** sacar; to **have a tooth extracted** sacarse una muela (un diente)
eyes: with eyes lowered con los ojos bajos

F

face cara, rostro
to **face (a building, house, etc.)** dar a
fact: in fact de hecho
faculty profesorado (*m s*); profesores (*m pl*)
to **fail** fracasar
famous famoso
fantasy fantasía
far: as far as I know que yo sepa
farmer agricultor
to **fascinate** fascinar
fast (*adj*) rápido; (*adv*) rápido, rápidamente, de prisa
father-in-law suegro
faucet grifo
fault culpa

favorite preferido, favorito
fear miedo
feast fiesta
to **feel** sentir (ie)
feeling sentimiento
festival festival (*m*)
fever: to have (run) a fever tener fiebre
feverish calenturiento
few pocos, -as; **a few other** unos cuantos (+ *noun*) más; **a few days later** a los pocos días
fewer menos
fiancé novio
field campo
to **fight back** defenderse (ie)
figurine figura, estatuilla
filled: to be filled with estar lleno de
film película
finally por fin, finalmente
to **find** encontrar (ue); to **find out** enterarse
fine fino, delicado
Fine Arts Bellas Artes (*f pl*)
fire fuego
first: the first thing lo primero
fitting apropiado, conveniente
to **fix (repair)** arreglar
to **flash (lightning)** brillar, cruzar
flashlight linterna
flat tire: to get a flat tire desinflárse(le) (a uno) una goma (llanta)
flight vuelo
floor piso
florist florista (*mf*)
flower shop florería, floristería
following siguiente, que + seguir (i, i)
fond: to be fond of ser aficionado, -a a
foolish tonto; **a very foolish thing** una solemne tontería
for (because) porque
to **force (to)** obligar (a); to **force something (on one)** imponerle (a uno)
forceful fuerte, vigoroso
forehead frente (*f*)
forest (tropical) selva; **(nontropical)** bosque
to **forget** olvidar; to **forget about** olvidarse de

forgetful olvidadizo
to **forgive** perdonar
formal de etiqueta
fortunate afortunado
free: to **feel free to** no vacilar en,
sentirse en libertad de
frightening que asusta
front frente (*m*)
front: in front of (facing) frente a
front: in front (of) (not facing) delante
(de)
to **frown** fruncir el ceño
to **fulfill (a requirement)** llenar

G

game juego; **(match)** partido
gallon galón (*m*)
gate puerta
to **gather** reunir
generous generoso
German shepherd (perro) pastor
alemán, perro policía
to **get (an answer, letter, etc.)** recibir;
(an illness) coger, agarrar; **(to
buy)** comprar; (*See also page 305.*)
get: to **go to get** (ir a) buscar
to **get down (from a horse, tree,
etc.)** bajar(se) (de)
to **get it (understand)** comprender
to **get on (a plane)** subirse a (un avión)
to **get paid** pagar(le) (a uno), cobrar
gift regalo, presente (*m*), obsequio
to **give up (something)** renunciar a
to **give up (stop trying)** darse por
vencido
to **go away** alejarse; to **go on** seguir
(i, i), continuar; to **go out** salir; to **go
up (to)** subir (a)
to **go to school** estudiar
God Dios
gold oro
good: the good (people) los buenos
good at figures hábil con los números
to **graduate** graduarse
grandmother abuela
grandson nieto
gravity gravedad (*f*)
gray gris; **gray hair** pelo blanco,
cana(s)

great gran(de)
greatly mucho
greedy avaricioso
to **greet** saludar
greyhound galgo
ground suelo
to **grow up** crecer (zc)
guard guardia mf
to **guess** adivinar
gun-toting que + ir + armado, -a,
que + llevar + revólver
guy tipo

H

hair: to **have one's hair done** peinarse
(en la peluquería)
hair: to **have very abundant hair** tener
mucho pelo
halfway: to **be halfway there** estar a
mitad de (del) camino
hand: to **give a helping hand** ayudar;
to **take (someone) by the
hand** tomarlo, -a de la mano
hand: on the other hand por otra parte
handicrafts artesanías (*f pl*)
handsome guapo
handwriting letra
to **happen** suceder
happy: to **be happy (that)** alegrar(le) (a
uno), poner (lo, la) contento, -a (a
uno, -a)
harbor puerto
hard: to **be hard (for one)** costar(le)
trabajo (a uno)
hardly: there was hardly anyone no
había casi nadie, había cuatro gatos
hard-working trabajador
to **hate** odiar
head: to **get it into one's
head** metérsele en la cabeza (a uno)
health salud (*f*)
to **hear** oír
heaven cielo
to **heed** hacer caso (de)
hell infierno
to **help + inf.** ayudar a + infinitivo
heroic heroico
to **hesitate (to)** vacilar (en)
to **hide** esconder(se)

high-backed de respaldo alto
highway carretera
to **hit** dar(le) a, golpear
to **hold** sujetar; to **hold (someone) back** sujetar; **(something)** contener
home hogar (*m*)
honesty honradez (*f*)
to **hope** esperar
hope: I hope so eso espero, así lo espero
horse caballo
household object objeto casero
how much cuánto
however sin embargo
to **hug** abrazar
humble humilde
hummingbird colibrí, (*m pl*) colibríes
hungry: to go hungry pasar hambre
hunting caza
to **hurt** doler (ue)
hurt: to be hurt estar herido, herirse (ie)
husband marido, esposo
husky perro de Alaska, perro esquimal
hut choza, cabaña
hyphen guión (*m*)

I

ice cream helado
identical: to be identical (with) ser idéntico, -a (a)
illness enfermedad (*f*)
image imagen (*f*)
imaginative imaginativo
to **imitate** imitar
immortality inmortalidad (*f*)
to **impose (something on someone)** imponer(le)
imposing impresionante, imponente; **large, imposing house** caserón (*m*)
impossible imposible
to **impress** impresionar
impression: to create a good impression on caer(le) bien (a uno)
inappropriate: to be inappropriate of ser impropio de
indeed realmente
to **influence** influir en
ingredient ingrediente (*m*)

injury herida, lesión (*f*)
innuendo: to make an innuendo decir una indirecta
to **inquire** pedir informes
inside (of) dentro (de)
to **insist** insistir (en)
instance: for instance por ejemplo
instead en cambio
interest (hobby, etc.) afición
interest: to be interested in interesar(le) (a uno)
interpreter intérprete (*mf*)
interview entrevista
irrigation riego, irrigación (*f*)
irritating que irrita, irritante
ivy hiedra

J

jealous celoso
jealousy celos (*m pl*)
jewel joya
jewelry: pieces of jewelry joyas
job trabajo
joke chiste (*m*)
journey: to be away on a journey estar de viaje
joy alegría, júbilo
Juliet Julieta

K

to **keep** quedarse con
killed muerto
kilometer kilómetro
kind bueno (*adj*), bondadoso
to **knock** llamar
to **knock down** derribar
to **know (a person or place)** conocer (zc); **(a fact)** saber
knowledge conocimiento

L

lace encaje (*m*)
to **lack** carecer (zc) de, faltar(le) (a uno)
lady dama
land tierra
landscape paisaje (*m*)
last último; **last + summer (year, month, etc.)** el verano (año, mes,

etc.) pasado; **last night** anoche; the
last one to + inf. el último en +
infinitivo
to **last** durar
late tarde; to **get late** hacerse tarde
lately últimamente
later más tarde
to **laugh (at)** reírse (de)
laundry room lavandería, cuarto de
lavar
lava lava
to **leak out** salirse
to **lean on** apoyarse en
to **learn (how)** aprender (a)
to **learn (find out)** saber, enterarse de
learning (*adj*) de aprendizaje
least: at least por lo menos
to **leave (go away)** marcharse, irse,
(when one is inside) salir
to **leave (someone or**
something) dejar(le) (a alguien)
lecture conferencia
leg (person) pierna; **(animal and**
furniture) pata
legend leyenda
to **lend** prestar; to **lend itself**
to prestarse a
let dejar; **(allow)** permitir
to **let (one) know** avisar(le)
to **let someone go (fire)** despedir(lo)
letter carta
library biblioteca
license licencia
to **lie down** acostarse (ue)
life vida
to **lift** levantar
lightning relámpagos (*m pl*); **lightning**
bolt rayo
like this así
likely: to be likely ser probable
liking: to be to the liking of
(someone) gustarle a (alguien)
to **limit (oneself) (to)** limitar(se) (a)
line línea
linguist lingüista (*mf*)
to **listen (to music)** oír
litter litera
little by little poco a poco
longer: to be no longer ya no estar

to **look (appear)** verse
to **look** mirar; verse; to **look**
back mirar hacia atrás; to **look**
for buscar; to **look like** parecer(se)
loose suelto
lord señor
to **lose** perder; to **lose control** perder
el control; to **lose weight** adelgazar
lost: to get lost perderse
lot: a lot mucho, muchos, -as, un
montón de
lottery lotería
to **love** amar, querer (ie)
love: to be in love with estar
enamorado, -a de
loving amoroso, cariñoso
luck suerte (*f*)
luckily por suerte, afortunadamente
lucky: it was lucky fue una suerte
luxurious lujoso
luxuriously con lujo, lujosamente
lying: to take things lying
down quedarse con los brazos
cruzados

M

mad: to be made with estar loco de
mad house casa de locos
magic (*adj*) mágico
main principal
major: Spanish major (said of
person) especialista en español
to **make out (see)** divisar
to **make up one's mind (to)** decidirse
(a)
to **manage to** conseguir (i)
manner: in a + adj + manner de un
modo (de una manera) + adjetivo
mark (grade) nota
marriage boda, matrimonio
married: to be married to estar casado
con
master amo; **mistress** ama
masterpiece obra maestra
to **matter** importar; **no matter what it**
costs cueste lo que cueste
matter: to be a matter of tratarse de
to **mean** significar, querer decir
to **meet** encontrarse (*usually*
accidentally); reunirse

meeting reunión (f)
to **melt** derretirse (i, i)
to **memorize** memorizar
midnight medianoche (f)
millionaire millonario, -a
mind mente (f); to **change one's mind** cambiar de idea
to **mind** importar(le) (a uno)
mine (el, la) mío, -a
miracle milagro
mirror espejo
to **miss (to be absent from)** faltar a; to **miss (to fail to hit)** no acertar(le), no dar(le) (a uno); **(to make a mistake)** equivocarse; to **just miss** faltar poco para que + subj.; por poco + pres. indicative; to **miss a chance to** perder (una) ocasión de, perder la oportunidad de; to **miss the boat** perder el tren (*See also page 331.*)
mistake error (m), falta, equivocación (f); to **make a mistake** cometer un error (una falta), equivocarse
to **mistrust** desconfiar de
modern-day (de) nuestro tiempo
moment: from the first moment desde el primer momento
monkey mono, -a
moon: full moon luna llena
more: the more ... the more (less) (*or irregular comparative*) mientras más ... más (menos) (o comparativo irregular)
most of la mayor parte de
mother-in-law suegra
moustache bigote (m)
to **move** mover(se) (ue), mudarse (*See also page 199-201.*)
movie star estrella de cine (f)
mud fango, lodo
mud (used to build walls) adobe (m)
murderer asesino, -a
musician músico, -a
must (obligation) tener que
myself: to myself mí mismo, -a; a (para) mí mismo, -a
mysterious misterioso
mythological mitológico

to **nag** regañar, sermonear
nail (metal) clavo
nap: to take a nap dormir (ue) (echar) una siesta
native nativo, -a
near cerca (de)
near: to be (get) near acercarse, avecinarse
necesity necesidad (f)
neck cuello
necklace collar (m)
to **need** necesitar, hacer(le) falta (a uno)
negative negativo
neighbor vecino, -a
neighborhood barrio
nervous: to get nervous ponerse nervioso
nevertheless no obstante
news (piece of news) noticia
next to junto (a)
nightmare pesadilla
nobody nadie
noise ruido
noon mediodía (m)
notice aviso
to **notice (something)** darse cuenta (de); **(something or someone)** fijarse (en)
nowadays hoy (en) día, en estos tiempos
now and again de vez en cuando, de cuando en cuando

O

to **oblige** obligar
observation observación (f)
obsessed: to be obsessed with estar obsesionado, -a con
to **obtain** obtener, conseguir (i, i)
office (doctor's) consultorio
official funcionario, -a
often frecuentemente, a menudo; **more often** con más frecuencia, más a menudo
oil aceite (m)
on (lit) encendido
opinion: in my opinion para mí, en mi opinión

opponent contrincante (*mf*)
opportunity oportunidad (*f*)
to **oppose** oponerse a
optimistic optimista
orange grove naranjal (*m*)
order: to be out of
  order descomponerse
to **organize** organizar
origin procedencia, origen (*m*)
others: the others los demás
outfit traje (*m*)
outstanding principal
over: all over + place por todo, -a +
  lugar
owner dueño, -a, propietario, -a

P

pace: slow pace lentitud (*f*)
paid: to get paid pagar(le) (a uno),
  cobrar
painful doloroso
to **paint** pintar
painting (*n***)** pintura, cuadro
pajamas pijama (*m*)
pale pálido
pale: to turn pale ponerse pálido
pants pantalones (*m pl*)
paper periódico
paradise paraíso
Paraguayan paraguayo, -a
parents padres (*m pl*)
partner socio, -a
part-time tiempo incompleto
to **pass** pasar
passage pasaje (*m*)
passive voice voz pasiva
past pasado
pastry pasteles (*m pl*)
pastry shop pastelería, dulcería
path sendero, senda, camino
patient: to be patient tener paciencia,
  ser paciente
pay: to pay attention prestar atención
pay: a job that pays well un empleo
  bien remunerado
peculiar raro, -a, extravagante
Pekinese pequinés
people gente (*f*); personas (*f pl*)
perennially eternamente

to **perform (a task)** realizar
perhaps quizás, tal vez
per se en sí
personable agradable
pessimistic pesimista
phone: to talk on the phone hablar
  por teléfono
picture cuadro
pie pastel (*m*)
piece pedazo, pieza
pilgrim peregrino, -a
pill-popping que toma drogas,
  tomador, -a de drogas
pity: to be a pity ser (una) lástima
place lugar, sitio; to **take**
  place suceder, tener lugar
to **place** colocar
plan plan (*m*)
to **plan (to do something)** pensar +
  infinitivo
play (dramatic) drama (*m*), pieza
to **play cards** jugar a las cartas; to **play**
  (music) tocar; to **play the part**
  of hacer (el papel) de
please: to do as (one) pleases hacer
  (su) santa voluntad
pleasing agradable (*mf*)
pneumonia pulmonía, neumonía
poem poesía, poema (*m*)
point: at this point en ese momento
to **poison** envenenar
pole (light) poste (*m*)
policy política
pottery alfarería, objetos de cerámica
powerful poderoso
to **practice** practicar
to **pray to God (that)** pedirle (rogarle)
  a Dios que
precious muy valioso
precipice precipicio
predicament apuro
to **prefer** preferir (ie)
preoccupation preocupación (*f*)
to **prepare** preparar(se)
present regalo, presente (*m*), obsequio
to **present** presentar
to **preside (over)** presidir
to **pretend** fingir
to **prevent (from)** impedir (i, i)

previous   anterior
pride   orgullo
priest   sacerdote
Prince Charming   Príncipe Azul
priority   prioridad (*f*)
prisoner   preso, -a
prize   premio; **first prize**   primer premio, el premio gordo
to **proclaim**   proclamar
programmer   programador, -a
project   proyecto
to **protect**   proteger
proud   orgulloso
to **prove**   probar (ue)
to **prove: it has proved impossible**   ha resultado imposible
to **provide (with)**   proporcionar
provided that   con tal (de) que
psychologist   sicólogo, -a
to **pull**   tirar (de)
to **pull out**   arrancar
pumpkin   calabaza
purity   pureza
purse   billetera, cartera
to **pursue (a hobby, etc.)**   practicar
to **put on**   ponerse

Q

quarters   habitaciones
question   pregunta
quickly   con rapidez, rápidamente
quiet   apacible
quite + adj   bastante + adjetivo

R

rain (*n*)   lluvia
to **rain**   llover (ue); to **rain cats and dogs**   llover a cántaros
rarely   raramente
rather   más bien
to **reach (one's destination)**   llegar a
to **react**   reaccionar
to **read (when the person is not the subject)**   decir
reader   lector, -a
ready: to be ready   estar listo
real   verdadero
real estate agent   corredor, -a de bienes raíces

to **realize**   darse cuenta (de)
really   en realidad
to **reappear**   volver (ue) a aparecer(se)
reason   razón (*f*)
to **receive**   recibir
record   disco
record player   tocadiscos (*ms*)
to **recover**   recuperar
to **refer to**   referirse (ie) a
reflexive   reflexivo
to **refuse (to)**   negarse (ie) (a)
to **regard**   considerar
regarded: to be regarded as   considerarse
region   región (*f*)
to **register**   inscribirse; **(school)**   matricularse
registration   matrícula
to **regret**   lamentar
regularly   asiduamente, con asiduidad
related: to be related (to)   estar relacionado (con)
religious   religioso
to **remove**   quitar
to **remunerate**   remunerar, pagar
to **repay**   devolver (ue)
repeatedly   repetidamente
request   petición (*f*)
requirement   requisito
to **resemble**   parecer, parecerse (*See also page 169*.)
residence   residencia
to **resign**   renunciar (a)
to **resign (oneself) to**   resignarse a
responsible: to be responsible for   ser responsable de
result   resultado
to **return**   volver (ue); **(give back)**   devolver (ue)
to **return**   regresar
rich   rico, elegante; **(of foods)**   pesado, muy condimentado
ride: to take (someone) for a ride   llevar (a alguien) a dar un paseo
ridiculous   ridículo
right (*n*) (a just claim or privilege)   derecho
right (*adj*) (appropriate)   correcto; **(not**

wrong) el que + ser; **right angle** ángulo recto; **the right thing** lo que + deber (*See also page 277.*)

right away inmediatamente; **right here** aquí mismo

risk: to run the risk correr el riesgo

roach cucaracha

road camino

rocket cohete (*m*)

to rub frotar, restregar (ie)

rule regla

Rumanian rumano

to run correr; **(a color)** correrse; **to run away** escaparse, huir

to run into (across) tropezarse (ie) con; **(crash, collide)** chocar con; **to run over** pasar por encima de; **(a person)** atropellar, arrollar; **to run out (of something)** acabárse(le) (a uno)

to run over (overflow) desbordarse

to run up (a wall, etc.) trepar por

to run (out of a place) salir corriendo (de); **to run (for an office)** estar postulado, -a (para), ser candidato, -a (a) (*See also page 354.*)

run: on the run fugitivo, -a; **in the long run** a la larga

S

to sacrifice sacrificar(se)

sad triste; **to make one sad** poner(lo) triste (a uno)

sadness tristeza

St. Bernard (perro de) San Bernardo

sandal sandalia

satisfying satisfactorio

to save ahorrar

savings ahorros (*m pl*)

scene escena

schedule programa (*m*)

sea mar (*m*)

seafood mariscos

second segundo

secondary secundario; **secondary school** escuela secundaria

secondly en segundo lugar

to seek buscar

to seem (to one) parecer(le) (a uno)

to seize agarrar, agarrarse de

to send enviar, mandar

sensitive sensible

sentence oración (*f*)

to serve (as) servir (i) (de); **to serve (one) right** estar(le) bien empleado

set: TV set televisor (*m*)

several varios, -as

to shake temblar (ie), estremecerse (zc), sacudirse

shape forma

to shave (oneself) afeitarse; **(someone) else** afeitar

to shine brillar

shirt camisa

short story cuento

should deber + infinitivo

to show demostrar (ue)

shy tímido, -a

shiny brillante (*mf*)

side lado

side: at the side of junto a, al lado de

side: by my side a mi lado

sidewalk acera

to sign firmar

silly tonto

similar parecido, -a, semejante; **(less common)** similar

since (temporal) desde; **(causal)** como, ya que

sincerely yours de Ud. (Uds.) atte. (*See also page 346.*)

to sing cantar

singer cantante (*mf*)

sink (kitchen) fregadero; **(bathroom)** lavabo, lavamanos (*m*)

skeleton esqueleto

skeptical escéptico

skill habilidad, destreza

skin piel (*f*)

skull calavera

sky cielo

skylight tragaluz (*m*)

skyscraper rascacielos (*ms*)

to slam (a door) dar un portazo, cerrar dando un portazo

sled trineo

to sleep dormir (ue); **to get to sleep** dormirse

sleeping dormido, que + dormir
slipper zapatilla
slow lento, despacioso
sly: on the sly a escondidas, en secreto
smart listo, inteligente
to **smell** oler (huelo)
to **smile** sonreír
to **smoke** fumar
smoke humo
smuggling contrabando
snake serpiente (*f*), culebra
so así que; **so many** tantos, -as; **so much** tanto
so-called llamado
soda refresco
soldier soldado
sole (of shoe) suela
to **solve** resolver (ue)
some (people) algunos
someone alguien
something algo; **something else** otra cosa
sometimes a veces
somewhat algo
soon pronto
sorry: to feel sorry dar(le) lástima (a uno)
to **sound** sonar (ue)
space espacio
to **specialize (in)** especializarse (en)
specialty especialidad (*f*)
specific específico
to **spend** gastar
to **spend (time somewhere)** pasar
to **spell out** deletrear
to **spew** arrojar
spider araña
to **spin a top** bailar un trompo
spinner: top spinner bailador, -ra de trompos
spite: in spite of a pesar de
springlike primaveral
square (*adj*) cuadrado
stairs escalera(s)
to **stand up** pararse, ponerse de (en) pie
to **stand out** destacarse
standing: to be standing estar parado, -a, (de pie)

to **stay** permanecer (zc), quedarse
to **steal** robar
steps: to take steps to + inf. tomar medidas para + infinitivo
to **stick: to stick in one's mind** quedárse(le) (a uno) en la mente
stimulating estimulante (*mf*)
stone piedra
to **stop** parar, detener(se); to **stop happening** cesar (de); to **stop working (person)** dejar de trabajar; **(machine)** dejar de funcionar
to **store** almacenar
story: short story cuento
storm tormenta, tempestad (*f*); **(rain)** aguacero
strange extraño, raro
straw paja
strong fuerte (*mf*)
struggle lucha
student (*adj*) estudiantil (*mf*)
style estilo
stylistically estilísticamente
to **substitute + noun + for + noun (to replace with)** sustituir + nombre + por + nombre (*See page 184.*)
to **succeed in + -ing** conseguir (i) (lograr) + infinitivo
success éxito
successful exitoso
such a + noun un (una) + *nombre* + así, tal + *nombre*
suddenly de repente
to **suggest** sugerir (ie)
suicide: to commit suicide suicidarse
to **suit (one)** convenir(le) (a uno)
suitor pretendiente
sunbathe darse baños de sol
sun deck terraza
sunlight luz del sol (*f*)
supervisor jefe (jefa), supervisor, -a
to **support** mantener
sure: to be sure estar seguro
surely de veras
surprised: to be surprised sorprenderse; to **be surprised (that)** sorprender(le) (a uno) (que)

surprising sorprendente (*mf*)
to **surrender** rendirse (i, i)
surrounded: to be surrounded by estar
  rodeado, -a de
surroundings ambientes (*m pl*)
sweep barrer
sweethearts novios (*m pl*)
sweets dulces (*m pl*)
swimming pool piscina, alberca (*Mex*)
symbol símbolo

T

table: coffee table mesa de centro
to **take** tomar; llevar; llevarse; to **take
  after** salir a; to **take away** quitar; to
  take a trip hacer un viaje; to **take
  place** suceder, ser; to **take things
  lying down** quedarse con los brazos
  cruzados (*See also page 250.*)
to **take pity (on) (one)** tener(le) lástima
  (a uno)
tale cuento, historia
talent talento
task tarea
taste gusto
to **teach (how)** enseñar (a)
tear lágrima
to **tell** decir; **(narrate)** contar (ue)
to **tell on** acusar, delatar
**terms: not to be on speaking terms
  with** estar peleado, -a con
terrible terrible (*mf*)
test prueba
texture textura
that ese, esa, eso; **that's why** (es) por
  eso (que)
theme tema (*m*)
there allá; **(more definite place)** allí
there it is! aquí está
thin delgado
to **think (of)** pensar (ie) (en)
think: I don't think so no lo creo
to **think over** pensar (ie)
those: there are those who hay
  quienes
those who los que
thought pensamiento
threatening amenazador
throat: to have a sore throat doler(le)
  (a uno) la garganta

through por medio de
to **throw (in, into)** tirar (botar) en (a);
  lanzar
tight apretado
tile azulejo, mosaico
time (general) tiempo; **(clock
  time)** hora; **all the time (from the
  beginning)** desde el principio; **all
  the time
  (constantly)** constantemente; **at the
  same time** al mismo tiempo; **for the
  first time** por primera vez; **next
  time** la próxima vez; to **have a good
  time** divertirse (ie) (*See also page
  43-44.*)
tired: to be tired of estar cansado, -a
  de
tiring fatigoso
together juntos, -as
tonight esta noche
tooth (incisor) diente (*m*);
  (molar) muela
top: to be the top ser el (la) primero,
  -a, ser el (la) mejor; **top (of can or
  box)** tapa; **(of car)** techo, capota;
  top hat sombrero de copa; **on top
  of** encima de, sobre; to **end on
  top** quedar victorioso, -a; **top (of
  tree)** copa; **(of mountain)** cima (*See
  also page 225-26.*)
topic tema, tópico (*less common*)
to **touch** tocar
toward hacia
town pueblo
training entrenamiento
to **travel** viajar, hacer un viaje
to **tread** pisar
to **treat** tratar
tribunal: Water Tribunal el Tribunal
  de las Aguas
trip viaje; **business trip** viaje de
  negocios
trousers pantalones
truck camión (*m*)
true verdadero
to **trust** confiar (en)
truth verdad (*f*)
to **try to** tratar de
to **turn into** convertirse (ie) en

to **turn out to be (+ adj) (for one)** resultar(le) (a uno) + adjetivo
twin gemelo, -a, mellizo, -a
type clase, tipo (*less used*)
to **type** escribir a máquina
typical típico
tyrant tirano

U

Ulysses Ulises
unbuttoned desabotonado
under bajo
understanding comprensivo
unfortunately por desgracia, desgraciadamente
unique único (*after noun*)
unless a menos que
unlike a diferencia de
unlikely poco probable, difícil
unpleasant desagradable
unplug desconectar, desenchufar
untiring incansable
unwillingly de mala gana
upcoming cercano
upset molesto, disgustado, nervioso
upstairs (en) el piso de arriba

V

Valencian valenciano, -a
valiant valiente
valuable valioso
variety variedad (*f*)
varying variable
Venezuelan venezolano, -a
to **venture (to)** aventurarse (a)
version versión (*f*)
veterinarian veterinario, -a
victim víctima (*f*)
view aspecto
to **visit** visitar
vocalist cantante (*mf*)
voice voz (*f*)
vulgar ordinario, grosero

W

to **wait (for)** esperar
to **wake up** despertar(se) (ie)
wall (outside) muro, cerca
to **wander (in)** vagar (por)

to **want** querer (ie)
warm caliente, tibio; **(climate)** cálido; **to get warm** calentarse
to **warn** advertir (ie)
warning advertencia
warrior guerrero
to **wash** lavar
waste: to go to waste desperdiciarse
to **watch** vigilar, observar
way modo, manera; **on one's way to** camino a (de)
way: by the way a propósito
weakness debilidad (*f*)
weapon arma
to **wear (a garment)** usar, llevar
wearing: to be wearing llevar, tener puesto, -a
to **weave** tejer
weaving (*n*) tejido
web tela de araña, telaraña
weeds malas hierbas (*f pl*)
weight: to lose weight adelgazar, perder (ie) peso
weights pesas
well bien, pues
west oeste (*m*)
wet mojado; **soaking wet** empapado
whatever happens pase lo que pase
whether si
while mientras
whitewashed blanqueado
widow viuda; **to become a widow** enviudar
willing: to be willing to estar dispuesto a
to **win** ganar
windowsill alféizar (*m*)
windshield wiper(s) limpiaparabrisas (*m s and pl*)
wine vino
to **wink (at)** guiñar(le) (un ojo)
wise sabio
wish deseo
to **wish** desear
witch doctor curandero
to **wonder** preguntarse
to **work (device or machine)** funcionar
worker trabajador
world mundo

worn out gastado
worried: to **get worried** preocuparse
worse: to **get worse** empeorar
worshipper adorador, -a
worth: to **be worth (it)** valer la pena
wrinkled arrugado
wrong (inappropriate) incorrecto;
   (mistaken) equivocado; **the wrong**

thing lo que + no deber; **what's
wrong with . . .?** ¿Qué (le, etc.)
pasa? (*See also page 277.*)

Y

youngster joven, muchacho
youth juventud (*f*)

SPANISH-ENGLISH GLOSSARY

The following classes of words have been omitted from this glossary:

a. recognizable cognates of familiar English words when the meaning is the same in the two languages.
b. articles; personal pronouns; demonstrative and possessive pronouns and adjectives.
c. numbers; names of the months and days of the week and other basic vocabulary.
d. adverbs ending in **-mente** when the corresponding adjective is included.
e. verb forms other than the infinitive, except past participles with special meanings when used as adjectives.

Noun gender is not indicated for masculine nouns ending in **-o** and feminine nouns ending in **-a**.

Adjectives are given in the masculine form only.

Since the words are arranged according to the Spanish alphabet, **ch**, **ll**, and **ñ** follow **c**, **l**, and **n**, respectively; thus **achacar** comes after **acusador** and not after **acercarse**.

The following abbreviations have been used:

adj	adjective		*mf*	masculine and feminine
adv	adverb		*n*	noun
Arg	Argentina		*v*	verb
f	feminine		*pl*	plural
fig	figuratively		*s*	singular
m	masculine		*S.A.*	Spanish America

A

a + *definite article* + *period of time*   after + period of time
abandono abandonment
abat-jour (French) lamp shade
abdicar to give up
abollado dented
abrasador burning
abrecartas *m* letter opener
abrigo shelter; **ropa de abrigo** heavy (warm) clothing
abrumador crushing, exhausting, overwhelming
abrumar to overwhelm
abultamiento swelling
aburrido: de lo más
  aburrido extremely ungainly

acabar con alguien to finish someone off
acariciar to caress
acaso perhaps
accionista *mf* stockholder, shareholder
acelerar to hasten
acequia irrigation ditch
acercamiento drawing near
acercarse a to approach
acicalado dapper, spruced up, groomed
acolchado quilted, padded
acomodado: bien acomodado well to do
acontecimiento (important) event
acorazonado heart-shaped
acorde *m* chord
activo *n* budget

actuación *f* action; performance; behavior
actual present, current
actualidad: en la actualidad at the present time
acudir to come
acueducto water-supply line
acuerdo: de acuerdo in agreement; aware of the plan
acurrucarse to huddle
acusador accusing
achacar to attribute
achacoso ailing
adelante: más adelante farther, further
adelgazado stretched thin
adentro: de tierra adentro inland
adepto follower
adherente *n* attachment, appendage
adivinar to guess; to divine, to perceive intuitively
adjunto *adj* enclosed
admirado amazed, astonished
adoquín *m* paving stone
adulador flattering
adulón fawning, cringing
advertir (ie) to warn; to point out; to observe
afeitarse to shave
aficionado: ser aficionado a to be fond of
afiliado a affiliated with, member of
afligido aching
aflojar to loosen
afueras *f pl* suburbs, outskirts
agachado crouching; stooped, bent over
agarrarse de to seize
agazapar to crouch
agitarse to stir; to function
agobiar a burlas to overwhelm with mockery
agotador exhausting
agradable pleasing
agradecimiento gratitude
agrio bitter
agrupar to place
aguanieve *f* sleet
aguantador patient, capable of enduring

aguardar to wait for
agudo sharp
ahinco: con ahinco hard, earnestly
ahogar to suffocate
ahuyentar to drive away, chase off
aislado isolated
ajedrez *m* chess
ajeno of another, of others
ajusticiado executed person
ala wing
alabastrino alabastrine, alabaster
alambre *m* wire
alameda poplar grove
albañil *mf* bricklayer; mason
alcalde *m* mayor
alcanzar to reach, overtake; get; attain
aldea village
alejado at a distance
alejarse to go (move) away
alentador encouraging
alfarero potter
alfombra rug
alfonsino Alphonsine
algo *adv* somewhat
algodón *m* cotton
aliado con together with
aliento breath
almacén *m* department store
almacenista *mf* warehouse owner; wholesale grocer
alquiler *m* rent
alrededor de around; **a su alrededor** around one
altavoz *m* loudspeaker
alto: de alto in height, high
alumbrar to light
alzar to raise
allí; de allí en adelante from then on
amanecer *v* to dawn; *n m* dawn
amante *mf* lover
amargo bitter
amarillento yellowish; pale, sallow
ambiente *m* environment
amenaza threat
amenazante threatening
amenazar to threaten
amenizar to enliven; to make pleasant
amo master, owner
amoroso loving

amortajar   to prepare for burial
anaranjado   orange (-colored)
ancho: de ancho   in width, wide
andanzas   adventures
andino   Andean
anegarse en   to be flooded with
anexo   enclosure
angosto   narrow
anhelo   desire
anillo   ring
animar   to encourage, urge
ánimo   intention; will
ansiar   to wish
ante   faced with
antepasado   forefather, ancestor
anteponer   to place before
anticuario   antiquarian; antique dealer
apacible   peaceful
apagado   muffled
aparición *f*   apparition
apartado   section; post office box
apartar   to withdraw; **apartarse de**   to separate from
aparte de   aside from, besides; **aparte de que**   aside from the fact that
apenado   with sorrow
apenas   hardly, scarcely
apercibirse   to prepare
aplazar   to delay, put off
apoderarse de   to take possession of
apodo   nickname
aporte *m*   contribution
apostar (ue)   to bet
apoyar(se)   to lean
apoyo *n*   support
aprecio   esteem
apresuradamente   hurriedly
apresurarse   to hasten
aprobado   passing grade
aprovechar   to take advantage of
aprontarse   to get ready
apuntar   to jot down; to aim; to appear
apuñalar   to stab
apuro   problem, difficulty
arador *m*   plowman, furrow-maker (Time)
arbitrio   device, means
árbitro   umpire; referee
arbusto   shrub, plant, bush

arder   to burn
arena movediza   quicksand
arenal *m*   sandy ground
armar   to set up, prepare; **armar escándalo**   to make a lot of noise
arrancar   to draw from
arrasar   to level, raze, demolish
arrastrar   to drag; to lead, pull
arrastre *m*   rasping
arrebatar   to snatch, grab
arreglar   to fix; **arreglárselas**   to manage
arreglo   repair
arremolinado   turbulent, swirling
arrepentirse (ie)   to regret, be sorry
arriesgado   risky, daring
arrobado   enraptured
arrodillado   kneeling
arrogancia   proud bearing
arrojar   to throw
arrollar   to roll up, coil
arroyo   stream
arrozal *m*   rice field
arruga   wrinkle
asaltar   to break into, raid, hold up
asar   to roast; bake
ascender (ie)   to promote
asediar   to besiege
asegurar   to insure; to secure
asentar (ie)   to settle
asentir (ie)   to agree
asesino   murderer
asfixiante   asphyxiating, suffocating
así como   just as
asiento   seat
asistencia   attendance
asistentes *m pl*   those present
asomar   to appear
asombrar   to astonish, impress; **asombrarse**   to be amazed
asombro   astonishment
aspecto   look(s); appearance
áspero   rough
aspirante *mf*   contender
astillas *f pl*   firewood, kindling
asustar   to frighten (off)
atardecer *m*   nightfall
ataúd *m*   coffin
aterciopelado   velvety

atezado dark
atracar to make shore
atravesar (ie) to cross (over)
atropellar to run over
atropello act of violence
audífono earphone
auditivo hearing
aullido howl
autónomo autonomous, independent
autopista highway, freeway, turnpike
auxilio help, aid
avariento greedy
avecinarse to come, approach
averiado damaged
avezado experienced, hardened
avisar to inform
aviso *S.A.* newspaper ad
avisar to warn
avivar to revive
ayuntamiento municipal government
azafata stewardess
azahar *m* blossom of orange tree, lemon tree, or citron tree
azar: al azar aimlessly
azaroso hazardous
azotar to lash, beat down on

B

bachiller *mf* high school graduate
bagatela trinket
bajar to get off (down from) a vehicle; **bajarse** to bend over
bala bullet
balde: de balde (for) free
baloncesto basketball
balonmano handball
barba beard
barda wall
barrera barrier
barrio neighborhood
base: a base de on the basis of
bastar to be sufficient
batallar to battle, struggle
beca scholarship
beneficioso beneficial
berenjena eggplant
bienestar *m* well-being
bigote *m* mustache
billetera wallet

bisoñé *m* wig, toupee
blanco *n* target
blandir to brandish, wave
blanduzco softish
bochorno sultry weather
bofetada slap in the face
bogotano of Bogotá, Colombia
bolígrafo ballpoint pen
bombero firefighter
bombillito small bulb
bombones *m pl* candy
bondadoso kind
borbollones: en borbollones bubbling, boiling
bordador, -a embroiderer
bordar to embroider
borde *m* edge
borracho drunk
borrador *m* rough draft
borrar to erase
borroso blurred, indistinct
bosque *m* forest, woods
bota boot
botar to throw away
botiquín *m* medicine cabinet (chest)
brillante shining
brillo brightness; sparkle
brindar to toast
broma: en broma in jest, as a joke
bronceado tan
brujería witchcraft
bruto beast
burla taunt; joke; mockery
burlón mocking, teasing
buscarle tres pies al gato to look for trouble
butaca armchair; seat, chair

C

caballería cavalry
cabeza main town, chief center
cabo: al cabo de at the end of
cachito roach
cachorro puppy
caer de plano to strike with the back of the blade
café *adj* brown
cafetal *m* coffee plantation
cafiche *m* pimp

caída fall, falling
Caja de Comercio Commercial Retirement Fund
Caja de la Industria Industrial Retirement Fund
cajero cashier
caldear to increase
calenturiento feverish
cálido warm
calva baldness, bald head
calvo bald
calzones de pana *m pl* corduroy breeches
callejero of or in the street
camada pack
cámara lenta: en cámara lenta in slow motion
cambiante changing
cambio de miradas exchange of glances; **a cambio de** in return for; **en cambio** on the other hand
caminante *mf* walker
camino abajo down the road
camino de on the way to
campanilla bell
canje *m* exchange
cano gray, white
cansado tiring
caña an alcoholic drink made from sugarcane
cañaveral *m* sugarcane field, plantation
capa layer
capacitado capable
capellán *m* chaplain
capilla death row chapel
capital *f* important city; capital; *m* capital (financial term)
capitalino of the capital (city)
captar to capture
capucha hood, cowl
cárcel *f* jail
carecer de to lack
carga charge, attack
cargado de laden with, filled with
cargar to pester; to load up with; **cargar con** to bear the blame for
cargo position (job); **a cargo de** in the hands of; **persona a cargo** person in your care

cariño affection
cariñoso affectionate
carnicero butcher
carrera: hacer carrera to get ahead
carrera de relevos: en carrera de relevos by running in relays
carretera highway
carretón *m* small cart; wagon
carruaje *m* carriage
cascajo debris
casco helmet
casera *n* landlady
casero *adj* domestic, in the home
caserón *m* large house
castaña en almíbar chestnuts in syrup
casualidad *f* chance; **de casualidad** by chance
catarro cold
catedrático professor
caudal *m* wealth
cavar to dig
cazador *m* hunter
cazar to hunt
cebiche *m* dish made of fish marinated in lemon juice, onion, salt, and chili
ceder to break, give way
cegador blinding
cegar (ie) to close up; to fill up
cejijunto frowning
celos *m pl* jealousy
cenicero ashtray
ceniciento ashen, ash-colored
ceñido at the waist
cera wax
cerca *n* fence
cerco: poner cerco a to lay siege to
cercano nearby
cerrajero locksmith
certero skillful
cesto basket
C.I. (Cédula de Identidad) I.D. card for all over 18 years of age
Cía (compañía) company
científico *n* scientist
cínico *adj* brazen, shameless
cinta ribbon
ciruela plum
cirujano surgeon
cita appointment

citar to cite, quote; **citar (a alguien)** to make an appointment with
ciudadano citizen
claras: a las claras clearly
clarín *m* bugle
claro *adj* bright, well-lit; *adv* of course
claroscuro chiaroscuro (combination of light and shadow)
clavar to bury; to nail
clavel *m* carnation
cobrar to gain; to take on; to charge
cobrizo coppery
cocina cuisine; kitchen
cochino pig
codo elbow
colchón *m* mattress
colegiala school girl
colegio primary or secondary school
colmillo fang
colorearse to redden
comandar to lead
comarca area
comercio business establishment, store
comilón fond of food, food-loving
comisionista *mf* one who works on a commission basis
comitiva retinue, party
cómoda *n* bureau, chest of drawers
compadecer(se) to take pity on
compadre *m* friend, pal
compañero de juerga drinking companion
comparsa group
compartir to share
competencia competition
complacido pleased, satisfied
componerse de to consist of
comportamiento conduct, behavior
compra purchase
compraventa sale
comprensivo understanding
comprobar (ue) to verify
comprometido engaged (to be married); compromised, involved, in an awkward situation
compromiso promise; obligation; engagement
computista *mf* computer operator

concejal *m* town councilman
conciencia awareness
conciliar el sueño to get to sleep
concordancia grammatical agreement
concurso contest
condecorar to honor with a medal
condesa countess
condueño co-owner
conejo rabbit
conferenciante *mf* lecturer
confiado trusting
confiar en to confide in, trust
confidente *mf* confidant(e)
confite *m* sweets, candy
confitero confectioner, candymaker
conformarse con to agree with
congelado frozen
conjunto whole; ensemble
conmovedor moving
conocido well-known
conque so
conseguir to get, obtain; to succeed in
consejero, -a advisor
conservador conservative
conservar la línea to stay in shape
contabilidad *f* accounting
contactarse con to learn about
contado: al contado for cash
contador, -a accountant
contagioso catching
contar (ue) con to count on; to have; to include
contemplar to include
contiguo next
continente *m* countenance
continuación: a continuación below, following
contrario: de lo contrario otherwise
contrarrestar to counteract
contratar to hire
conveniente appropriate
convenir to be good for; to suit
convivir to coexist
cónyuge *mf* spouse
copa top (of tree); goblet
copiador, -a copying
copo flake (of snow)
coquetería affection; flirtatiousness
corcho cork

cordura wisdom
coronación *f* completion
coronilla top of the head
corredor, -a de bolsa stock broker
correligionario comrade
correspondiente (miembro correspondiente) corresponding member
corriente running
cortacésped *m* lawn mower
cortaúñas *m* nail trimmer
cortejar to court
cortesana prostitute
cosa: no ser cosa de + *inf.* not to be a good idea to
cosecha harvest
costado side
costumbre: de costumbre usually
costura sewing
cotidiano everyday, daily
creciente growing
credulidad *f* belief, acceptance
crepuscular twilight
criar to raise
criatura child
cristal *m* glass
cristalino crystalline; clear
criticón faultfinding, overcritical
cronista *mf* chronicler; reporter, columnist
cuadrado square
cuando: de cuando en cuando from time to time
cuanto *adj* all the; *pron* all that, everything that; **en cuanto** as soon as; **en cuanto a** with regard to
cuartel *m* barracks, headquarters
cubierta deck (of boat)
cuclillas: en cuclillas squatting
cuchicheo whispering
cuenta: caer en la cuenta to realize
cuenta: por cuenta propia on one's own
cuentamillas *ms* speedometer
cuentista *mf* short-story writer
cuentística short story writing
cuerdo sane
cuesta arriba uphill
cuitado unfortunate

culebra snake
culpa: tener la culpa to be at fault
culpar de to blame for, to accuse of
culto religion; cult; *adj* educated; **rendir culto** to worship
cumplir + *number of years* to reach + number of years (of age)
cuñada sister-in-law; **cuñado** brother-in-law
cura *m* priest
cursi in bad taste, unstylish
cursiva: en cursiva in italics
Chabelita affectionate form of the name Isabel
chaqueño of El Chaco
charla conversation
chifladura madness, craziness
chisme *m* gadget, gizmo, thing
chismoso *n* gossip(er); *adj* gossiping
chiste *m* joke
chistoso amusing, funny
chocante shocking
chocar to hit, collide
choque *m* shock; collision
choza hut
chubasco shower
chuchería trinket

D

dactilografía typing
damajuana jug, demijohn
damnificados victims, those who have suffered loss
danés Danish
dañino harmful
dar: dar fruto to bear fruit; **dar la talla** to fit the bill, to be fitting; **darle a uno rabia** to infuriate one
deber *n m* duty
debilidad *f* weakness
debilitar to weaken
decano dean
decepcionarse to be discouraged, disappointed
decisivo overriding (e.g., consideration)
decomisar to seize, confiscate
dechado model
dedicarse to devote oneself

defunción *f* death
dejadez *f* abandon; untidiness; neglect
dejar de to stop, cease
delantal *m* apron
delantero *adj* front
delicioso delightful
delictivo criminal
delito crime
demás: por lo demás otherwise
denodado daring
dentro: de dentro within
dependiente salesperson
depresivo depressing
deprimido depressed
depurado refined
derechas: de derechas right-wing
derecho straight, erect
deriva: a la deriva adrift
derivar to drift
derramar to spill
derrocar to overthrow
derroche *m* abundance; flood
derrota defeat
desafiar to challenge
desagradable unpleasant
desairar to offend
desalentador discouraging
desamparado helpless
desaparecer to die, pass away
desarmar to take apart, dismantle
desarrollar to develop, perform
desarrollo: en desarrollo developing
desaseo untidiness, lack of cleanliness
desbancar to replace
desbordar to swell, flow over
descabellado wild, crazy
descamisado shirtless
descargar to inflict
descaro impudence
descuido negligence
desdicha misfortune
desembocadura mouth (of river)
desempeñarse to hold (a job), to work
desencanto disenchantment
desenfreno frenzy
desenlace *m* ending; outcome
desentonar to be out of place
desfilar to file by
desfile *m* parade

desgraciado *n* wretch
deshacer to take apart; **deshacerse de** to get rid of
deshojar to pull the petals off
designar to choose
desigual uneven
desinflar(se) to go flat
deslumbrante dazzling
desmañado bungling
desmentir (ie) to contradict
desnudar to draw (a weapon)
despacho office
despectivo pejorative, disparaging
despedir (i) to fire; **despedirse de** to say goodbye to
despejar to clear
despenalizar to decriminalize
despertador alarm clock
desprecio disdain; snub
desprovisto de lacking in; without
destacado outstanding
destacarse to stand out
destapar to open, uncork
destemplado harsh
desteñido colorless
desteñir to fade
destinatario addressee
destituir to remove from office
destreza skill; cleverness
desvanecerse to vanish
desventaja disadvantage
determinado given; certain
determinante determining
día: al otro día on the following day
dibujante *mf* draftsman; designer; sketcher
dibujar to depict, draw
dictaminar to give an opinion
dichoso happy
diferenciarse to differ
dificultosamente slowly
difunto dead
dignamente with dignity
digno worthy
diluirse to blend
dineral *m* a lot of money
diputado deputy, member of congress
dirección *f* address
dirigente *mf* leader

discutir to discuss; argue
disfrutar de to enjoy
disfrute *m* enjoyment
disgustado at odds
disgustar to dislike
disimular to hide
disminuir to decrease
disparo firing
disponer de to possess; **disponga de mí** I'm at your service
divisa heraldic device
divisar to make out, see
D.N.I. (Documento Nacional de Identidad)
dolorido aching
domador, -a trainer; tamer
dominico Dominican (friar)
dominio mastery; **dominio de sí mismo** self-control
dondiego de noche four-o'clock (flower)
doparse con to get high on
dorado gilt
dormido insensitive
dormilón *n* sleepyhead; *adj* given to sleeping
dormitar to doze, nap
duda: sin lugar a dudas undoubtedly
dudar to doubt; to hesitate
duende ghost, goblin; gnome
dulce *adj* soft, sweet
dulzura sweetness
duradero lasting
durmiente sleeping
duro *m* five pesetas

E

ebanista *mf* cabinetmaker
echar(se) a to begin to; to set out; **echar una carta** to mail a letter
edificio building
editorial *f* publisher
efecto: a tal efecto to this end; **en efecto** in fact, in reality
efluvio exhalation
efusivo gushing
egreso completion
ejemplificar to exemplify, illustrate
elaborar to prepare, make; to elaborate, develop

embajada embassy (group of representatives)
embalsamar to embalm
embarcación *f* vessel
embobado fascinated
emboscar to ambush
emisario emissary, agent
emocionado deeply moved
emocionar to touch, move; stir
empalizada stockade
empapar to soak
empapelar to paper
empedrar (ie) to pave
empeñarse en to insist on
empeño undertaking; insistence
empero nevertheless
empolvarse to put on talcum powder
emponzoñar to poison
emprender to undertake
empresa company, concern, firm; undertaking
empresario manager
empujón *m* push, shove
enano dwarf
enardecido inflamed
encajar to fit
encaje *m* lace
encajonar to box in
encanecer to get (turn) white
encargarse de to undertake to
encarnar to become flesh
encerrar (ie) to enclose; involve; to shut oneself in
encierro confinement
encontrar (ue) a su paso to find along the way
endeble feeble
enderezar to raise
energúmeno madman; wild man
enfermizo sickly
enfilar to line up
enflorado wearing a flower in one's lapel
enfocar to focus on
enfrentarse a to encounter; to face; **enfrentarse** to confront each other
enfrente: de enfrente across the street
enfriamiento chill
enfundar to put into a case, to sheathe

enganchar to hook
engañar to deceive
engañoso deceitful; deceptive
engrosar to grow larger
enjuto lean
enlace *m* link
enlazar to combine, join
enloquecedor maddening
enloquecer to drive mad
enmarañado tangled
enmarcar to act as a background to
enojoso annoying
enredado complicated, entangled
enredador trouble-making
enriquecer to enrich
ensayar to try
enseñar to show
ensordecedor deafening
entenebrecido obscured, darkened
enterarse to find out
entereza entirety; integrity
enterrar (ie) to bury
entierro burial
entonar to sing
entrante next
entrañas *f pl* (fig) heart
entrecruzar to cross, interweave
entregar to deliver; **entregar en custodia** to give for safe-keeping; **entregarse a** to indulge in
entrelazar to intertwine
entrenar to train
entre sí each other
entretanto meanwhile
enunciado: lo enunciado what has been stated, the foregoing
envaguecerse to become hazy, vague, less visible
envejecimiento aging, growing old
envenenador poisonous
envenenamiento poisoning
envenenar to poison
enviado envoy
envolver (ue) to enfold, envelop
envuelto involved
epistolar epistolary (in letter form)
E.P.M. (en propia mano) Hand Deliver
equipo team

equitación *f* (horseback) riding
equivocación *f* error
equivocarse to be mistaken, to err
erguirse to rise
erudito scholar
escalofrío chill
escape: a escape in a hurry
escarchar to turn frosty white
escaso scant
esclavo slave
escoltar to escort
escombros *m pl* rubbish; debris
esconder to hide
escote *m* neckline, low neck, décolletage
escritura writing
escultura sculpture
escupir to spit
esforzado high
esforzarse (ue) por to strive to
esfuerzo effort
esgrima fencing
esmero care
espantar to chase away
especificativo restrictive
espejo mirror
espeluznante hair-raising
espera: a la espera lying in wait
espinoso thorny
espiral *m* coil
espiritismo spiritualism
espuela de ferrocarril spur track
espumoso sparkling (e.g., wine)
esquina corner (outside)
estacionamiento parking
estacionarse to stop; to park
estado civil marital status
estado de ánimo mood
estallar to break out, erupt
estampa picture, image
estampar to depict, picture
estancia ranch; stay
estandarte standard, banner
estanque *m* reservoir
estante *m* bookcase
estatuario statuesque, statue-like
éste (ésta, éstos, éstas) the latter
estéril useless, futile
estertor *m* death rattle, mortal cry

esteta *mf*   aesthete
estimar   to think
estimulante   stimulating
estirar   to stretch
estirpe: rancia estirpe   old lineage
esto: en esto   at this point
estrado   podium
estrechamiento   tightening;
   strengthening
estrecho   narrow
estruendo   din, noise
estudioso, -a   student, scholar,
   investigator
estupefaciente *m*   narcotic
etapa   stage
evitar   to avoid
examinarse   to take a test
exceptuado   exempt
exigente   demanding
exigir   to require
exiguo   small
existente   existing
éxito   success
exitoso   successful
expansión *f*   expansiveness; relaxation
expedir (i)   to issue
exponer   to expose, show
extrañar   to surprise; to miss

F

fabricante *mf*   manufacturer
facilidades de pago *f pl*   easy terms
fachada   facade, front
falda   slope
faltar   to lack, be without
fallecer   to die
familiar *mf*   relative; **familiar a
   cargo**   dependent
fango   mud
fangoso   muddy
farmacéutico, -a   pharmacist
faro   light (of car)
farol *m*   street light
fatigoso   tiring; tiresome
felicitar   to congratulate
ferretero   hardware dealer
festín *m*   feast, banquet
ficha   personal record, questionnaire
fidelísimo   very faithful

fiera   (wild) beast
fiereza   fierceness
figurar   to appear; **figurarse**   to
   imagine
fijarse en   to notice
fijeza   firmness
fijo   fixed
fila   row; line
filólogo   philologist
fin: con fines de   for the purpose of
finalidad *f*   goal
finca   farm; ranch; country house
fingir   to pretend
finura   politeness; refinement
fiscal *mf*   district attorney
flaco   skinny
flan *m*   custard (dessert)
flojo   loose
florero   vase
flota   fleet
flotante   floating
folleto   brochure
fondo   bottom; depth
fondos: bajos fondos   worst area
formación *f*   training
formar entre   to be counted among
fortalecer   to strengthen
fortaleza   fortress
fracasar   to fail
fracaso   failure
francotirador, -a   sniper
frasco   jar
fregadero   sink
fregar (ie)   to wash, clean
freno   brake
frente *f*   forehead; **con erguida
   frente**   with head held high
frente: al frente   at the head, in charge;
   de frente   face to face, in the eye;
   frente a   with regard to, in view of;
   in front of; **frente a frente**   face to
   face
fresco   young, fresh
fritura   fritter
frontera   border
fruncir el entrecejo   to frown
fuego: hacer fuego   to fire (a weapon)
fuera de   outside, outside of
fuerza   strength

fuga flight
fugarse to flee
fugaz fleeting, brief
fulgurante burning
fumón, -a marihuana smoker
funcionario official
funda case, sheath
fúnebremente gloomily
furioso raging
fusil *m* gun, rifle
fusilar to shoot

G

gabinete study
gafas eyeglasses
galope: al galope tendido at full speed
galpón *m* shed, storehouse
gallada gang
gamín (*from French*) *m* street urchin; juvenile delinquent
gana: de buena gana willingly
ganado (vacuno) cattle
ganador winning
ganarse una cachetada to get a slap
gancho hook
garganta throat
garra tentacle
garrapatear to scrawl
garrido elegant, pretty
gastos *m pl* expenses
gato jack (tool)
gaveta drawer
gemido moan
generalizarse to become common, widespread
genio: de mal genio in a bad temper
gentilhombre *m* gentleman
gerente *mf* manager
gestión *f* effort, action
girar to spin
giro *n* turn of phrase, expression
globo balloon
Gobernación: Ministerio de Gobernación Department of the Interior
gobernante *n* leader, ruler; *adj* ruling, governing
goce *m* enjoyment, pleasure, joy
golpear to hit, strike

goma tire
gordezuelo plump
grabadora tape recorder, tape deck
gracia pardon
grado: de buen grado willingly
granuja *m* urchin
grasa grease
grasiento greasy
griego Greek
gripe *f* flu
griterío shouting
gritos: a gritos shouting; loudly
grosería rudeness
grosero crude, vulgar
grueso thick, heavy
guacamayo a variety of parrot
guagua (*Caribbean area*) bus
guardaespaldas *m* bodyguard
Guardia Civil Civil Guard (a special police force whose uniform includes a three-cornered hat)
guiñapo spineless creature

H

habilitado qualified; fixed up
habitación *f* room
hablador talkative
hacendado landowner; rancher
hacer: hacer la maleta to pack the suitacase; **hacerse "toilette"** to try to look one's best; **hacérsele duro a uno** to become difficult for one; **ha (hace)** ago; **hace** + *period of time* for + period of time, period of time + ago; **hacía** + *period of time* for + period of time, period of time + previously (See Appendix.)
hacia toward
hacha axe
hadas: cuento de hadas fairy tale
hambriento hungry
hasta until; even; up to; **hasta llegada la noche** until nightfall
hazaña exploit
he ahí behold; **he aquí** behold, here is
hecho *n* fact
hecho a accustomed to
hediondez *f* stench

heladero ice cream vendor
helado frozen; paralyzed
heredado inherited
hereje *mf* heretic
herida wound
herir (ie) to wound
hermético closed
herrumbroso rusty
hilo: de hilo linen
hincapié: hacer hincapié to emphasize
hinchado swollen
hinchazón *f* swelling
hiriente biting, stinging
hispanohablante Spanish-speaking
hito de término goal
hociquito small nose (of animal)
hogar *m* home
hoja leaf; blade (of sword); **hoja de vida** curriculum vitae
hojarasca dead leaves
holgado comfortable
hombre: ya hombre now that I'm a man
hondo deep; tight
honradamente honestly
honradez *f* honor, integrity
hormiga ant
hornear to bake
hospital *m* poorhouse
hoya canyon
hoyo hole; pit
huelga strike
huella trace
huérfano orphan
huerto garden; orchard
huida flight, escape
huidizo shy; elusive; fleeting
humanidad *f* body
humillante humiliating; humbling
humo smoke
hundir(se) to sink, bury
hurtar to steal

I

idear to devise
ignorar not to know
imantar to magnetize, to draw like a magnet
impedir (i) to prevent

imponente imposing
imponer to impose
impreso (*past participle*, **imprimir** to print)
impresor printer
impuesto tax
impulsar to drive, impel
inadvertido unnoticed
inagotable inexhaustible
inalámbrico cordless
incansable untiring
incapacitado incapacitated, unfit
incendio fire
incluso even
incomparable surpassing
inconcluso unfinished
inconsciencia unawareness
inconsciente unconscious
incontable countless
indecoroso unbecoming
indefenso helpless
índice de oro indicator
indígena native; Indian
indirecta *n* innuendo
indómito indomitable, untameable
indulto pardon
industrialmente artificially
infeliz *n* poor devil
infractor, -a violator
ingle *f* groin
ingresar to enter, join
ingreso(s) income
inmediaciones *f pl* vicinity
inmediato nearby
inmutable changeless
innovador innovating
inquieto nervous, uneasy
inquilino tenant
inscribirse to register; to enter
insinuante ingratiating; crafty
insonoro bad-sounding
insostenible unbearable
inspiración *f* breathing
inspirador inspiring
institucionalizarse to become customary
insultante insulting
intentar to undertake; attempt
intercambio exchange

interesado *n*   interested party, person concerned
interminable   unending
inter nos: para inter nos   between us
interpelar   to address, speak to
intervenir   to supervise, audit
interrogante *f*   question mark
intruso   intruder
inusitado   rare
inversión *f*   investment
invitado   guest
ir a parar   to end up
irradiar   to spread
irrenunciable   unrenounceable
irrisorio   ridiculous, giveaway
isabelino   Isabelline; Elizabethan
islote *m*   small barren island

J

jaba de yagua   bag made by weaving the bark of palm trees
jabalí *m*   boar
jaco   nag
jactarse   to boast
jefe de las armas   Commanding Officer
jinete *m*   horseman
jocoso   joking
jornada   day's work
joyero   jeweler
jubilación *f*   retirement
júbilo   joy
jubón *m*   jacket
juego   gambling
juego: hacer juego con   to match
juez *mf*   judge
juguete *m*   toy
juguetón   playful
juncal *m*   growth of rushes
junco   rush, reed
junto a   next to
jurado   jury
juramento   oath; swearword, curse
jurar   to swear
justo   exact
juventud *f*   youth
juzgar   to judge

L

labrador *m*   farmer

ladrido   barking
ladrón *m*   thief
lagañoso (legañoso)   bleary
lagartija   lizard
lagarto   lizard
lagunato (lagunajo)   pool
laico   lay
langosta   lobster
lanzar   to send
lápida (de mármol)   (marble) tombstone
lástima   pity
lastimero   pitiful
lastimosamente   pitifully
lata   can
latir   to beat
latón *m*   drum (large can)
lavacoches *m*   car wash
lavacristales *m*   window cleaner
lazo   bow
L.C. (Libreta Cívica)   Voter Registration Form, Record of Obligatory Voting
L.E. (Libreta de Enrolamiento)   male I.D. related to military service
legislatura   legislative session or term
legua   league (unit of distance)
lejano   faraway, distant
lema *m*   motto, slogan
léxico *adj*   lexical, of vocabulary
libanés   Lebanese
ligadura   binding, ligature
ligar   to tie
limosna   alms
limpiaparabrisas *m*   windshield wiper
linterna   flashlight
lírica *n*   lyric poetry (poetic style)
listo *adj*   all set
lívido   pale; black and blue
local *n*   place
locuaz   talkative
lograr   to succeed (in); **lograr que**   to get; bring about that
loma   hill, low ridge
lomo   back (of animal)
lontananza: en lontananza   in the distance
lucir   to sport, show off
lucha   struggle

luego que after
lugar: dar lugar a to give rise to
lúgubre mournful
lujoso luxurious
lustre *m* sheen, luster
llama *n* flame
llamativo showy
llanura plain
llevar a cabo to carry out
llorón tearful; whining
llovizna light rain, drizzle
lluvioso rainy

M

madrilense of Madrid
madrugada early morning
madurar to ponder
madurez *f* maturity
magistralmente in a masterful way
maguey *m* maguey (a plant)
maizal *m* cornfield
maldades *f pl* mischief
maldecir to curse
malgastar to waste
malgenio *S.A.* bad-tempered
malsonante offensive, nasty
maltrato bad treatment, abuse
malvado wicked
mancha blotch
mandado message
mandón bossy
maneras: de todas maneras in any case
mangal *m* mango grove
manicomio asylum
manigueta crank
maniquí *m* mannequin
manso gentle, meek
manta blanket; poncho
mantel *m* tablecloth
mantequilla butter
manzana: de media manzana that occupies half a block
mañaneador *m* early riser
maquillaje *m* make-up
maquillista *mf* cosmetician
maraña jungle; tangle
marco frame
marchar to go; **marcharse** to go off
marchito faded, worn

marearse to get dizzy
margen: al margen aside
mariposa butterfly
mariscos shellfish, seafood
marrón brown
masaje *m* massage
masajista *mf* masseur (*m*), masseuse (*f*)
mata plant
mate *m* a tealike beverage
matiz *m* shade
matorral *m* thicket; brushwood
matrícula tuition
mayor *adj* adult
mayorazgo: hacer valer su mayorazgo to exercise one's rights as the oldest child
mayoría de edad adulthood
mecanógrafo typist
médano sandbank
médico de cabecera personal physician; doctor in charge of case
medida measure; **a medida que** as
mejor: o mejor or rather
mellizo twin
membrete *m* letterhead
memoria: de memoria by memory
menonita Mennonite
mensajero messenger
mentiroso lying
menudo: a menudo often
menudos sucedidos minor events
mercancía wares, merchandise
merendar (ie) to have lunch
mesero waiter
mestizaje *m* mixing of races
meta goal
metalmecánico *adj* metalworking
mezcla mix, mixture
miedoso frightening
miel *f* honey
miembro directivo officer
miembro de número regular member
mientras tanto meanwhile
mies: rara mies scant crop
mirada glance, look
misa mayor high mass
miseria dire poverty
misericordia mercy
mitigar to alleviate, relieve

mocetón *m* sturdy young man
moda: de moda in style, fashionable
modernista *mf* modernist (member of literary school called modernism)
modismo idiom; expression
modisto, -a fashion designer
modos: de todos modos in any case
mohoso rusty; mildewed; moldy
mojado wet
mojarse to get wet, soaked
molestarse to bother oneself
molestia bother
monja nun
montar en to ride
monte *m* woods, forest
montículo mound
montonero an Argentine revolutionary group
montones: a montones abundantly, in abundance, galore
montura saddle
morcilla blood sausage
mordedura bite
morder to bite
mortecino weak, failing; dim; faded
mosco mosquito
moscón *m* big fly
mostaza mustard
motor *m* power
moza girl, young woman
muebles *m pl* furniture
muerte: a muerte deadly
muñeca doll
muñeco doll; toy
muralla wall
murmurador complaining; backbiting
muro wall
muslo thigh

N

naciente beginning
naranjal *m* orange grove
natal native
nato ex officio
navaja knife
nave *f* ship
navío ship
nebulosa *n* mist, fog
necesitado in need of

negarse (ie) a to refuse, not to accept
niñez *f* childhood
noquear to knock out
nublado cloudy
nuca nape (of neck)
núcleo group
nuevo: de nuevo again
numerario regular member

O

obrar to arrive, be at hand
obsequiar to give (as a gift)
obsequioso attentive
ocasión *f* opportunity
occidental western, westerner
ocupar to employ
ocuparse de to take care of; to deal with
odiar to hate
oficial officer
oficio trade
ofrecer: ¿se le ofrece ...? Do you want ...?
olvidadizo forgetful
olla pot
ombú *m* umbra tree
operaria operative; worker
opinar to think, be of the opinion
oratorio small chapel, shrine
ordinariez *f* coarseness, vulgarity
orgulloso proud
originarse to originate, be caused
orilla bank (of a river)
ortografía spelling
orvallo fine rain
oscuras: a oscuras in darkness
ovalado oval
óxido rust

P

padecer de to suffer from
padrino godfather
paella paella (saffron-flavored stew); a feast at which *paella* is the principal dish
paisaje *m* landscape
pajizo (made of) straw; straw-colored
pala paddle
palco (theater) box

palear to paddle
palmera palm tree
paloma dove, pigeon
palpar to touch, feel
pandillero member of a gang, etc.
pantagruélico Pantagruelian, enormous
pantalla screen, curtain
pantanoso swampy
pantorrilla calf (of the leg)
pañuelo kerchief, head covering; handkerchief
papel *m* role; paper
par: a la par at the same time
parachoques *m* bumper
parado standing
parar to stay, lodge
parecer: a mi parecer in my opinion; **al parecer** apparently
parecido similar
parentesco relationship
particular *m* matter, point, particular
partida departure
partir to leave; to strike; **partirse** to break; **partir de** to start from; **a partir de** starting; **de partir el alma** *adj* heart-breaking
parto birth, delivery
pasado (mañana) the day after tomorrow
pasaje *m* passage
pasar de castaño oscuro to be too much (intolerable)
paseante idler, stroller
paseo walk; stroll
paso: de paso para on the way to; **salir al paso** to confront, appear
pastel *m* cake; pie; pastry
pastilla pill
pastoso doughy
pata paw; **mala pata** bad luck
patíbulo place of execution
patín *m* skate
patinar to skate
patrón *m* boss
patrulla patrol
pavor *m* fear
payaso clown
pecaminoso sinful

pedido *n* order
pegado a against, next to
pegar to hit
peinar to comb
peleado at odds
pelotero ballplayer
pelotón squad, platoon
peluca wig
peluquero hair-dresser
penal *m* prison
pendiente pending; **pendiente de** in expectation of
penoso painful
pensativo thoughtful
pensionista *mf* boarder
penumbra half-light, semidarkness
penuria extreme poverty
peón *m* workman, farmhand, laborer
pequeñez *f* smallness
percatarse de to realize
perderse to miss
perdido missing
peregrinar *verbal n* roaming
perentorio commanding
pereza laziness
perito expert
perjudicar to harm
perlado pearly
perseguir (i) to pursue
persuasivo convincing
pesadamente heavily; with great effort
pesadilla nightmare
pesar: a pesar de in spite of
pese a despite
pesquero fishing
pétreo of stone
pica pike (a weapon)
picada path
pícaro *adj* mischievous
pie: al pie de la letra literally, to the letter; **de pie** standing; **nacer de pie** to be born lucky, to be born with a silver spoon in one's mouth
piedad *f* pity
pieza part; room
pila battery; **nombre de pila** first name
pillete *m* urchin
pintado made-up

pintoresco picturesque
piquetazo (picotazo) bite, sting
piragua dugout, canoe
pisar to step on
piso apartment (Spain); floor
pisotear to trample on
pista clue
placer *m* pleasure
plancha iron
planchar to iron
planilla form
plantarse to stand firm
planteamiento presentation, exposition
platanal *m* banana plantation
platillo saucer
platino platinum
plato principal entrée
plazo period of time; time limit;
(payment) date
plegar (ie) to fold
pleno: en plena ciudad right in the
city; **pleno invierno** the middle of
winter
plomizo leaden; lead-colored
plomo: a plomo beating straight down
poblador inhabitant
pobre *m* poor devil
poda *n* cropping
poderoso powerful
polémico controversial
pólipo electoral electoral octopus
política *n* policy
político *n* politician
polvoriento dusty
pollo chicken
poner to name; to set up; **poner en
marcha** to start (up); **poner la
mesa** to set the table; **poner
pleito** to sue; **ponerse** to set (said
of the sun); **ponerse a** to begin
poniente *m* west
popa stern (of boat)
portaequipajes *m* (car) trunk
portátil portable
portarse to behave
porte: no tener mal porte not to be
bad looking
portero, -a doorman, doorwoman
postizo *n* hairpiece

postre *m* dessert
postularse to seek, apply (for)
postura position
potable drinking
pozo well
practicante *mf* paramedic
prado meadow
precipitarse to rush
predicar to preach
predilecto favorite
preguntón inquisitive
premiar to give a prize to
premio reward
prensa press
preocupación *f* worry, concern
preocuparse de to concern oneself
with
presbítero priest
prescindir de to do without
presentador, -a host, hostess (e.g., of
TV show)
presentir (ie) to foresee
preso inmate, prisoner
preso de stricken with
préstamo loan
prestar oído to listen
presteza speed
presumido vain
presupuesto budget
pretender to seek; to attempt
prieto dark
principio: desde un (el) principio from
the beginning
prisa haste
probar (ue) to sample; feel;
probarse to try on
proceder to be fitting; **proceder
con** to deal with
procurar to seek, try; to get
productor producing
progenitor parent
prole *f* offspring
pronto *S.A.* down payment
pronto: de pronto suddenly
propenso a prone to, inclined to
propiedades inmuebles *f pl* real estate
propietario owner
propósito purpose
propuesta proposal

protector protecting; patronizing
provocativo provoking; daring
próximo pasado last
prueba proof
puente *m* bridge
puerto port
pulcro neat
pulgada inch
pulgar *m* thumb
pulular to swarm
puntada sharp pain
puntal *m* pillar; support, supporter
puntiagudo pointed
punto: a punto de on the point of; **un punto** (for) a moment
punzada shooting pain
purpurino purple

Q

quebrar (ie) to go bankrupt, to break
quedar en to agree to; **quedarle a uno bien, mal, etc.** to look good, bad, etc., on one; **quedarle chico a uno** to be too small for; **quedarse dormido** to fall asleep; to oversleep
queja complaint
quejarse de to complain about
quieto still
quijada jaw
quinta house in the country
quirúrgico surgical
quisquilloso touchy
quitaesmalte *m* nailpolish remover
quitanieves *f* snowplow

R

rabia rage
rabo tail
raíz: a raíz de shortly after
rama branch
rancho hut; quarters
rascacielos *m* skyscraper
rasgarse to tear apart
rasgo feature
rastro trace
ratero petty-thief
rato: hace rato for some time; **a ratos** at times; **de rato en rato** from time to time

rayar en to border on
raza: de raza fina pedigree
razón: dar la razón a uno to show that one is right
realización *f* achievement
realizar to carry out
rebaño flock
rebelarse to rebel
recado message
recalcar to stress
recámara bedroom
receta recipe
recibidor de maderas man in charge of receiving lumber
reclamar to demand; to complain, protest
recluir to confine, to have (someone) confined
recluso inmate, prisoner
recobrar to recover
recoger to gather (together)
reconocimiento recognition
recua team
recuerdo memory
recurso device
rechazar to reject
redactar to write (up)
reductor reducing
reemplazar to replace, take the place of
referir (ie) to relate; to state; **referirse a** to refer to
reforzar (ue) to strengthen
refrán *m* proverb
refulgente brilliant, shining
refunfuñar to grumble
regañar to scold
regenta judge's wife
registrar to search
registro register, list
reglamentario prescribed, obligatory
regocijo merriment
regreso *n* return
reinar to reign
reintegrarse a to return to
reiterar to repeat
rejilla grating, bars
relámpago lightning
relampagueo flash

relato story
reliquia relic
remediar to correct, remedy
remitente *mf* sender
remo oar
remolino whirlpool
remontarse to go back
rendija crack
rendir (i) to render; **rendirse** to surrender
renunciar to resign
reo *mf* culprit; prisoner
reojo: de reojo out of the corner of one's eye
repartir to distribute
repente: de repente suddenly
repentino sudden
reponerse to recover
repostero confectioner, pastry cook
reprender to scold
reproductor reproducing
requisito requirement
resbaladizo slippery
resbalar to slip
rescatar to rescue
reseco extremely dry
reseñar to write, describe
reserva confidentiality
resguardar to protect
residencial *m or f* residential area
resistir to stand, put up with
respaldo back (of chair)
resplandeciente shining, glowing
resplandor brilliance, brightness
respondón impudent, sassy
responsables: los responsables those in charge
restante remaining
resucitar to come back to life
resuelto bold
resultar to be, turn out to be, to turn out
resumir to summarize
retaco fowling-piece (shotgun)
retirada: cerrar la retirada a to block the retreat of
retirarse to withdraw, stop; to leave (a job)
retrato portrait

retroceder to go back
retumbar to shake
reunir to collect, gather together; **reunirse** to get together
revelador revealing
revelar to develop (a photo)
reventar (ie) to burst, rip
revuelta turn in the road
Reyes Magos The Magi, The Three Wise Men. Hispanic Children receive gifts on Jan. 6, *Día de los Reyes Magos*
rezar to pray
riachuelo rivulet, small river
riesgo risk
rincón *m* corner (inner)
risa laughter
rizado curly
roble *m* oak (tree)
robledal *m* oak grove
robustecer to strengthen
roce *m* brush (light touch)
rocío dew
rodear to surround
roder (*Valencian*) outlaw
rojizo reddish
ronco hoarse
rondar to hang around, patrol
ropero closet
rosado pink; rosy
rotativo rotating
rozar to rub
rúbrica signature with flourish
rubricar to sign with a flourish; to cut through
rudeza plainness; coarseness; ignorance
rugir to roar
ruidoso noisy
rumor *m* sound
ruso Russian
rústico *n* peasant

S

saber *n* knowledge
sable *m* sabre, sword
sacarse: sacarse la lotería to win the lottery
sacerdote *m* priest
sacramental ritualistic, routine

sacudida   shock, jolt
salado   salty
salida   exit
salir a   to take after, look like
salpicar   to sprinkle
saltar   to jump
salto atrás   flash back
salva   salvo (discharge of weaponry)
salvo: a salvo   out of danger
sangriento   bloody
sanitario   hygienic
sarcófago   coffin
sastre *m*   tailor
satélite *m*   satellite; crony
sato (*Cuba*)   mongrel
sauce *m*   willow (tree)
secuaz *m*   henchman
secuestrar   to kidnap
seda   silk
sede *f*   seat, location
sediento   thirsty
seducir   to seduce
seductor   alluring; tempting
seguida: en seguida   immediately
seguimiento   following, pursuit
seguro *n*   insurance
sello   stamp
selva   forest, jungle
semáforo   traffic signal
semántico *adj*   semantic (of meaning)
sembrado   sown field
semejante   such (a)
semejanza   similarity
semirrosado   pinkish
semitendido   half lying
sendero   path
sendos *adj*   one each
senectud *f*   old age
sensatez *f*   good sense
sensato   sensible
sensibilidad *f*   sensitivity
sentarle (ie) a uno   to look good on someone
sentir *n*   feeling
señalar   to point out
señorearse   to adopt a lordly manner
señorón *m*   big shot
señorona   important lady
sequedad *f*   dryness

ser *n*   being; **es más**   what's more
seriedad: con toda seriedad   seriously
servir (i)   to fill (an order)
sien *f*   temple
sierra   mountain range
siglo   century
silvestre   wild
simpatía   liking
simular   to simulate
sindicato   (labor) union
sinhueso *f*   tongue
sinsabor *m*   unpleasantness
sinvergüenza *mf*   rascal, scoundrel
siquiera   even, at least; **ni siquiera**   not even
sobornar   to bribe
sobrar   to be more than enough
sobre *n*   envelope
sobresaliente   outstanding
sobresaltado   frightened, startled
sobrevenir   to take place
sobriedad *f*   sobriety
socio   member
sofístico   false
sofocante   stifling, suffocating
soleado   sunny
soledad *f*   loneliness
solicitante *mf*   applicant
solicitar   to request
soltar (ue)   to let loose
soltura   ease
solvencia   financial stability; reliability
sollozar   to sob
sombrero de copa   top hat
somnolencia   drowsiness
sonriente   smiling
soñador   dreamy, fond of dreaming
soplar   to fan
soportar   to endure, put up with
sorber   to gulp
sordo   deaf; quiet
sorpresa: con verdadera sorpresa   to (my, our, etc.) great surprise
sorteo   drawing
subdesarrollado   underdeveloped
subir   to raise
súbitamente   suddenly
sublevarse   to rise, revolt, rebel
subrayado   underlined

subsanar to correct
sucederse to come one after another
sucedido: lo sucedido what happened
suceso event
sudoroso sweating
suegra mother-in-law
sueldo salary
suerte luck; trick; **de esta suerte** in this way
Suiza Switzerland; **suizo** Swiss
sujetar to hold
sumadora adding machine
sumar to add up
sumido enveloped, lost
sumisión *f* submission
sumo highest
superar to surpass
superior *n* leader
superviviencia survival
suponerse to suppose, imagine
suprimir to suppress, get rid of
surco furrow
surgir to rise
suspenso *adj* bewildered, baffled; *n* S.A. suspense
susto fright

T

tabacal *m* tobacco field
tabla plank, board
tablón de anuncios bulletin board
tacaño stingy
taco wad, wadding
talabartero saddler, harness maker
taladrar to pierce
taller *m* workshop
tamaño size
tambor *m* drum
tanto ... como both ... and
tanto: por (lo) tanto therefore
tapa lid
tapia wall
taquigrafía shorthand
taquígrafo, -a shorthand writer, stenographer
tardanza delay; slowness
tardar en to take a long time in
tartana tartana (two-wheeled carriage of Valencia)

T.E. (*teléfono, Arg.*) telephone
tejedor weaver
tejido web
tela cloth; web
telaraña web, cobweb
temblar (ie) to tremble
tembloroso trembling
temible fearsome
temor *m* fear
temple *m* degree
tendido de pecho lying face down
tenedor de libros *m* bookkeeper
tener: no tener nada de + *adj.* not to be + adj. at all; **tener puesto** to wear, to have on; **tenerle loco a uno** to drive one crazy
teniente *m* lieutenant
teñir (i) to dye, to color
terciopelo velvet
ternura tenderness
terregoso unpaved
terroso earthy
testigo *mf* witness
tez *f* complexion
tibio warm
tijeras scissors
timón *m* steering wheel
tímpano eardrum
tino aim
tinte *m* dye, tint, color, coloring
tintorero dry cleaner
tintura dye
tío guy
tiovivo merry-go-round
tipo guy
tirado lying
tirante taut, tense
tirapiedras *m* slingshot
tirar to knock down, to pull down; to throw; **tirar a** to go toward
título universitario university degree
tlacuilo writer of hieroglyphics
tocadiscos *m* record player
tocar fondo to reach rock bottom
todo: del todo completely
todopoderoso all-powerful
tontas y a locas: a tontas y a locas without thinking
toparse con to encounter, run into

torcer (ue) el pescuezo to twist one's neck
tormenta storm
tornasolado iridescent
tornillo screw; bolt
torno: en torno a around
torpe dim-witted
torta cake; tart
totonaca Totonacan
traficante dealer; trafficker
trago drinking; swallow
traicionar to betray
tramposo crooked, tricky
tranquilizador soothing; reassuring
transeúnte *mf* passerby
trapecio trapeze
trapecista *mf* trapeze artist
tras de after, behind, following
trasladar to move, transport
trasponer to go behind
trasto worthless object
tratarse de to be; to be a question of
trato relationship
través: a través de through
travesura prank, mischievous deed
trenza pigtail
trepar por to climb
tricornio three-cornered hat
trigo wheat
tripulante *mf* member of a crew
trocar (ue) to change
trofeo trophy
trompo top (toy)
tropezar (ie) to trip
trueque: a trueque de in exchange for
tumba grave
tumbar to kill
tumbos: dar tumbos to jounce, bounce
turbar to disturb
turco Turk, Turkish
turnarse to take turns
turno appointment; turn
tutear to address with the familiar form (*tú*, *vosotros*)

U

ujier *m* doorman, usher
umbral *m* threshold
unir to join, combine

unos cuantos a few
urbe *f* city
usarse to be customary
utensilio tool, implement

V

vacilar to vacillate, hesitate
vagabundo wandering
vaho steam, vapor
vaina (de un sable) sheath (of a sabre)
vajilla (set of) dishes
valerse de to make use of
vanagloria vainglory, vanity
vara de tumbar mangos rod for taking down mangoes
vejez *f* old age
veloz rapid
vencido due, payable
vendar to blindfold
veneno poison
vengarse to avenge
venirse encima to come upon
ventaja advantage
ventajoso advantageous
veras: de veras truly
veredicto verdict
veta vein
vez: a su vez in turn
vía route
vientre: bajo vientre lower abdomen
Viernes Santo Good Friday
vigilar to guard; to watch
vínculo link
viñedo vineyard
virtud: en virtud de que because
víspera de la Santa Resurrección Easter eve
visto: por lo visto apparently
vistoso showy
viudo widower
vivienda dwelling, housing
VºBº (Visto Bueno) O.K.
vocear to cry; proclaim
volador flying
volcar (ue) to empty
volumen: a todo volumen at full volume
volverse (ue) to turn around
voz de fuelle a bellow-like voice

vuelta *n* return
vulgar common

Y

ya que since, because
yacer to lie
yararacusú (*Guaraní*) a variety of poisonous snake

yerguen *from* **erguirse**

Z

zarpa claw
zarza bramble
zona roja red-light district
zumbar to buzz
zumbido buzzing

INDEX

PHOTO CREDITS

Chapter 1

Page 2: Marilyn L. Schrut. Page 3: © Eric Kroll/Taurus Photos. Page 19: *El Territorio de Tierra del Fuego.*

Chapter 2

Page 25 and 26: Courtesy Department of Library Services, American Museum of Natural History. Page 45: INAH, Centro Regional Morelos-Guerra.

Chapter 3

Page 48 and 52: Peter Menzel.

Chapter 4

Page 74: Bildarchiv Foto Marburg/Art Resource. Page 76: Peter Menzel.

Chapter 5

Page 100: Owen Franken/Stock, Boston. Page 103 and 120: Peter Menzel.

Chapter 6

Page 124 and 126: UPI/Bettmann Newsphotos. Page 128: Owen Franken.

Chapter 7

Page 146: Jose Clemente Orozco, *Zapatistas*, 1931. The Museum of Modern Art Collection, NY. Page 172: Giraudon/Art Resource, NY. Page 168: Peter Menzel.

Chapter 8

Page 176: Courtesy Borden, Inc. Page 201: Peter Menzel.

Chapter 9

Page 205: Tass/Sovfoto. Page 206: Craig Van Tilbury/Gamma Liaison.

Chapter 10

Page 231: Jorge Ianiszewski. Page 234: Peter Menzel. Page 254: Carl Frank/Photo Researchers.

Chapter 11

Page 258: Stuart Cohen. Page 259: Courtesy New York City Department of Transportation.

Chapter 12

Page 285: Ulrike Welsch 1979. Page 287: Peter Menzel.

Chapter 13

Page 313: Peter Menzel. Page 316: Jorge Ianiszewski.

Chapter 14

Page 339: Peter Menzel/Stock, Boston. Page 342: Peter Menzel.